왕초보 법률 시리즈 4

나 홀로 부동산 경매박사 ①

개론 · 압류절차 · 환가절차

장인태 변호사 엮음

좋은 책 좋은 독자를 만드는 —
㈜신원문화사

머·리·말

　우리 나라는 IMF 관리체제라는 금융위기를 맞은 이후, 국내 경제 전반에 걸친 급격한 변화가 시작되었고, 더불어 부동산 시장도 그 예외는 아니었다. 자본 시장과 부동산 시장의 통합이라는 세계적 추세가 우리 나라에서도 서서히 피할 수 없는 흐름으로 다가오고 있다. 이러한 흐름은 부동산의 유동화와 증권화를 통하여 부동산 시장에 대한 자본의 역할과 영향력을 더욱 증대시키고 있으며, 정부에서도 이에 발맞추어 자산유동화에관한법률(ABS), 주택저당채권유동화회사법(MBS), 부동산투자회사법(REITS)을 제정·시행해 오고 있다.
　이에 따라 재테크에 관심을 보이는 사람들이 꾸준히 증가하여 오늘날과 같은 자본주의 사회에서 누구나 한 번쯤은 잘 살아 보겠다는 꿈과 기대를 가지게 되었고, 이들은 증권·금융 시장의 동태를 살펴보기도 하고 부동산에도 큰 관심을 갖게 되었다. 그 중에서도 부동산을 이용한 재테크는 가장 오래된 방법이라 할 수 있는데, 경매를 통한 부동산의 취득은 부동산 재테크 방법 중에서도 가장 제도화되고 합법화되어 있다고 할 수 있다.
　요즘 경매는 전국 법원에 걸쳐 물건이 매월 3만 5천여 개로 늘어나 이제 특정부류의 관심사가 아니라 대중화된 부동산 취득 방법으로 자리를 잡아가고 있다. 이처럼 경매물건 및 관심층의 확대에도 불구하고 부동산 경매는 경기에 큰 영향을 받지 않고 시세보다 싸게 살 수 있다는 장점이 있기는 하지만, 경매물건 분석의 어려움과 절차상의 까다로움으로 인해 얼마 전까지만 해도 일반인들은 경매법정 접근이 어려웠고, 경매에 대한 법적인 전문지식이 있다 하더라도 경매에 참가하기까지는 상당한 용기가 필요했던 것이 사실이다. 그러나 지금은 법원 등 관계기관의 많은 노력으로 완전히 자유스러운 분위기에서 입찰보증금과 신분증만 있으면 누구나 참가할 수 있도록 되었다.

　법원 경매의 경우, 비밀이 보장되고 누구나 응찰하기만 하면 부동산을 살 수 있는 공개·경쟁 시장이기 때문에, 경매를 통한 부동산의 낙찰도 일종의 매매방식 유형의 하나이다. 다만, 소유자인 매도인으로부터 사는 것이 아니라 법원으로부터 산다는 점이 다를 뿐이다.

　부동산 취득의 한 방법인 부동산 경매는 원래 채무자 소유의 부동산을 압류·환가하여 그 매각대금으로 금전채권의 만족을 얻는 것을 직접 목적으로 하는 강제적인 집행 절차이다. 경매 신청에서 배당에 이르기까지 많은 단계가 있고, 그 과정에는 난해한 절차가 많아 다년간 법률 실무에 종사하는 사람들도 때로는 어려움을 겪곤 한다. 특히 그 절차 진행과정에서 복잡·다양한 법률에 의해 규율되기 때문에 더욱 그렇다.

　이처럼 부동산 경매는 모든 절차가 법률에 의해 제한받고 그 장소가 법원이기 때문에 법원, 집행관, 채권자, 채무자, 이해관계인 등 법적으로 이해관계를 가지는 많은 사람들이 뒤얽혀 일반 민사소송 절차보다 복잡할 뿐만 아니라 일반적으로 거액을 취급하기 때문에 세심한 주의를 기울이지 않으면 자칫 낭패를 볼 염려도 있어 쉽게 접근하기 어려운 측면이 있다. 모르면 한없이 어려운 것이 경매요, 조금만 알면 그래도 쉬운 것이 경매란 말이 있다.

부동산 경매도 하나의 법의 테두리 내에서 이루어지기 때문에 법률에 의하여 보호를 받고 법률에 의한 규제도 감수해야 하지만, 그 이전에 법률을 제대로 이해하고 활용할 수 있어야 하고 또한 부동산 경매가 이루어지고 있는 법원에서는 실제 어떻게 다루어지는가도 알아야 한다.

그래서 일반인들이 부동산 경매에 좀더 쉽게 접근할 수 있도록 해 보자는 취지 아래 대학이나 대학원에서 사용했던 강의안을 정리하여 한 권의 책으로 엮기로 하였다. 그러나 너무 쉽게 쓰면 자칫 단편적인 지식전달에 머물게 되고, 많은 부분을 과감히 생략하나 보면 자연히 내용이 부실해져 복잡·다양한 절차를 모두 수용할 수 없는 문제가 발생할 수도 있었다. 그래서 처음 의도와는 달리 고민 끝에 1, 2권으로 나눌 수밖에 없었다.

그 대신 부동산 경매의 개론에서 배당에 이르기까지의 전 과정과 이에 따른 부수절차까지 법원 실무를 토대로 판례 및 법령들을 비교적 자세히 검토하였다. 또한 이론적으로 학설이 나뉘는 부분은 꼭 필요한 부분만 언급하였다. 부동산 경매는 어디까지나 법원을 통해서 이루어지므로 가능한 한 법원실무제요 강제집행편을 토대로 서술함으로써 부동산 경매 실제에 부합되도록 하였다.

독자들의 이해를 돕기 위하여 목차를 사항별로 세분화하였고, 부동산 경매용어 해설도 수록하였다.

부동산 경매는 위험스럽고 불량한 상태에 놓여 있는 부동산을 말끔히 정리해 주는 법적 절차라는 부정적인 측면도 있으나, 자본주의 국가에서는 없어서는 안 될 제도로서 개인과 국가의 발전에 공헌하고 경제발전에도 일익을 담당해 온 것 또한 사실이다. 본서를 통해 일반인들도 법률적 지식으로 무장하고 부동산 경매에 적극적으로 참여하여 현장에서 활용해 나가는 데 조금이나마 보탬이 되었으면 하는 마음 간절하다.

이 책이 나오기까지 여러모로 조언과 협조를 아끼지 않은 많은 선·후배 동료 법조인들과 (주)신원문화사 신원영 사장님, 윤석원 상무님 등 관계자 여러분에게 충심으로 감사의 마음을 표하고자 한다.

끝으로 이 책에 대한 미비한 부분이나 개정된 내용에 대해서는 판을 거듭하여 보완해 나가도록 하겠다.

2001년 10월

장 인 태

법령약어표

법령명	약어
가등기담보등에관한법률	가담보
개발이익환수에관한법률	개발이익
공공용지의취득및손실보상에관한특례법	공공보상
공익법인의설립·운영에관한법률	공익법인
공장저당법	공저
관세법	관세
광업법	광업
광업재단저당법	광저
교육세법	교육세
국가유공자등예우및지원에관한법률	국가유공
국민연금법	국민연
국세기본법	국세기
국세징수법	국세징
국유재산법	국유
국토이용관리법	국토이용
귀속재산처리법	귀속재산
근로기준법	근기
농업협동조합법	농협
농지법	농지
대한주택공사법	주공
도로법	도로
도시계획법	도시
민법	민
민사소송규칙	민소규칙
민사소송등인지법	민인
민사소송법	민소
민사조정법	민사조

부동산등기법	부등
부동산등기법시행규칙	부등규칙
사립학교법	사립학교
산림법	산림
산업재해보상보험법	산재보
상법	상
상속세법	상속세
소득세법	소득세
소송촉진등에관한특례법	소송촉진
수산업법	수산
의료보험법	의료
입목에관한법률	입목
주택임대차보호법	주택임대차
지방세법	지방세
지방자치법	지방자치
지적법	지적
집행관법	집행관
향교재산법	향재

- 본서의 법조문 인용 중 법률의 명칭이 기재되지 않은 경우는 민사소송법을 가리킵니다.
- 본서의 법조문 인용 중 '규칙'은 민사소송규칙을 뜻합니다.
- 본서의 법조문 인용 중 '법안'은 2001년 9월 현재 국회 계류중인 민사집행법안을 뜻합니다.

CONTENTS

- 머리말 *3*
- 법령 약어표 *7*

제1편 부동산 경매 개론

제1장 부동산 경매(입찰)의 의의

1. 부동산 경매란 *25*

2. 강제경매와 임의경매 *25*
(1) 강제경매와 임의경매의 개념 *25*
(2) 기본적인 공통점과 차이점 *27*
(3) 강제경매에 관한 규정의 준용범위 *28*
(4) 임의경매와 강제경매의 차이점 *28*

3. 강제경매와 강제관리 *32*
❖ 일반 법률 상식 1 : 경매와 입찰 *33*

제2장 부동산 강제경매(입찰)

1. 부동산 강제경매 절차의 개요 *35*
(1) 압류 *35*
(2) 환가 *35*
(3) 배당(변제) *36*

2. 부동산 경매의 대상 *37*
(1) 토지와 그 정착물 *37*
(2) 건물 *42*
(3) 공장재단 · 광업재단 *42*
(4) 광업권 · 어업권 *43*
(5) 지상권 *43*
(6) 선박 · 자동차 · 건설기계 및 항공기 *43*
(7) 미등기 부동산 *44*
(8) 원인무효인 등기의 경우 *44*

3. 부동산 경매의 집행기관 *45*
(1) 목적부동산 소재지의 지방법원 *45*
(2) 관할경합의 경우 *45*
(3) 공장재단의 경우 *46*
(4) 공동담보의 경우 *46*

제3장 채무명의와 집행문

1. 채무명의란 *47*
(1) 채무명의의 의의 *47*
(2) 채무명의의 내용 *48*

2. 채무명의의 종류 *53*
(1) 민사소송법에 규정된 채무명의 *53*
(2) 기타 법률에 규정된 채무명의 *53*

3. 채무명의의 경합, 양도와 소멸 *55*

(1) 채무명의의 경합 55
(2) 채무명의의 양도 55
(3) 채무명의의 소멸 56

4. 집행증서 57
(1) 집행증서의 의의 57
(2) 집행증서의 요건 57
(3) 집행증서의 효력 59

5. 집행문 62
(1) 집행문의 개념과 제도의 목적 62
(2) 집행문은 어떤 경우에 필요한가 62
(3) 집행문 부여기관 65
(4) 집행문 부여 절차 66
(5) 집행문 부여의 방식 68

제4장 부동산 강제경매의 집행개시 요건

1. 집행개시 요건의 의의 70
(1) 집행개시 요건의 종류 70
(2) 집행개시 요건의 흠결 71

2. 적극적 집행개시 요건 72
(1) 집행 당사자의 표시 72
(2) 채무명의의 송달 73
(3) 집행문 및 증명서의 송달 76
(4) 이행일시의 도래 77

(5) 담보제공증명서의 제출과 그 등본의 송달 77
(6) 반대 의무의 이행 또는 이행의 제공 78
(7) 대상 청구의 집행에 있어 본래 청구권의 집행불능의 증명 78
(8) 임차권자의 동시이행 판결에 기한 경매 신청 79

3. 소극적 집행개시 요건(집행장해) 79
(1) 집행장해란 79
(2) 집행장해 사유 80

제5장 부동산 경매 절차의 이해관계인

1. 이해관계인의 의의 83

2. 이해관계인의 권리 84
(1) 개설 84
(2) 구체적 권리 84

3. 이해관계인의 범위 87
(1) 압류채권자와 집행력 있는 정본에 의하여 배당을 요구한 채권자(제1호) 87
(2) 채무자 및 소유자(제2호) 89
(3) 등기부에 기입된 부동산 위의 권리자(제3호) 90

(4) 부동산 위의 권리자로서 그 권리를 증명한 자(제4호) 91
❖ 일반 법률 상식 2 : 미등기 건물에 대한 집행 방법 95

제2편 부동산 경매 신청

제1장 경매 신청의 방식

1. 신청주의 99

2. 강제경매 신청서의 작성 99
(1) 채권자와 채무자의 표시 100
(2) 법원의 표시 102
(3) 부동산의 표시 102
(4) 경매의 원인된 일정한 채권 104
(5) 집행할 수 있는 일정한 채무명의 105

3. 임의경매 신청서의 작성 106
(1) 채권자의 표시 106
(2) 채무자 및 소유자의 표시 106
(3) 법원의 표시 108
(4) 담보권의 표시 108
(5) 피담보채권의 표시 109
(6) 피담보채권의 이행지체 사실 113
(7) 담보권의 실행 대상이 될 재산의 표시 115

4. 강제경매 신청시 첨부서류 117
(1) 집행력 있는 정본 118
(2) 경매부동산이 채무자의 소유임을 증명하는 서면 118
(3) 집행개시 요건을 증명하는 서면 121
(4) 기타 첨부서류 123

5. 임의경매 신청시 첨부서류 126
(1) 담보권의 존재를 증명하는 서류 126
(2) 담보권의 승계를 증명하는 서류 127
(3) 채무자 또는 담보권설정자의 소유임을 증명하는 서류 128
(4) 채권증서, 저당권 설정 계약서를 첨부해야 하는가 128
(5) 기타 첨부서류 129

6. 비용의 예납 129
(1) 경매비용 예납이란 129
(2) 예납비용의 표준액 130
(3) 예납 절차 132

제2장 경매 신청의 당사자

1. 경매 신청의 대리 135

(1) 법정대리인 135
(2) 임의대리인 137
(3) 본안소송의 대리인 137
2. 채권자의 승계 137
(1) 경매 절차개시 전의 승계 137
(2) 경매 절차개시 후의 승계 138
3. 경매 절차와 채무자의 사망 139
(1) 경매개시 결정 전에 이미 채무자가 사망한 경우 139
(2) 경매개시 결정 후에 채무자가 사망한 경우 141
4. 후순위담보권자의 임의경매 신청 142
5. 저당권부채권이 이전된 경우 승계인의 임의경매 신청 143
(1) 원칙 143
(2) 예외 143
6. 저당권부채권의 질권자의 임의경매 신청 145
7. 동순위 다수저당권자, 저당권의 공유자의 임의경매 신청 145
8. 자기저당의 경우 임의경매 신청 146
9. 일부대위변제한 근저당권자의 경매 신청 146

▶ 공동저당과 대가의 배당, 차순위자의 대위 147

10. 민법 제368조에 의한 공동저당에서 차순위저당권자에 의한 경매 신청 148
(1) 차순위저당권자의 대위권 발생의 요건 148
(2) 임금채권자들이 우선변제를 받은 경우 공동저당에 관한 민법 제368조 제2항 후문이 유추적용되는지 여부 148

제3장 경매 신청의 목적물

1. 상속등기를 하지 않은 부동산에 대한 경매 150
2. 경매의 목적부동산이 멸실된 경우 151
3. 목적부동산이 채무자의 소유 아님이 판명된 경우 152
4. 경매부동산의 가등기에 기한 본등기가 경료된 경우 152
(1) 경매 절차 진행중 본등기가 경료된 경우 152
(2) 낙찰대금납부 후 본등기가 경료된 경우(낙찰자의 소유권 상실) 153

5. 한 개의 부동산 일부에 대한 경매 신청의 허부 154
6. 목적부동산에 처분금지 가처분등기 또는 순위 보전의 가등기가 선행된 경우 155
(1) 강제집행과의 우열 155
(2) 집행법원의 조치 155
(3) 선순위 가등기권자나 가처분권자가 그 후 매매 등을 원인으로 소유권을 취득한 경우 157
▶ 선순위 가처분·가등기를 어떻게 말소할 수 있을까? 156
7. 일괄경매 신청 158
(1) 저당지상의 건물에 대한 일괄경매청구권 158
(2) 채무자가 대지와 건물에 대하여 근저당권을 설정한 후 건물을 철거하고 대지상에 새로운 건물을 신축한 경우 일괄경매 신청의 가부 160
(3) 집합건물의 대지에만 설정된 저당권에 기한 경매 160
8. 대지에 저당권부 별도등기가 있는 집합건물에 관하여 경매 신청이 있는 경우 161

(1) 집행법원의 처리 방안 161
(2) 배당할 수 있는 금원 162
9. 압류금지 부동산 162
10. 구분건물에 대한 경매 신청 163
(1) 구분건물에 있어서 대지사용권의 전유부분에 대한 일체불가분성 163
(2) 구분건물의 경매 신청서에 대지사용권에 대한 아무런 표시가 없는 경우 163
(3) 대지사용권에 관한 경매 신청이 없는 경우, 대지사용권을 반드시 일괄경매해야 하는지 여부 164
11. 건물 일부의 전세권자가 나머지 건물 부분에 대한 경매 신청 가능 여부 165
12. 공장저당권에 기한 임의경매 신청 165
(1) 공장저당권이란 165
(2) 공장저당권의 실행을 위한 경매 166
(3) 공장재단저당권·광업재단저당권의 경우 169

제4장 경매 신청시 청구금액

1. 경매 신청서에 채권액의 일부만을 기

재한 경우 170
(1) 강제경매의 경우 170
(2) 임의경매의 경우 171

2. 이자채권의 청구 173
(1) 신청서에 이자채권이 기재된 경우 173
(2) 기재된 청구금액이 불분명한 경우 173
(3) 신청서에 이자채권의 기재가 없는 경우 174
(4) 이미 기재된 이자채권의 확장 가능성 174

3. 신청채권자 이외의 담보권자의 청구금액 확장 가능성(임의경매의 경우) 176

4. 청구채권의 추가적·교환적 변경 가능성(임의경매의 경우) 177

제5장 이중경매 신청

1. 이중경매 신청의 의의와 요건 178
(1) 이중경매 신청의 의의 178
(2) 이중개시 결정의 요건 178
▶ 공동경매와의 구별 180

2. 이중경매 신청을 할 수 있는 시기(낙찰대금 완납시까지) 181

3. 이중경매개시 결정의 절차 181
4. 이중경매개시 결정의 효력 182
(1) 일반적인 효력 182
(2) 선행사건의 경매 신청이 취하되거나 그 절차가 취소·정지된 경우의 절차 182
(3) 선행경매가 취소·취하 또는 정지된 경우에 후행경매에서 배당 요구로서의 효력을 인정할 것인지 여부 184
(4) 선행경매가 취소·취하 또는 정지된 경우에 후행경매에 따른 대금 납부의 효력 185

5. 이중경매의 집행비용 186
(1) 이중경매의 집행비용 186
(2) 선행사건이 취소·취하된 경우의 집행비용 187

6. 참가압류 187

제3편 경매 절차의 개시 - 압류 절차

제1장 경매 신청서의 접수 및 심사

1. 경매 신청서의 접수 191

2. 경매 신청서의 심사 192

3. 심리·조사할 사항 192
(1) 강제경매의 경우 검토사항 193
(2) 임의경매의 경우 검토사항 194
(3) 목적물(부동산)에 대한 검토사항 194
(4) 당사자 등에 대한 조사 201

제2장 경매개시 결정

1. 경매개시 결정 기입등기의 촉탁 203
(1) 제도의 취지 203
(2) 경매 신청 기입등기의 촉탁시기 203
(3) 경우에 따른 등기 촉탁 204
(4) 상급심에서 경매개시 결정을 한 경우 촉탁법원 206
(5) 촉탁 절차 206
(6) 경매 신청의 등기 절차 213

2. 경매개시 결정의 송달 219
(1) 채무자에 대한 송달 219
▶ 외국송달의 특례 220
(2) 채권자에 대한 송달 223
(3) 공유자에 대한 통지 223
(4) 강제관리의 압류채권자 및 관리인에 대한 통지 224

(5) 금융기관부실자산등의효율적처리 및한국자산관리공사의설립에관한 법률상의 특칙 225

3. 압류의 효력 227
(1) 효력 발생시기 227
(2) 처분금지의 효력 228
(3) 시효중단의 효력 229
(4) 압류효력의 소멸 229

제3장 경매개시 결정에 대한 이의

1. 총설 230
(1) 관할 법원 231
(2) 이의신청권자 231
(3) 신청 방법 및 시기 231

2. 이의 사유 232
(1) 강제경매의 경우 232
(2) 임의경매의 경우 234

3. 재판 전의 가처분에 의한 집행정지 239
(1) 가처분의 내용 240
(2) 가처분에 대한 불복 불허 240

4. 이의 신청에 대한 재판 241
(1) 심리 및 재판 241
(2) 재판의 고지 242

5. 이의 신청 재판에 대한 불복 방법 242
(1) 항고의 제기 242
(2) 즉시항고의 효력 243
(3) 항고에 대한 집행법원의 조치 243
6. 경매개시 결정 취소 결정확정 후의 법원의 조치 244

제4장 부동산의 침해방지를 위한 조치

1. 부동산에 대한 침해행위 246
2. 이해관계인의 신청 246
3. 침해행위의 방지를 위한 조치 247
(1) 조치의 내용 – 금지명령·작위명령·인도명령 247
(2) 담보의 제공 247
(3) 결정에 대한 불복 247
(4) 필요한 조치 결정의 집행 248

제5장 부동산의 멸실 등에 의한 경매 취소

1. 취소 사유 249
(1) 부동산의 멸실 249
(2) 채무자의 소유권 상실 250
(3) 법령에 의한 강제집행의 금지 252
(4) 처분금지 가처분등기가 되어 있는 경우 252
2. 취소 결정의 절차 253
3. 취소 결정에 대한 불복 방법 254
4. 경매 신청 기입등기의 말소 254

제4편 환가 절차

제1장 경매(입찰)의 준비

1. 경매(입찰)의 준비단계 259
2. 현황 조사 260
(1) 현황 조사명령 260
(2) 제도의 취지 260
(3) 조사사항 260
(4) 집행관의 강제력 사용권 262
(5) 현황 조사명령에 대한 불복 263
(6) 현황 조사 보고서 263
(7) 추가조사·재조사 명령 266
(8) 보충조사와 경매법원의 심문, 증거조사 266
(9) 농지에 관한 경매법원의 사실조회 267
3. 각종의 최고 268
(1) 공과주관 공무소에 대한 최고 268

(2) 이해관계인에 대한 채권 신고의
　　최고　271
(3) 가등기권리자에 대한 최고　273
(4) 임차인에 대한 통지　276

4. 부동산의 평가 및 최저 경매(입찰)가격
　의 결정　276
(1) 최저 경매가격이란　276
(2) 최저 경매가격 제도의 취지　277
(3) 목적부동산의 평가　277
(4) 최저 경매가격의 결정　299

5. 경매(입찰)물건명세서의 작성 및 비치
　305
(1) 제도의 의의와 취지　305
(2) 경매(입찰)물건명세서의 작성과 그
　　위반의 효과　305
(3) 경매(입찰)명세서의 기재사항　308
▶ 제3호의 기재사항 중 주의할 점　309
(4) 경매(입찰)물건명세서의 비치 및
　　열람·등사　311
▶ 경매기록의 열람·등사　312
(5) 경매(입찰)물건명세서의 정정　312

6. 잉여의 가망이 없는 경우의 경매 취소
　314
(1) 제도의 의의와 취지　314
(2) 우선채권　314

(3) 잉여의 가망 여부의 판단기준　322
(4) 잉여의 가망이 없다는 통지　323
(5) 압류채권자의 매수 신청　324
(6) 낙찰불허가 결정과 경매 취소　329
(7) 무잉여경매 취소에 대한 위반의
　　효과　329
(8) 민사소송법 제616조의 적용이 문
　　제되는 경우　330

제2장 매각조건의 결정

1. 매각조건이란　332
(1) 매각조건의 종류　332
(2) 매각조건의 고지 등　333

2. 법정 매각조건　333
(1) 최저 경매가격 미만의 매각불허
　　333
(2) 잉여가 없는 경우의 경매불허　333
(3) 부동산 위의 물적 부담의 소멸과
　　인수의 범위　334
(4) 매수인의 자격　334
(5) 매수신청인(입찰자)의 의무　334
(6) 경락인의 대금지급 의무와 그 지
　　급시기　334
(7) 경락인의 소유권 취득시기　334
(8) 소유권 취득등기의 시기, 방법 및

비용부담 335
(9) 경락인이 인도청구를 할 수 있는 시기 335
(10) 경락인의 추탈담보에 기한 청구권(담보책임, 위험부담) 335
(11) 공유지분 경매의 경우의 최저 경매가격 결정, 통지받은 타공유자의 우선매수권 335
(12) 법정 매각조건이 아닌 사항 336

3. 특별 매각조건 336
(1) 특별 매각조건이란 336
(2) 특별 매각조건의 고지 336
(3) 합의에 의한 특별 매각조건 337
(4) 직권에 의한 특별 매각조건 339

4. 분할경매(개별경매)와 일괄경매 340
(1) 분할경매의 원칙 341
(2) 법원의 재량에 의한 일괄경매 341
(3) 일괄경매를 할 수 있는 경우 341
(4) 일괄경매가 허용되지 않는 경우 344
(5) 일괄경매의 절차 344
❖ 일반 법률 상식 3 : 일괄매각의 확대 348

제3장 입찰기일 및 낙찰기일의 지정·공고·통지·변경

1. 입찰기일 및 낙찰기일의 지정 350
(1) 입찰기일의 지정 350
(2) 낙찰기일의 지정 351
(3) 일괄지정 351
(4) 사건 목록 작성 351
(5) 경매명령과 입찰명령 352

2. 입찰기일 및 낙찰기일의 공고 352
(1) 공고 방법 353
▶ 신문공고의 양식 355
▶ 인터넷 경매정보 서비스 357
(2) 경매기일공고서에 기재할 사항 359
(3) 위법한 공고의 효력 367

3. 입찰기일 및 낙찰기일의 통지 367
(1) 발송송달 367
(2) 국가에 대한 입찰기일 통지의 경우 367
(3) 변경된 낙찰기일의 통지 368
(4) 공유지분권자에 대한 통지 368
(5) 통지 위반의 효과 369

4. 입찰기일 및 낙찰기일의 변경 371
(1) 입찰기일의 변경 371
(2) 낙찰기일의 변경 373
❖ 일반 법률 상식 4 : 기간입찰제의 도입 373

❖ *일반 법률 상식 5* : 부동산 매각기일에서의 집행기록의 열람 허부 376

제4장 입찰의 실시

1. 입찰의 실시 절차 377
(1) 입찰장소 377
(2) 입찰표 · 입찰봉투 · 입찰 사건 목록 및 입찰물건명세서의 비치 377
(3) 공동입찰의 원칙 378
(4) 집행관의 주재와 법원사무관 등의 참여 378
(5) 경매기록의 열람, 입찰사항 · 방법 및 주의사항 등의 고지 378
▶ 입찰기일의 진행 개관 380
(6) 입찰개시 선언 383
(7) 입찰 참가 방법 383
▶ 입찰표 제출 절차 390

2. 입찰의 종결 절차 394
(1) 입찰의 마감 및 개찰 394
(2) 최고가입찰자의 결정 398
(3) 차순위 입찰신고인의 결정 399
▶ 차순위 입찰신고인과 차순위입찰자의 구별 400
(4) 입찰 절차종결의 고지 402

3. 입찰 절차종결 후의 처리 403

(1) 입찰보증금의 반환 403
(2) 입찰조서의 작성 404
(3) 입찰조서와 보관금의 인도 406
(4) 최고가 매수신고인 등의 가주소 신고 406

4. 공유자의 우선매수 408
(1) 공유자의 우선매수신청권 408
(2) 우선매수권 행사의 병법 · 시기 408
(3) 매수경쟁 409
(4) 공유자가 수인인 경우 409
(5) 입찰기일에 우선매수를 신청했지만 입찰자가 없는 경우 409
(6) 경매 기입등기 후에 공유지분을 취득한 자의 우선매수 청구 가부 410

제5장 신입찰

1. 허가할 매수가격의 신고가 없는 경우 412
(1) 신입찰의 요건 412
(2) 최저 입찰가격의 저감 413
▶ 1기일 2회 입찰제 416

2. 낙찰불허가를 한 경우 415
(1) 신입찰의 요건 415

(2) 최저 입찰가격의 저감불가 *417*

3. 부동산이 훼손되어 낙찰불허가 등을 한 경우 *417*

4. 신입찰 절차 *418*
(1) 신입찰기일, 낙찰기일의 지정 · 공고 · 실시 *418*
(2) 신입찰기일에서의 입찰 절차 *418*

제6장 낙찰 절차

1. 낙찰기일 *419*
(1) 낙찰기일의 지정 · 공고 · 통지 및 개시 *419*
(2) 낙찰기일의 변경 *420*

2. 낙찰기일에서의 이해관계인의 진술 *421*
(1) 이해관계인의 범위 및 진술 방법 *412*
(2) 진술내용 *412*
(3) 낙찰허가에 대한 이의의 제한 *430*
▶ 낙찰허가에 대한 이의 사유의 정비 *430*
(4) 낙찰허가의 이의에 대한 재판 *432*

3. 낙찰에 관한 재판 *434*
(1) 낙찰불허가 결정 *434*

▶ 직권에 의한 매각불허가 사유의 정비 *438*
(2) 낙찰허가 결정 *446*

4. 낙찰기일조서 *452*
(1) 낙찰기일조서의 작성 의무 *452*
(2) 변론조서 규정의 준용 *452*
(3) 낙찰기일조서의 기재사항 *452*
(4) 이해관계인의 권리 *453*
(5) 낙찰기일조서의 증명력 *454*

5. 낙찰허부에 대한 즉시항고 *454*
(1) 항고 일반론 *454*
(2) 강제집행 절차에 관한 경매법원의 재판에 대한 불복 *456*
▶ 부동산 경매 절차에 관한 재판 중 즉시항고가 인정되는 것 *458*
(3) 낙찰허부 결정에 대한 불복방법 *460*
(4) 항고권자와 항고의 이익 *461*
(5) 항고기간 및 항고 이유 *468*
▶ 재심 사유 *470*
(6) 항고제기의 방식 *472*
(7) 담보의 제공 *473*
(8) 즉시항고의 효력 *476*
(9) 즉시항고에 대한 집행법원의 조치 *477*

(10) 농지 경매와 농지취득자격증명 489
❖ 일반 법률 상식 6 : 항고이유서의 제출 강제 492
❖ 일반 법률 상식 7 : 낙찰허가 결정에 대한 항고시 보증공탁 확대 493

부 록

■ 각종 서식 497

1. 집행문 부여 신청, 송달증명원, 확정증명원 497
2. 부동산 강제경매 신청 499
3. 부동산 임의경매 신청 503
4. 경매신청대리허가 신청 507
5. 경매 신청대리 위임장 508
6. 이중경매개시 결정통지 509
7. 보정서 510
8. 부동산 강제경매개시 결정 512
9. 공유자에 대한 통지 513
10. 관리인에 대한 통지 514
11. 경매실행 예정사실 통지 확인 515
12. 강제경매개시 결정에 대한 이의 신청 516
13. 임의경매개시 결정에 대한 이의 신청 518
14. 강제경매개시 결정 취소 520
15. 항고장 522
16. 의견서 525
17. 부동산의 침해방지를 위한 보전처분 결정 526
18. 말소등기 촉탁 527
19. 부동산 현황 조사 보고 529
20. 부동산 현황 및 점유관계 조사·임대차관계 조사 530
21. 농지에 관한 사실조회 532
22. 공과주관 공무서에 대한 최고 533
23. 채권 신고 최고 535
24. 임차인에 대한 통지 536
25. 평가명령 538
26. 원조요청이 있을 경우 법원의 허가 결정 540
27. 경매·입찰 물건명세서 541
28. 경매부동산 매수 신청 543
29. 부동산 강제경매 취소 결정 544
30. 매각조건변경 신청 545
31. 부동산 일괄입찰 신청 546
32. 경매·입찰명령 548
33. 경매(입찰)의 신문공고 549
34. 입찰(경매)기일 변경·연기 신청 551

35. 입찰보증금봉투 *552*
36. 입찰봉투 *553*
37. 공동입찰허가원, 공동입찰자 목록 *555*
38. 입찰표 *557*
39. 공유자의 지분 우선매수 신고 *559*
40. 낙찰허가에 대한 이의 신청 *561*
41. 경매부동산지정 신청 *563*

42. 낙찰불허가 신청 *564*
43. 낙찰불허가 결정 *565*
44. 낙찰허가 결정 *566*
45. 원결정 취소 결정 *567*
46. 최고가(차순위) 매수신고인 증명 *568*

■ 경매 용어 해설 *569*

제1편 부동산 경매개론

제1장 부동산 경매(입찰)의 의의

1. 부동산 경매란

부동산 경매(real estate auction, REA)는 채무자 소유의 부동산을 압류·환가하여 그 매각대금을 가지고 채권자의 금전채권을 만족시키는 것을 목적으로 하는 강제집행 절차(강제경매)와 저당권·질권 등 담보권의 실행 등을 위한 경매(임의경매) 절차를 총칭하는 개념이다.

그러므로 우선 강제경매와 임의경매의 의의와 공통점, 차이점 등을 알아볼 필요가 있다.

2. 강제경매와 임의경매

(1) 강제경매와 임의경매의 개념

강제경매는 금전채권의 실현을 위한 강제집행 절차 중 그 집행의 대상이 부동산일 경우에 행하는 가장 대표적인 강제집행 방법이다.

즉 채무자에게 대여금이나 물품대금 등 받을 것이 있어서 소송을 제기하여 승소 판결을 얻었어도 채무자가 임의로 갚지 않는 경우에는 강제적인 채무이행을 구하는 강제집행을 실행해야 한다. 이 때 채무자 재산 중 특히 부동산에 대하여 경매(입찰)의 방식으로 실행하는 강제집행의 방법이 부동산에 대한 강제경매이다.

임의경매는 법전상의 용어는 아니고 강학(講學)상 용어로서, 담보물권의 실행을 위한 '실질적 경매'와 민법·상법, 기타 법률의 규정에 의한 환가를 위한 '형식적 경매'를 포괄하는 개념이다. 그러나 본서에서는 담보물권의 실행을 위한 경매(실질적 경매)를 중심으로 설명한다.

즉 임의경매는 일반적으로 담보물권의 실행을 위한 경매를 말하므로 저당권·질권·전세권 등의 담보권을 가진 채권자에게 채무자가 채무를 임의로 이행하지 않을 경우 담보권자가 우선변제를 얻기 위하여 담보의 목적물을 경매하는 것을 말한다.

> 임의경매 중 형식적 경매에는 공유물 분할을 위한 경매(민 제269조 제2항), 변제자의 공탁을 위한 경매(민 제490조), 상사 계약에 있어서 자조매각에 기한 경매(상 제67조·제70조·제109조 등) 등이 있는데, 민사소송법은 형식적 경매의 절차도 실질적 경매의 예에 의하도록 하고 있으므로(제734조) 절차상 실질적 경매의 경우와 큰 차이는 없다. 단, 형식적 경매에 있어서는 국가기관인 집행기관의 임무가 원칙적으로 환가의 완료로써 끝나는 것이고, 별도로 청구권의 만족 내지 실현을 위한

단계의 절차로까지 진행되지는 않는다는 데 주의해야 한다.

한편, 구경매법에서는 유치권에 의한 경매도 담보권의 실행을 위한 경매에 속하는 것으로 분류해 왔으나, 1990년 개정된 민사소송법에서는 제734조에서 '환가를 위한 경매'라는 이름 아래 유치권에 의한 경매를 담보권의 실행을 위한 경매와 구별하여 민법·상법, 기타 법률의 규정에 의한 환가를 위한 경매와 동일하게 취급하고 있다.

(2) 기본적인 공통점과 차이점

임의경매는 담보권자가 우선변제를 얻도록 하기 위하여 담보의 목적물을 경매하는 것이므로 특정재산에 의한 특정책임(물적 책임)의 실현을 구하는 것이고, 강제경매는 채무자의 일반재산에 의한 일반책임(인적 책임)의 실현을 구하는 것이라는 데 그 기본적인 차이가 있다. 그러나 양자는 모두 채무자의 부동산을 압류·환가하여 그 매각대금으로 금전채권의 만족을 얻는다는 점에서 공통점이 있고, 이 때문에 대체로 그 절차가 유사하므로 강제경매 절차에 관한 규정이 대부분 임의경매에도 준용된다.

다만, 강제경매는 채무명의의 집행력에 의하여 국가의 강제집행권의 실행으로 실시되는 것이고, 임의경매는 담보권에 내재하는 환가권의 실행을 국가기관이 대행하는 것에 불과하므로, 임의경매의 경우에는 강제경매와는 다른 몇 가지 특칙이 적용되는 경우가 있다.

그러므로 본서에서는 부동산 경매에 관하여 우선 강제경매의 경우를 중심으로 설명하고, 임의경매에 관한 내용 중 강제경매와 다른 부분은 해당 부분에서 별도로 설명하기로 한다.

(3) 강제경매에 관한 규정의 준용범위

1990년 1월 13일 민사소송법을 개정하면서 종래 임의경매 절차를 규율하던 경매법이 폐지되고 민사소송법의 강제집행편(제7편)에 '담보권의 실행 등을 위한 경매'에 관한 장이 제5장으로 신설되어 현재는 강제집행과 담보권의 실행 등을 위한 경매가 민사소송법에 의해 통일적으로 규율되고 있다.

그 주요 내용 중 민사소송법 제728조에서는 담보권의 실행 등을 위한 경매 절차에도 부동산에 대한 강제경매에 관한 규정 전부(제601조 내지 제666조)를 준용하도록 하고 있고, 동 법 제735조에서는 그 성질에 반하지 않는 한 강제집행편의 총칙 규정도 준용하도록 하고 있다.

한편, 민사소송규칙에서도 동일한 내용의 규정(규칙 제205조·제212조)을 둠으로써, 담보권의 실행을 위한 경매(임의경매)도 원칙적으로 압류에서 배당에 이르기까지 강제경매와 동일한 절차에 의하도록 규정하고 있다.

(4) 임의경매와 강제경매의 차이점

1) 채무명의의 필요 여부

① 강제경매의 경우
강제경매를 하려면 원칙적으로 채무명의가 있어야 한다. 왜냐하면 채무명의 정본에 집행문을 부여한 집행력 있는 정본에 의해 강제경매가 실시되기 때문이다. 따라서 강제경매 신청서에는 집행

할 수 있는 일정한 채무명의를 기재해야 하고(제601조 제3호), 신청서에는 집행력 있는 정본을 첨부해야 한다(제602조 제1항).

② 임의경매의 경우

임의경매는 담보권에 내재하는 환가권에 기해 경매신청권이 인정되므로 채무명의의 존재를 필요로 하지 않는다. 따라서 그 신청서에 집행력 있는 정본을 첨부하지 않아도 되지만 대신 등기필증과 같은 담보권의 존재를 증명하는 서류를 첨부해야 한다(제724조 제1항).

2) 공신적 효과의 유무

① 강제경매의 경우

강제경매는 집행력 있는 정본이 존재하는 경우에 한하여 국가의 강제집행권의 실행으로써 실시된다. 따라서 일단 유효한 집행력 있는 정본에 기하여 경매 절차가 완결되었을 때는 후일 그 채무명의에 표상된 실체상의 청구권이 처음부터 존재하지 않거나 무효인 경우, 경매 절차 완결시까지 변제 등의 사유로 인하여 소멸된 경우, 나아가 재심에 의하여 채무명의가 폐기된 경우라 하더라도 경매 절차가 유효한 한, 경락인이 유효하게 목적물의 소유권을 취득하게 된다.

즉 강제경매에는 공신적 효과가 있다.

② 임의경매의 경우

임의경매는 담보권자의 담보권에 내재하는 환가권의 실행을 국가기관이 대행하는 것에 불과하다. 그렇기 때문에 담보권에 이상이 있으면 그것이 경락의 효력에 영향을 미치게 되어 경매의 공신적 효과는 부정된다.

즉 임의경매는 강제경매와는 달리 경매법원이 담보권 및 피담보채권의 존부를 심사하여 담보권의 부존재 무효, 피담보채권의 불발생·소멸 등과 같은 실체상의 하자가 있으면 경매개시 결정을 할 수 없다. 나아가 이러한 사유는 경락불허가 사유에 해당하며, 이를 간과하여 경락허가 결정이 확정되고 경락인이 경락대금을 완납하고 소유권 이전등기를 경료받았다 하더라도 경락인은 경락목적물의 소유권을 취득하지 못하게 된다.

예외적으로 임의경매에 있어서도 경매의 공신적 효과가 인정되는 경우가 있다. 즉 실체상 존재하는 저당권에 의해 경매개시 결정이 있었다면, 그 후 저당권 설정 계약이 해지되어 저당권이 소멸되었거나 변제 등에 의하여 피담보채권이 소멸되었다 하더라도 경매개시 결정에 대한 이의 또는 경락허가 결정에 대한 항고에 의하여 경매 절차가 취소되지 않은 채 경매 절차가 진행되어 경락허가 결정이 확정되고 경락대금이 완납되었다면, 경락인은 적법하게 낙찰부동산의 소유권을 취득하게 된다(제727조).

> 비록 경매개시 결정이 있은 후 경락허가 결정이 확정되기 전에 근저당 채무를 변제하고 근저당등기를 말소했어도, 그 경매 절차의 진행을 적법하게 저지하는 절차를 밟지 못한 채 경락대금이 완납된 이상 경락인의 소유권 취득을 다툴 수 없다(대법원 1971. 9. 28. 선고 71다 1310 판결).

3) 실체상의 하자가 경매 절차에 미치는 영향

① 강제경매의 경우
 강제경매에 있어서 집행채권의 부존재·소멸·이행기의 연기 등과 같은 실체상의 하자는 '청구이의의 소'를 통해서만 주장할 수 있고, 경매개시 결정에 대한 이의 사유나 경락허가에 대한 이의 사유 및 경락허가 결정에 대한 항고 사유는 되지 못한다.

② 임의경매의 경우
 임의경매에 있어서는 담보권의 부존재·소멸·피담보채권의 불발생·소멸·이행기의 연기 등 실체상의 하자가 경매 절차에 영향을 미치므로 절차상의 하자 외에 실체상의 하자도 경매개시 결정에 대한 이의 사유가 된다(제725조). 또한 이런 사유는 경매 절차의 정지 또는 취소 사유가 되고(제726조), 경락허가에 대한 이의 및 경락허가 결정에 대한 항고도 할 수 있다.

> 부동산의 임의경매에 있어서는 강제경매의 경우와는 달리 경매의 기본이 되는 저당권의 존재 여부는 경매개시 결정에 대한 이의 사유가 되는 것은 물론 경락허가 결정에 대한 항고 사유도 될 수 있는 것이므로, 그 부동산의 소유자가 경락허가 결정에 대하여 저당권의 부존재를 주장하여 즉시항고를 한 경우에 항고법원은 그 권리의 부존재 여부를 심리하여 항고 이유의 유무를 판단하여야 한다(대법원 1991. 1. 21. 선고 90마 946 결정).

3. 강제경매와 강제관리

　부동산에 대한 강제집행은 강제경매 외에 강제관리의 방법으로도 행해질 수 있다.
　강제경매는 압류한 부동산 자체를 매각하여 그 매각대금으로 변제하는 강제집행인 데 반하여, 강제관리는 압류한 부동산을 매각하지 않고 그 부동산을 관리하여 얻은 수익금으로 변제하는 강제집행이라는 점에서 근본적인 차이가 있다.
　채권자는 두 가지 방법 중 택일할 수도 있고 두 가지 방법을 병용할 수도 있으며(제599조 제3항), 강제관리는 가압류의 집행에서도 행해질 수 있다(동 조 제4항). 그러나 실무상 부동산에 대한 강제집행의 방법으로 강제관리가 활용되는 경우는 극히 드물다.

일반 법률 상식 **1** | 쉬어가는 페이지

경매와 입찰

강제경매의 구체적인 방법으로 종래에는 '호가에 의한 경매'가 시행되어 왔으나, 1993년 5월 13일 서울지방법원에서 일반 국민들의 적극적 참여 유도와 매각가격의 적정화를 위하여 '입찰' 제도를 실시하기 시작한 이래, 현재는 전국 법원에서 모두 입찰 제도를 시행하고 있다. 그러므로 부동산 경매에 관한 본서에서의 설명도 입찰을 중심으로 진행하기로 한다.

입찰이란 각 매수신청인이 서면(입찰표)으로 매수가격을 신청하여 그 중 최고가격을 신청한 사람을 매수인으로 정하는 방법을 말한다. 입찰에 관한 근거 규정으로 민사소송법에는 제663조 내지 제666조의 4개 조문밖에 없고, 대신 민사소송규칙 제159조 내지 제159조의 10에서 상세히 규정하고 있다. 그리고 위 조문들에서 규정된 것 외에는 경매에 관한 규정들이 준용된다(제663조 제2항).

민사소송규칙 제159조는 경매 절차에서 사용하는 용어에 상응하는 입찰 용어를 정하고 있는데 이를 정리하면 다음과 같다.

경매 절차의 용어		입찰 절차의 용어
경 매	→	입 찰
경락기일	→	낙찰기일

제1편 부동산 경매 개론 33

최고가 매수신고인	→	최고가입찰자
차순위 매수신고인	→	차순위 입찰신고인
경락허부 결정	→	낙찰허부 결정
경락인	→	낙찰자

그리고 위 조항에서 명시적으로 규정하고 있지는 않지만 '경매'에 상응하는 용어로 '입찰'을 사용하는 이상 '경매'가 들어가는 복합어는 그 위치에 '입찰'을 대치하여 사용하면 된다. 예를 들면 경매기일은 입찰기일, 경매조서는 입찰조서, 경매명령은 입찰명령, 경매장소는 입찰장소, 경매보증금은 입찰보증금 등과 같이 사용한다.

한편, 2001년 9월 현재 국회에 계류중인 민사집행법안에서는 위의 기일입찰제 외에 기간입찰제(법안 제103조)와 1기일 2회 입찰제(법안 제115조)를 도입하고 있는데, 이에 대하여는 후에 상세히 설명하기로 한다.

제2장 부동산 강제경매(입찰)

1. 부동산 강제경매 절차의 개요

강제경매는 금전채권의 부동산에 대한 강제집행 방법이다. 그러므로 보통 목적부동산을 압류하여 이를 환가(매각)한 다음 채권자에게 변제(배당)하는 3단계의 절차로 진행된다.

(1) 압 류

채권자의 경매 신청이 있으면 집행법원은 경매개시 결정을 하는 동시에 목적부동산을 압류하고, 관할 등기소에 강제경매 신청의 기입등기를 촉탁하여 등기공무원으로 하여금 등기부에 기입하도록 한 후, 경매개시 결정정본을 채무자에게 송달한다.

(2) 환 가

다음은 환가의 준비절차로서 집행관에게 부동산 현황에 관한 조사를 명하여 부동산의 현상, 점유관계, 차임액 등 기타 현황을 조사한다. 그 뒤 감정인에게 목적부동산을 평가받아 그 평가액을 참작하여 최저 경매(입찰)가격을 정한다.

다음으로 법원은 직권으로 경매(입찰) 및 경락(낙찰)기일을 지정·공고하고 이해관계인에게 이를 통지한다. 경매(입찰)기일에는 집행관이 집행보조기관으로서 미리 지정된 장소에서 경매(입찰)를 실시하여 최고가 매수신고인(최고가입찰자) 및 차순위 매수신고인(차순위 입찰신고인)이 정해지면, 법원은 경락(낙찰)기일에 이해관계인의 의견을 들은 후 경락(낙찰)의 허부를 결정한다. 허가할 매수가격의 신고 또는 입찰이 없는 경우에는 법원이 최저 경매(입찰)가격을 낮추고 신경매(입찰)기일을 정하여 다시 경매(입찰)를 실시한다. 경락(낙찰)허부의 결정에 대하여 이해관계인은 즉시항고를 할 수 있다.

경락(낙찰)허가 결정이 확정되면 법원은 대금지급기일을 정하여 경락인(낙찰자)에게 대금의 지급을 명한다. 경락인(낙찰자)이 지정한 기일까지 대금을 납부하지 않으면 차순위 매수신고인(차순위 입찰신고인)에 대한 경락(낙찰)허부를 결정하고, 차순위 매수신고인이 없을 때는 재경매(입찰)를 실시한다.

(3) 배당(변제)

경락인(낙찰자)이 대금을 완납한 경우에 법원은 경락인(낙찰자)의 소유권 등기 등을 촉탁하고, 채권자의 경합이 없거나 그 대금으로써 각 채권자의 채권 및 비용을 변제하기에 충분하면 각 채권자에게 이를 지급하고, 각 채권자의 채권 및 비용을 변제하기에 부족하면 배당기일을 정하여 배당 절차를 실시한다. 경락인(낙찰자)은 경락(낙찰)허가 결정이 있은 후에 경락(낙찰)부동산의 관리명령을, 대금완납 후에는 인도명령을 각각 신청할 수 있다.

2. 부동산 경매의 대상

부동산 경매의 대상은 부동산이다. 여기서 부동산이라 함은 민법상 부동산인 토지와 건물(민 제99조)뿐만 아니라 부동산과 동일시되는 유체동산 및 권리를 포함한다.

(1) 토지와 그 정착물

토지에 정착된 물건 중 독립된 부동산으로 취급할 수 없는 것(담장·구거 등)과 수목은 토지와 하나의 부동산으로 취급되므로 독립하여 강제경매의 대상이 되지는 않는다. 단, 소유권 보존등기가 된 입목은 독립된 부동산으로 보므로(입목 제3조 제1항) 강제경매의 대상이 된다.

등기할 수 없는 토지의 정착물 중에서도 독립적으로 거래의 객체가 될 수 있는 것과 토지에서 분리하기 전의 과실로서 1월 내에 수확할 수 있는 것은 유체동산의 압류 방법으로 집행하게 된다는 것에 유의해야 한다(민소 제527조 제2항 제1호·제2호). 예를 들어 천연과실은 원물로부터 분리하는 때에 이를 수취할 권리자에게 속하게 되는데(민 제102조), 과실은 1월 내에 수확할 수 있으면 유체동산으로 압류 가능하므로 성숙기 전 1월 내부터는 과실수취권자를 채무자로 하여 유체동산에 대한 강제집행으로 집행할 수 있게 된다.

토지의 공유지분도 독립하여 강제경매의 대상이 되지만, 대지권 취지의 등기가 된 공유지분은 건물과 독립하여 강제경매의 대상이 될 수 없다.

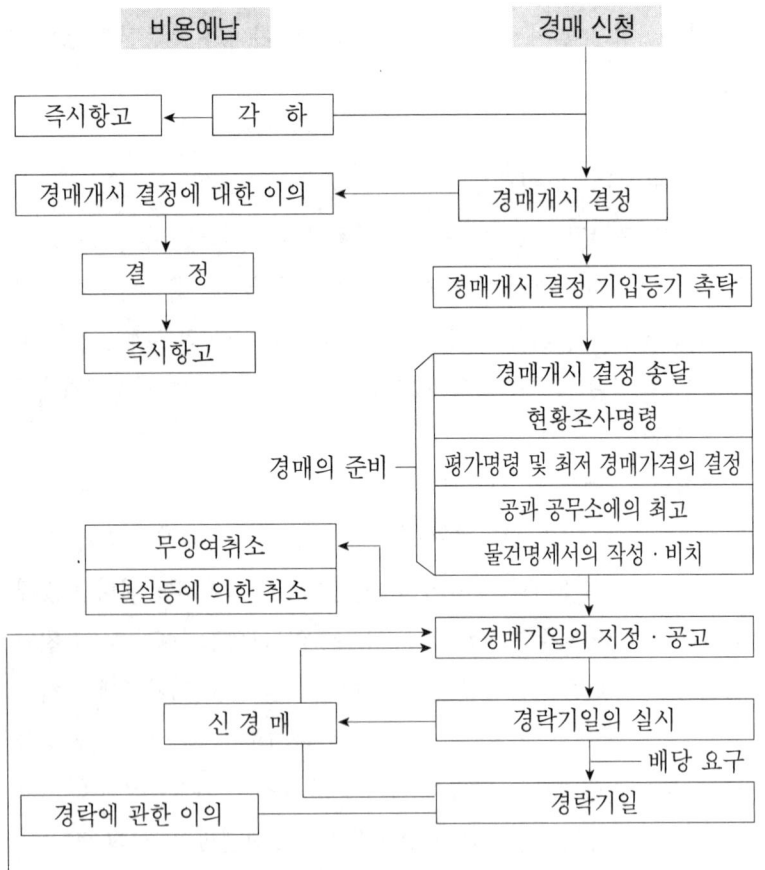

┃ 부동산 경매 절차도 ┃

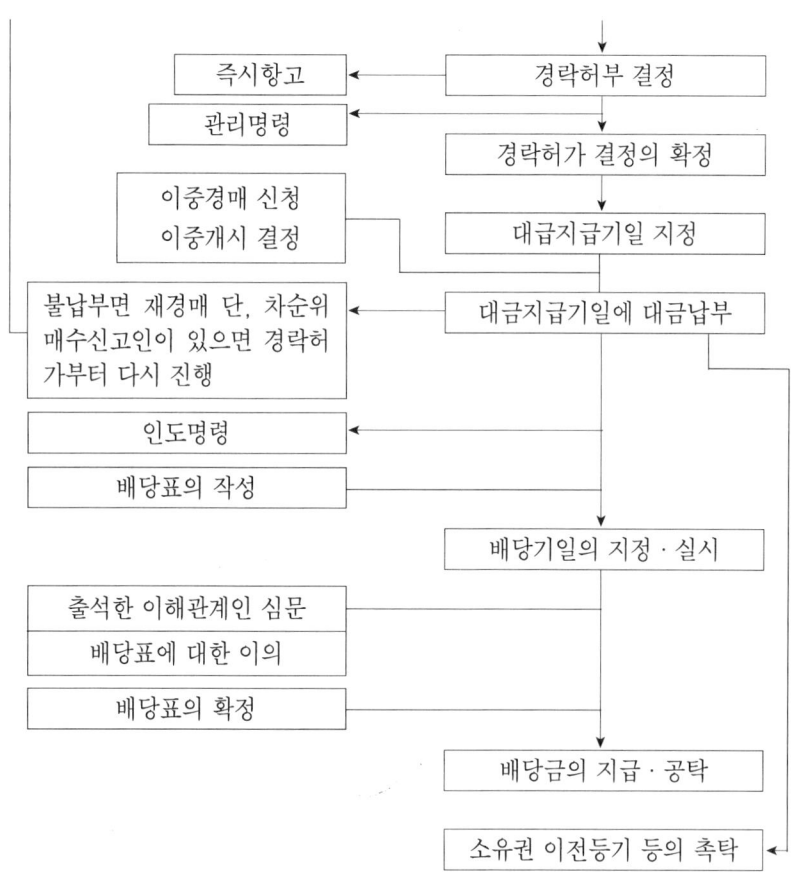

부동산 경매 사건 진행기간표 (대법원 예규 (송민 91-5) 참조)

종 류	기 산 일	기 간	관련법조
경매 신청서 접수		접수 당일	601, 724①
경매개시 결정 및 경매 신청 기입등기 촉탁	접수일로부터	2일 이내	603, 611, 728
채무자에 대한 경매개시 결정 송달	경매개시결정 일로부터	3일 이내	603, 728
공과주관 공무소에 대한 최고서 송달	경매개시결정 일로부터	3일 이내(최고기 간은 2주 이내)	614, 728
채권 신고의 최고	경매개시결정 일로부터	3일 이내(최고기간 은 경락기일까지)	규칙 147
현황 조사명령	경매개시결정 일로부터	3일 이내(조사기 간은 2주 이내)	603의 2, 728
부동산 평가명령	경매개시 결정 기입등기필증 접수일로부터	3일 이내(평가기 간은 2주 이내)	612, 615, 728
경매물건명세서의 작성, 그 사본 및 현황 조사 보고 서, 평가서 사본의 비치		매 경매기일 1주 일 이전까지	617의 2, 728, 규칙 150
최초경매기일의 지정, 게 시 및 신문공고 의뢰, 이 해관계인에 대한 통지	현황 조사 보고 서 및 평가서의 접수일로부터	3일 이내	621, 617②, 728
최초경매기일		신문공고일로부터 14일 이후, 신문 공고의뢰일로부터 20일 이내	619
신경매 또는 재경매 기일 의 지정 및 게시(또는 게 시 및 신문공고), 이해관 계인에 대한 통지	사유발생일로 부터	3일 이내	631②, 648③, 728
신경매 또는 재경매 기일	공고일로부터	7일 이후 20일 이내	631②, 648③, 728
경락기일	경매기일로부터	7일 이내	620①, 728
배당 요구의 통지	배당요구일로부터	3일 이내	606①, 728

경매 실시		경매기일	619, 628, 728
경매조서 및 보증금 등의 인도	경매기일로부터	3일 이내	629, 728
경락허부 결정의 선고		낙찰기일	620②, 638①, 728
차순위 매수신고인에 대한 경락기일의 지정, 이해관계인에 대한 통지	최초의 대금지급기일 후	3일 이내	627①, 647의 2①, 728
차순위 매수신고인에 대한 경락기일	최초의 대금지급기일 후	14일 이내	620①, 728
경락부동산 관리명령		신청 당일	647②, 728
대금지급기일의 지정 및 통지	경락허가결정확정일 또는 상소법원으로부터 기록송부를 받은 날로부터	3일 이내	654①, 728, 규칙 156, 205
대금지급기일	낙찰허가결정확정일 또는 상소법원으로부터 기록송부를 받은 날로부터	1개월 이내	규칙 156, 205
경매부동산 인도명령		신청 당일	647①, 728
배당기일의 지정, 소환, 채권계산서 제출의 최고	대금납부 후	3일 이내	654의 2, 586, 728
배당기일	대금납부 후	2주 이내	654의 2, 728
배당표의 작성 및 비치		배당기일 3일 전까지	588②, 728
배당표의 확정		배당기일	656, 728
배당실시 배당조서의 작성		배당기일	658, 589, 728
배당금액의 공탁 또는 계좌입금	배당기일로부터	10일 이내	589③, 728
경락인에 대한 소유권 이전등기 등의 촉탁	경락대금완납 또는 등록세납부일로부터	2일 이내	661, 728
기록인계	경락인에 대한 소유권 이전등기 완류 후	5일 이내	

(2) 건 물

건물은 항상 토지로부터 독립된 부동산으로 취급되므로 독립적으로 강제경매의 대상이 된다. 건물의 공유지분, 구분소유권도 독립하여 강제경매의 대상이 된다.

건물이 건축중이어서 사회통념상 아직 독립된 부동산으로 볼 수 없는 경우에는 개개의 건축자재나 공작물을 유체동산 집행 방법에 따라 집행할 수밖에 없다. 만일 채무자가 이 집행을 무시하고 건축공사를 계속하여 경매할 시점에 이르러 건물이 완공되어 독립된 부동산이 되었다면, 채무자가 형법상 공무상비밀표시무효죄의 책임을 지는 것은 변론으로 하고, 집행관은 유체동산집행으로서의 경매를 더 이상 속행해서는 안 된다.

한편, 경매 대상 건물이 인접한 다른 건물과 합동되어 건물로서의 독립성을 상실했다면 경매 대상 건물만을 독립적으로 양도하거나 경매의 대상으로 삼을 수는 없다. 이 경우 채무자의 소유권이 위의 합동으로 인하여 생겨난 새로운 건물 중에서 위 경매 대상 건물이 차지하는 비율에 상응하는 공유지분으로 전환되므로, 그 공유지분에 대한 경매 신청을 할 수밖에 없다. 경매 대상 건물에 관하여 생긴 이러한 사유는 민사소송법 제635조 제2항 단서, 제633조 제1호 소정의 '경매한 부동산이 양도할 수 없는 것인 때'에 해당하므로 경매법원으로서는 위 건물에 대한 경락을 불허하게 된다(대결 93. 10. 10. 93마 929).

(3) 공장재단·광업재단

공장저당법에 의한 공장재단과 광업재단저당법에 의한 광업재단은 하나의 부동산으로 보므로(공저 제10조·제14조, 광저 제5조) 부동산 경매의 대상이 된다. 즉 공장재단·광업재단을 구성하는 기계·기구 등은 동산이라 하더라도 유체동산에 대한 집행이 될 수 없고, 그 저당권의 목적인 토지·건물·광업권 등과 함께 부동산 경매의 대상이 될 수 있을 뿐이다. 따라서 경매목적부동산이 공장재단·광업재단의 일부를 구성하고 있음이 경매개시 후에 드러난 경우에는 경매 절차를 취소해야 한다(공저 제8조, 광저 제5조).

단, 공장재단이 몇 개의 공장으로 구성되어 있는 경우에 법원은 저당권자의 신청으로 그 공장재단을 구성하는 각 공장을 개별적으로 경매 또는 입찰에 부할 것을 명령할 수 있다(공저 제30조).

(4) 광업권·어업권

광업권·어업권은 법률상 부동산으로 취급되므로(광업 제12조, 수산 제15조) 부동산 경매의 대상이다. 그러나 공동광업권자의 지분은 광공업자의 합유에 속하기 때문에 다른 공동광업권자의 동의 없이는 양도할 수 없으므로(광업 제34조 제2항) 강제경매의 목적으로 할 수 없다(송민 63-16).

(5) 지상권

지상권은 부동산을 목적으로 하는 권리이므로 강제경매의 대상이 된다(다수설).

(6) 선박·자동차·건설기계 및 항공기

등기할 수 있는 선박, 자동차관리법에 의하여 등록된 자동차, 건설기계관리법에 의하여 등록된 건설기계 등에 대한 강제집행은 특별한 규정이 있는 경우를 제외하고는 부동산에 대한 강제경매의 예에 의하고(민소 제678조, 규칙 제173조·제189조), 항공법에 의하여 등록된 항공기에 대한 강제집행은 선박에 대한 강제집행의 예에 의한다(규칙 제190조).

(7) 미등기 부동산

미등기 부동산이라 하더라도 채무자의 소유로서 즉시 채무자의 명의로 등기할 수 있는 경우에는 경매가 가능하다(제602조 제1항 제2호, 부동 제134조). 미등기 부동산에 대하여 경매개시 결정을 하면 경매법원의 촉탁에 의하여 등기공무원은 직권으로 소유권 보존등기를 하고 경매개시 결정 기입등기를 하게 된다. 이 때 경매신청인은 미등기 부동산이 채무자의 소유임을 증명할 수 있는 서류를 경매 신청서에 첨부해야 한다(자세한 것은 제2편 제1장에서 첨부서류와 관련하여 상술함). 등기부가 멸실되고 아직 회복등기가 되어 있지 않은 부동산에 대하여 경매 신청을 하는 경우에도 마찬가지이다.

(8) 원인무효인 등기의 경우

미등기 부동산의 경우와 달리, 채무자 소유의 부동산이 무효의 원인에 의하여 제3자 명의로 등기되어 있는 경우에는 그 등기명의를 채무자에게 회복한 후가 아니면 채무자에 대한 강제집행으로서의 강제경매의 대상이 될 수 없다.

3. 부동산 경매의 집행기관

(1) 목적부동산 소재지의 지방법원

부동산에 대한 강제집행(강제경매·강제관리·임의경매)은 목적부동산 소재지의 지방법원(또는 그 지원)이 집행법원으로서 관할한다(제600조 제1항, 제728조). 강제경매, 임의경매의 집행법원을 경매법원이라고도 한다. 이 관할은 전속관할이므로(제524조) 당사자의 합의에 의해서도 다른 법원을 관할 법원으로 정할 수 없으며, 또한 응소관할도 생길 수 없다.

부동산에 대한 강제경매 신청을 한 경우에 법원은 직권으로 관할의 유무를 조사한 후 관할권이 없다고 인정되면 직권으로 관할 지방법원에 이송해야 하고(제31조), 경매 신청을 각하해서는 안 된다.

> **전속관할**이란 공익적 견지에서 특정법원만이 배타적으로 관할권을 갖도록 법률로써 정한 것을 말한다.
>
> **응소관할**이란 민사소송법상 관할 입안의 법원에 제기한 소에 대하여 피고가 관할 입안에 항변을 제출하지 않고 이에 응소했을 경우에는 그 법원에 대해서 생기는 관할이다. 제1심법원에서 다른 법원에 전속관할의 정함이 없는 경우에 한하여 인정된다(민소법 제27조·제28조).

(2) 관할경합의 경우

1개의 부동산이 수개의 지방법원관할 구역에 있을 때는 각 지방법원에 관할권이 있으므로 채권자는 어느 지방법원에도 경매를 신청할 수 있으나, 이 경우 관할 법원이 필요하다고 인정할 때는 이 사건을 다른 관할 지방법원에 이송할 수도 있다(제600조 제2항, 제728조). 이송 결정을 한 법원의 법원사무관 등은 이송 결정이 확정된 후에 이송 결정의 정본을 경매 사건기록에 첨부하여 이송을 받은 법원에 송부해야 한다(제36조 제2항).

이송 결정이 확정되면 이송 사건은 처음부터 이송을 받은 법원에 계속된 것으로 본다(제36조 제1항).

(3) 공장재단의 경우

공장재단을 구성하는 하나의 공장이 수개의 지방법원의 관할 구역에 걸쳐 있거나 공장재단을 구성하는 수개의 공장이 수개의 지방법원의 관할 구역 내에 있는 경우에는 관계법원에 공통되는 직근 상급법원이 관계법원 또는 당사자의 신청에 의하여 결정으로 관할 법원을 정한다(공저 제29조 제2항, 민소 제25조).

(4) 공동담보의 경우

공동담보의 목적이 되는 수개의 부동산이 별개의 지방법원 관할 구역 내에 산재하고 있는 경우에는 각 부동산별로 관할이 생기며 동일한 절차에 의하여 경매할 수는 없다. 따라서 채권자는 공동담보 목적부동산에 대한 경매 신청을 동시에 또는 순차로 각 부동산 소재지관할 법원에 신청할 수 있다.

제3장 채무명의와 집행문

제3장에서는 부동산 강제경매의 요건으로서 앞으로 자주 등장하게 될 채무명의와 채무명의의 일종인 집행증서, 그리고 집행문에 대하여 알아보기로 한다.

1. 채무명의란

(1) 채무명의의 의의

채무명의란 일정한 사법상 급여청구권의 존재 및 범위를 표시함과 동시에 법률이 강제집행에 의하여 그 청구권을 실현할 수 있는 집행력을 인정한 공정의 문서를 말한다.

구체적으로 어떤 증서가 채무명의로 되는가는 민사소송법과 기타의 법률에 정해져 있다. 통상 판결 및 이에 준하는 효력을 가지는 조서가 채무명의로 되지만 그 외에 당사자의 진술에 기하여 공증인, 합동법률사무소 또는 법무법인이 작성한 증서가 채무명의가 되는 경우도 있다.

채무명의는 일정한 사법상의 급여청구권을 표시하는 것이어야 하므로 그런 표시가 없는 형성 판결이나 확인 판결은 채무명의로 되지 않는다.

(2) 채무명의의 내용

1) 채무명의 및 집행문에 의하여 집행당사자, 집행의 내용·범위가 결정된다

채무명의에 의하여(집행문의 부여가 있는 경우에는 이와 결합하여) 집행 당사자 및 집행의 내용·범위가 정해진다. 따라서 이에 의하여 한정된 부분 이외의 집행행위는 위법이다. 이 경우에 채무자 및 이해관계에 있는 제3자는 이의 신청이나 소로써 그 집행의 배제를 구할 수 있다.

2) 채무명의는 급부 의무를 내용으로 해야 하고, 그 급부는 가능·특정·적법하며 강제이행할 수 있는 것이어야 한다

가. 급부가 집행 당시에 객관적으로 불능이면 집행불능으로 된다.

나. 채무명의에는 급부목적물의 종류, 범위, 급부의 시기 등 급부의무를 특정함에 필요한 사항이 구체적으로 표시되어 있어야 한다.

다. 급부의 내용 자체가 부적법하거나 사회질서에 반하는 것일 때(예 : '근육 1kg을 절단 인도하라.' 고 명한 경우)는 설령 잘못하여 판결로 그런 급부를 명했다 해도 무효이므로 집행할 수 없다. 그러

나 급부의 내용 자체가 부적법한 것이 아니면 그 원인이 불법이라 해도(예 : 도박채무의 변제를 명한 경우) 집행은 가능하다. 왜냐하면 집행기관은 급부 원인의 옳고 그름을 판단할 수는 없기 때문이다.

라. 급부의 성질이 강제이행에 적합하지 않은 경우, 예를 들어 부부의 동거를 명한 경우에는 그 집행이 불가능하다.

3) 채무명의는 급부청구권 범위의 최대한도를 정한다

실체상으로는 채무명의에 표시된 액수 이상의 채권이 있다 해도 그 초과부분은 집행할 수 없다.

> 강제집행에 있어서 채권자가 채무자에 대하여 가지는 집행채권의 범위는 채무명의에 표시된 바에 의하여 정해지므로 채무명의, 즉 집행력 있는 공정증서정본상 차용원금채권 및 이에 대한 그 변제기까지의 이자 이외에 변제기 이후 다 갚을 때까지의 지연손해금채권에 대하여는 아무런 표시가 되어 있지 않는 한 그 지연손해금채권에 대해서는 강제집행을 청구할 수 없다(대법원 1994. 5. 13. 선고 94마 542·543 결정).

한편, 채무명의에 형식상 표시된 액수를 항상 집행할 수 있는 것은 아니다. 예를 들어 금 1천만 원의 지급을 명한 제1심 판결에 대하여 패소한 피고가 항소했는데, 항소심에서 원고가 소를 일부 취하하여 금 7백만 원의 지급을 구하는 것으로 청구를 감축한 결과 항소가 기각되었다면, 채무명의로 되는 것은 여전히 제1심 판결이고 그 판결에 형식상 표시되어 있는 것은 금 1천만 원이지만, 집행할 수 있는 금액은 금 7백만 원에 한한다. 이 때에는 집행문에 집행이 가능한 범위를 기재해야 한다(규칙 제99조, 예 : "피고 ○○○에 대하여 위 1천만 원 중 7백만 원에 대한 강제집행을 실시하기 위하여 원고 ○○○에게 부여한다."고 기재).

또한 청구이의의 소에서 채무명의 표시의 일부에 대하여 집행불허의 판결이 있는 경우에도 집행할 수 있는 금액은 집행불허가 되지 않은 잔존부분에 한한다.

4) 급부 의무의 모습은 채무명의에 의하여 결정된다

채무자가 이행해야 할 급부 의무의 모습은 채무명의에 표시된 것에 의해 결정된다. 각각의 경우에 어떤 절차를 거치게 되는지 살펴본다.

① 예비적 급부 의무(대상 판결)

본래의 급부 의무에 대하여 다른 급부 의무가 예비적으로 정해져 있는 경우에 채권자는 먼저 본래의 의무를 집행하고 그것이 불능인 경우에 예비적 의무의 집행을 해야 한다. 이 경우 본래적 급부의 집행불능은 집행기관이 인식한 사실이기 때문에 예비적 급부의 집행을 위하여 다시 집행문을 부여받을 필요는 없다. 즉 예비적 의무의 집행을 할 때 본래적 의무의 집행불능이 집행문 부여의 조건(제480조 제2항)이 되는 것은 아니다.

② 선택적 급부 의무

채무명의상의 급부목적물이 여러 가지 중 선택할 수 있는 것일 때는 우선 민법 제381조에 의한 선택 절차를 거친 후에만 집행이 가능하다. 또 이런 경우는 민사소송법 제480조 제2항의 '조건을 붙인 경우'에 해당하므로 채권자가 증명서로써 조건을 이행한 것을 증명하여 집행문의 부여를 받아야 집행 신청을 할 수 있다.

③ 기한부 또는 조건부 급부 의무

기한부 또는 조건부 급부 의무의 경우에는 기한이 도래했거나 조건이 성취되지 않으면 집행할 수 없는데, 이 때 그 기한이나 조건의 내용에 따라 어떠한 취급을 하는가는 각각 차이가 있다.

즉 확정기한의 도래는 집행개시의 요건이고, 불확정기한의 도래 및 정지 조건의 성취는 집행문 부여의 요건이다. 그러나 해제 조건의 성취는 청구권의 소멸 사유이므로 상대방이 주장·입증 책임을 질 뿐 집행문 부여의 요건에는 해당되지 않는다.

④ 상환적 급부 의무

채무명의가 채무자에게 채권자의 채무자에 대한 반대급부와 상환으로 일정한 급부를 할 것을 표시한 경우(예: 판결주문에 '피고는 원고로부터 금 1천만 원을 수령함과 상환으로 별지목록 기재 건물을 명도하라.'고 표시된 경우)에는 채권자가 행해야 할 반대급부의 이행이 집행개시의 요건이 된다. 따라서 채권자가 반대급부(금 1천만 원)를 이행제공하지 않는 한 집행개시를 할 수는 없게 된다.

5) 채무명의는 집행 대상물의 범위를 결정한다

채무명의에 특별히 집행 대상물의 제한이 명시되어 있지 않는 한 채무자의 전 재산이 집행의 대상이 된다. 이 때 집행목적물에 대하여 집행기관이 일일이 그 물건 또는 권리가 채무자의 책임재산에 속하는지의 여부를 조사·판단한다는 것은 집행기관의 성질상 적당하지 않을 뿐만 아니라 집행법의 이념에도 어긋난다. 따라서 집행 절차에서는 실체법상의 권리 귀속은 따지지 않고, 단지 그 권리 귀속의 개연성을 인정할 수 있는 외형상의 징표를 법으로 정하여 그 구비여하에 따라 집행의 여부를 결정하도록 하고 있다.

즉 부동산 경매에 있어서는 채무자의 소유로 등기된 등기부등본 또는 즉시 채무자의 명의로 등기할 수 있음을 증명하는 서류의 제출이 있으면 책임재산으로 인정하도록 하고 있다(제602조 제1호·제2호, 제678조, 제688조의 2).

한편, 채무자가 특정재산으로써만 변제의 책임을 진다는 유한책임의 취지가 채무명의 모든 집행문에 기재되어 있음에도 불구하고 채무자의 고유재산에 대하여 집행을 했을 때는, 채무자는 집행에 관한 이의 신청을 하거나 제3자 이의의 소를 제기할 수 있다.

6) 집행기관은 채무명의의 내용을 해석·인정할 직무상 책임이 있다

집행기관은 채무명의(엄밀히 말하면 집행력 있는 정본)에 표시된 문언을 해석하여 집행의 목적과 범위를 명백히 한 후에 집행해야 한다.

이러한 해석에 있어서 집행기관은 집행력 있는 정본 이외의 자료를 참조하여 채무명의를 해석할 수는 없다. 채무명의만의 해석에 의할 때 채무명의의 내용이 끝내 불명확할 경우에 집행기관은 집행을 해서는 안 되고, 채권자는 다시 새로운 채무명의를 얻어야 할 것이다.

2. 채무명의의 종류

강제집행의 기초가 되는 채무명의는 각종 법률에 규정되어 있으며 이를 나열해 보면 다음과 같다.

(1) 민사소송법에 규정된 채무명의

1) 판결
• 확정된 종국 판결(제469조)
• 가집행선고 있는 종국 판결(제469조)
• 외국법원의 판결에 대한 집행 판결(제476조)

2) 판결 이외의 채무명의
• 소송상의 화해조서 및 제소전 화해조서(제520조)
• 청구의 인낙조서(제520조)
• 항고로만 불복을 신청할 수 있는 재판(제519조 제1호)
• 확정된 지급명령(제519조 제3호)
• 가압류명령, 가처분명령(제707조 · 제715조)
• 집행증서(제519조 제4호)
• 과태료의 재판에 대한 검사의 집행명령(제523조)

(2) 기타 법률에 규정된 채무명의
• 중재 판정에 대한 집행 판결(중재법 제14조)
• 파산채권표(파산법 제215조)

- 회사정리 채권자표, 회사정리 담보권자표(회사정리법 제245조 · 제282조)
- 회사정리 절차에 있어서 주금납입청구권 또는 그 책임에 기한 손해배상청구권의 사정의 재판(회사정리법 제72조 · 제76조)
- 조정조서(민사조정법 제29조)
- 조정에 갈음하는 결정(민사조정법 제30조, 제32조 제2항 · 제3항, 제34조 제4항)
- 가사소송법에 의한 심판(가사소송법 제41조), 조정 및 조정에 갈음하는 결정(동법 제59조)
- 당사자가 예납하지 않은 비용의 수봉 결정, 소송상의 구조 및 구조의 취소에 의한 비용 추심의 결정(민사소송비용법 제12조)
- 비송사건절차법상의 과태료 재판에 대한 검사의 명령(비송사건절차법 제249조)
- 비송사건 절차의 비용의 재판(비송사건절차법 제29조)
- 벌금 · 과료 · 몰수 · 추징 · 과태료, 소송비용, 비용 배상 또는 가납의 재판에 대한 검사의 명령(형사소송법 제477조)
- 특허권 · 실용신안권 · 의장권 · 상표권의 심판, 항소심판, 재심에 관한 비용 또는 이들 법률에 의한 보상금액과 대가에 대하여 확정된 심결 또는 결정(특허법 제166조, 실용신안법 제35조, 의장법 제72조, 상표법 제77조 · 제82조)
- 확정된 배상명령 또는 가집행선고 있는 배상명령이 기재된 유죄 판결(소송촉진등에관한특례법 제34조 제1항)
- 언론중재위원회의 중재화해조서 및 중재조서(정기간행물의등록등에관한법률 제18조 제6항)

- 중앙토지수용위원회의 보상금에 관한 재결(토지수용법 제75조의 2 제3항)
- 변호사징계위원회의 과태료 결정(변호사법 제73조 제2항), 지방법원장의 소속 법무사에 대한 과태료의 처분에 대한 검사의 명령(법무사법 제29조 제3항)

3. 채무명의의 경합, 양도와 소멸

(1) 채무명의의 경합

동일한 청구권에 관하여 다수의 채무명의가 경합하는 경우가 있다. 집행증서를 취득한 후에 이행 판결을 얻은 경우가 그것인데, 이때는 모든 채무명의가 유효하므로 채권자는 어느 채무명의로도 집행할 수 있다는 것이 현재의 실무례이다. 집행기관은 두 개 이상의 채무명의가 존재하는 것을 알 수 없기 때문이다.

채무명의의 경합의 문제는 아니지만 제1심 판결과 이를 유지한 항소심의 항소기각 판결의 관계에서는 제1심 판결이 채무명의로 된다.

(2) 채무명의의 양도

채무명의는 거기에 표시된 청구권과 함께 제3자에게 양도할 수 있지만, 채무명의만을 독립하여 양도할 수는 없다.

(3) 채무명의의 소멸

1) 채무명의의 효력 상실

채무명의가 효력을 상실하는 경우는 가집행선고 있는 종국 판결이 가집행선고 또는 본안 판결을 변경하는 판결의 선고에 의하여 효력을 잃는 경우(제201조 제1항), 확정 판결이 재심 판결에 의하여 취소되어 효력을 잃는 경우 등이 있다.

이와 같이 효력이 상실된 판결에 의해 집행하는 경우에 채무자는 집행문 부여에 대한 이의를 제기할 수 있다.

2) 채무명의의 존재 상실

화재·수재 등으로 소송기록이나 판결원본 기타 채무명의의 원본이 멸실된 경우에는 원칙적으로 신소(新訴), 기타의 방법에 의하여 새로운 채무명의를 얻어야 하고, 이와 같은 경우에는 재소(再訴)에 대하여 권리보호의 이익이 인정된다 할 것이다. 다만, 이 경우에도 채권자가 이미 집행정본을 가지고 있을 때는 집행정본에 의하여 집행을 개시, 속행하는 데 아무런 지장이 없다.

그러나 채무명의의 원본이 아니라 단순히 집행력 있는 정본을 분실한 경우라면 다시 교부받아서는 안 된다(제485조).

4. 집행증서

(1) 집행증서의 의의

집행증서란 공증인, 합동법률사무소 또는 법무법인(이하 '공증인 등'이라 칭한다)이 일정한 금액의 지급이나 대체물 또는 유가증권의 일정한 수량의 급부를 목적으로 하는 청구에 관하여 작성한 공정증서를 말한다. 또 채무자가 강제집행을 승낙하는 취지가 기재된 증서(제519조 제4호, 변호사법 제39조 제1항, 제48조 제2항, 제48조의 6 제2항, 간이절차에의한민사분쟁사건처리특례법 제11조)와 공증인 등이 어음·수표에 부착하여 강제집행을 인낙하는 취지를 기재하여 작성한 공정증서(공증인법 제56조의 2)는 채무명의로 되는데, 이것 또한 집행증서이다.

(2) 집행증서의 요건

1) 공증인 등이 그 권한 내에서 법정 절차에 따라 작성한 공정증서일 것

공증인법상 증서 작성의 절차와 형식에 관한 규정(공증인법 제35조 내지 제39조)에 따라 국어를 사용하여(동 법 제26조) 증서를 작성해야 하고, 공증인 등이 직접 작성한 공정증서여야 한다. 사인(私人)이 작성한 사문서의 진정 성립 또는 그 내용이 진실하다는 것을 인증한 것만으로서는 집행증서가 되지 않는다. 단, 사서증서를 인용하여 작성한 공정증서도 채무명의가 된다.

집행증서는 당사자의 촉탁에 의하여 작성된 것이어야 하는데, 촉탁은 당사자의 쌍방으로부터 있어야 하며 일방촉탁에 의한 공정증

서는 채무명의가 될 수 없다. 어음·수표의 경우에는 발행인과 수취인, 양도인과 양수인 또는 각 대리인의 촉탁이 있는 경우에 한하여 작성할 수 있고, 그 어음·수표에 부착하여 공정증서를 작성할 수 있다(동 법 제56조의 2).

2) 일정 금액의 지급이나 대체물 또는 유가증권의 일정 수량의 급부를 목적으로 하는 특정의 청구를 표시할 것

  금전·대체물에 관한 청구에 한하므로 특정 유체동산의 인도라든가 건물명도 청구 같은 특정물의 이행을 목적으로 하는 청구에 관하여는 집행증서를 작성할 수 없다. 급부의 조건이 무조건이어야 하는 것은 아니며 특정의 구체적인 청구가 기재되어 있는 한 기한부, 조건부 또는 상환급부의 경우라도 무방하다. 주의할 것은 당좌대월 계약에 의한 한도액의 기재 내용은 일정한 금액의 지급을 정한 것이라고 할 수 없다는 것이다. 이 경우에는 당사자 간에 장래 거래되는 금액의 최고한도를 표시한 것일 뿐, 채무자가 실제로 부담한 채무의 금액을 표시한 것이 아니기 때문이다.

  약속어음 공정증서의 경우, 어음상 지급기일이 백지인 경우에는 비록 집행문을 부여받았다고 하더라도 변제기가 도래하지 않았으므로 채권자는 먼저 백지를 보충하여 강제집행을 신청해야 한다.

3) 채무자가 강제집행을 승낙하는 취지가 기재될 것

  이러한 의사 표시의 기재를 집행수락문언 또는 집행약관이라 한다. 집행수락의 의사 표시는 집행력 발생의 전제 요건이고 공증인 등에 대한 채무자의 소송행위이다. 따라서 소송능력, 소송대리권

등 소송행위의 일반 요건에 흠결이 있으면 증서의 집행력은 생기지 않고, 또한 위 의사 표시에는 사법상 원칙인 표현대리(민 제125조 등)의 적용 내지 준용이 없다는 것이 판례의 입장이다(대판 94. 2. 22. 93다 42047).

쌍방대리금지에 관한 민법 제124조의 적용에 관하여는, 집행약관을 포함한 계약 조항이 이미 당사자 사이에 결정되어 있고 공정증서 작성의 대리인이 단지 위의 계약 조항을 공정증서로 작성하기 위한 대리인일 뿐 새로이 계약 조항을 결정하는 것이 아니라면 쌍방대리금지의 원칙에 저촉되지 않는다고 하겠다(대판 75. 5. 13. 72다 1183).

(3) 집행증서의 효력

1) 집행력

집행증서가 위의 요건들을 구비한 경우에는 채무명의로 되어 집행력이 있다. 단, 집행증서에 기판력은 없으므로 증서에 기재된 청구가 당초부터 불성립 또는 무효인 경우에는 청구에 관한 이의의 소를 제기할 수 있고(제522조 제3항), 채권자는 집행증서 있는 청구권에 대해서도 확인 또는 이행의 소를 제기할 수 있다.

2) 집행증서의 요건에 흠결이 있는 경우

집행증서의 요건 가운데 하나라도 흠결된 경우에는 집행력이 없고 그 집행증서는 무효이다. 따라서 공증인 등은 이에 대하여 집행문을 부여할 수 없고, 만일 집행문이 부여된 경우에는 집행문 부여에 대한 이의로써 다툴 수 있다(제484조, 제522조 제2항).

집행수락약관의 기재가 있으나 그것이 미성년자 또는 무권대리인에 의해 이루어졌고 법정대리인 또는 본인의 추인이 없는 경우에도 채무명의로서 효력이 없으며 무효이다.

이 경우 무효를 주장하는 방법에는 청구에 관한 이의의 소로 다툴 수 있지만 그에 기한 강제집행이 전체적으로 종료하여 채권자가 만족을 얻은 후에는 청구이의로는 다툴 소의 이익이 없다는 것이 판례의 태도이다(대판 97. 4. 25. 96다 52489).

이와 같이 집행증서의 요건을 갖추지 못한 무효의 집행증서에 의해 발해진 채권압류 및 전부명령은 채무자에 대한 관계에서 효력이 없다(대판 89. 12. 12. 87다카 3125). 나아가 무효인 집행증서에 의하여 경매가 진행되어 경락인 앞으로 소유권 이전등기가 경료된 경우, 원소유자는 집행증서의 무효를 주장하여 경락인을 상대로 그 소유권 이전등기의 말소를 청구할 수 있다(대판 91. 4. 26. 90다 20473).

참고판례

가. 공정증서가 채무명의로서 집행력을 갖기 위해서는 '즉시 강제집행할 것을 기재한 경우'이어야 하고 이러한 집행인락 표시는 합동법률사무소 또는 공증인에 대한 소송행위이고 이러한 소송행위에는 민법상의 표현대리 규정이 적용 또는 준용될 수 없다고 할 것이므로, 무권대리인의 촉탁에 의하여 작성된 공정증서는, 채권자는 물론 합동법률사무소나 공증인이 대리권이 있는 것으로 믿은 여부나 믿을 만한 정당한 사유의 유무에 관계없이 채무명의로서의 효력을 부정해야 할 것이다(대법원 1984. 6. 26. 선고 82다카 1758 판결).

나. 공정증서상의 집행인낙의 의사 표시는 공증인가 합동법률사무소 또는 공증인에 대한 채무자의 단독 의사 표시로서 성규의 방식에 따라 작성된 증서에 의한 소송행위여서, 대리권 흠결이 있는 공정증서 중 집행인낙에 대한 추인의 의사 표시 또한 당해 공정증서를 작성한 공증인가 합동법률사무소 또는 공증인에 대하여 그 의사 표시를 공증하는 방식으로 해야 함으로, 그러한 방식에 의하지 않은 추인행위가 있다 한들 그 추인행위에 의하여는 채무자가 실체법상의 채무를 부담하게 됨은 별론으로 하고 무효의 채무명의가 유효하게 될 수는 없다(대법원 1991. 4. 26. 선고 90다 20473 판결).

다. 채무명의인 공정증서가 무권대리인의 촉탁에 기하여 작성된 것으로서 무효인 때는, 채무자는 청구이의의 소로써 강제집행불허의 재판을 구할 수 있음은 물론이지만, 그 공정증서에 기한 강제집행이 일단 전체적으로 종료되어 채권자가 만족을 얻은 후에는 더이상 청구이의의 소로써 그 강제집행의 불허를 구할 이익은 없다(대법원 1997. 4. 25. 선고 96다 52489 판결).

3) 실체관계와 불일치하거나 법률행위가 무효·취소인 경우
집행증서의 요건 자체를 갖추지 못한 2)의 경우와 달리, 집행증서의 기재 내용이 객관적 사실과 일치하지 않거나 증서에 기재된 청구권의 성립 원인인 법률행위가 무효이거나 취소할 수 있는 경우에는 그 집행증서는 일단 유효한 채무명의가 되고, 다만 청구이의의 소로써 그 집행력의 배제를 구할 수 있다.
즉 증서에 기재된 청구권이 실체법상 불성립 또는 무효라고 하더라도 청구이의의 소에 의하여 집행력을 배제하지 않는 한 그 집행증서에 의한 집행은 유효한 것이 된다.

5. 집행문

(1) 집행문의 개념과 제도의 목적

채무명의에 집행력이 현존하는 사실과 집행력이 미치는 주관적·객관적 범위를 공증하기 위하여 집행문 부여기관이 채무명의 정본의 말미에 부기하는 공증문언을 집행문이라 한다. 이 때 집행문이 붙은 채무명의의 정본을 집행력 있는 정본(또는 집행정본)이라 하고, 집행문이 없는 채무명의에 기하여 행해진 강제집행은 절대무효가 된다(대판 78. 6. 27. 78다 446).

이와 같은 집행문 제도를 둔 목적은 집행기관으로 하여금 채무명의 집행력의 유무와 범위의 판단을 용이하게 하고 신속한 집행을 가능하게 하려는 데 있다. 즉 집행문은 채무명의 작성기관과 집행기관을 연결하는 가교의 역할을 하는 것이다.

(2) 집행문은 어떤 경우에 필요한가

1) 집행문을 필요로 하는 경우

① 원칙적으로 모든 채무명의에 집행문이 필요하다

가집행선고부 종국 판결, 집행 판결, 집행증서와 같이 채무명의 자체에 집행할 수 있다는 취지가 명시되어 있는 경우라도 집행문이 필요하다. 채무명의가 판결의 경우에는 판결이 확정되거나 가집행 선고가 있는 때에 한하여 부여한다(제480조 제1항).

② 채무명의가 가사 심판 또는 가사 사건의 상소심 판결, 조정조서, 화해조서인 경우

금전지급, 물품인도 등의 의무이행을 명하는 가사 심판은 채무명의가 되므로(가사소송법 제41조) 반드시 집행문의 부여가 필요하다.

③ 민사소송법 제100조 제1항에 의한 소송비용액확정 결정

소송비용액확정 결정은 민사소송법 제519조 제1호의 '항고로만 불복을 신청할 수 있는 재판'으로 보기 때문에 독립하여 단독으로 채무명의가 되는 것으로 취급하여, 소송비용액확정 결정이 확정된 뒤에 판결정본에 집행문을 부여하는 식으로 집행문을 부여한다(송민 80-2).

④ 집행에 조건이나 당사자의 승계가 있는 채무명의

집행문을 필요로 하지 않는 채무명의라도 집행에 조건이 붙여진 경우나 당사자의 승계가 있는 경우에는 집행문의 부여가 필요하다.

2) 집행문을 필요로 하지 않는 경우

① 가압류 · 가처분 명령(제708조 · 제517조)

② 집행법원이 집행 절차의 일환으로 발한 재판의 집행
가. 부동산 인도명령의 집행(제647조 제6항)
나. 채권압류명령에 기한 채권증서의 인도집행(제567조)
다. 강제관리개시 결정에 기한 부동산의 점유집행(제672조 제2항)

③ 검사의 집행명령(형사소송법 제477조)

④ 과태료의 재판에 대한 검사의 명령(제523조, 비송사건절차법 제249조)

⑤ 소송비용의 수봉 결정, 소송상의 구조 및 구조의 취소에 의한 비용 추심의 결정(민사소송비용법 제12조, 민소규칙 제6조)

⑥ 의사의 진술을 명하는 판결
예로서 소유권 이전등기를 명하는 판결을 들 수 있다.

⑦ 확정된 배상명령 또는 가집행선고 있는 배상명령이 기재된 유죄 판결(소송촉진 제34조)
이 경우에는 법원이 민사소송법이 규정한 집행문 부여 절차에 따라 유죄 판결의 정본을 부여한다(동 법 시행규칙 제27조).

⑧ 토지수용법상 이의 신청에 대한 재결의 정본(토지수용법 제75조의 2 제3항)
이것은 법률상 집행력 있는 채무명의와 동일한 효력이 있으므로 따로 집행문을 필요로 하지 않는다. 그러나 집행문을 필요로 하지 않는 경우에도 집행에 조건이 붙은 경우와 당사자의 승계가 있는 경우에는 재판장의 명에 의해 집행문을 부여받지 않으면 집행할 수 없다(제482조)는 점에 유의해야 한다.

(3) 집행문 부여기관
각 채무명의에 따른 집행문 부여기관은 다음과 같다.

1) 판결
원칙적으로 제1심 수소법원의 법원사무관 등, 그러나 소송기록이 상급심에 있는 경우에는 그 상급법원의 법원사무관 등(제478조)

2) 항고로만 불복을 신청할 수 있는 재판
당해 기록을 보관하는 법원의 법원사무관 등

3) 소송상의 화해조서, 인낙조서 또는 확정된 지급명령, 가압류·가처분 명령으로서 승계집행문의 부여가 필요한 경우
당해 소송기록을 보관하는 법원의 법원사무관 등

4) 제소전 화해조서, 조정조서, 파산채권표, 회사정리채권자표 등
당해 절차를 행한 법원의 법원사무관 등

5) 집행증서
그 증서를 보관하는 공증인, 합동법률사무소 또는 법무법인(민소법 제522조, 공증인법 제56조의 2, 제56조의 3, 변호사법 제39조 제1항, 제48조 제2항)

6) 특허법·실용신안법 등에 의하여 채무명의로 보는 결정
특허심판원 공무원(특허법 제166조, 실용신안법 제35조)

(ㄴ) 집행문 부여 절차

1) 부여 신청

집행문의 부여 신청은 서면(부록 〔서식 1〕 집행문 부여 신청, 송달증명원, 확정증명원 참조) 또는 구술로 한다(제478조 제3항).

신청권자는 집행채권자 적격이 있는 자이고, 신청인이 조사사항을 증명할 필요가 있는 경우에는 조건이행증명서, 승계 사실을 증명하는 호적등본 등을 첨부하여 제출해야 한다.

2) 집행문 부여시의 조사사항

① 일반적 조사사항
가. 채무명의가 유효하게 존재하는가
소 취하, 화해, 재심 등에 의하여 판결이 실효되었는지의 여부 등

나. 채무명의의 내용이 집행에 적합한가
부부 동거 의무 등은 집행에 부적합하다.

다. 채무명의의 집행력이 현존하는가
판결의 확정 여부, 가집행선고의 유무, 가집행선고의 취소·무효 등

② 특별한 경우의 조사사항
가. 채무명의의 집행에 조건이 붙은 경우

그 조건이 성취되었는지를 조사해야 한다(제480조 제2항). 이 때 주의할 것은 정지 조건, 불확정기한, 선급부 의무 등은 모두 조건에 해당한다는 점이다.

나. 승계집행문을 부여할 경우(채무명의에 표시된 당사자 이외의 자를 위하여 또는 그 자에 대하여 부여할 경우)

승계집행문을 부여할 경우로는 ㉠ 당사자에게 승계가 있는 경우, ㉡ 당사자 또는 승계인을 위하여 청구의 목적물을 소지하는 사람이 있는 경우(제204조 제1항, 제470조), ㉢ 타인을 위하여 원고 또는 피고가 된 사람에 대한 채무명의의 효력이 그 타인에게 미치는 경우(제204조 제3항, 제470조) 등이 있다. 이 경우에는 그 자들의 집행 당사자 적격을 조사해야 한다(제481조).

다. 수통의 집행문을 부여하거나 집행문을 다시 부여할 경우(제485조)

이 때에는 그 필요성의 유무를 조사해야 한다(제488조).

위의 가. 나. 다. 와 같은 경우에는 법원사무관 등이 단독으로 집행문을 부여할 수 없고 재판장의 명령이 있을 때에 한하여 부여할 수 있다(제482조 제1항, 제485조 제1항). 이 때 재판장의 명령은 독립된 재판이 아니고 내부적 감독작용에 불과하여 재판장 명령의 유무는 집행문 부여에 관한 이의 사유가 되지 않는다는 것이 판례의 태도이다(대판 72. 2. 22. 71다 2596).

재판장은 명령 전에 서면이나 구술로 채무자를 심문할 수 있고(제

482조 제2항, 제485조 제2항), 채권자는 위 조사사항을 증명할 각종 증명서를 제출해야 한다.

(5) 집행문 부여의 방식

집행문은 채무명의의 말미에 부기한다(제479조 제1항). 집행문에는 법원사무관 등이 기명날인하고 법원의 도장을 압날한다(동 조 제2항). 재판장의 명령이 있어야 부여할 수 있는 집행문에는 재판장의 명령에 의하여 부여한다는 취지를 기재해야 한다(제482조 제3항). 채무명의에 기한 청구권의 일부에 대하여 집행문을 부여할 때는 강제집행을 할 수 있는 범위를 집행문에 기재해야 한다(규칙 제99조).

법원사무관 등이 집행력 있는 정본을 부여하는 경우에는 판결원본, 상소심 판결정본, 기타 채무명의의 원본에 원고 또는 피고에게 이를 부여한다는 취지와 부여 연월일을 기재해야 한다(제486조).

집행문 부여 절차에 있어서의 구제 절차

1. 채권자를 위한 구제 절차
   ① 집행문 부여 거부처분에 대한 이의 신청(제209조)
   ② 집행문 부여의 소(제483조)
2. 채무자를 위한 구제 절차
   ① 집행문 부여에 대한 이의 신청(제484조)
   ② 집행문 부여에 대한 이의의 소(제506조)

▮ 일반집행문 기재례 ▮

위 정본은 피고 ○○○(또는 원고 □□□)에 대한 강제집행을 실시하기 위하여 원고 □□□(또는 피고 ○○○)에게 부여합니다.

2001. 10. 1.

서 울 지 방 법 원
법원사무관 △△△

▮ 승계집행문 기재례 ▮

위 정본은 재판장의 명에 의하여 피고 ○○○(또는 원고 □□□)의 승계인 ☆☆☆에 대한 강제집행을 실시하기 위하여 원고 □□□(또는 피고 ○○○)에게 부여합니다.

2001. 10. 1.

서 울 지 방 법 원
법원사무관 △△△

제4장 부동산 강제경매의 집행개시 요건

1. 집행개시 요건의 의의

집행 신청에 있어서 구비할 필요는 없지만, 집행기관이 실제 집행을 개시함에 있어서는 그 존재 또는 부존재가 요구되는 각종의 요건이 있는데 이를 집행개시의 요건이라 한다. 집행기관은 집행실시의 최초 단계에서 스스로 집행개시 요건의 존부를 조사하여 요건의 흠결이 있으면 보정을 명하고, 만일 보정하지 않으면 집행 신청을 배척하게 된다. 즉 부동산 경매에 있어서 집행개시 요건이 갖추어지지 않으면 경매개시 결정을 할 수 없게 된다.

(1) 집행개시 요건의 종류

집행개시 요건 중에는 그 요건이 존재해야만 집행에 착수할 수 있는 적극적 요건과 그 요건이 존재하지 않아야만 집행에 착수할 수 있는 소극적 요건(집행장해)이 있다.

적극적 요건으로서는 각종 집행에 공통되는 일반적 요건과 특정한 집행에만 필요한 특별 요건이 있다. 집행 당사자의 표시 및 채무명의의 송달(제490조 제1항)은 전자에 속하고, 집행문 및 증명서의 송달(제490조 제2항·제3항), 이행일시의 도래(제491조 제1항), 담보제공증명서의 제출과 그 등본의 송달(제491조 제2항), 반대 의무의 이행 또는 이행의 제공(제491조의 2 제1항), 집행불능의 증명(제491조의 2 제2항) 등은 후자에 속한다.

(2) 집행개시 요건의 흠결

집행개시 요건의 흠결을 간과하여 진행한 집행에 대하여는 채무자와 기타 이해관계인이 집행에 관한 이의(제504조)나 즉시항고(제517조)에 의하여 취소를 구할 수 있고, 경우에 따라서는 절대무효로 되는 경우도 있다.

한편, 집행개시 요건은 집행을 개시할 때 구비해야 하지만 집행절차의 진행중에 그것이 흠결된 경우에도 그 속행을 위하여 다시 구비하지 않으면 안 될 때가 있다. 예를 들어, 집행 절차 진행중에 채권자가 교체되었을 때는 신채권자가 승계집행문을 부여받아 이를 송달해야 집행 절차를 속행할 수 있다.

‖ 집행개시 요건의 심사 ‖

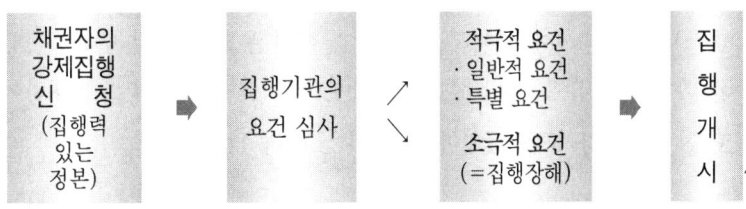

2. 적극적 집행개시 요건

(1) 집행 당사자의 표시

강제집행은 이를 청구하는 채권자와 집행을 받을 채무자의 성명이 채무명의의 집행력 있는 정본에 표시되어 있는 경우에 한하여 개시할 수 있다(제490조 제1항 전단). 집행기관은 집행력 있는 정본 이외의 자료로써 집행 요건을 조사할 권한이 없으므로 채무명의나 집행문에 그 표시가 없으면 집행을 할 수 없다.

집행 당사자를 확정할 수 있는 것이면 성명뿐만 아니라 아호가 기재되어 있더라도 무방하다. 한편, 만일 집행 당사자의 표시에 오류가 있거나 표시가 부정확한 경우에는 판결의 경정(제197조)에 준하여 채무명의 또는 집행문의 경정을 구할 수 있다.

집행기관은 채무명의나 집행문에 당사자의 표시가 없으면 집행을 할 수 없다. 한편, 현실로 집행을 청구한 자 또는 집행을 받을 자가 집행정본의 표시와 일치하는지의 여부도 집행기관이 조사해야 할 사항이지만 집행개시의 요건은 아니다.

집행정본에 표시되어 있지 않은 사람을 위하여 또는 그런 사람에 대하여 진행된 집행은 채무명의 없이 한 집행과 다름없으므로 위법할 뿐만 아니라 무효이다.

법무법인 또는 공증인이 작성하는 어음의 발행에 관한 집행수락약관부 공정증서에 있어서, 어음의 발행인은 그 직접의 수취인뿐만 아니라 그 어음을 적법하게 배서양도받아 소지하는 사람에 대하여도 집행채무자가 된다(대판 75. 5. 13. 72다 1183).

(2) 채무명의의 송달

1) 원칙

원칙적으로 집행할 채무명의는 집행 전 또는 늦어도 집행개시와 동시에 채무자에게 송달해야 한다(제490조 제1항 후단). 이것은 채무명의 존재와 내용을 미리 알려 채무자로 하여금 적당한 방어 방법을 강구할 기회를 주기 위한 것이므로, 판결이나 지급명령, 화해조서정본, 인낙조서정본과 같이 법원사무관 등이 미리 직권으로 송달한 것이라면(제196조, 제438조 제1항, 규칙 제48조) 다시 송달할 필요가 없다.

송달해야 하는 것은 채무명의 그 자체이며 집행정본이 아니다. 한편, 강제집행개시를 할 수 있는 요건으로서의 채무명의의 송달은 등본이라도 무방하다(공증인법 제56조의 4). 그러나 채무명의가 판결인 경우에는 판결의 송달은 정본에 의하도록 되어 있으므로(제196조 제2항) 등본에 의한 송달은 허용되지 않는다.

집행과 동시에 송달하는 예로는 집행관이 집행기관인 경우에 집행을 행하는 집행관에게 집행증서를 지참시켜 채무자에게 송달하게 하는 경우를 생각할 수 있다. 그러나 강제경매의 경우에는 법원이 집행기관이므로 동시송달이 있을 수 없다.

2) 예외—채무명의의 송달이 집행개시 요건이 아닌 경우

가압류·가처분 명령의 집행(제708조 제3항, 제715조), 비송사건절차법상의 비용의 재판에 의한 집행(동 법 제29조 제2항 단서), 과태료의 재판에 대한 검사 명령의 집행(동 법 제249조 제2항 단서),

벌금 등의 형사재판에 대한 검사 명령의 집행(형사소송법 제477조 제3항) 등은 채무명의를 송달하기 전에도 집행을 개시할 수 있다.

약속어음의 공정증서에 기한 집행에 있어서는 집행 전에 집행증서를 채무자에게 송달해야 할 법률상의 근거가 없으므로 이를 송달하지 않았다 하더라도 위법이 아니다(대결 98. 3. 12. 80마 78).

한편, 일부 학설은 집행증서에 의한 강제집행에도 채무명의의 송달에 관한 민사소송법 제490조가 준용되므로(제520조) 집행증서 정본의 송달은 일반 채무명의와 마찬가지로 집행개시의 요건이라고 보기도 하지만, 판례와 같이 집행증서의 송달증명은 필요하지 않다고 보는 것이 옳다.

3) 송달증명

채무명의의 송달 여부는 집행기관이 조사할 사항이지만 채권자는 송달증명서 등에 의하여 송달을 증명할 필요가 있다. 송달증명서는 송달 사무 처리자인 법원사무관 등에게 신청하여 교부받는다. 단, 채권자의 위임에 따라 공정증서의 정본 등의 송달을 한 집행관은 그 송달한 증서를 위임인에게 교부하도록 되어 있으므로(규칙 제101조의 2 제3항) 이 경우에는 집행관으로부터 교부받은 송달증서를 직접 제출하면 된다.

한편, 집행기관이 직접 송달하여 집행기록상 송달 사실이 명백한 때는 송달증명이 필요 없다.

4) 채무명의의 송달 없이 한 집행행위의 효력

이에 관하여는 절대무효라는 견해(무효설), 원칙상 무효이지만 압류 후에라도 송달이 되면 그 후부터는 유효하다는 견해, 채무자가 이의나 항고로써 취소를 구하지 않는 한 유효하며 취소되기까지 송달이 되면 흠결이 치유된다는 견해(취소설) 등이 있다.

대법원은 전부명령의 경우에 무효설을 취하고 있고(대판 87. 5. 12. 86다카 2070), 부동산 강제경매의 경우에도 집행채무자와의 관계에서는 효력이 생기지 않는다(대판 73. 6. 12. 71다 1252)고 판시한 바 있다. 그러나 화해조서정본의 송달증명 없이 이루어진 강제집행에 의하여 경료된 소유권 이전등기에 대해서는 그 유효성을 인정하고 있다(대판 80. 5. 27. 80다 438).

참고판례

가. 채권압류 및 전부명령의 기초가 된 채무명의인 가집행선고부 판결정본이 상대방의 허위주소로 송달되었다면 그 송달은 부적법하여 무효이고 상대방은 아직도 판결정본의 송달을 받지 않은 상태에 있다 할 것이므로, 그 판결정본에 기하여 행해진 채권압류 및 전부명령은 집행개시의 요건으로서의 채무명의의 송달 없이 이루어진 것으로서 무효라 할 것이다(대법원 1987. 5. 12. 선고 86다카 2070 판결).

나. 강제집행의 채무명의가 된 지급명령의 정본과 그가 집행선고 있는 지급명령을 허위주소로 송달하게 하였다면 이 채무명의의 효력이 집행채무자에게 미친다고는 볼 수 없는 것이고, 따라서 이러한 채무명의에 의하여 집행채무자 소유의 이 사건 토지에 대하여 이루어진 강제경매 절차는 집행채무자와의 관계에 있어서는 채무명의 없이 경매가 진행된 것이나 다를 바가 없다. 이러한 강제경매는 집행채무자와의 관계에서는 효력이 생기지 않는다. 따라서 경락인은 이 집행채무자에 대하여 그 소유권을 취득하였다고 주장하지 못한다 할 것이다(대법원 1973. 6. 12. 선고 71다 1252 판결).

다. 채무자의 승계인들에 대하여 집행문을 부여한 뜻을 부기한 화해조서정본을 송달한 증명 없이 화해조서정본에 따른 강제집행에 의하여 소유권 이전등기가 행해졌다면 이는 위법이지만 이로써 곧 위의 소유권 이전등기가 무효라고는 할 수 없다(대법원 1980. 5. 27. 선고 80다 438 판결).

---

(3) 집행문 및 증명서의 송달

1) 집행문의 송달

원칙적으로 집행문은 채무자에게 송달할 필요가 없으나, 집행이 채권자의 담보제공 이외의 조건에 달린 경우 또는 승계집행문을 부여하는 경우에는 채무명의 외에 이에 부기한 집행문을 집행개시 전 또는 집행개시와 동시에 채무자 또는 그 승계인에게 송달해야 한다(제490조 제2항). 왜냐하면 이러한 경우에 집행문이 채무명의의 내용을 보충하는 역할을 하기 때문에 채무자에게 방어의 기회를 주어야 하기 때문이다.

2) 증명서의 송달

채권자가 증명서로써 조건의 이행 사실 또는 승계 사실을 증명한 경우에는 그 증명서의 등본도 아울러 채무자에게 송달해야 한다(제490조 제3항, 제480조 제2항, 제481조). 이 또한 채무자에게 방어의 기회를 주기 위한 취지이다.

3) 집행문 및 증명서의 송달 없이 한 집행행위의 효력

집행문 및 증명서의 송달이 결여된 집행행위의 효력은 채무명의의 송달이 결여된 경우와 같다.

(4) 이행일시의 도래

집행을 받을 자의 채무의 이행이 일정한 시일(확정기한)의 도래에 달린 때는 그 시일의 만료 후에 집행을 개시할 수 있다(제491조 제1항). 확정기한의 도래 전에 착수한 집행은 위법하지만 집행에 관한 이의(제504조 제1항) 또는 즉시항고(제517조) 등에 의하여 취소되기 전에 그 기한이 도래하면 그 하자는 치유된다.

확정기한과 달리 불확정기한의 도래는 집행개시의 요건이 아니고 조건의 성취와 마찬가지로 집행문 부여의 요건이다.

(5) 담보제공증명서의 제출과 그 등본의 송달

집행이 채권자의 담보제공에 달린 경우, 즉 담보제공을 조건으로 가집행을 선고한 경우에 채권자는 담보를 제공했음을 증명하는 공정증서(공탁증명서, 기타 법원의 담보제공증명서)를 제출해야 하고, 또 그 등본을 집행개시 전 또는 집행개시와 동시에 채무자에게 송달해야 한다(제491조 제2항). 위 등본의 송달도 채무자에게 이의 등 불복의 기회를 주기 위한 것이다.

1) 담보제공의 방법 및 담보제공증명서

공탁 후 공탁서정본을 채권자 또는 채무자의 보통재판적 소재지의 지방법원, 담보제공명령법원, 집행법원 중 어느 한 곳에 제출하

고(제475조 제1항), 위 법원으로부터 담보제공증명서 및 그 등본을 교부받아 집행기관에 제출하면 된다.

2) 위반의 효과

담보제공 자체 없이 실시한 집행은 당연무효지만, 담보제공증명서 등본의 송달만 미비된 집행은 당연무효가 아니고(대판 65. 5. 18. 65다 336) 취소 전에 송달되면 하자가 치유된다.

(6) 반대 의무의 이행 또는 이행의 제공

동시이행 관계에 있는 반대 의무의 이행(제공)은 집행문 부여의 요건이 아니고 집행개시의 요건이다(제491조의 2 제1항). 반대 의무의 이행과 상환으로 일정한 의무의 이행을 명한 채무명의의 집행에 관하여 집행문의 부여 전에 채권자가 반대 의무를 이행한 것을 증명하도록 한다면, 이것은 채권자로부터 동시이행의 이익을 박탈하여 선이행을 하도록 하는 결과가 되므로, 반대 의무의 이행을 제공했음을 집행기관에 증명하면 족하도록 한 것이다.

반대급부의 제공 없이 한 집행행위는 무효이며, 반대 의무의 이행이 불능으로 되면 집행도 불능으로 된다.

한편, 어음·수표 등 상환증권상의 채권에 관한 집행에 있어 증권의 제시는 불필요하며, 집행개시의 요건도 아니다. 강제집행은 채권의 이행 청구가 아니기 때문이다.

(7) 대상 청구의 집행에 있어 본래 청구권의 집행불능의 증명

대상 청구의 집행에 있어 본래 청구권의 집행불능은 집행개시의

요건이다(제491조의 2 제2항).

채무명의상의 의무가 그 채무명의상에 표시된 다른 의무의 집행이 불능으로 된 때에 한하여 그에 갈음하여 집행할 수 있는 것으로 되어 있는 경우에 그 본래 의무의 집행불능 여부는 집행기관이 쉽게 판단할 수 있는 사항이므로, 집행문 부여의 요건으로 하지 않고 집행개시의 요건으로 한 것이다.

(8) 임차권자의 동시이행 판결에 기한 경매 신청

1999년 3월 1일부터 시행된 개정 주택임대차보호법 제3조의 2 제1항에 의하여, 임차인이 임차보증금 반환채권의 확정 판결, 기타 이에 준하는 채무명의에 기하여 경매 신청을 하는 경우에는 반환 의무의 이행 또는 이행의 제공을 집행개시의 요건으로 보지 않음으로써, 임차인이 주택을 비우지 않고서도 경매를 신청할 수 있게 되었다. 따라서 그 판결주문에 건물의 명도와 동시이행으로 보증금을 지급할 것을 명했다 해도 개정된 주택임대차보호법에 따라 이행제공 없이 경매개시 결정을 할 수 있다.

3. 소극적 집행개시 요건(집행장해)

(1) 집행장해란

집행개시의 적극적 요건이 구비되어 있어도 일정한 사유의 존재로 인하여 집행의 개시 또는 속행에 장해가 되는 경우가 있다. 이를 집행개시의 소극적 요건 또는 집행장해라 한다. 이것은 집행기관이 직권으로 조사해야 하고, 집행장해가 발견되면 집행을 개시할 수 없으며 개시된 집행의 속행을 정지해야 한다.

(2) 집행장해 사유

1) 채무자의 파산

채무자가 파산선고를 받으면 파산채권은 파산 절차에 의해서만 그 권리를 행사할 수 있다(파산법 제15조). 파산채권에 관하여, 파산재단에 속하는 재산에 대하여 한 강제집행 보전처분은 파산재단에 대한 효력을 잃으며(파산법 제61조) 또한 새로운 집행을 개시할 수 없다. 따라서 이에 반한 강제집행은 무효로 된다.

그러나 채무자의 파산은 채무자의 재산에 대한 강제집행의 경우(예 : 금전집행이나 인도집행)에만 집행장애가 될 뿐이고, 그 외의 경우(예 : 작위·부작위 집행)에는 집행장애로 되지 않는다.

한편, 채무자의 파산과 달리 채권자의 파산은 집행장해 사유가 되지 않는다.

2) 채무자를 위한 화의 절차의 개시(화의법 제40조 제1항)

3) 회사정리 절차의 개시(회사정리법 제46조 제1항)

4) 집행정지 또는 취소의 서면 제출(제510조)

5) 집행채권의 압류·가압류

집행채권자의 채권자가 채무명의에 표시된 집행채권을 압류 또는 가압류한 경우에는 그 압류효력에 의해 집행채권자는 채권의 처분과 영수가 금지되므로(제561조 제1항) 강제집행에 의해서 만족을 얻을 수가 없다. 이 경우에 제3채무자(집행채무자)는 송달받은 채권압류명령을 집행기관에 제출하여 자기에 대한 집행의 배제를 구할 수 있다.

> 집행채권에 대한 압류의 존재는 청구에 관한 이의(제505조) 사유가 될 뿐 집행기관에서 판단할 사항이 아니므로 집행장해가 되지 않는다는 견해도 있다.

6) 특수보전처분의 집행

파산법(제145조 제1항), 화의법(제20조 제1항), 회사정리법(제39조 제1항)상의 보전처분으로서 개별적 또는 일반적 처분금지명령이 집행되면 채무자의 재산은 처분금지물이 되어 개별집행의 대상이 될 수 없으므로, 이에 대한 개개의 채권자의 강제집행은 허용되지 않는다. 이 경우 압류, 환가, 배당의 어느 단계에서 집행이 저지되는가에 대해서는 학설상 견해가 나뉘고 있다.

강제집행개시 요건

적극적 요건	일반 요건	• 집행 당사자의 표시 • 채무명의의 송달
	특별 요건	• 집행문 및 증명서의 송달 • 이행일시의 도래 • 담보제공증명서의 제출과 그 등본의 송달 • 반대 의무의 이행 또는 이행제공 • 집행불능의 증명
소극적 요건 (집행장해)		• 채무자의 파산 • 채무자를 위한 화의 절차의 개시 • 회사정리 절차의 개시 • 집행정지 또는 취소의 서면 제출 • 집행채권의 압류·가압류 • 특수보전처분의 집행

제5장 부동산 경매 절차의 이해관계인

1. 이해관계인의 의의

 부동산에 대한 강제(임의)경매 절차에 있어서는 그 부동산에 여러 가지의 이해관계를 가진 사람이 많고, 이러한 이해관계를 가진 사람은 강제(임의)경매가 적법히 실시되는지의 여부에 따라 자신의 이해가 중대한 영향을 받는다.
 이들의 권리를 보호하기 위하여 민사소송법은 이해관계를 가진 사람 중에서 특별히 보호할 필요가 있는 사람을 이해관계인으로 규정하여(제607조) 강제(임의)경매 절차의 전반에 걸쳐 관여할 자격을 주고 있다.
 그러므로 위 조항에 열거된 이해관계인에 해당하는 사람 이외에는 그 부동산에 대하여 어떤 이해관계가 있더라도 경매 절차에 있어서 이해관계인으로 취급받지 못한다. 즉 민사소송법 제607조의 규정은 제한적·열거적 규정이다

2. 이해관계인의 권리

(1) 개 설

경매 절차의 이해관계인은 자신의 권리를 보호받는 방법으로서 법원의 경매 절차에 관하여 각종의 권리를 행사할 수 있다. 단, 이러한 권리행사는 공익적 절차 규정이나 자신의 권리에 관한 절차 규정을 위배한 경우에만 허용될 수 있으므로 다른 이해관계인에 대한 관계에 있어서 절차위배가 있더라도 이를 주장할 이익이 없으므로 권리행사가 허용되지 않는다(제634소).

또한 경매 절차의 이해관계인이라 하여 법원이 그에게 경매개시 결정정본까지 송달해야 하는 것은 아니고(대결 86. 3. 28. 86마 70), 이해관계인이 사망하여 절차에 관여할 수 없게 되더라도 그것 때문에 경매 절차가 중단되지는 않는다(대결 61. 10. 5. 4294민재항 531).

(2) 구체적 권리

1) 집행에 관한 이의 신청권(제504조)

일반적으로 이해관계인은 강제집행의 절차에 관한 집행법원의 재판으로서 즉시항고를 할 수 없는 것과 집행관의 집행행위의 처분, 기타 집행관이 준수할 집행 절차에 대하여 법원에 이의를 신청할 수 있다. 예를 들어, 이해관계인은 경락대금을 완납할 때까지 경매개시 결정에 대한 이의 신청을 할 수 있다(제603조의 3).

그러나 앞서 말한 바와 같이 경매 신청의 이해관계인이라 하여 그에게 경매개시 결정정본까지 송달해야 하는 것은 아니다(대결 86.3.28. 86마 70).

2) 부동산에 대한 침해방지조치 신청권
경매 절차개시 결정 후에 이해관계인은 부동산에 대한 침해행위를 방지하기 위하여 필요한 조치를 취할 것을 법원에 신청할 수 있다(제603조 제3항).

3) 배당 요구 신청 또는 이중경매 신청의 통지를 받을 수 있는 권리
법원은 이중경매 신청 또는 배당 요구가 있을 때는 그 사유를 이해관계인에게 통지해야 한다(제606조 제1항).

4) 경매(입찰)기일 및 경락(낙찰)기일을 통지받을 권리
법원은 경매기일과 경락기일을 이해관계인에게 통지해야 한다(제617조 제2항). 이 통지는 집행기록에 표시된 이해관계인의 주소에 등기우편으로 발송할 수 있다(동 조 제3항).

5) 매각 조건의 변경에 합의할 수 있는 권리
최저 경매가격 외의 매각 조건은 경매기일까지 이해관계인의 합의에 의하여 변경할 수 있다(제622조).

6) 경매(입찰)기일에 출석할 수 있는 권리
이 때 경매기일에 출석한 이해관계인은 경매조서에 기명날인해야 한다(제628조 제2항).

7) 경락(낙찰)기일에 경락(낙찰)에 관한 의견진술권

법원은 경락기일에 출석한 이해관계인에게 경락에 관한 의견을 진술하게 해야 한다(제632조).

8) 경락(낙찰)의 허부 결정에 대한 즉시항고권

이해관계인은 경락의 허부 결정에 의하여 손해를 받을 경우에는 그 결정에 대해 즉시항고를 할 수 있다(제641조).

9) 배당기일의 소환을 받을 권리

경락인이 경락대금을 지급하면 법원은 배당기일을 정하고, 이해관계인과 배당을 요구한 채권자를 소환해야 한다(제654조의 2).

10) 배당기일에 출석하여 배당표에 관한 의견을 진술할 수 있는 권리

법원은 출석한 이해관계인과 배당을 요구한 채권자를 심문하여 배당표를 확정해야 한다(제656조).

11) 배당기일에 출석하여 배당표에 대한 합의를 할 수 있는 권리

출석한 이해관계인과 배당을 요구한 채권자와의 합의가 있을 때는 이에 의하여 배당표를 작성해야 한다(제657조 제2항).

12) 입찰을 신청할 수 있는 권리

법원은 경매기일의 공고 전에 직권 또는 이해관계인의 신청에 의하여 경매에 갈음하여 입찰을 명할 수 있다(제663조).

13) 경락(낙찰) 후의 경매 신청 취하에 동의할 권리

　부동산에 대한 강제경매 신청의 취하는 경락기일까지는 최고가 경매인의 동의를 얻어서 해야 하고, 경락허가 결정이 있은 후에는 경락인을 포함한 모든 이해관계인의 동의가 있어야 비로소 이를 유효하게 하는 것이라 할 것이다(대결 61. 5. 5. 4294민재항 13).

3. 이해관계인의 범위

　누가 경매 절차의 이해관계인인가에 관하여는 민사소송법 제607조에서 구체적으로 규정하고 있는데, 이 규정은 제한적·열거적 규정으로서 이에 해당하는 사람만이 이해관계인으로서 권리행사를 할 수 있다. 따라서 경매 절차에 관하여 사실상의 이해관계를 가진 사람이라도 민사소송법 제607조에 열거된 사람이 아닌 경우에는 경매 절차에 있어서의 이해관계인이라고 할 수 없다(대판 99. 4. 9. 98다 53240).
　구체적으로 누가 이해관계인이 되는지에 대해 살펴보도록 한다.

(1) 압류채권자와 집행력 있는 정본에 의하여 배당을 요구한 채권자(제1호)

1) 압류채권자
　압류채권자는 경매 신청을 한 채권자를 말한다. 그러나 집행 보전을 위하여 가압류한 사람, 즉 가압류채권자는 경매 절차에 있어

서 이해관계인이 아니다(대결 67. 11. 29. 67마 1087, 대판 99. 4. 9. 98다 53240).

압류가 경합된 경우 뒤의 압류채권자는 본 호의 이해관계인에 해당된다(대결 75. 10. 22. 75마 332).

이 때 후행의 압류채권자가 압류채권자에 해당하느냐 또는 집행력 있는 정본에 의한 배당 요구채권자에 해당하느냐에 대해서는 견해가 나뉜다.

1990년 1월 13일 민사소송법 개정 전에는 경매개시 결정이 있는 부동산에 대하여 다른 경매 신청이 있어도 다시 경매개시 결정을 하지 못하고 위의 신청을 집행기록에 첨부함으로써 배당 요구의 효력이 있는 것으로 보았으므로 배당 요구채권자에 해당한다고 보는 것이 타당하였다. 그러나 동 법의 개정으로 압류의 경합을 인정했으므로 압류채권자에 해당한다고 보는 것이 타당하다.

또한 압류경합의 경우에 먼저 개시 결정한 경매 절차가 집행정지되어 뒤의 개시 결정에 의하여 경매 절차를 속행하는 경우에 먼저 신청한 채권자도 압류채권자에 해당된다.

국세 등의 체납처분에 의한 압류채권자도 압류가 경합된 경우의 경매 신청채권자와 동일하게 취급되어야 하므로 여기의 압류채권자에 해당한다.

2) 집행력 있는 정본에 의한 배당 요구채권자

집행력 있는 정본에 의한 배당 요구채권자만이 이해관계인이 되므로 집행력 있는 정본에 의하지 않은 배당 요구채권자는 이해관계인이 아니다.

또한 집행력 있는 정본을 가진 채권자는 경락기일까지 배당 요구를 해야 하므로(제605조) 배당 요구를 하지 않았거나 경락기일 후에 배당 요구를 한 채권자는 이해관계인에 해당하지 않는다.

(2) 채무자 및 소유자(제2호)

1) 채무자

여기서 채무자라 함은 집행채무자를 말한다. 경매개시 결정 후에 채무자가 사망하면 상속인이 일반승계인으로서 채무자가 된다. 이 경우에는 승계 신고가 필요하다.

임의경매 절차에서 경매 신청이 되지 않은 저당권의 피담보채권의 채무자는 여기서 말하는 채무자에 해당하지 않고(대결 68. 7. 31. 68마 716), 저당권 설정등기에 채무자로 표시되지 않은 다른 공동채무자도 이에 해당하지 않는다.

2) 소유자

소유자라 함은 경매 신청 기입등기 당시의 소유자를 말한다. 따라서 가압류등기 후 본압류에 의한 경매 신청 기입등기 전에 소유권의 이전등기를 받은 자는 여기서 말하는 소유자로서 이해관계인에 해당하지만, 경매개시 결정 기입등기 후에 소유권 이전등기를 마친 자는 여기서의 소유자에는 해당하지 않는다. 그러나 이런 자는 그 이후 집행법원에 그 취득 사실을 증명하여 경매 절차의 이해관계인(제607조 제4호)이 될 수 있음은 물론, 배당 후 잉여금이 있는 경우에는 부동산의 소유자로서 이를 반환받을 권리도 가지게 된다(대판 92. 2. 11. 91누 5228).

이 경우 경매개시 결정등기 후에 소유권을 양도한 전소유자는 경매목적물에 대한 소유권을 상실함과 동시에 경매 절차상 이해관계인의 지위도 상실한다(대결 67. 8. 31. 67마 615).

한편, 파산선고 후에 저당권자가 별제권자(파산법 제84조·제86조)로서 파산재단에 속하는 부동산에 대하여 임의경매 신청을 하여 경매 절차를 개시한 때는 파산관재인만이 이해관계인인 소유자로 된다.

(3) 등기부에 기입된 부동산 위의 권리자(제3호)

등기부에 기입된 부동산 위의 권리자란 경매 신청 기입등기 당시에 이미 등기가 되어 등기부에 나타난 사람을 말한다. 따라서 경매 신청등기 전에 등기한 지상권자, 전세권자, 임차권자, 저당권자 및 저당채권의 질권자 등은 이에 해당되어 본 호의 이해관계인이 된다.

또한 부동산의 공유지분의 강제경매에 있어서 다른 공유자는 이해관계인이 되고(대결 65. 7. 2. 65마 520), 다만 누가 공유자가 되더라도 이해관계가 없다고 판단되는 공유관계(예 : 아파트, 상가 또는 다세대주택 등 구분소유적 공유관계)의 경우에는 누가 공유자가 되더라도 이해관계가 없다 할 것이므로 이해관계인으로 보지 않아도 무방하다.

가등기는 후일에 할 본등기의 순위를 보전하는 효력을 가질 뿐이고, 아직 본등기를 안 한 가등기권자는 그 권리의 취득을 주장할 수 없다 할 것이므로 경매 절차에 있어서 이해관계인이라 할 수 없다(대결 74. 10. 23. 74마 402). 그러나 가등기담보권자(소유권의 이

전에 관한 가등기권리자)는 가등기담보등에관한법률에 의하여 이해관계인으로 본다(동 법 제16조 제3항).

한편, 가압류권자(대결 68. 5. 13. 68마 367, 대판 99. 4. 9. 98다 53240)나 가처분권자(대결 94. 9. 30. 94마 1534), 예고등기권리자(대결 67. 10. 25. 67마 947), 재경매를 실시하는 경우 전경매의 낙찰인(대결 59. 8. 21. 4291민재항 272) 등은 이해관계인에 해당하지 않는다.

(ㄴ) 부동산 위의 권리자로서 그 권리를 증명한 자(제4호)

1) 부동산 위의 권리자일 것

부동산 위의 권리자란 경매 신청 기입등기 이전부터 목적부동산에 대하여 등기 없이도 제3자에게 대항할 수 있는 물권 또는 채권을 가진 자를 말한다.

여기는 유치권자, 점유권자, 특수지역권자, 법정지상권자(민 제305조·제366조), 건물등기 있는 토지임차인(민 제622조), 인도 및 주민등록을 마친 주택임차인(주택임대차 제3조) 등이 속한다.

> 민사소송법 제607조 제4호 소정의 이해관계인이 되는 **주택임차인**은 주택임대차보호법 제3조 제1항의 규정에 따라 주택의 인도 및 주민등록을 마친 임차인이면 족하고, 이에 더하여 동 법 제3조의 2 소정의 확정일자를 받는다거나 제8조 소정의 소액임차인에 해당하여 우선변제권까지 있을 필요는 없다(대법원 1995. 6. 5. 선고 94마 2134 결정).

그러나 등기 없는 진정한 소유자, 즉 원인무효의 등기가 되어 있기 때문에 등기명의를 가지지 못한 자나 소유권 회복등기의 승소의 확정 판결을 받았으나 이에 관한 등기를 하지 않은 자(대결 91. 4. 18. 91마 141)는 이해관계인이 아니다. 또한 소유권 이전등기의 승소확정 판결을 받은 자(대결 80. 9. 17. 80마 231)나 명의신탁자 등 사실상 소유자도 이해관계인이 아니다.

2) 경매 신청등기 후에 목적 부동산에 대하여 권리를 취득한 자

경매개시 결정 기입등기 후에 목적부동산의 소유권을 취득하거나 용익권·담보권 설정등기를 한 자 등도 그 사실을 스스로 집행법원에 증명한 경우에는 본 호의 이해관계인이 된다(대결 64. 9. 30. 64마 525(全), 대판 92. 2. 11. 91누 5228). 이런 자들은 비록 경매신청인에게는 대항할 수 없어도 경매진행에 중대한 이해관계가 있으므로 이해관계인에 해당하는 것이다.

따라서 경매개시 결정의 등기 후에 소유권 이전등기를 한 소유자(대결 86. 8. 20. 86마 587), 저당권 설정등기를 한 저당권자(대결 94. 9. 13. 94마 1342), 전세권 설정등기를 한 전세권자(대결 65. 1. 27. 64마 1043) 등은 경매법원에 등기부등본을 제출하여 그 사실을 증명하면 본 호의 이해관계인이 된다.

3) 그 권리를 증명한 자일 것

부동산 위의 권리를 가지고 있다는 것만으로 당연히 본 호의 이해관계인으로 되는 것은 아니고, 집행법원에 스스로 그 권리를 증명한 자만이 비로소 본 호의 이해관계인으로 된다. 따라서 권리증

명 이외의 사유로 집행법원이 알게 된 경우, 즉 집행관의 현황 조사의 결과 이해관계인으로 판명되었다는 사실 또는 압류가 경합된 후행의 경매기록에 이해관계인으로 표시되었다거나(대결 94. 9. 14. 94마 1455) 다른 사람이 제출한 등기부등본에 권리자로 등기되어 있다는 사실만으로는 스스로 집행법원에 권리를 증명하여 신고한 것이라고 볼 수 없으므로 이해관계인이 될 수 없다.

한편, 본 호의 이해관계인이라 해도 경락(낙찰)허가 결정에 대하여 즉시항고를 제기하기 위해서는 경락(낙찰)허가 결정이 있을 때까지 권리자라는 사실을 증명해야 한다. 따라서 경락허가 결정이 있은 후 그에 대한 즉시항고장을 제출하면서 그러한 사실을 증명하는 서면을 제출한 경우에는 본 호의 이해관계인이라 할 수 없으므로 그 즉시항고는 부적법하다는 것이 판례의 입장이다(대결 94. 9. 13. 94마 1342).

참고판례

가. 민사소송법 제607조 제4호 소정의 이해관계인이 되는 임차인은 주택임대차보호법 제3조 제1항의 규정에 따라 주택의 인도 및 주민등록을 마친 임차인이면 족하고, 여기에 더하여 주택임대차보호법 제3조의 2 제1항 소정의 확정일자를 받은 임차인이거나 제8조 소정의 소액임차인에 해당하여 우선변제권까지 있을 필요는 없다.

… 주택임대차보호법상의 대항 요건인 주민등록은 임차인 본인뿐 아니라 그 배우자나 자녀 등 가족의 주민등록을 포함한다.

… 주택임차인이 임차주택을 직접 점유하여 거주하지 않고 간접 점유하여 자신의 주민등록을 이전하지 않은 경우라 하더라도, 임대인의 승낙을 받아 임차주택을 전대하고 그 전차인이 주택을 인도받아 자신의 주민등록을 마친 때는,

그때로부터 임차인은 제3자에 대하여 대항력을 취득한다(대법원 1995. 6. 5. 선고 94마 2134 결정).

나. 경매 신청 기입등기로 인한 압류의 효력은 부동산 소유자에 대하여 압류채권자에 대한 관계에 있어서 부동산의 처분을 제한하는 데 그치는 것일 뿐 그 밖의 다른 제3자에 대한 관계에 있어서까지 부동산의 처분을 금지하는 것이 아니므로 부동산 소유자는 경매 절차 진행중에도 경락인이 경락대금을 완납하여 목적부동산의 소유권을 취득하기 전까지는 목적부동산을 유효하게 처분할 수 있다. 그 처분으로 인하여 부동산의 소유권을 취득한 자는 그 이후 집행법원에 그 취득 사실을 증명하여 경매 절차의 이해관계인이 될 수 있음은 물론, 배당 후 잉여금이 있는 경우에는 부동산 소유자로서 이를 반환받을 권리를 가지게 되는 것이다(대법원 1992. 2. 11. 선고 91누 5228 판결).

다. 담보권 실행을 목적으로 하는 부동산 경매에 있어서 경매개시 결정 기입등기 후에 그 부동산에 관하여 저당권을 취득한 자가 있다고 해도 경매법원으로서는 이런 사실을 알 수 없으므로 그 자는 민사소송법 제728조에 의하여 준용되는 제607조 제3호 소정의 이해관계인인 '등기부에 기입된 부동산 위의 권리자'가 아니고, 그가 경매법원에 그런 사실을 증명한 때는 같은 조 제4호 소정의 이해관계인인 '부동산 위의 권리자로서 그 사실을 증명한 자'에 해당한다.
… 같은 법 제607조 제4호 소정의 이해관계인이라도 경락허가 결정이나 낙찰허가 결정에 대하여 즉시항고를 제기하기 위해서는 경락허가 결정이나 낙찰허가 결정이 있을 때까지 그러한 사실을 증명해야 하고, 경락허가 결정이나 낙찰허가 결정이 있은 후에 그에 대하여 즉시항고장을 제출하면서 그러한 사실을 증명하는 서류를 제출한 때는 그 제4호 소정의 이해관계인이라 할 수 없으므로 그 즉시항고는 부적법하다(대법원 1994. 9. 13. 선고 94마 1342 결정).

일반 법률 상식 2 | 쉬어가는 페이지

미등기 건물에 대한 집행 방법

2001년 9월 현재 국회에 계류중인 민사집행법안에서는 미등기 건물에 대한 집행 방법을 새롭게 규정하고 있다(법안 제81조). 즉 건축법에 의해 건축허가 또는 건축 신고를 적법하게 마쳤으나 사용승인을 얻지 않아 보존등기를 마치지 못한 건물에 대하여도 부동산 집행의 방법으로 집행할 수 있게 한 것이다.

현행법 아래에서도 미등기 부동산에 대한 집행은 가능하다. 미등기 부동산의 경우에는 즉시 채무자의 명의로 등기할 수 있음을 증명할 서류, 즉 채무자의 소유임을 증명하는 서면과 부동산의 표시를 증명하는 서면을 첨부하여 경매 신청을 한다. 이 신청에 대한 경매개시 결정이 있게 되면 등기공무원이 직권으로 소유권 보존등기를 한 다음 경매개시 결정 기입등기를 하게 된다(이에 관하여는 후에 설명한다).

이 때 채무자의 소유임을 증명하는 서면으로는 토지에 관해서는 토지대장, 소유권확인 판결, 수용증명서 등을 들 수 있고 건물에 관하여는 가옥대장, 건축물관리대장, 과세대장에 의하여 발부된 건물 표시 및 소유자 표시가 있는 재산소유증명서 등을 들 수 있다.

그런데 신축건물로서 완공되었지만 아직 사용검사를 받지 못하여 건축물관리대장에 등재되지 않고 보존등기를 경료하지 못한 상태에 있는 완성건물은 위의 '채무자명의로 등기할 수 있음을 증명할 서류'를 구비할 수 없으므로, 이를 부동산으로 보아 강제집행을 하는 것이 불가능하였고, 또한 이를 유체동산 집행의 대상으로도 볼 수 없었다(대결 94. 4. 12. 93마 1933).

이에 민사집행법안은 '적법하게 건축허가를 받았거나 건축 신고를 마친 건물이 사용승인을 받지 못한 경우' 부동산 집행을 위한 보존등기를 인정하여 부동산 집행이 가능한 길을 열어 놓은 것이다.

그러나 건축허가를 받지 않거나 건축 신고를 하지 않은 무허가 건물에 대해서도 부동산 집행을 허용함으로써 이를 위한 보존등기를 가능하게 하면 불법 건축물이 양산되어 건축물 관리의 근본 취지가 크게 훼손될 뿐 아니라, 절차적인 측면에서도 이런 건물의 경우에는 그 소유권자를 확인하기 어렵다는 문제가 있으므로, 법안은 적법하게 건축허가를 받았거나 건축 신고를 마친 건물이 사용승인을 받지 못한 경우에만 부동산 집행을 위한 보존등기를 할 수 있도록 규정하고 있다.

| 제 2 편 | 부동산 경매신청

제1장 경매 신청의 방식

1. 신청주의

부동산 경매는 채권자의 신청에 의해 집행법원이 이를 행하는 것이므로(제599조, 제600조), 채권자는 강제경매 신청 및 임의경매의 신청은 서면으로 해야 한다(491조의 3). 경매 신청시 소정의 서류를 첨부해야 하고(제602조) 5,000원의 인지를 첨부해야 한다(민인 제9조 제2항). 이 때 여러 개의 채무명의에 대하여 신청하는 경우에는 채무명의의 수에 따른 인지를 첨부해야 한다(부록 〔서식 2〕 부동산 강제경매 신청서, 〔서식 3〕 부동산 임의경매 신청서 참조).

2. 강제경매 신청서의 작성

강제경매 신청시 신청서에 기재해야 하는 사항은 다음과 같다(제601조).

(1) 채권자와 채무자의 표시

1) 표시 방법
경매 신청서에는 채권자와 채무자를 특정할 수 있도록 자연인의 경우에는 그 성명과 주소를, 법인이나 법인 아닌 사단이나 재단의 경우에는 그 명칭과 주된 사무소의 소재지 및 대표자를 기재한다.

2) 집행력 있는 정본과의 일치
여기서 채권자는 강제집행을 청구하는 자를, 채무자는 강제집행을 요구받는 자를 말하므로 채권자, 채무자의 표시는 집행력 있는 정본에 표시된 집행채권자, 집행채무자와 일치해야 한다.
또한 채무자의 성명 · 주소는 신청서에 첨부한 등기부등본 또는 채무자의 소유를 증명하는 서면과도 일치해야 하는데, 채무자의 주소가 부동산등기부상의 주소와 다른 경우에는 등기부상의 주소도 병기해야 한다. 이같이 채권자나 채무자의 성명이나 주소의 변경이 있는 경우에는 신청서에 이를 증명하는 서면, 즉 호적등본이나 주민등록(표)등본을 첨부해야 하고, 법인 등의 상호나 명칭 및 사무소 소재지의 변경이 있는 경우에는 이를 증명하는 법인등기부등본 또는 상호등기부를 첨부해야 한다.
주의할 것은 집행채권자, 집행채무자가 채무명의상의 채권자, 채무자의 표시와 반드시 일치하는 것은 아니라는 점이다. 즉 채권자나 채무자의 승계가 있어 승계집행문을 부여받은 경우에는 채무명의상의 채권자, 채무자와 집행문상의 채권자, 채무자가 서로 달라지는 경우도 있다는 것에 유의한다.

3) 채권자, 채무자의 주민등록번호 기재

경매 신청 기입등기의 촉탁서에는 등기권리자의 명칭 또는 성명을 기재함에 있어 등기권리자의 주민등록번호를 병기해야 하고, 이 때 등기권리자의 주민등록번호가 없는 경우(예를 들어 등기친자가 법인일 경우)에는 부동산등기용 등록번호를 병기해야 하므로(부등 제41조 제2항, 등기 예규 제576호·제586호), 경매 신청서에도 채권자의 주민등록번호 또는 부동산등기용 등록번호를 병기해야 한다.

또한 미등기 부동산의 경우에는 등기공무원이 직권으로 보존등기를 하므로 채권자와 마찬가지로 채무자의 주민등록번호(또는 부동산등기용 등록번호)를 병기해야 한다.

4) 공유지분에 대한 경매 신청의 경우

공유부동산의 지분에 대한 강제경매 신청에 있어서는 채무자인 공유자 이외의 공유자 전원의 성명·주소 및 채무자가 가지는 지분의 비율을 기재해야 한다. 왜냐하면 다른 공유자에게 경매 신청이 있음을 통지해야 하고 또한 최저 경매가격은 공유물 전부의 평가액을 기본으로 채무자의 지분에 관하여 정해지기 때문이다(제649조).

단, 상당한 이유가 있는 경우에는 다른 공유자에게 경매 신청 있음을 통지하지 않아도 되므로(동 조 제1항 단서) 대지에 관하여 공유등기가 되어 있는 아파트의 경우에는 다른 공유자의 성명과 주소는 기재하지 않아도 무방할 것이다.

5) 가압류등기가 있는 경우

경매목적부동산에 대하여 가압류등기를 한 이후에 채무자로부터 제3자에게 위 부동산의 소유권 이전등기가 경료된 경우, 가압류채권자가 본압류를 하는 데 있어서는 가압류채무자인 전소유자를 그대로 채무자로 표시하면 족하고, 가압류등기 후에 소유권을 취득한 소유자는 강제경매 신청서에 표시할 필요가 없다. 단, 경매 신청채권자는 채무명의가 된 채권이 가압류의 기본인 채권과 동일하다는 사실을 증명해야 한다.

(2) 법원의 표시

경매할 집행법원을 표시한다.

(3) 부동산의 표시

1) 표시의 정도

강제경매의 대상이 될 부동산을 특정하여 표시한다. 부동산의 표시는 반드시 부동산의 실제와 완전히 부합해야 하는 것은 아니고, 객관적으로 보아 당해 부동산의 동일성을 인식할 수 있을 정도면 된다. 구분소유권의 경우에는 1동의 건물 중 구분소유로 된 부동산을 특정할 수 있도록 표시해야 한다.

경매 신청서에 기재된 부동산의 표시가 경매부동산을 특정할 수 있을 정도가 되지 못하면 경매 신청이 부적법한 것이 되므로, 법원은 부동산 표시를 특정하도록 보정을 명하고 채권자가 이에 불응하면 경매 신청을 각하한다.

여러 개의 부동산에 대해서도 집행법원이 같으면 동시에 1건으로 경매 신청을 할 수 있음은 물론이다.

2) 등기된 부동산의 경우

등기되어 있는 부동산의 경우, 동일성이 인정되는 한 등기부의 표제부에 기재되어 있는 대로 표시해야 한다. 단, 미등기 부속건물이 있거나 건물이 증·개축되어 실제 건평이나 구조가 등기부의 표시와 일치하지 않을 때는 그 미등기 부속건물 또는 실제 건물의 구조와 건평을 함께 기재해야 할 것이다.

3) 미등기 부동산의 경우

미등기 부동산의 경우에는 그 부동산이 채무자의 소유임을 증명할 서류, 즉 토지의 경우에는 토지대장등본이나 임야대장등본, 건물의 경우에는 건축물대장등본 등과 부합하도록 기재해야 하고, 미등기라는 취지를 부기해야 한다.

4) 환지예정인 경우

토지구획정리사업법 등에 의하여 어느 토지가 환지예정지로 지정되었다 하더라도 경매 신청은 종전의 토지에 대해서 해야 하므로 종전의 토지를 표시한다. 다만, 최저 경매가격의 결정에는 환지예정지의 위치·지적 등이 참작되어야 하며 경매기일을 공고함에 있어서도 환지예정지 지정의 내용을 표시해야 하므로(대결 74. 1. 8. 73마 683) 환지예정지도 아울러 표시한다.

5) 공장재단 · 광업재단의 경우

경매의 대상이 공장재단 · 광업재단 등인 경우에는 그 재단을 구성하는 모든 물건을 표시해야 한다. 통상 공장 목록, 기계 · 기구 목록으로 표시하여 첨부한다.

6) 유의사항

토지나 건물의 합유지분은 강제경매의 대상이 되지 못하고(민 제714조 참조), 신탁법상 신탁재산인 부동산은 원칙적으로 경매를 할 수 없다(신탁법 제21조 제1항). 특히 구분건물의 경우에 건물(전유부분)에 대하여만 소유권 이전등기가 경료되고 대지지분에 대하여는 소유권 이전등기청구권만 가지고 있으며 아직 소유권 이전등기가 경료되지 않은 경우에는 구분건물만 경매의 대상이 되고, 대지지분에 대한 소유권 이전등기청구권은 경매의 대상이 될 수 없음에 유의해야 한다(대판 96. 12. 20. 96다 14661).

(4) 경매의 원인된 일정한 채권

1) 청구채권의 표시

강제경매에 의하여 변제받고자 하는 일정한 채권과 청구금액을 기재해야 하는데, 이를 청구채권의 표시라고도 한다.

청구채권은 다른 채권과 구별할 수 있을 정도로 특정하여 기재해야 하고, 그 채권은 채무명의에 표시된 채권과 동일해야만 한다. 청구금액은 명확히 기재해야 하지만 채무명의에 표시된 금액을 초과하지만 않으면 채무명의에 표시된 금액의 전부이든 일부이든 상관 없다.

채권이 특정되어야 비로소 경매 절차의 진행 여부(제616조), 경매의 범위(제636조 제1항)가 결정되므로 청구채권의 표시는 필요불가결한 것이다. 따라서 그 특정표시가 없으면 경매 신청은 부적법 각하될 것이다.

2) 채무명의가 수개인 경우

채권자가 수개의 채무명의에 기하여 동시에 경매를 신청한 경우, 각 채무명의의 내용이 된 채권을 모두 특정하여 기재해야 한다.

3) 청구금액의 표시 방법

청구금액은 반드시 확정금액, 즉 정액으로 표시해야 하는 것은 아니고 정기금채권·이자채권 등과 같은 경우에는 기간과 액수, 이율 등으로 계산 가능한 표시가 있으면 무방하다. 예로 "1999. 3. 5.부터 2001. 6. 21.까지 매월 금 123,500원의 비율에 의한 금원"이라고 표시하면 특정되었다 할 것이다.

(5) 집행할 수 있는 일정한 채무명의

경매의 원인이 된 채권에 관한 채무명의를 기재해야 한다. 이 때는 구체적으로 어떤 채무명의에 기한 경매 신청인지를 알 수 있도록 기재한다. 한 개의 화해 또는 조정조서 등에 여러 개의 채무명의가 존재하는 경우에는 어느 채무명의에 기하여 강제집행을 구하는 것인가를 명백히 해야 한다. 즉 "＿＿＿ 화해조서 중 화해조항 제○항"과 같이 기재한다.

집행할 수 있는 채무명의란 즉시 집행할 수 있는 것이라야 하므로 기한부채권인 경우에는 기한이 도래한 것이어야 하고, 조건부채권인 경우에는 조건이 성취된 것이어야 한다. 따라서 기한미도래나 조건불성취의 채무명의에 기한 경매 신청은 부적법하다.

3. 임의경매 신청서의 작성

임의경매 신청시 신청서에 기재해야 하는 사항은 다음과 같다.

(1) 채권자의 표시(제728조·제601조)

임의경매 신청의 경우에도 강제경매 신청의 경우와 마찬가지로 채권자를 특정할 수 있도록 기재한다.

(2) 채무자 및 소유자의 표시

1) 채무자 및 소유자(규칙 제204조 제1호)

임의경매 신청서에는 채무자뿐만 아니라 경매목적부동산의 소유자도 기재해야 한다. 여기서 채무자는 경매 신청의 기본이 되는 저당권의 피담보채권의 채무자이고, 소유자는 담보권(이하 저당권의 경우를 중심으로 설명)의 목적이 된 부동산의 소유자를 말한다.

채무자와 소유자가 동일인인 경우에는 채무자 겸 소유자로 표시하고, 저당권을 설정한 소유자로부터 저당부동산의 소유권을 새로 취득한 자(제3취득자)가 있으면 그 자를 소유자로 표시한다.

소유자의 표시 방법은 채권자, 채무자의 경우와 같이 특정가능한 정도로 그 성명과 주소를 기재하면 되고, 법인인 경우에는 대표자도 표시한다. 또한 채무자·소유자의 현주소와 등기부상의 주소가 다를 때는 양자를 병기해야 하는 것도 강제경매의 경우와 같다.

　단, 금융기관이 경매신청인 경우에는 채무자·소유자의 등기부상 주소의 기재가 필요적이라는 점에 주의해야 한다.

2) 연대채무자

　연대채무자 중 1인의 소유에 속한 부동산에 저당권이 설정되어 있는 경우, 각 채무가 그 저당권에 의하여 담보되어 있을 때는 연대채무자 전원을 채무자로 표시해야 한다.

　그러나 연대채무에 있어서는 각 채무자가 각각 별개의 채무를 부담하고 있으므로 그 중 1인의 채무에 관해서만 저당권이 설정되어 있는 경우라면 나머지 연대채무자는 임의경매 신청서에 기재할 채무자에 해당하지 않는다.

3) 보증인·연대보증인

　보증인이나 연대보증인은 저당권에 의해 담보된 채무자는 아니므로 여기서 말하는 채무자에 해당하지는 않는다. 그러나 만일 보증인이나 연대보증인이 보증을 함과 동시에 자기 소유의 부동산에 저당권을 설정해 준 경우에는 보증인이 주채무자를 위하여 물상보증을 한 것인가, 아니면 보증인이 자기의 보증채무 자체의 이행을 확보하기 위하여 저당권을 설정한 것인가에 따라 채무자로 되는 사람이 달라진다.

즉 전자의 경우는 주채무자를 채무자로 보증인을 소유자로 표시해야 하고, 후자의 경우는 저당권자가 하는 저당권의 실행 자체가 보증채무의 실현을 위한 것이므로 보증인을 채무자 겸 소유자로 표시해야 한다.

(3) 법원의 표시

강제경매 신청의 경우와 마찬가지로 관할 경매법원을 표시한다(제728조·제600조·제601조).

(4) 담보권의 표시

1) 담보권의 표시

담보권을 실행하기 위해서는 담보권과 피담보채권이 존재하고 그 피담보채권이 이행지체에 빠져 있어야 한다. 따라서 경매 신청서에는 경매 신청의 기본이 되는 담보권을 특정할 수 있을 정도로 기재해야 한다(규칙 제204조 제2호).

또한 담보권을 실행하려면 유효한 담보권의 존재가 당연히 전제되어야 하고, 경매 신청서에는 이를 증명하는 서류를 첨부하도록 하고 있다(제724조 제1항).

따라서 형식적으로 저당권이 존재하는 것처럼 등기부상 기재되어 있다 하더라도 실제로 저당권 설정 계약이 부존재 또는 무효이거나 일단 저당권 설정 계약이 성립했으나 경매 신청시 이미 소멸한 경우에는 경매 절차의 개시는 허용되지 않는다.

2) 저당권 설정등기의 유용

피담보채권이 소멸했음에도 불구하고 그 저당권 설정등기를 말소하지 않고 있다가 당사자 간에 이를 다른 채권의 담보를 위하여 유용하기로 약정한 경우, 유용약정 이전에 등기부상 이해관계 있는 제3자가 나타나 있지 않는 한, 위의 저당권 설정등기는 유효한 것이므로(대판 74. 9. 10. 74다 482) 채권자는 그 저당권에 기하여 경매 신청을 할 수 있다.

(5) 피담보채권의 표시

1) 피담보채권의 표시(청구금액의 표시)

임의경매 신청서에는 피담보채권을 표시해야 한다(규칙 제204조 제2호). 표시할 때는 그 채권이 어떤 채권인가를 명백히 하기 위하여 채권의 종류와 청구금액을 특정할 수 있을 정도로 표시한다.

청구금액의 표시 방법은 원금 및 신청시까지 발생한 이자, 지연손해금(지연이자)의 합계액을 표시하거나, 또는 원금만을 금액으로 기재하고 이자와 지연손해금은 그 발생일과 이율만을 기재한 뒤 "완제시까지"라고 표시하는 두 가지 방법이 있다(이자·지연손해금에 관하여 변제받을 의사가 없으면 기재할 필요 없음).

2) 피담보채권의 존재를 증명해야 하는가

담보권의 실행에 있어 피담보채권의 현실적인 존재는 필수 요건이지만, 실체법상으로는 경매 신청시에 피담보채권의 존재에 대해 증명까지 할 필요는 없다.

경매법원은 담보권의 존재를 증명하는 서류만 첨부되어 있으면 피담보채권의 존재에 관한 판단을 하지 않고, 일단 경매개시 결정을 하고 이해관계인이 경매개시 결정에 대한 이의나 낙찰허가 결정에 대한 항고로 다툴 때 피담보채권의 존부에 관한 판단을 한다.

> 채권자는 부동산에 대한 담보권 실행을 위한 경매의 개시 요건으로서 민사소송규칙 제204조에 정해진 채권자·채무자 및 소유자(제1호), 담보권과 피담보채권의 표시(제2호), 담보권의 실행 대상이 될 재산의 표시(제3호), 피담보채권의 일부에 대하여 담보권을 실행할 때는 그 취지 및 범위(제4호)를 기재한 신청서와 민사소송법 제724조에 정해진 담보권의 존재를 증명하는 서류를 제출하면 된다.
>
> 이에 집행법원은 담보권의 존재에 관하여 위의 서류 한도 내에서 심사를 하지만, 그 밖의 실체법상 요건인 피담보채권의 존재 등에 관해서는 신청서에 기재하도록 하는 데 그치고, 담보권 실행을 위한 경매 절차의 개시 요건으로서 피담보채권의 존재를 증명하도록 요구하고 있는 것은 아니므로 경매개시 결정을 하는 데 있어서 채권자에게 피담보채권의 존부를 입증하게 할 것은 아니다(대법원 2000. 10. 25. 선고 2000마 5110 결정).

3) 피담보채권이 일부 변제된 경우

피담보채권의 일부가 소멸되어도 나머지가 있으면 담보권은 소멸되지 않는다. 이것을 담보물권의 불가분성이라고 하는데, 이와 같은 담보물권의 불가분성으로 인하여 저당권이 소멸되지 않고 있는 경우 저당목적물 전부에 대하여 경매 신청을 할 수 있다.

단, 이 경우에는 민사소송법 제636조의 과잉경매의 규정이 적용될 수 있다는 것에 주의한다.

4) 피담보채권의 일부에 대하여 담보권을 실행하는 경우

피담보채권의 일부에 대해서만 담보권을 실행하는 경우에는 그 취지와 범위를 기재해야 한다(규칙 제204조 제4호).

5) 피담보채권이 금전 이외의 대체물의 일정 수량의 지급을 목적으로 하는 경우

피담보채권이 일정한 금액을 목적으로 하지 않고 대체물의 일정 수량의 지급(예 : 백미 10가마니의 지급)을 목적으로 하는 경우에 있어서 채권의 표시는 본래의 채권을 표시하는 이외에 당사자 사이에 약정한 위의 채권변제기 당시의 시가 상당액을 채권액으로 표시해야 한다.

6) 근저당권에 기한 임의경매 신청의 경우

① 근저당권 실행의 요건

근저당권은 당좌대월 계약, 어음할인 계약 등 계속적인 거래관계로부터 발생하는 불특정 다수의 장래채권을 결산기에 계산하여 잔존하는 채무를 일정한 한도액의 범위 내에서 담보하는 저당권을 말한다. 이러한 근저당권을 실행하려면 피담보채권이 확정되고, 피담보채권의 변제기가 도래해야 하는데, 여기서는 근저당권의 경우 특

히 문제되는 피담보채권의 확정 문제를 살펴보고자 한다.

② 피담보채권의 확정시기

근저당권의 피담보채권은 근저당권의 설정 계약 내지 기본 계약이 규정하고 있는 결산기가 도래했거나, 근저당권의 존속기간이 만료한 때, 이러한 결산기나 존속기간이 없는 경우에는 기본 계약을 해지했을 때에 그 채권액이 확정된다. 또한 다른 채권자의 경매 신청에 의하여 근저당목적물에 대한 경매개시 결정이 있을 때도 결산기가 도래한다고 본다.

③ 임의경매 신청서 기재사항

피담보채권의 기재는 그 채권을 특정할 수 있을 정도로 해야 하므로, 근저당권에 의한 경매 신청의 경우에는 피담보채권이 확정된 시기를 기재할 필요가 있다. 특히 존속기간이나 결산기가 정해져 있지 않을 경우에 채권자의 의사 표시로 기본 계약을 해지했을 때는 그 피담보채권의 확정시기를 명확히 하기 위해 경매 신청서에 그 해지 사실을 기재해야 한다.

④ 근저당권의 피담보채권액

근저당권은 채권최고액을 한도로 하여 그 기본 계약의 존속기간 만료시 또는 결산기에 현실로 존재하는 채권액 전액을 담보한다. 이 경우 약정이자나 지연이자는 채권최고액에 산입한 것으로 본다 (민 제357조 제2항).

따라서 원금과 이자를 합한 금액이 채권 최고액을 초과하는 경우에, 그 초과부분은 피담보채권액에 포함될 수 없다.

(6) 피담보채권의 이행지체 사실

1) 이행지체 사실을 기재해야 하는가

담보권을 실행하려면 담보권과 피담보채권이 존재하고, 그 피담보채권이 이행지체에 빠져 있어야 한다. 다만, 이 가운데 담보권과 피담보채권의 표시에 관하여는 민사소송규칙에서 명문으로 요구하고 있으나(규칙 제204조 제2호), 피담보채권이 이행지체에 빠져 있다는 사실에 관하여는 그 기재를 요구하는 규정이 없기 때문에 경매 신청서에 이를 기재할 필요가 있느냐가 문제된다. 실무상으로는 기재하고 있다.

채권자 입장에서는 실제문제로서 피담보채권을 특정하기 위해서는 당연히 이행기가 언제인가를 기재하게 되고, 또 지연손해금의 발생시기를 명백히 하기 위해서도 이행기를 기재하는 것이 좋다.

즉 채무이행의 확정기한이 있는 경우에는 기한이 도래한 때로부터, 불확정한 기한이 있는 경우에는 채무자가 기한이 도래함을 안 때로부터, 기한이 없는 경우에는 이행 청구를 한 때로부터 채무자가 이행지체의 책임을 지게 되므로(민 제387조) 이런 사실을 경매 신청서에 기재해야 한다.

그러나 피담보채권의 존재에 관한 입증이 요구되지 않는 이상 이행지체에 관한 입증도 요구되지 않는다.

2) 기한의 이익을 상실한 경우

특약에 의하여 기한의 이익을 상실시켜 이행기 전에 저당권을 실행할 때는 경매 신청서에 그 사유를 기재한다.

3) 분할채무의 경우

분할지급의 채무는 매회의 이행기에 할부금을 지급할 의무가 있으므로 각 이행기에 그 지급을 이행하지 않으면 그 부분에 대하여 이행지체에 빠지므로 이행지체된 부분에 대해 즉시 저당권을 실행할 수 있다. 또 할부금 계약에 있어서는 통상 1회의 이행지체로 기한의 이익을 상실하고 잔액을 일시에 지급한다는 취지의 특약이 있는 경우가 많다. 이 때에는 채무자가 기한의 이익을 상실하여 채권자가 잔액 전부에 대하여 이행 청구하였다는 취지를 경매 신청서에 기재해야 한다.

4) 동시이행관계에 있는 경우

전세권자의 전세목적물 인도 의무 및 전세권 설정등기 말소 의무와 전세권설정자의 전세금 반환 의무는 서로 동시이행의 관계에 있다. 따라서 전세권자인 채권자가 전세목적물에 대한 경매 신청을 하려면 우선 전세목적물의 인도 의무 및 전세권 설정등기 말소 의무의 이행제공을 완료하여 전세권설정자를 이행지체에 빠뜨려야 한다(대결 77. 4. 13. 77마 90).

그러나 주택임대차의 경우 임차인이 임차주택에 대하여 보증금 반환 청구소송의 확정 판결, 기타 이에 준하는 채무명의에 기한 경매 신청을 하는 경우에는 민사소송법 제491조의 2의 규정에도 불구하고 반대 의무의 이행 또는 이행의 제공을 집행개시의 요건으로 하지 않는다(주택임대차 제3조의 2 제1항).

5) 이행기 전에 경매 신청을 하는 경우

이행기가 도래하기 전에 한 임의경매 신청은 부적법하다(대결 68. 4. 24. 68마 300). 따라서 경매법원은 경매 신청시 채권자가 제출한 자료에 의하여 이행기 도래 전이라는 사실이 밝혀진 경우에는 경매 신청을 각하해야 한다.

그러나 경매법원이 이를 간과하여 경매개시 결정을 하고 낙찰허가 결정을 한 때는, 채무자 등은 이의 또는 항고로써 다툴 수 있다. 그러나 이의 또는 항고의 재판이 있을 때까지 이행기가 도래한 경우에는 그 하자가 치유된다.

이행기가 도래하기 전의 상태에서 낙찰허가 결정이 확정되어 대금을 납부하면 낙찰인은 낙찰부동산의 소유권을 유효하게 취득한다.

(7) 담보권의 실행 대상이 될 재산의 표시

1) 표시 방법

임의경매 신청서에는 담보권의 실행 대상이 될 재산을 특정하여 기재해야 한다(규칙 제204조 제3호). 공동저당물건 중 그 일부에 대해서만 경매 신청을 하고자 하는 경우에는 그 일부 부동산만이 경매할 부동산으로 된다. 그 밖에 등기가 되어 있는 부동산의 경우에는 등기부의 표제부에 기재되어 있는 대로 표시해야 한다는 점 등 표시의 정도와 방법은 강제경매 신청의 경우와 다르지 않다.

2) 공유지분에 저당권이 설정되어 있는 경우

부동산의 공유자는 자기의 지분에 관하여 저당권을 설정할 수 있으므로 저당권자가 그 지분에 관하여 저당권을 실행하는 경우에는 부동산의 표시로서 그 공유부동산의 전부를 기재해야 할 뿐 아니라 공유자 전원의 성명·주소 및 지분의 비율도 표시해야 한다.

지분비율의 기재는 경매부동산의 특정 및 최저 경매가격의 결정에 필요하고 공유자의 성명·주소는 공유자에 대한 경매 신청의 통지 및 경매기일의 통지를 할 때 필요하기 때문이다.

3) 저당지상의 건물에 대한 경매 신청의 경우

토지를 목적으로 저당권을 설정한 후 저당권설정자가 그 토지상에 건물을 축조했을 때, 저당권자는 토지와 함께 건물에 대해서도 경매 신청을 할 수 있다(민 제365조). 이 때 그 건물에 대하여도 경매 신청을 하는 경우에는 경매 신청서에 그 건물도 표시해야 한다. 단, 이 경우 건물의 경매대가로부터 우선변제를 받을 권리는 없다는 것에 주의한다(동 조 단서).

4) 부합물 및 종물

저당권의 효력은 목적부동산에 부합되어 이와 일체를 이루는 물건 및 종물에 미치므로(민 제358조), 이러한 물건도 목적부동산과 함께 경매의 대상이 된다. 그러나 부합물·종물은 채권자가 미리 조사하여 경매 신청서에 일일이 기재하기가 곤란하므로 경매 신청서에는 등기부의 기재대로만 표시하면 되고 존재하는 모든 부합물·종물을 표시할 필요는 없다.

한편, 구분건물의 대지사용권은 전유부분 및 공용부분과 분리처분이 가능하다는 내용의 규약이나 공정증서가 없는 한, 전유부분과 종속적 일체불가분성이 인정되어 전유부분에 대한 경매개시 결정과 압류의 효력이 당연히 종물 내지 종된 권리인 대지사용권에도 미치게 된다(이는 뒤에 상술한다).

▎경매 신청서 기재사항▎

강제경매 신청서	임의경매 신청서
• 채권자 · 채무자의 표시	• 채권자 · 채무자 · 소유자의 표시
• 법원의 표시	• 법원의 표시
• 부동산의 표시	• 담보권의 실행 대상이 될 재산 (부동산)의 표시
• 경매의 원인이 된 일정한 채권	• 담보권과 피담보채권의 표시, 피담보채권의 일부에 대하여 담보권의 실행을 하는 때는 그 취지 및 범위
	• (피담보채권의 이행지체 사실)

4. 강제경매 신청시 첨부서류

강제집행은 집행력 있는 채무명의의 정본에 의해야 하므로 강제경매를 신청할 때는 집행력 있는 정본을 첨부해야 한다. 또한 강제경매는 채무자 소유의 부동산에 대하여 집행하는 것이므로 집행 대상인 부동산이 채무자의 소유임을 증명하는 서면을 첨부한다(제

602조). 그 밖에 강제경매는 집행관이 집행기관인 경우와 달리 법원이 집행기관이므로 강제집행개시의 요건을 증명하는 서면도 동시에 제출해야 하고, 대리인이 신청하는 경우에는 대리인의 자격을 증명하는 서면도 첨부한다.

(1) 집행력 있는 정본

강제경매의 신청에는 집행력 있는 정본을 첨부해야 한다(제602조 제1항 본문). 집행법원은 집행력 있는 정본의 사본을 근거로 해서는 강제경매 절차를 개시할 수 없다(대결 68. 12. 30. 68마 912).

집행력 있는 정본은 강제집행 신청의 일반적 요건일 뿐만 아니라 강제집행속행의 요건이기도 하므로, 경매 신청채권자의 반환 요청이 있다 하더라도 법원은 집행의 종료시까지 이를 반환할 수 없다(제478조 · 제494조 등 참조).

(2) 경매부동산이 채무자의 소유임을 증명하는 서면

1) 등기부등본

등기부에 채무자의 소유로 등기된 부동산에 대하여는 등기부등본을 첨부해야 한다(제602조 제1항 제1호). 한편, 이 때에는 최근의 권리관계가 나타나 있어야 하므로 실무에서는 보통 경매 신청 전 1월 이내에 발행된 것을 첨부시키도록 하고 있다.

2) 즉시 채무자의 명의로 등기할 수 있음을 증명할 서류

등기부에 채무자의 소유로 등기되지 않은 부동산에 대해서는 즉시 채무자의 소유로 등기할 수 있음을 증명할 서류를 첨부해야 한다(제602조 제1항 제2호). 여기서 '즉시 채무자의 소유로 등기할 수 있음을 증명할 서류'라 함은 미등기 부동산의 경우에 채무자의 명의로 보존등기를 할 때 필요한 서면을 말한다.

즉 채무자의 소유를 증명하는 서면인 부동산등기법 제130조 또는 제131조 소정의 서면과 부동산의 표시를 증명하는 서면인 동법 제132조 제2항의 소정의 서면 및 채무자의 주소를 증명하는 서면(주민등록(표)등·초본) 등을 첨부해야 한다.

채무자의 소유를 증명하는 서면에 해당하는 것으로는 토지(임야)대장등본, 건축물(가옥)대장등본, 판결, 기타 시·구·읍·면장이 발행한 서면에 의하여 자기의 소유권을 증명하는 재산세과세증명서(부동산의 표시가 나타나 있어야 함), 수용으로 인하여 소유권을 취득하였음을 증명하는 서면 등이 있다.

대법원도 미등기 건물에 대한 경매 신청에 있어서 채무자의 소유임을 증명하는 서류로서 부동산등기법 제131조 소정의 서면을 첨부해야 한다고 하면서 착공신고서, 건물 현황사진, 공정확인서, 현장조사서, 건축허가서, 사실확인서 등은 이에 해당한다고 볼 수 없다고 판시했다(대결 84. 11. 13. 84마 81, 대결 85. 4. 1. 85마 105, 대결 92. 12. 28. 92그 32, 대결 95. 12. 11. 95마 1262).

3) 채무자의 피상속인 소유로 등기되어 있는 경우

채무자가 상속을 했으나 상속등기를 하지 않아 채무자의 피상속인 소유로 등기가 되어 있는 부동산의 경우에는 채권자가 민법 제404조, 부동산등기법 제29조·제52조에 의하여 대위에 의한 상속등기를 한 다음 강제경매 신청을 하면 된다.

그러나 채권자가 대위에 의한 상속등기를 하지 않고 경매 신청서에 상속을 증명하는 서면을 첨부하여 경매를 신청한 경우에도 경매 신청을 각하할 수는 없다. 다만, 경매법원은 경매개시 결정 후에 채권자가 대위에 기한 상속등기를 먼저 하게 하여 등기의무자의 표시가 등기부와 부합하도록 한 후에 경매 신청의 기입등기를 촉탁해야 할 것이다(등기 예규 제178호 참조).

4) 채무자가 소유권 이전등기청구권만 가지고 있는 경우

채무자가 아직 소유권을 취득하지 못하고 소유권 이전등기청구권만 가지고 있는 부동산에 대해서는 강제경매를 신청하지 못하고, 먼저 소유권 이전등기청구권을 압류하여 보관인을 선임하고 채무자명의로 소유권 이전등기를 하게 한 후에 강제경매를 신청해야 한다(대판 92. 11. 10. 92다 4680).

5) 채무자의 소유임을 증명하는 서면의 첨부를 요하지 않는 경우

이미 강제관리 절차가 개시된 부동산에 대하여 경매 신청을 하는 경우, 그 기록에 민사소송법 제602조 제1항 제1호 또는 제2호의 서류가 첨부되어 있을 때는 다시 이를 첨부할 필요가 없다(제602조 제2항).

그러나 강제관리개시 후에 소유자가 달라진 경우에는 전소유자인 강제관리 사건의 채무자에 대한 채무명의를 가지고는 강제경매 신청을 할 수 없으므로 실무상 민사소송법 제602조 제1항의 서류를 항상 첨부해야 하는 결과가 된다.

(3) 집행개시 요건을 증명하는 서면

1) 채무명의의 송달증명서

강제집행은 채무명의를 집행개시 전 또는 집행개시와 동시에 채무자에게 송달한 때에 한하여 개시할 수 있으나(제490조 제1항), 집행개시와 동시에 하는 송달은 집행관이 집행기관인 경우에만 가능한 것이므로, 법원이 집행기관인 강제경매의 경우에는 동시송달이란 있을 수 없다.

따라서 경매 신청채권자는 채무명의가 채무자에게 송달되었음을 증명하는 서면을 경매법원에 제출해야 한다. 이 때에는 송달사무의 처리기관인 법원사무관 등이나 송달 실시기관인 집행관의 송달증명서를 제출해야 한다.

2) 집행문 및 증명서의 등본의 송달증명서

채권자의 조건이행을 증명하는 서면에 의해 집행문이 부여된 경우에는 집행문 및 증명서의 등본을 채무자에게 송달해야 집행을 개시할 수 있으므로(제490조 제2항·제3항) 경매 신청시에 집행문 및 증명서 등본의 송달을 증명하는 서면을 경매 신청서에 첨부한다. 또한 승계 사실을 증명하는 서면에 의하여 승계집행문이 부여된 경우에는 승계집행문 및 승계 사실을 증명하는 서면(호적등본·법인등기부등본 등)을 채무자에게 송달해야 집행을 개시할 수 있으므로 (제490조 제2항·제3항) 강제경매 신청서에 승계집행문 및 증명서 등본의 송달을 증명하는 서면을 첨부해야 한다.

단, 승계 사실이 법원에 명백하여 승계 사실을 증명하는 서면의 제출 없이 승계집행문을 부여한 경우에는 증명서 등본의 송달증명서는 제출하지 않아도 된다.

> ### 송달증명의 신청
>
> 당사자나 이해관계를 소명한 제3자는 법원사무관 등에게 송달증명서의 교부를 청구할 수 있다(제151조 제1항). 신청서에는 500원의 인지를 첨부해야 하고(민인 제12조, 재판기록열람수수료등에관한규칙 제4조 제1항 제5호), 법원사무관 등은 증명문구와 증명 연월일을 기재한 다음, 담당사무관 등이 기명날인을 하고 법원의 인을 찍어 신청인에게 교부해야 한다(제151조 제2항). 보통 송달증명 신청서의 말미에 '위 증명합니다. 2001. 8. 1. 서울지방법원 법원사무관 ○○○' 이라 기재하고 직인을 찍는다.

3) 담보제공의 증명서와 그 등본의 송달증명서

집행이 채권자의 담보제공에 달린 때(담보제공을 조건으로 한 가집행선고의 경우)에는, 채권자는 담보제공에 관한 공정증서를 제출하고 그 등본을 채무자에게 송달해야 집행을 개시할 수 있으므로(제491조 제2항), 경매 신청서에 담보제공에 관한 공정증서(법원의 담보제공증명서)와 그 등본의 송달증명서를 첨부해야 한다.

담보제공증명서 등본의 송달은 채권자가 집행법원에 신청할 수 있다. 담보제공을 조건으로 한 가집행선고부 종국 판결이 이미 확정된 때는 담보제공증명서 대신 확정증명서를 제출하면 된다.

4) 반대 의무의 이행 또는 이행제공을 증명하는 서면

반대 의무의 이행과 상환으로 집행할 수 있음을 내용으로 하는 채무명의 집행은 채권자가 반대 의무의 이행 또는 이행의 제공이 있었음을 증명한 때에 한하여 집행을 개시할 수 있으므로(제491조의 2 제1항), 이러한 채무명의에 기하여 강제경매를 신청하는 경우에는 반대 의무의 이행 또는 이행제공을 했음을 증명하는 서면을 제출해야 한다.

5) 집행불능증명서

다른 의무의 집행불능시에 그에 갈음하여 집행할 수 있음을 내용으로 하는 채무명의의 집행은 채권자가 그 집행불능을 증명한 때에 한하여 집행을 개시할 수 있으므로(제491조의 2 제2항), 이러한 채무명의에 기하여 강제경매를 신청하는 경우에는 그 집행불능을 증명하는 서면을 제출해야 한다.

(ㄴ) 기타 첨부서류

1) 자격증명서 등

채권자 또는 채무자가 무능력자인 경우에는 법정대리인임을 증명하는 서면인 호적등·초본을 첨부해야 하고, 법인 등의 경우에는 대표자임을 증명하는 법인등기부등·초본을 첨부해야 한다.

임의대리인이 경매를 신청하는 경우에는 대리권을 증명하는 서면인 위임장 등을 첨부해야 한다. 다만, 채무명의가 판결인 때에 그 판결의 소송대리인으로 표시된 자가 강제경매 신청을 대리하는 경우에는 위임장을 첨부할 필요가 없다.

2) 등록세 영수필통지서 및 영수필확인서

경매 신청 기입등기를 할 때는 채권금액의 1,000분의 2에 해당하는 등록세(지방세 제131조 제1항 제7호)와 등록세액의 100분의 20에 해당하는 교육세(교육세 제5조 제1항)를 납부해야 한다.

그리고 집행법원이 경매 신청의 기입등기를 촉탁할 경우에는 등록세를 납부할 자로부터 등록세를 납부한 영수필통지서 1통과 영수필확인서 1통을 제출하게 하여 등기촉탁시에 이를 첨부하여 등기소에 송부해야 하므로(지방세법 시행령 제92조), 경매신청인은 법원의 경매 신청의 기입등기 촉탁 전까지는 위 영수필통지서 등을 집행법원에 제출해야 한다.

실무상으로는 경매 신청시에 위 영수필통지서 등을 함께 제출하고 있으나 경매 신청 기입등기의 촉탁 전까지만 제출하면 되므로 경매 신청시에 이를 제출하지 않았다고 해서 경매 신청서를 접수하지 않거나 경매 신청을 각하할 수는 없다.

3) 주민등록(표)등본 등

경매 신청 기입등기를 촉탁하는 경우에는 촉탁서에 등기권리자인 경매신청인의 성명과 주민등록번호를 병기해야 하므로(부등 제41조 제2항) 주민등록번호를 증명하는 주민등록(표)등·초본을 제출해야 한다(동 규칙 제52조, 등기 예규 제586호 참조).

등기권리자인 경매신청인에게 주민등록번호가 없을 때(경매신청인이 법인인 경우)는 부동산등기용 등록번호를 병기해야 하므로 이를 증명하는 서면을 제출한다.

4) 부동산 목록 30통

경매개시 결정과 그 후의 각종 촉탁 등에 필요한 부동산 목록은 원칙상 경매법원이 작성해야 하지만 법원 사무처리의 편의를 위하여 실무상 신청인에게 목록 약 30통을 제출하도록 하고 있다.

5) 경매 예납금납입증명

6) 송달료납부증명

7) 대법원 등기수입증지

경매 신청 기입등기는 1,000원의 등기 신청수수료를 납부해야 한다. 그런데 경매 신청 부동산이 여러 개인 경우에는 1,000원에 부동산의 개수를 곱한 금액을 등기 신청수수료로 납부한다. 등기 신청수수료는 대법원 등기수입증지로 납부한다.

8) 건물의 일부에 대하여 강제경매 신청을 하는 경우

1동의 건물에 속하는 구분건물 중 일부만 경매 신청 기입등기를 촉탁할 때는 1동 건물의 소재도, 각 층의 평면도와 구분한 건물의 평면도를, 건물대지상에 수개의 건물이 있는 경우에 경매 신청 기입등기를 촉탁할 때는 그 대지상의 건물 소재도를 첨부해야 하므로(부등 제132조 제3항·제4항) 이 도면도 함께 제출해야 한다.

5. 임의경매 신청시 첨부서류

임의경매를 신청할 경우에는 강제경매의 경우와는 달리 집행력 있는 정본이나 집행개시 요건을 증명하는 서면이 필요 없다. 이것은 강제경매와 임의경매의 법적 성질의 차이에 따른 것이다.

아래에서는 임의경매 신청시 특별히 요구되는 첨부서류에 관하여 구체적으로 살펴본다.

(1) 담보권의 존재를 증명하는 서류

부동산에 대한 담보권의 실행을 위한 경매 신청을 할 때는 담보권의 존재를 증명하는 서류를 첨부해야 한다(제724조 제1항).

담보권의 등기가 되어 있는 등기부등본이 증명서류인데, 경매 신청 당시에 교부받은 것이거나 적어도 경매 신청 전 1개월 이내에 교부받은 등본이어야 한다. 이 때 강제경매의 경우와는 달리 등기부등본을 첨부해야지 초본을 제출해서는 안 된다.

한편, 가령 선박우선특권과 같이 등기를 요하지 않는 담보권의 경우에는 피담보채권의 발생을 증명하는 서류(예 : 선원의 임금대장 사본 또는 급여지급 담당자의 임금미지급증명서 등)가 곧 담보권의 존재를 증명하는 서류가 될 것이므로 이 서류를 첨부하면 된다.

담보권의 존재를 증명하는 서류의 첨부는 임의경매 신청의 형식적 요건이므로 이를 흠결한 경매 신청은 법원이 보정명령을 발한 후 이에 응하지 않으면 부적법한 것으로 각하한다.

(2) 담보권의 승계를 증명하는 서류

담보권에 관하여 승계가 있는 경우에는 승계를 증명하는 서류를 첨부해야 한다(제724조 제2항).

상속·회사합병 등 일반승계에 있어서는 호적등본과 제적등본, 법인등기부등본 등을 첨부하면 된다. 단, 이미 담보권 이전등기가 되어 있는 경우에는 등기부등본을 제출하는 것만으로 족하다.

그러나 저당권부채권의 양도와 같은 법률행위로 인한 특정승계의 경우에는 저당권 이전의 부기등기를 하지 않고서는 경매 신청을 할 수 없다. 왜냐하면 법률행위에 의한 특정승계의 경우에는 양수인이 등기를 마쳐야만 경매 신청을 할 수 있는 담보권자의 지위를 취득하기 때문이다(민 제186조). 따라서 이 경우에는 양수인 앞으로 담보권 이전등기가 된 등기부등본을 첨부해야 한다.

또한 담보권자가 임의경매 신청시에 피담보채권의 존재까지 증명해야 할 필요는 없으므로, 이 때 따로 승계의 원인을 증명하는 서류를 첨부해야 하는 것은 아니지만, 실무에서는 저당권부채권 양도증서와 양도승낙서 등도 함께 첨부하는 것이 통례이다.

그런데 등기 없이 법률의 규정에 의하여 당연히 담보권이 이전되는 변제자의 대위로 인한 이전(민 제480조·제481조)이라든가 공동저당에 있어서 차순위자의 대위로 인한 이전(민 제368조 제2항)의 경우에는 담보권 이전의 부기등기 없이도 경매를 신청할 수 있으므로 반드시 승계인 앞으로 담보권 이전의 부기등기가 된 등기부등본을 제출해야 하는 것은 아니다. 이 경우에는 다른 서류, 즉 대위변제 사실을 증명하는 공정증서 또는 차순위저당권자로 기입된 등기부등본과 배당표 등본 등을 첨부하여 경매 신청을 할 수 있다.

다만, 이런 경우에도 실무상으로는 통상 담보권 이전의 부기등기를 거쳐 경매를 신청하는 것이 관례로 되어 있다.

(3) 채무자 또는 담보권설정자의 소유임을 증명하는 서류

담보권의 존재를 증명할 서류로서 등기부등본을 제출할 경우에는 따로 목적물이 담보권설정자의 소유임을 증명하는 서류를 첨부할 필요는 없다.

그러나 민법 제356조에 의해 지상 건물을 저당목적물인 토지와 함께 경매 신청을 하는 경우에는 지상 건물이 채무자 또는 저당권설정자의 소유임을 증명하는 서류를 첨부해야 한다(제728조, 제602조 제1항). 한편, 저당목적건물이 증축으로 인하여 그 건물의 현상과 등기부의 표시가 현저히 달라서 그 동일성에 의문이 있을 때도 그 동일성을 확인하기 위하여 등기부 이외에 현존하는 건물의 소유증명서를 제출한다.

경매목적물에 대하여 채무자 또는 담보권설정자의 명의가 등기부에 기입되어 있으면 그 등기부등본을 제출하면 되지만, 그렇지 않은 경우에는 즉시 채무자 등의 명의로 등기할 수 있음을 증명할 서류를 제출해야 한다(제602조 제1항). 즉시 채무자 등의 명의로 등기할 수 있음을 증명할 서류에 어떤 것이 해당하는지는 강제경매의 경우에서 이미 설명한 바와 같다.

(4) 채권증서, 저당권 설정 계약서를 첨부해야 하는가

담보권의 실행을 위해서 피담보채권이 존재해야 하는 것은 당연하지만, 이를 증명하기 위해 채권증서 등을 첨부해야 하는 것은 아

니다. 민사소송법 제724조도 담보권의 존재를 증명하는 서류의 첨부에 관하여만 규정을 두고 있다. 따라서 피담보채권의 존재에 관하여 증명이 없다 하더라도 경매 신청을 각하할 수는 없다.

(5) 기타 첨부서류

자격증명서 등, 등록세 영수필통지서 및 영수필확인서, 주민등록(표)등본 등, 부동산 목록 30통, 경매 예납금납입증명, 송달료납부증명, 대법원 등기수입증지 등을 첨부해야 하는 것은 강제경매의 경우와 동일하다.

6. 비용의 예납

(1) 경매비용 예납이란

경매비용은 결국 채무자가 부담해야 하지만(제513조 제1항) 나중에 채무자로부터 추심하기 전에는 우선 채권자가 그 비용을 지출한다. 따라서 경매를 신청하는 채권자는 경매에 필요한 비용으로서 법원이 정하는 금액을 예납해야 한다(제513조의 2 제1항).

이 때 채권자가 예납하는 강제경매에 필요한 비용은 부동산의 감정료, 현황 조사비용, 신문공고료, 경매수수료 등 각종 수수료와 송달료 등 경매 절차에 소요되는 비용으로서 집행법원이 지출해야 할 비용을 말한다. 따라서 집행개시 후의 당사자 비용이나 집행개시 전의 비용은 예납의 대상이 아니고, 각종 신청시의 수수료는 인지첨부의 방법으로 납입되기 때문에 역시 예납의 대상이 아니다.

집행비용은 그 비용을 필요로 하는 개개의 행위시마다 개별적으로 예납시키는 것이 원칙이지만, 그렇게 할 경우 오히려 집행 절차의 원활한 진행을 방해하므로 미리 통상의 절차에 따른 집행종료시까지의 비용을 일괄하여 예납하도록 하고 있다.

경매채권자가 법원의 집행비용 납부명령에 따른 비용을 납부하지 않은 경우에 법원은 경매 신청을 각하하거나 집행 절차를 취소할 수 있으며(동 조 제2항), 위 결정에 대하여 채권자는 즉시항고를 할 수 있다(동 조 제3항). 단, 집행채권자가 소송구조를 받은 때(제119조)는 경매비용을 예납할 필요가 없다.

(2) 예납비용의 표준액

1) 경매수수료

경매신청인에게 예납시킬 경매수수료는 경매 신청서에 표시된 채권액을 기준으로 하여 집행관수수료규칙 제16조 제1항·제2항 소정의 경매수수료 산정 방법에 따라 산정한다(송민 79-5 제3조).

경매수수료는 경매금액 10만 원까지는 5,000원이고, 경매금액이 10만 원을 초과할 때는 초과하는 매 10만 원마다 5,000만 원까지는 2,000원을, 5,000만 원 초과 1억 원까지는 1,200원을, 1억 원 초과 5억 원까지는 500원을 각 가산한다. 초과금액이 10만 원에 미달해도 10만 원으로 산정하며, 경매금액이 5억 원을 초과할 때는 5억 원으로 본다(집행관수수료규칙 제16조).

2) 감정료

감정료에 대하여는 감정료의 산정기준 등에 관한 예규(송일 91-3) 제8조에서 상세히 규정하고 있다.

법원이 감정인에게 지급할 감정료는 감정가액에 따른 기본감정료(특수한 경우에는 초과감정료)에 자료수집비와 여비를 합산하여 산정한다.

1회 감정명령에 의한 총감정료가 자료수집비·여비를 포함하여 200,000원 미만인 때는 200,000원으로 산정하고, 5,000,000원을 초과할 때는 5,000,000원으로 한다.

감정료는 감정가액을 기준으로 산정해야 하지만 경매 신청시에는 감정가액을 알 수 없으므로 청구채권액을 기준으로 산정한 금액을 예납시킨다. 감정인의 여비는 2인 2회를 기준으로 법원공무원 국내여비규칙 제13조의 별표 2 '여비정액표'에 정한 제4호 해당자 소정액 이내로 한다(민사소송비용규칙 제3조).

3) 부동산 현황조사료

집행관의 부동산 현황수수료는 집행관수수료규칙 소정의 수수료에 여비(교통비·조사료 등)를 합산하여 산정한다(동 규칙 제15조·제3조·제22조). 수수료는 청구금액을 기준으로 산정한다(동 규칙 별표 참조).

4) 신문공고료

신문에 공고한 비용은 기본 2필지까지는 200,000원, 2필지 초과되는 경우에는 추가로 1필지당 100,000원을 추가한다(민사소송비용법 제10조 · 제9조).

　5) 유찰수수료
　6,000원 정액(집행관수수료규칙 제17조 제2항)

　6) 송달료
　경매 신청을 할 때는 [신청서상의 이해관계인 수+3]×10회분에 해당하는 금액 상당의 송달료를 예납해야 한다(송일 87-4 제6조 제1항, 제7조).

　(3) 예납 절차

　1) 송달료 이외의 비용의 납부 절차
　경매 사건의 비용예납금은 법원보관금으로서 신청인은 법원보관금취급규칙이 정하는 절차에 따라 이를 납부해야 한다(동 규칙 제2조 · 제1조).

　① 집행비용의 납부
　경매신청인은 사건담임자로부터 담임 법관의 납부명령서를 교부받아 이를 출납공무원에게 제출하여 납부서를 교부받은 뒤, 법원보관금취급점에 집행비용을 납부해야 한다.
　이 때 사건담임자는 납부명령서 사본을 기록에 편철해야 한다(동 규칙 제8조).

② 취급점의 처리

집행비용을 납부받은 취급점은 그 다음날 업무개시 직후 출납공무원에게는 영수필통지서·수불명세표·일계표를, 사건담임자에게는 영수필통지서를 송부해야 한다(동 규칙 제9조).

③ 사건담임자의 처리

취급점으로부터 영수필통지서를 받은 사건담임자는 민사예납금 수급계산표에 수급사항을 정리하고 납부명령서 및 영수필통지서와 함께 기록에 편철해야 한다(동 규칙 제10조).

2) 송달료 납부 절차

① 송달료의 납부

부동산 등 경매 사건은 송달료처리의특례에관한규칙이 적용되는 사건으로서(동 규칙 제1조), 경매신청인은 송달료 수납은행에 현금을 납부하고 수납은행으로부터 송달료납부서, 송달료영수증 각 1통씩을 교부받아(동 규칙 제3조 제1항) 송달료납부서 1통을 경매신청서에 첨부하여 관할 법원에 제출해야 한다(동 규칙 제2항).

② 사건과의 조치

해당 과에서는 사건번호의 부여와 사건배당 절차가 완료되면 지체없이 사건번호와 송달료납부서에 기재되어 있는 은행번호를 전산 등록하고 송달료납부서의 '사건등록'란에 날인해야 한다(동 규칙 제3항).

경매 신청시 첨부서류

강제경매 신청	임의경매 신청
• 집행력 있는 정본	• 담보권의 존재를 증명하는 서류
• 채무자의 소유임을 증명하는 서면	• 채무자 또는 담보권설정자의 소유임을 증명하는 서류
• 집행개시 요건을 증명하는 서면 ① 채무명의의 송달증명서 ② 집행문 및 증명서의 등본의 송달증명서 ③ 담보제공의 증명서와 그 등본의 송달증명서 ④ 반대 의무의 이행 또는 이행제공을 증명하는 서면 ⑤ 집행불능증명서	• 불요
• 기타 첨부서류 ① 자격증명서 등 ② 등록세 영수필통지서 및 영수필확인서 ③ 주민등록(표)등본 등 ④ 부동산 목록 30통 ⑤ 경매 예납금납입증명 ⑥ 송달료납부증명 ⑦ 대법원 등기수입증지	• 기타 첨부서류 ① 자격증명서 등 ② 등록세 영수필통지서 및 영수필확인서 ③ 주민등록(표)등본 등 ④ 부동산 목록 30통 ⑤ 경매 예납금납입증명 ⑥ 송달료납부증명 ⑦ 대법원 등기수입증지

제2장 경매 신청의 당사자

1. 경매 신청의 대리

 집행 절차에 있어서 당사자는 대리인에 의하여 소송행위를 할 수 있다. 집행관에 의한 집행 절차에 있어서는 대리인 자격에 제한이 없으나, 집행법원·수소법원의 집행 절차에 있어서는 변호사만이 대리인이 될 수 있다.
 단, 집행법원·수소법원이 단독판사일 경우에는 변호사 아닌 자도 당사자와 친족, 고용, 기타 특별한 관계가 있으면 법원의 허가를 얻어 대리인이 될 수 있다(제80조 제1항). 그리고 판결 절차의 각 심급의 소송대리인은 그 판결에 기한 집행에 관하여 당연히 대리인 자격을 가진다(제82조 제1항).

(1) 법정대리인
 채권자·채무자가 소송 무능력자인 경우에는 신청서에 법정대리인을 표시해야 한다.

지배인(상 제11조), 선박관리인(상 제761조), 선장(상 제773조), 농협중앙회장에 의하여 선임된 대리인(농협 제151조) 등은 법률에 의하여 재판상의 행위를 할 수 있는 대리인이므로 이들에 의하여 경매 신청을 할 수 있다. 이 경우 대리인 자격도 표시해야 한다.

(2) 임의대리인

원칙적으로 변호사가 아니면 경매 신청의 임의대리인이 될 수 없으며, 예외적으로 당사자와 친족, 고용, 기타 특별한 관계에 있는 자는 변호사가 아니라도 법원의 허가(부록〔서식 4〕경매신정대리허가 신청서, 〔서식 5〕경매신청대리 위임장 참조)를 얻어 대리인이 될 수 있다(제80조 제1항).

따라서 소송대리허가 신청서에는 본인과 대리인으로 될 자와의 관계를 기재하고 이를 증명하는 재직증명서, 주민등록(표)등·초본 등과 같은 문서를 첨부해야 한다.

변호사 아닌 자가 법원의 허가 없이 채권자의 대리인으로 경매 신청을 하는 경우에는 경매 신청이 부적법한 것이므로, 법원은 채권자 본인에게 보정을 촉구하고 이에 불응하면 신청을 각하한다. 단, 법원이 추후에 그 자를 대리인으로 허가하면 하자가 치유될 수 있다.

또한 허가는 반드시 명시적이지 않아도 된다. 법원이 소송대리허가를 명백히 표시하지 않은 경우에도 소송대리허가 신청서를 제출한 사람에게 경매 관계서류를 송달한 경우에는 그 대리를 허가한 것으로 본다는 것이 판례의 태도이다(대결 67. 1. 18. 66마 1106).

법무사법 제2조 제1항에 의하면 법무사는 등기 또는 공탁 사건의 신청대리를 할 수 있는 것 외에 서류의 작성과 그 서류의 제출대행을 업무로 할 수 있을 뿐이다. 즉 법무사 자격에 기한 집행 사건의 포괄적인 대리 신청(각종 송달 또는 통지서류의 영수대리의 경우도 동일함)은 허가할 수 없다(송민 72-1).

단, 입찰기일에서의 응찰행위는 재판상의 행위라고 볼 수 없으므로 입찰자의 대리인은 변호사가 아니더라도 무방하며 법원의 허가를 받을 필요도 없다.

(3) 본안소송의 대리인

판결 절차의 각 심급의 소송대리인은 그 판결에 기한 강제집행에 관하여도 당연히 대리권을 가지게 된다(제82조). 그러므로 강제집행에 관한 별도의 위임을 받지 않고도 강제경매를 신청할 수 있다. 이 경우 대리인의 대리권의 존재는 집행력 있는 정본에 나타나 있기 때문에 새로이 위임장을 제출할 필요는 없다.

2. 채권자의 승계

(1) 경매 절차개시 전의 승계

경매 절차개시 전에 승계가 이루어진 경우에는 승계인만이 경매 신청을 할 수 있고, 종전 채권자의 경매 신청은 부적법하므로 경매개시 결정을 취소하고 경매 신청을 각하해야 한다.

(2) 경매 절차개시 후의 승계

경매 절차가 개시된 후 경매 신청의 저당권에 관하여 일반승계 또는 특정승계(피담보채권과 함께 저당권이 양도되거나 전부명령에 의하여 전부된 경우, 민법 제481조의 대위변제에 의하여 대위변제자가 저당권을 취득한 경우 등)가 있는 경우 경매 절차는 중단되지 않고 속행된다.

판례는 경매 절차 진행중에 채권자가 사망할지라도 그 후에 이루어진 경매 절차는 망인의 상속인들을 위하여 진행된 유효한 것이라고 하고 있다(내결 72. 11. 7. 72마 1266).

경매 절차는 저당부동산에 대한 환가권을 가지는 저당권자가 이를 환가하여 저당채권의 만족을 얻으려는 제도이므로, 경매 절차개시 후에 압류채권자인 경매신청인의 변동이 있다 하더라도 절차에는 아무런 영향이 없다. 왜냐하면 신청에 의하여 경매 절차가 개시된 이상 그 이후의 절차는 직권으로 진행해야 하기 때문이다.

즉 경매법원은 승계 사실이 법원에 명백하게 되지 않는 동안 종전의 채권자명의로 경매 절차를 계속 진행해야 한다. 그러나 승계인이 승계 사실을 증명하여 경매법원이 승계 사실을 인정했을 때는 별다른 결정 절차를 밟지 않고, 이후 승계인을 경매신청인으로 취급하여 승계인에게 경매기일을 통지하는 등 승계인을 위하여 절차를 속행할 것이다.

이런 경우에는 승계 사실을 채무자나 소유자에게 통지하는 것이 바람직하다.

3. 경매 절차와 채무자의 사망

(1) 경매개시 결정 전에 이미 채무자가 사망한 경우

1) 강제경매의 경우

상속인에 대하여 강제집행의 요건을 구비한 후에 강제집행을 해야 하므로 승계집행문을 부여받아 경매 신청을 한다. 이를 간과하고 강제경매 신청을 하여 개시 결정이 난 후, 사망 사실이 밝혀지면 개시 결정을 취소하고 강제경매 신청을 각하한다.

2) 임의경매의 경우

저당권 설정등기 후 경매 신청 전에 채무자·소유자가 사망한 경우에는 그 상속인을 채무자·소유자로 표시해야 한다. 상속인이 불분명한 부동산에 대하여는 민법 제1053조에 의하여 상속재산관리인의 선임을 신청하고 그 선임된 상속재산관리인을 특별대리인으로 표시하여 경매 신청을 할 수 있다.

다만, 소유자의 상속인이 상속으로 인한 소유권 이전등기를 하지 않은 경우에는 경매신청인은 경매 신청 전에 현재의 소유자인 상속인을 대위하여 상속등기를 하고 그 상속인을 소유자로 표시하여 경매 신청을 해야 한다.

> 위의 경우 채권자의 집행법원에 대한 상속대위등기 촉탁 신청은 받아들일 수 없으며, 신청채권자에게 상속대위등기를 한 후, 그 등기부등본

> 을 제출하도록 요구해야 한다. 그리고 신청채권자가 상속대위등기를 하면서 지출한 비용은 집행 준비비용 또는 집행 실시비용으로 보아 집행비용에 산입해 주어야 한다.
> 단, 그 지출에 대한 소명자료가 명백해야 한다.

그러나 판례에 따르면 채무자·소유자가 이미 사망했어도 경매 신청인이 이런 사실을 몰라 사망자를 그대로 채무자·소유자로 표시하여 경매 신청을 하고, 이에 의하여 경매개시 결정을 했어도 이것이 당연무효로 되지는 않고, 후에 경매개시 결정에 의하여 채무자·소유자의 표시를 고칠 수 있다고 한다(대결 66. 9. 7. 66마676).

실무에 있어서도 위와 같이 대위상속등기를 한 다음 경매 신청을 하는 경우는 드물고 보통 사망자를 그대로 채무자·소유자로 표시하여 신청했다가 경매개시 결정 후에 경정 신청을 하고 있다.

즉 임의경매에 있어서는 저당권 등 담보권의 실행 대상은 담보부동산이고 강제집행 절차에서와 같이 대립하는 상대방을 전제로 하지 않으므로 개시 결정 자체의 효력에는 아무런 영향이 없고, 후에 법원이 이를 알았을 때 그 표시를 경정하면 된다(대결 64. 5. 16. 64마 258, 대결 69. 5. 8. 67마 95).

한편, 이러한 경우에 그 상속인으로서는 채무자나 소유자가 경매개시 전에 사망한 사실을 증명하고 자기를 이해관계인으로 취급하여 절차를 속행해 줄 것을 신청함으로써 경매 절차에 관여할 수 있다. 그러나 그렇게 하지 않으면 경매 절차는 사망한 등기부상의 채무자·소유자와의 관계에서 그대로 속행되고, 이에 의하여 경락허가 결정을 해도 위법이 아니다(대결 66.2.14. 66마 6, 대결 69.9.23. 69마 581, 대결 88.3.2. 88마 45, 대결 95.9.6. 95마 372·373).

(2) 경매개시 결정 후에 채무자가 사망한 경우

1) 강제경매의 경우

이 경우 강제집행은 유산에 대하여 속행되므로(제512조 제1항) 개시 결정을 상속인에게 송달하면 되고, 이 때 상속인에 대한 승계 집행문을 요하지는 않는다.

상속인이 없거나 상속인의 소재가 불분명하면 특별대리인을 선임하여 그 자에게 송달한다(동 조 제2항).

2) 임의경매의 경우

이 경우에도 경매 절차는 중단되지 않고 속행된다. 채무자나 소유자가 경매 진행중에 사망한 경우에는 경매개시 결정 전에 사망한 경우와 마찬가지로 그 상속인들은 그런 사실을 증명하고 자기를 이해관계인으로 취급하여 절차를 속행해 줄 것을 신청함으로써 경매 절차에 관여할 수 있으나, 그렇게 하지 않는 이상 경매 절차는 사망한 등기부상의 채무자·소유자와의 관계에서 그대로 속행되며 이에 의하여 경락허가 결정을 해도 위법이 아니다(대결 66.2.25. 66마 6, 대결 69.9.23. 69마 581, 대결 98.12.23. 98마 2509·2510).

참고판례

가. 이미 사망한 자를 채무자 겸 소유자로 표시하여 경매개시 결정을 한 경우에도 이것이 당연무효로 되는 것은 아니고 이러한 당사자 표시의 잘못은 경정 판결에 의하여 고칠 수 있는 성질의 것에 지나지 않는다 할 것이다(대법원 1966. 9. 7. 선고 66마 676 결정).

나. 부동산에 대한 근저당권의 실행을 위한 경매는 그 근저당권 설정등기에 표시된 채무자 및 저당부동산의 소유자와의 관계에서 그 절차가 진행되는 것이므로, 그 절차의 개시 전 또는 진행중에 채무자나 소유자가 사망했다고 하더라도 그 재산상속인들이 경매법원에 대하여 그 사망 사실을 밝히고 자신을 이해관계인으로 취급해 줄 것을 신청하지 않은 이상, 그 절차를 속행하여 저당부동산의 낙찰을 허가했다 하더라도 그 허가 결정에 위법이 있다고 할 수 없다(대법원 1998. 12. 23. 선고 98마 2509·2510 결정).

4. 후순위담보권자의 임의경매 신청

임의경매 신청시 신청채권자에게 담보권이 존재하면 되고, 그 담보권 순위의 전후는 묻지 않는다. 즉 선순위저당권자가 경매 신청을 하지 않고 있는 경우에도 후순위저당권자는 스스로 경매 신청을 할 수 있다. 이 때 후순위저당권자의 저당권실행으로 목적부동산이 낙찰되면 그 선순위저당권도 함께 소멸하므로 비록 후순위저당권에 대하여는 대항할 수 있는 임차권이라 하더라도 소멸되는 선순위저당권보다 뒤에 등기되었다거나 뒤에 대항력을 갖춘 경우에는 그 임차권도 함께 소멸한다(대판 87. 2. 24. 86다카 1936).

5. 저당권부채권이 이전된 경우 승계인의 임의경매 신청

(1) 원 칙

저당권부채권이 양도된 경우에는 원칙적으로 ①채권 양도의 대항 요건(민 제450조)을 구비하고, ②저당권 이전의 부기등기까지 마쳐야만 양수인이 정당한 저당권자로서 경매 신청을 할 수 있다. 따라서 저당권 이전의 부기등기를 마쳤다 해도 민법 제450조 제1항 소정의 대항 요건에 대한 소명자료(근저당의 피담보채권을 양도했다는 내용의 양도인의 채무자에 대한 채권 양도통지서 등)가 없으면 임의경매 신청을 할 수 없다.

저당권의 양도등기를 할 때는 양도인과 양수인이 신청하므로(등기 예규 616호) 이전부기등기(①의 요건)는 쉽게 가능하지만, 양도인의 채무자에 대한 통지나 채무자의 승낙(②의 요건)이 없으면 양수인은 채무자에게 대항하지 못한다. 즉 민법 제450조 제1항 소정의 대항 요건에 대한 소명자료가 없으면 경매목적물 소유자에게 대항할 수 없는 것이다.

(2) 예 외

1) 법률에 의한 채권 이전

상속, 포괄유증, 회사의 합병 등에 의한 포괄승계인이나 전부채권자처럼 저당권부채권이 법률의 규정에 의하여 이전하는 경우에는 저당권도 이에 따라 등기 없이 이전된다.

이 경우에 저당권을 취득한 자는 등기부에 저당권자로 등기되지 않더라도 경매 신청을 할 수 있다. 다만, 이런 경우 경매 신청서에 호적등본·전부명령·법인등기부등본 등 포괄승계나 전부 사실을 증명하는 서면을 첨부해야 한다.

2) 변제에 의한 대위

'변제할 정당한 이익이 있는 자'가 피담보채권을 대위변제했을 때도 대항 요건이 불필요하다. 이 때 대위변제로 인한 저당권의 이전등기를 거쳐야 하는 것은 아니지만, 실무상으로는 저당권 이전의 부기등기(부등 제148조, 제156조의 2)를 하여 등기부등본을 제출하는 것이 통례이다.

하지만 '변제할 정당한 이익이 없는 자'가 변제한 경우에는 채권자의 승낙을 필요로 하며, 채권 양도의 경우와 똑같은 대항 요건을 갖추지 않으면 안 된다(민 제480조·제481조).

이 경우에는 경매 신청시에 변제의 사실, 채권자의 승낙 등 대위원인 사실을 증명해야 한다.

3) 한국자산관리공사의 저당권 이전부기등기

한국자산관리공사(구성업공사)가 신청채권자로부터 채권 양도를 받을 경우 금융기관부실자산등의효율적처리및한국자산관리공사의설립에관한법률 제4조 제1항, 제44조에 따라 저당권 이전의 부기등기를 마치면 대항 요건을 구비한 것으로 간주한다.

4) 금융감독위원회의 계약이전 결정

금융산업의구조개선에관한법률 제14조 제2항에 의한 금융감독위원회의 계약이전 결정이 있는 경우에는 당해 부실금융기관 및 인수금융기관은 공동으로 그 결정의 요지 및 계약이전의 사실을 2개사 이상의 일간신문에 지체없이 공고해야 한다(동 법 제14조의 2 제2항). 위 규정에 의한 공고가 있을 때는 그 공고로써 민법 제450조의 규정에 의한 지명채권 양도의 대항 요건을 갖춘 것으로 본다.

단, 이해관계인은 공고 전에 당해 부실금융기관과의 사이에 발생한 사유로 인수금융기관에 대항할 수 있다(동 조 제2항).

6. 저당권부채권의 질권자의 임의경매 신청

저당권부채권이 질권의 목적이 된 경우에 질권자는 질권의 행사로서 저당권의 실행을 위하여 경매 신청을 할 수 있다. 물론 이 경우에도 저당권 등기에 질권의 부기등기가 경료되어 있어야 한다(민법 제348조).

7. 동순위 다수저당권자, 저당권의 공유자의 임의경매 신청

동순위의 다수저당권자, 저당권의 공유자도 피담보채권이 가분인 한, 자기의 지분에 비례한 권리를 가지고 있으므로 각자 단독으로 경매 신청을 할 수 있다. 그러나 조합재산인 저당권에 기하여 경매 신청을 하는 경우 조합원 전원이 공동으로 신청해야 한다. 왜냐하면 조합재산은 조합원의 합유이므로 경매 신청은 공동으로 해야만 신청적격이 인정되기 때문이다.

8. 자기저당의 경우 임의경매 신청

저당권자가 저당목적부동산의 소유권을 취득한 경우에는 혼동에 의하여 저당권이 소멸하지만, 후순위저당권자가 있어 그 선순위저당권이 소멸하지 않는 경우(민 제191조 제1항)에는 그 선순위저당권자는 자기 소유의 부동산에 대하여 경매 신청을 할 수 있다.

9. 일부대위변제한 근저당권자의 경매 신청

일부대위변제한 근저당권자가 자신에게 이전된 담보권을 대위의 범위 내에서 단독으로 행사할 수 있는지에 관하여 다수설은 채권자가 담보권을 행사하는 경우에만 채권자와 함께 그 권리를 행사할 수 있다고 한다(민법주해 채권[4] p.210).

다수설의 입장은 첫째 채권자의 의사에 반하여 저당권이 실행되면 채권자에게 담보물의 처분을 강요당하는 불이익을 입히게 되고, 둘째 담보물권의 불가분성에도 반한다는 것을 그 근거로 한다.

그러나 소수설은 첫째 후순위근저당권자가 경매를 신청해도 선순위근저당권자는 담보물의 처분을 강요당하므로 일부대위변제한 부기등기권자가 담보물의 실행을 할 수 없다는 것은 후순위근저당권자와의 형평상 또는 논리상 맞지 않고, 둘째 어차피 경매가 실행되므로 궁극적으로는 담보물권의 불가분성에 반하지 않는다고 한다. 실무는 다수설에 따르는 것으로 보인다.

단, 다수설에 따를 때도 채권자와 일부변제자 사이에 저당권 단독실행을 허용하는 약정이 있으면, 이것은 허용될 것이다. 왜냐하면 이 경우에는 채권자의 권리보호상 문제가 없기 때문이다.

즉 담보물권의 불가분성 규정(민 제370조·제321조)은 임의규정으로 해석되고 있고, 위와 같은 저당권의 준공유상태와 동일한 복수 명의의 근저당권에 대하여도 피담보채권이 가분인 한, 각자 단독으로 경매 신청을 할 수 있기 때문이다(실무제요 강제집행〔상〕 p.576).

단, 채권자(원저당권자)의 잔존채권최고액 범위 내에서는 채권자의 변제가 우선되므로 그 채권자에 대한 채권액을 계산하여 잉여의 가망이 없으면 민사소송법 제616조의 통지(이에 대하여는 후술함)를 해야 한다.

공동저당과 대가의 배당, 차순위자의 대위 (민법 제368조)

1. 동일한 채권의 담보로 수개의 부동산에 저당권을 설정한 경우에 그 부동산의 경매대가를 동시에 배당할 때는 각 부동산의 경매대가에 비례하여 그 채권의 분담을 정한다.
2. 전항의 저당부동산 중 일부의 경매대가를 먼저 배당하는 경우에는 그 대가에서 그 채권 전부를 변제받을 수 있다. 이 경우에 경매한 부동산의 차순위저당권자는 선순위저당권자가 전항의 규정에 의하여 다른 부동산의 경매대가에서 변제받을 수 있는 금액의 한도에서 선순위자를 대위하여 저당권을 행사할 수 있다.

10. 민법 제368조에 의한 공동저당에서 차순위저당권자에 의한 경매 신청

차순위저당권자가 경매 신청을 하려면 공동저당권자가 그 채권을 완제받은 경우라야 하므로 그 사실을 소명해야 한다.

(1) 차순위저당권자의 대위권 발생의 요건

공동저당권의 목적부동산이 전부 채무자의 소유이어야만 하는가, 그렇지 않으면 목적부동산의 일부가 물상보증인 또는 제3취득자의 소유에 속하는 경우에도 위의 대위권이 발생하는가에 관하여 견해의 대립이 있어 왔다.

대법원은 공동저당의 목적인 채무자 소유의 부동산과 물상보증인 소유의 부동산 중 채무자 소유의 부동산에 대하여 먼저 경매가 이루어져 그 경매대금의 교부에 의하여 1번 공동저당권자가 변제를 받더라도, 채무자 소유의 부동산에 대한 후순위저당권자는 민법 제368조 제2항 후단에 의하여 1번 공동저당권자를 대위하여 물상보증인 소유의 부동산에 대하여 저당권을 행사할 수 없다고 판시하였다(대판 94. 5. 10. 93다 25417, 대결 95. 6. 13. 95마 500).

(2) 임금채권자들이 우선변제를 받은 경우 공동저당에 관한 민법 제368조 제2항 후문이 유추적용되는지 여부

구근로기준법(1997년 3월 13일 법률 제5305호로 폐지) 제30조의 2 제2항에 규정된 임금 등에 대한 우선특권은 사용자의 총재산에 대하여 저당권에 의해 담보된 채권, 조세 등에 우선하여 변제받을 수 있는 이른바 법정담보물권이다.

사용자 소유의 수개 부동산 중 일부가 먼저 경매되어 그 경매대가에서 임금채권자들이 우선특권에 의하여 우선변제받은 결과 그 경매한 부동산의 저당권자가 민법 제368조 제1항에 의하여 위 수개의 부동산으로부터 임금채권이 동시 배당되는 경우보다 불이익을 받은 경우에는 같은 조 제2항 후문을 유추적용하여, 위 저당권자로서는 임금채권자가 위 수개의 부동산으로부터 동시에 배당받았다면 다른 부동산의 경매대가에서 변제받을 수 있었던 금액의 한도 내에서 선순위자인 임금채권자를 대위하여 다른 부동산의 경매절차에 우선하여 배당받을 수 있다(대판 98. 12. 22. 97다 9352, 대판 2000. 9. 29. 2000다 32475).

이 경우 저당권자가 민법 제368조 제2항 후문에 의하여 선순위 임금채권자를 대위하여 배당받을 수 있는 경우에도 민사소송법 제728조에 의하여 담보권의 실행을 위한 경매 절차에 준용되는 같은 법 제605조 제1항에서 규정하는 배당 요구채권자는 경락기일까지 배당 요구를 한 경우에 한하여 비로소 배당을 받을 수 있다.

따라서 적법한 배당 요구를 안 한 경우에는 실체법상 우선변제청구권이 있는 채권자라 하더라도 배당을 받을 수 없으므로 적법한 배당 요구를 안 하여 그를 배당에서 제외하는 것으로 배당표가 작성·확정되고 그 확정된 배당표에 따라 배당이 실시되었다면, 그가 적법한 배당 요구를 한 경우에 배당받을 수 있었던 금액 상당의 금원이 후순위채권자에게 배당되었다 하여 이를 법률상 원인이 없는 것이라고 볼 수 없다(대판 2000. 9. 29. 2000다 32475).

제3장 경매 신청의 목적물

1. 상속등기를 하지 않은 부동산에 대한 경매

　채무자가 상속을 했지만 아직 상속등기를 하지 않아 채무자의 피상속인 소유로 등기되어 있는 부동산의 경우에는 민법 제404조, 부동산등기법 제29조·제52조에 의하여 대위에 의한 상속등기를 한 다음 경매 신청을 해야 한다.
　이 경우 대위 원인을 증명하는 서면은 집행력 있는 정본 또는 근저당권이 설정된 등기부등본이면 된다.
　실무제요 강제집행(상) 580면에도, 소유자에 관하여 경매 신청 전에 상속이 개시되었으나 그 상속등기가 되지 않은 경우에는 대위에 의한 상속등기(부동산등기법 제52조)를 하고 그 상속인을 소유자로 하여 경매 신청을 해야 한다고 되어 있다. 그러므로 아무리 늦어도 배당기일 전까지는 신청채권자에게 상속대위등기를 한 후 그 등기부등본을 제출하도록 요구해야 한다.
　신청채권자가 상속대위등기를 하면서 지출한 비용은 집행준비비용 또는 집행실시비용으로 보아 집행비용에 산입해 주어야 한다. 단, 그 지출에 대한 소명자료가 명백해야 한다.

2. 경매의 목적부동산이 멸실된 경우

경매개시 결정 후 목적부동산의 현상이 다소 다르게 되더라도 절차의 진행을 방해할 사유는 되지 않지만, 그 정도가 심하여 부동산의 동일성을 잃게 할 정도라면 경매 절차를 취소해야 한다. 감정결과 평가를 명한 건물의 전부 또는 일부가 멸실된 것으로 인정될 때는 곧바로 채권자에게 그 부분에 대하여 적절한 조치(신청 취하 등)를 취하도록 보정명령을 한다. 보정명령을 받고도 아무런 조치를 취하지 않으면 그 부분에 대한 경매개시 결정을 취소하고 신청을 기각한다.

민사소송법 제613조에 의하면, 강제경매 절차중에 부동산의 멸실, 기타 매각으로 인하여 권리의 이전을 불가능하게 하는 사정이 명백할 때는 집행법원이 강제경매의 절차를 필요적으로 취소하도록 규정하고 있으므로, 이해관계인이 집행법원에 대하여 민사소송법 제613조에 의한 경매 절차의 취소 신청을 했다고 하더라도 이와 같은 취소 신청은 집행법원의 경매 절차 취소를 촉구하는 의미를 가질 뿐이다. 이 때 집행법원이 절차를 취소해야 할 사정이 명백함에도 불구하고 취소 결정을 하지 않을 때는 민사소송법 제504조에 정한 집행에 관한 이의에 의하여 불복을 신청할 수 있다(대결 97. 11. 11. 96그 64).

3. 목적부동산이 채무자의 소유 아님이 판명된 경우

경매개시 결정 후 목적부동산이 채무자의 소유가 아니었음이 판명되면 경매 절차를 취소해야 한다. 경매 신청 기입등기의 촉탁 전에 소유권 이전등기가 되었다면 등기공무원은 등기불능을 이유로 등기 촉탁을 각하하게 된다. 이 경우 집행법원은 등기공무원의 등기 촉탁 각하 결정을 받으면 경매 절차를 취소해야 한다.

4. 경매부동산의 가등기에 기한 본등기가 경료된 경우

(1) 경매 절차 진행중 본등기가 경료된 경우

이런 경우 법원은 민사소송법 제613조에 의하여 경매 절차를 취소해야 한다. 이 때 등기공무원은 가등기 이후의 경매 기입등기 신청을 직권말소할 수 있으므로, 부동산등기법 제175조 제1항에 의하여 가등기에 기한 본등기가 경료되었다는 취지 및 일정 기간 내에 이의가 없으면 경매 신청 기입등기를 직권말소하겠다는 취지를 통지해야 한다. 집행법원은 그 통지를 받으면 경매 절차를 취소한다(1998. 10. 13. 등기 예규 제949호).

한편, 제1, 2순위의 근저당권 사이에 소유권 이전청구권 보전의 가등기가 경료된 부동산에 대하여, 제2순위 근저당권 실행을 위하여 실시된 경매 절차에서 낙찰허가 결정이 선고되기 전에 그 근저당권보다 선순위인 가등기에 기한 소유권 이전의 본등기가 경료되었다고 하더라도, 경매 절차가 그대로 진행되어 낙찰허가 결정이 확정되고 낙찰자가 낙찰대금을 완납한 이상 낙찰의 효력은 더이상 다툴 수 없게 된다. 즉 이 경우에는 우선순위로서 그 때까지 유효하게 존재하고 있던 제1순위 근저당권이 그 낙찰로 인하여 소멸하고, 따라서 그보다 후순위인 가등기 및 그에 기한 본등기의 효력도 상실된다. 그러므로 낙찰대금의 완납 후에 제기된 가등기 및 그에 기한 소유권 이전등기 명의인의 경매 취소 신청은 받아들여질 수 없다는 것이 판례의 입장이다(대결 97. 1. 16. 96마 231).

(2) 낙찰대금납부 후 본등기가 경료된 경우(낙찰인의 소유권 상실)

소유권에 관한 가등기의 목적이 된 부동산을 낙찰받아 낙찰대금까지 납부하여 소유권을 취득한 낙찰인이 그 뒤 가등기에 기한 본등기가 경료됨으로써 일단 취득한 소유권을 상실하게 되었을 때는 매각으로 인하여 소유권 이전이 불가능했던 것이 아니므로, 민사소송법 제613조에 따라 집행법원으로부터 그 경매 절차의 취소 결정을 받아 납부한 낙찰대금을 반환받을 수는 없다고 할 것이다.

다만, 이런 경우는 매매의 목적부동산에 설정된 저당권 또는 전세권의 행사로 인하여 매수인이 취득한 소유권을 상실한 경우와 유사하므로, 민법 제578조·제576조를 유추적용하여 담보책임을 추급할 수는 있다. 이러한 담보책임은 낙찰인이 경매 절차 밖에서 별소에 의하여 채무자 또는 채권자를 상대로 추급하는 것이 원칙이지만, 아직 배당이 실시되기 전이라면 낙찰인으로 하여금 배당이 실시되는 것을 기다렸다가 경매 절차 밖에서 별소에 의하여 담보책임을 추급하게 하는 것은 가혹하므로, 이 경우 낙찰인은 민사소송법

제613조를 유추적용하여 집행법원에 대하여 경매에 의한 매매 계약을 해제하고 납부한 낙찰대금의 반환을 청구하는 방법으로 담보책임을 추급할 수 있다(대결 97. 11. 11. 96그 64).

5. 한 개의 부동산 일부에 대한 경매 신청의 여부

저당권의 목적인 토지가 다른 토지와 합병되어 1필의 토지가 될 경우에도 그로 인하여 저당권은 소멸되지 않으므로 저당권자는 그 저당권의 실행을 위하여 경매 신청을 할 수 있다. 또 1동의 건물 중 일부에 대하여 전세권이 설정되었거나 건물의 일부에 대한 점유자가 필요비 등에 관하여 유치권을 가진 경우에는 전세권자나 유치권자는 경매 신청을 할 수 있다. 이 때 권리의 목적이 된 부분이 구조상·이용상 독립성이 없어 분할이 불가능한 경우에는 목적물 전체에 대한 경매 신청이 가능함은 물론이다. 그런데 권리의 목적이 된 부분이 분할 가능하다면 그 전체 부동산의 독립된 일부에 대하여 경매 신청을 할 수 있는지가 문제된다. 1필의 토지 일부 또는 1동의 건물 일부에 대하여 경매 신청을 하면 현행 부동산등기법상 경매 신청의 기입등기를 할 방법이 없기 때문이다.

> 경매법상 압류의 효력 발생시기는 경매개시 결정의 송달 또는 경매 신청 기입등기가 된 때이고, 단일소유자의 한 개의 부동산에 대한 압류의 효력은 그 목적물인 부동산 전체에 미친다는 이유로, 한 개 부동산의 일부분에 대하여 경매 신청을 하고자 할 때는 그 부분에 대한 분할등기

> 를 한 이후에 저당권 등의 목적이 된 부분에 대해서만 경매 신청을 해야
> 하고, 분할등기를 하지 않은 채 한 전체에 대한 경매 신청은 각하해야
> 한다고 본다(대결 73. 5. 13. 73마 283).

6. 목적부동산에 처분금지 가처분등기 또는 순위 보전의 가등기가 선행된 경우

(1) 강제집행과의 우열

처분금지 가처분이 되어 있는 부동산에 관하여도 그 본안에 관한 승소 판결 확정시까지는 다른 채권자가 강제집행을 할 수 있다.

이 때 가처분채권자는 제3자 이의 등 집행이의를 신청할 권한은 없으며, 후에 본안소송에서 승소 판결을 얻은 때에 비로소 그 강제집행의 결과를 부인할 수 있다(가처분 상대적우위설 ; 대결 93. 2. 19. 92마 903).

(2) 집행법원의 조치

― 사실상 중지

처분금지 가처분등기가 선행된 경우에는 경매개시 결정 후 개시결정등기를 마친 단계에서 경매 절차를 사실상 중지하고 가처분 또는 본안소송의 결과에 따라 처리한다(실무제요 강제집행 p.298·284·285). 최선순위의 가등기(담보가등기는 제외)가 있는 경우도 마찬가지인데, 담보가등기의 경우는 담보가등기라는 채권 신고최

고서가 접수될 수 있으므로 통상 입찰까지 진행한다.

만일 경매를 그대로 진행한 결과 낙찰대금납부 후 낙찰부동산에 대해 가처분(또는 가등기)에 기한 소유권 이전의 본등기가 경료되어 낙찰인이 소유권을 상실한 경우, 민사소송법 제613조의 경매절차 취소 사유에는 해당하지 않지만, 낙찰인은 민법 제578조·제576조의 유추적용을 통해 채무자 또는 채권자를 상대로 담보책임을 추급할 수 있다.

특히 아직 배당이 실시되기 전이라면 낙찰인은 민사소송법 제613조를 유추적용하여 집행법원에 대하여 경매에 의한 매매 계약을 해제하고 납부한 낙찰대금의 반환을 청구하는 방법으로 담보책임을 추급할 수 있다(대결 97. 11. 11. 96그 64).

 선순위 가처분·가등기를 어떻게 말소할 수 있을까?

1. 선순위가처분의 말소 방법

가처분권리자의 승소 판결에 의한 소유권 이전등기가 경료된 경우, 당해 가처분등기는 그 가처분등기의 말소에 의해 이익을 갖는 자가 집행법원에 가처분의 목적 달성을 이유로 한 가처분등기의 말소 촉탁을 신청하여 그 신청에 기한 집행법원의 말소 촉탁에 의하여 말소해야 한다(1997. 9. 11. 등기 예규 제882호).

2. 선순위가등기의 말소 방법

부동산에 관하여 매매예약을 체결하고, 그 매매예약 완결권에 기한 소유권 이전등기청구권을 보전하기 위하여 가등기가 경료된 경우, 위

(3) 선순위 가등기권자나 가처분권자가 그 후 매매 등을 원인으로 소유권을 취득한 경우

소유권 이전등기청구권 보전을 위한 가등기를 경료한 후 가등기와는 상관없이 소유권 이전등기를 넘겨받은 경우, 가등기에 기한 본등기청구권이 혼동으로 소멸되지 않는다(대판 95. 12. 26. 95다29888).

이런 경우 원칙적으로는 경매 절차를 진행하지 않지만 소유자 앞으로의 소유권 이전등기가 사실상 위의 가등기에 기하여 이루어진 경우가 대부분이므로 물건명세서에 "말소되지 않는 선순위가등기 있음(단, 가등기권자가 현재의 소유자임)"이라고 기재한 후 진행하기도 한다. 선순위가처분의 경우도 마찬가지이다.

매매예약 완결권은 일종의 형성권으로서 특별한 사정이 없는 한 매매예약이 성립한 때로부터 10년 내에 행사해야 하고, 그 기간이 지났을 때는 제척기간의 경과로 소멸된다 할 것이므로 이를 이유로 그 말소를 구할 수 있다(서울지법 2001. 3. 28. 2000가단 83648 참조).

설령 가등기가 채권담보를 위한 가등기라고 하더라도 피담보채권에 대하여는 소멸시효가 진행되므로 10년의 경과로 담보가등기의 피담보채무가 소멸했음에도 가등기에 기한 본등기가 경료된다. 또 그에 따라 가등기 후 매수인의 소유권 이전등기가 직권말소된 경우, 가등기 후 매수인이 소유권에 기한 방해배제 청구로서 직접 가등기 및 그에 기한 본등기의 말소등기를 청구할 수 있다(대판 97. 10. 24. 97다 29097).

실무에서는 낙찰선고시 당사자에게 '이러한 가등기나 가처분은 사실상 이에 기하여 본등기가 이루어졌기 때문에 효력이 없을 가능성이 아주 높고, 위 기입등기 후 10년이 경과했다면 가등기의 경우는 제척기간의 경과(경우에 따라서는 소멸시효의 완성)를 이유로 그 말소를 구할 수 있고, 가처분의 경우는 민사소송법 제706조 제1항, 제715조에 따라 보전처분집행 후 10년간 본안소송을 제기하지 않았다는 이유로 채무자나 제3취득자가 사정변경에 의한 가처분취소를 구할 수 있다. 그러나 경우에 따라서는 소유권을 상실하고 채무자나 배당받은 채권자를 상내로 추급권을 행사해야 하는 위험성이 있다.'는 취지를 설명한 다음 낙찰자로부터 이와 같은 내용을 충분히 숙지했다는 확인서를 받아 기록에 첨부하기도 한다.

7. 일괄경매 신청

(1) 저당지상의 건물에 대한 일괄경매청구권

토지를 목적으로 저당권을 설정한 후 그 설정자가 그 토지상에 건물을 축조했을 때, 저당권자는 그 토지와 함께 건물에 대해서도 경매 신청을 할 수 있다(민 제365조 본문). 이 경우는 저당권설정자가 건물을 축조하여 소유하고 있는 경우에 한한다(대결 99. 4. 20. 99마 146, 대결 94. 1. 24. 93마 1736).

단, 건물의 경매대가로부터는 우선변제를 받을 권리가 없다(동조 단서).

한편, 나대지에 근저당권이 설정된 후 건축된 건물의 일부가 인접한 다른 대지에 걸쳐 있는 경우에도 건물의 상당 부분이 근저당권이 설정된 대지 위에 건립되어 있고 그 건물 전체가 불가분의 일체로서 소유권의 객체를 이루고 있다면, 위 대지의 근저당권자는 건물 전부에 대하여 민법 제365조에 의한 경매청구권을 행사할 수 있다(대판 85. 11. 12. 85다카 246).

> 민법 제365조에서 토지를 목적으로 한 저당권을 설정한 후 그 저당권설정자가 그 토지에 건물을 축조한 때는 저당권자가 토지와 건물을 일괄하여 경매를 청구할 수 있도록 규정한 취지는, 저당권은 담보물의 교환가치의 취득을 목적으로 할 뿐 담보물의 이용을 제한하지 않아 저당권설정자로서는 저당권 설정 후에도 그 지상에 건물을 신축할 수 있는데, 후에 그 저당권의 실행으로 토지가 제3자에게 경락될 경우에 건물을 철거해야 한다면 사회·경제적으로 현저한 불이익이 생기게 되어 이를 방지할 필요가 있다.
> 이러한 이해관계를 조절하고, 저당권자에게도 저당토지상의 건물의 존재로 인하여 생기게 되는 경매의 어려움을 해소하여 저당권의 실행을 쉽게 할 수 있도록 한 데에 그 취지가 있다고 본다.
> 그러한 규정 취지에 비추어 보면 민법 제365조에 기한 일괄경매청구권은 저당권설정자가 건물을 축조하여 소유하고 있는 경우에 한한다고 봄이 상당하다(대법원 1999. 4. 20. 선고 99마 146 결정).

(2) 채무자가 대지와 건물에 대하여 근저당권을 설정한 후 건물을 철거하고 대지상에 새로운 건물을 신축한 경우 일괄경매 신청의 가부

채무자가 대지와 건물에 대하여 근저당권을 설정한 후 건물을 철거하고 대지상에 새로운 건물을 신축한 경우, 채권자는 신축건물에 대하여 민법 제365조에 의한 일괄경매 신청을 할 수 있다.

즉 토지와 그 지상 건물의 소유자가 이에 대하여 공동저당권을 설정한 후 건물을 철거하고 그 토지상에 새로이 건물을 축조하여 소유하고 있는 경우에는, 건물이 없는 나대지상에 저당권을 설정한 후 그 설정자가 건물을 축조한 경우와 마찬가지로 저당권자는 민법 제365조에 의하여 그 토지와 신축건물의 일괄경매를 청구할 수 있다(대결 98. 4. 28. 97마 2935).

(3) 집합건물의 대지에만 설정된 저당권에 기한 경매

대지상에 저당권을 설정할 당시 건물이 없는 나대지였던 경우, 민법 제365조에 의하여 대지저당권자는 자신의 선택에 따라 현재 대지상에 건립된 집합건물 전체는 물론 어느 구분건물만을 특정하여 대지와 함께 경매를 신청할 수 있다.

위의 경우 특정의 구분건물에 대해서만 일괄경매를 신청하는 경우 대지는 각 구분소유자별로 공유화되어 각 공유지분은 대지저당권을 부담하게 된다.

저당권자는 임의로 1필의 대지에 대한 일부 지분에 대해서도 경매를 신청할 수 있으므로, 대지저당권자는 특정의 구분건물과 그에 대응하는 공유지분권으로서의 대지사용권에 대하여만 경매를 신청

할 수 있고, 여러 개의 구분건물과 각 그에 대응하는 대지사용권 지분을 한 묶음으로 하여 동시에 경매를 신청하는 것도 허용된다.

그러나 어떤 경우에도 대지저당권자는 건물 부분의 매각대금에서는 우선변제를 받을 수는 없다.

8. 대지에 저당권부 별도등기가 있는 집합건물에 관하여 경매 신청이 있는 경우

(1) 집행법원의 처리 방안

종래의 경매실무에서는 이런 경우 토지(대지권)에 대한 저당권을 인수할 것을 조건으로 경매한다는 특별 매각조건(제623조)을 붙여 왔다. 따라서 원칙적으로 인수 조건을 붙이되, 인수 조건을 붙이지 않을 경우에는 토지(대지권)의 저당권자도 채권 신고를 하게 하고 그 중 경매의 대상이 된 구분건물의 대지권 비율만큼에 상응하는 토지저당권을 그 비율만큼만 일부 말소시킨다.

즉 경락대금이 완납되면 토지등기부에 경락을 원인으로 하여 ○동 ○호의 대지권에 대한 부분에 해당하는 지분을 말소시키는 방법으로 토지근저당권변경의 부기등기를 순차적으로 한다.

궁극적으로 전체 구분건물이 순차적으로 전부 경매되기에 이르면, 토지의 저당권자는 채권액을 전부 변제받게 되고 토지의 저당권도 전부 말소되는 합리적인 결과가 나온다.

따라서 집행법원은 집합건물의 등기부상 토지 별도등기가 있으면 토지등기부를 제출하게 하여 토지등기부에 가압류권자나 담보권자 등이 있는지 확인해야 하고, 담보권자 등의 존재가 확인되었음에도 인수 조건을 붙이지 않기로 했다면 감정평가를 명할 때 대지권과 건물의 가격을 분리하여 감정하도록 한다.

(2) 배당할 수 있는 금원

전체 집합건물 중 일부 구분건물에 대한 경매 신청채권자가 그 일부 구분건물 및 그 대지권에 대하여 경매 신청을 하는 경우 토지 저당권자는 그 피담보채권액 전액을 기준으로 배당에 참가할 수 있으나, 토지상에 설정된 저당권의 효력이 건물 부분에는 미칠 수가 없으므로 토지의 저당권자가 건물 부분의 매각대금으로부터는 우선변제를 받을 수 없다.

9. 압류금지 부동산

압류금지 부동산은 경매할 수 없으므로 이에 대한 강제경매 신청은 각하한다. 예를 들어 학교법인이 학교교육에 직접 사용하는 교지, 교사, 체육장, 실습 또는 연구시설 등 재산은 매도하거나 담보 제공할 수 없으므로(사립학교 제28조 제2항, 동 시행령 제12조, 대판 97. 5. 28. 97다 10857) 강제집행의 대상이 되지 않고(대결 72. 4. 27. 72마 328), 국가유공자등예우및지원에관한법률에 의한 대부금으로 취득한 부동산도 같다(동 법 제58조).

한편, 주무관청의 허가를 얻지 않으면 처분할 수 없는 재산(예 : 학교법인의 기본재산(사립학교 제28조 제1항), 사찰 소유의 부동산

(전통사찰보존법 제6조) 등)에 있어서 주무관청의 허가는 경락인의 소유권 취득 요건에 불과하므로 경매 신청시에 그 처분허가서를 제출하지 않아도 경매 신청을 각하할 것은 아니다.

10. 구분건물에 대한 경매 신청(대결 97.6.10. 97마 814)

(1) 구분건물에 있어서 대지사용권의 전유부분에 대한 일체 불가분성

구분건물의 대지사용권은 전유부분 및 공용부분과 분리처분이 가능한 규약이나 공정증서가 없을 때는 전유부분과 종속적 일체불가분성이 인정되어 전유부분에 대한 경매개시 결정과 압류의 효력이 당연히 종물 내지 종된 권리인 대지사용권에도 미친다.

또한 그와 같은 내용의 규약이나 공정증서가 있을 때는 종속적 일체불가분성이 배제되어 전유부분에 대한 경매개시 결정과 압류의 효력이 대지사용권에는 미치지 않는다.

(2) 구분건물의 경매 신청서에 대지사용권에 대한 아무런 표시가 없는 경우

구분건물의 경매에 있어서 비록 경매 신청서에 대지사용권에 대한 아무런 표시가 없는 경우에도 집행법원으로서는 대지사용권이 있는지, 그 전유부분 및 공용부분과 분리처분이 가능한 규약이나 공정증서가 있는지 등에 관하여 집달관에게 현황 조사명령을 할 때에 이를 조사하도록 지시하는 한편, 그 스스로도 관련자를 심문하

는 등의 가능한 방법으로 필요한 자료를 수집해야 한다.

그 결과 전유부분과 불가분적인 일체로서 경매의 대상이 되어야 할 대지사용권의 존재가 밝혀지면 이를 경매목적물의 일부로서 경매평가에 포함시켜 최저 입찰가격을 정해야 할 뿐만 아니라, 입찰기일의 공고와 입찰물건명세서의 작성에 있어서도 그 존재를 표시해야 한다. 그렇지 않고 대지사용권이 존재하지 않거나 존재하더라도 규약이나 공정증서로써 전유부분에 대한 처분상의 일체성이 배제되어 있는 경우에는 특별한 사정이 없는 한 전유부분 및 공용부분에 대해서만 경매 절차를 진행해야 한다.

(3) 대지사용권에 관한 경매 신청이 없는 경우, 대지사용권을 반드시 일괄경매해야 하는지 여부

대지사용권이 존재함에도 그에 대한 경매 신청이 없다는 이유로 집행법원이 대지사용권의 존부 등에 관하여 조사함 없이 전유부분 및 공용부분에 대해서만 경매 절차를 진행한 경우에 있어서도, 대지사용권에 대하여 분리처분이 가능한 규약이나 공정증서가 없을 때는 전유부분에 대한 경매개시 결정 및 압류의 효력이 그 대지사용권에도 미치므로 일괄경매를 할 필요가 없다. 다만, 이 경우 이해관계인으로서는 입찰기일의 공고가 법률의 규정에 위반하거나 최저 입찰가격의 결정 또는 입찰물건명세서 작성에 중대한 하자가 있음을 이유로 민사소송법 제632조, 제642조 제2항, 제633조 제6호 등에 의하여 입찰허가에 대한 이의를 하거나 입찰허가 결정에 대한 항고를 함으로써 구제받을 수 있다.

그와 같은 내용의 규약이나 공정증서가 있을 때는 그 대지사용권

이 경매목적물에서 제외되어 일괄경매의 요건을 충족하지 않으므로 일괄경매를 할 수가 없다. 그러므로 구분건물의 대지사용권이 존재한다 해도 그에 대한 경매 신청이 없었던 이상, 집행법원이 이를 그 전유부분 및 공용부분과 일괄경매하지 않았다 하여 경매 절차에 하자가 있다고 할 수 없다.

11. 건물 일부의 전세권자가 나머지 건물 부분에 대한 경매 신청 가능 여부

건물의 일부에 대하여 전세권이 설정되어 있는 경우 그 전세권자는 민법 제303조 제1항, 제318조의 규정에 의하여 그 건물 전부에 대하여 후순위권리자, 기타 채권자보다 전세금의 우선변제를 받을 권리가 있다. 전세권설정자가 전세금의 반환을 지체한 때는 전세권 목적물의 경매를 청구할 수 있지만, 전세권의 목적물이 아닌 나머지 건물 부분에 대해서는 우선변제권은 별론으로 하고 경매신청권은 없다(대결 92. 3. 10. 91마 256·257).

12. 공장저당권에 기한 임의경매 신청

(1) 공장저당권이란

공장저당법은 공장저당이라 하여 공장재단저당과는 별도로, 재단을 구성하지 않은 채로 공장에 속하는 토지 또는 건물상에 저당권을 설정함으로써 그 저당권의 목적물에 부가되어 일체를 이루는 물건(부가물), 목적물에 설치된 기계·기구(설치물), 기타 공장의 공용물에 그 저당권의 효력을 미치게 하는 제도를 인정하고 있는데(공저 제4조·제5조), 이 때의 저당권을 공장저당권이라 한다.

> **공장재단저당과의 구별**
>
> 공장저당은 개개의 부동산에 대하여 저당권을 설정하는 것으로 모든 일체로서의 공장을 담보로 제공하는 것이 아니고 또 공업소유권 등의 권리나 다른 부동산에 부가된 기계·기구에는 저당권의 효력이 미치지 않는 점에서 공장재단저당과 구별된다.

(2) 공장저당권의 실행을 위한 경매

1) 경매 신청의 목적물(일괄경매)

공장저당법 제4조·제5조에 의하여 저당권의 목적이 된 기계·기구 등의 공장 설치물, 공장 공용물 등은 법률적으로 부동산의 일부로 간주되므로, 원칙적으로 공장저당권의 목적이 된 부동산은 공장 설치물, 공장 공용물 등 동산과 분리하여 경매할 수는 없다. 또 일괄경매해야 하는 결과 저당권자가 임의로 일부만을 선택하여 경매 신청을 하는 것은 허용되지 않고, 최저 경매가격도 일괄하여 결정하게 된다(대판 65. 7. 21. 65다 635).

그러나 공장저당권의 효력이 미치는 기계·기구 중 법률상(예를 들어 외자도입법 제13조에 의한 외국투자기업이 도입한 자본재로서 그 처분에 주무장관의 허가가 필요함에도 그 허가가 없는 경우) 또는 사실상의 이유(예를 들어 멸실되었다거나 분리매각되어 제3자가 선의취득한 경우)로 저당권을 실행할 수 없는 물건이 있을 때는 이를 제외하고 나머지 물건에 대해서만 경매 신청을 할 수 있다(대결 66. 7. 27. 66마 714).

2) 공장저당에 대한 일부경매 신청의 가부
 공장저당권자가 목적부동산과 기계·기구 등의 일부만으로 채권의 만족이 가능하여 나머지 부분에 대해서는 저당권을 실행할 의사가 없을 때는 공장저당법 제8조의 규정에 의하여 기계·기구의 일부를 분리한 다음에야 목적부동산과 나머지 기계·기구에 대해서만 경매 신청을 할 수 있다.

> 공장저당법 제7조에 의하여 공장에 속하는 토지 또는 건물에 설정된 저당권의 효력은 이에 부가하여 일체를 이루는 물건과 그에 설치된 기계·기구, 기타 공장의 공용물에도 미치므로 그에 대한 경매 신청에 최저 경매가격 경매허가 결정의 선고 등은 반드시 일괄해서 해야 한다(대법원 1971. 2. 19. 선고 70마 935 결정).

3) 경매 신청서의 기재사항
 공장저당권에 기한 경매 신청서에는 목적부동산뿐만 아니라 공장저당권의 효력이 미치는 기계·기구 등의 목록도 함께 표시해야 한다.

공장저당의 목적인 토지 또는 건물에 관하여 선순위 또는 보통저당권이 설정되어 있는 경우에 이 보통의 저당권자가 경매 신청을 하는 경우에도 위 목적부동산은 기계·기구 등과 일괄하여 경매되어야 하므로 신청서에는 기계·기구 등의 목록도 함께 기재해야 한다.

4) 공장저당권 설정 후 기계·기구가 추가로 설치된 경우
공장저당권의 설정 후에 그 목적부동산에 설치된 기계·기구, 기타 공장의 공용물도 경매 신청서에 표시해야 하는지가 문제된다. 이는 저당권 설정 후에 설치·공용된 물건, 즉 공장저당법 제7조의 목록에 기재되지 않은 물건에도 공장저당권의 효력이 미치는가의 여부에 따라 달라진다.

① 판례의 태도
공장에 속하는 토지나 건물의 부가물, 설치물 또는 공장 공용물의 설치가 공장저당권 설정의 전후인가를 묻지 않고 공장저당권의 효력이 미친다고 하고 있으므로(대결 69. 11. 26. 69마 1086) 저당권 설정 후에 부가설치된 물건도 경매 신청서에 기재해야 한다.

② 기재불요설
공장저당법 제7조의 목록에 기재되지 않은 물건에 대해서는 공장저당권의 효력이 미치지 않는다는 견해에 의하면, 저당권 설정 후에 설치된 기계·기구는 그것이 위 목록에 기재된 기계·기구에 부합된 것이거나 종물인 경우 외에는 경매의 대상이 되지 않으므로 경매 신청서에 이를 표시할 필요가 없다고 한다.

5) 공장저당의 목적부동산에 대해서만 경매개시 결정을 한 경우

공장저당의 목적인 토지 또는 건물에 대한 경매개시 결정을 함에 있어서는 통상 토지 또는 건물과 함께 그 부가물이나 설치물도 포함하여 경매개시 결정을 하고 있다.

그런데 만일 이를 빠뜨리고 토지 또는 건물에 대해서만 경매개시 결정을 한 경우에도 그 토지 또는 건물의 부가물이나 설치물 등에도 경매개시 결정에 의한 압류의 효력은 당연히 미치므로(공저 제10조), 그 부가물이나 설치물 등에 대하여 따로 경매개시 결정을 할 필요는 없고 이를 함께 평가하여 경매하면 된다.

(3) 공장재단저당권·광업재단저당권의 경우

공장재단·광업재단은 한 개의 부동산으로 간주되며(공저 제14조 제1항, 광저 제5조) 그 재단을 구성하는 부동산, 유체동산, 지상권 및 전세권, 임차권, 공업소유권 등은 일괄하여 경매 신청을 하고 일괄경매되어야 한다(공저 제15조·제18조). 따라서 경매 신청서에는 그 재단에 속하는 물건 목록을 표시해야 하고 목록은 원칙적으로 공장재단·광업재단의 소유권 보존등기 신청시 또는 재단 목록기재의 변경등기시에 제출한 공장(광업)재단 목록에 기재되어 있는 대로 작성해야 한다.

공장재단이 수개의 공장으로 구성되어 있는 경우에도 각기 개별로 경매 신청을 할 수 없다. 그러나 저당권자의 신청이 있으면 경매법원은 그 공장재단을 구성하는 각 공장을 개별적으로 경매 또는 입찰에 부할 것을 명령할 수 있다(공저 제30조).

제4장 경매 신청시 청구금액

1. 경매 신청서에 채권액의 일부만을 기재한 경우

　강제경매 신청을 하면서 채무명의에 표시된 금액 중 일부만을 청구금액으로 기재했거나, 임의경매 신청을 하면서 피담보채권액의 일부만을 청구금액으로 기재한 경우가 있을 수 있다. 이런 경우에는 우선 경매 절차 진행 도중에 청구금액을 확장할 수 있는지의 여부가 문제되고, 만약 청구금액의 확장이 불가능하다면 어떤 방법으로 기재하지 않은 채권액의 만족을 얻을 수 있는지가 문제된다.

　(1) 강제경매의 경우

　1) 청구금액의 확장 가능성
　경매채권자가 경매 신청서에 채무명의에 표시된 금액 중 일부만을 청구금액으로 기재하여 신청한 경우에는 채권자의 청구금액은 신청서에 기재된 채권액을 한도로 확정되므로 경매 절차개시 후에는 청구금액의 확장이 허용되지 않는다.

2) 배당 요구의 가능성

강제경매의 신청채권자는 채무명의를 가지고 있는 채권자로서 민사소송법 제605조 제1항에 의하여 배당 요구를 할 수 있으므로, 배당 요구의 종기인 경락기일까지 청구금액을 확장하여 잔액을 청구하면 이를 배당 요구로 볼 수 있다(대결 83. 10. 15. 83마 393). 즉 채권자는 배당 요구의 방법으로 확장된 부분을 청구할 수 있다.

(2) 임의경매의 경우

1) 청구금액의 확장 가능성

담보권의 실행을 위한 경매에서 신청채권자가 경매를 신청함에 있어서 그 경매 신청서에 피담보채권액 중 일부만을 청구금액으로 기재했을 경우에는 다른 특별한 사정이 없는 한 신청채권자가 당해 경매 절차에서 배당받을 금액이 기재된 청구금액을 한도로 확정된다. 청구금액확장 신청서나 채권계산서에 청구금액을 확장하여 제출하는 방법으로 청구금액을 확장할 수는 없고(대판 98. 7. 10. 96다 39479 판결), 이것은 피담보채권 중 일부 채권의 변제기가 도래하지 않은 경우에도 마찬가지이다(대판 96. 6. 9. 95다 15261). 즉 청구금액의 확장이 불가능한 점은 강제경매의 경우와 같다.

2) 배당 요구의 가능성

강제경매의 경우와는 달리, 임의경매의 신청채권자가 경매 신청서에 청구채권으로 기재하지 않은 피담보채권액을 가지고 민사소송법 제605조 제1항에 의하여 배당 요구를 하여 배당에 참가할 수는 없다. 다시 말해, 피담보채권액 중 경매 신청 당시의 청구금액을 초과하는 금액에 관하여는 배당에 참가할 수 없으며, 배당법원으로서는 경매 신청 당시의 청구금액만을 신청채권자에게 배당하면 족하다(대판 97. 2. 28. 96다 495).

3) 이중경매 신청의 가능성

임의경매 신청채권자가 경매 신청서에 피담보채권 중 일부만을 청구금액으로 기재하여 경매를 신청했을 경우에 다른 특별한 사정이 없는 한 신청채권자가 당해 경매 절차에서 배당받을 금액이 그 기재된 채권액을 한도로 확정되는 것일 뿐, 피담보채권까지 경매 신청서에 기재된 청구금액으로 확정되는 것이 아니다. 따라서 경매 신청 당시 누락된 피담보채권액은 경락기일까지 이중경매를 신청하여 구제받을 수 있다(대판 97. 2. 28. 96다 495).

근저당권자가 경매 신청서에 피담보채권 중 일부만을 청구금액으로 기재하여 담보권의 실행을 위한 경매를 신청한 후, 청구금액을 확장한 채권계산서를 제출했을 뿐 달리 경락기일까지 이중경매를 신청하는 등 필요한 조치를 취하지 않은 채 경매 절차를 진행시켜 경매 신청서에 기재된 청구금액을 기초로 배당표가 작성·확정되고 그에 따라 배당이 실시되었다면, 신청채권자가 청구하지 않은 부분의 해당 금원이 후순위채권자들에게 배당되었다 하여 이를 법률상 원인이 없다고 볼 수 없어 이에 대한 부당이득 반환 청구도 허용되지 않는다(대판 97. 2. 28. 96다 495).

다만, 이 때 주의할 것은 선행경매의 신청 이후에 발생한 채권을 근거로 이중경매 신청을 할 수는 없다는 점이다. 예를 들어 근저당권자가 그 피담보채무의 불이행을 이유로 경매 신청을 했을 때는 그 경매 신청시에 근저당권이 확정되는 것이고, 근저당권이 확정되면 그 이후에 발생한 원금채권은 그 근저당권에 의하여 담보되지 않으므로(대판 89. 11. 28. 89다카 15601), 이를 근거로 이중경매 신청을 할 수는 없는 것이다.

2. 이자채권의 청구

(1) 신청서에 이자채권이 기재된 경우

경매 신청서에 청구금액으로 원리금을 기재한 이상 경매개시 결정에 원금만 기재되었다 하더라도 채권자는 원리금을 변제받을 수 있음은 물론이다(대결 68. 6. 3. 68마 378). 또한 담보권 실행을 위한 경매를 신청하면서 경매 신청서의 표지에는 대여금 원금만 표시하고, 그 내용의 청구금액란에 원금과 연체손해금을 기재한 경우에도 경매 신청서에 기재한 채권액에는 대여금 원금뿐만 아니라 그 연체손해금도 포함된다고 보아야 한다(대판 99. 3. 23. 98다 46938).

(2) 기재된 청구금액이 불분명한 경우

신청서에 청구금액으로 특정금액을 구하면서 원금인지 이자인지 적시하지 않은 경우에는 그것이 원금인지 아니면 이자를 포함한 것인지를 명확히 하도록 보정을 명해야 한다.

(3) 신청서에 이자채권의 기재가 없는 경우

경매 신청서에 이자의 기재가 없는 경우, 후에 채권계산서를 제출하면서 이자를 청구하는 것이 가능한지가 문제되는데, 이것은 앞의 1.에서 살펴본 법리가 그대로 적용된다고 하겠다. 즉 채권의 일부만을 청구금액으로 하여 경매를 신청한 경우에는 다른 특별한 사정이 없는 한 신청채권자의 청구금액은 그 기재된 채권액을 한도로 확정되고 경매 절차개시 후에는 청구금액의 확장이 허용되지 않는다. 그러나 청구금액을 원금(원금 5,000만 원)만 기재하고, 후에 위의 청구금액보다 적은 원금(원금 4,000만 원)과 이자(1,500만 원)를 기재한 계산서를 제출한 경우에는 원래의 청구금액 한도 내에서 이자 부분을 인정(원금 4,000만 원과 이자 1,000만 원을 배당함)할 수 있을 것이다.

단, 강제경매의 경우 신청시 채무명의에 이자채권이 포함되어 있는 경우에는 경매 신청시 이자채권에 관한 표시가 없었다 하더라도 청구금액의 확장이 허용되는 것은 아니지만, 배당시에 채권계산서에 이자채권을 기재하여 이자를 변제받을 수 있을 것이다. 강제경매 신청채권자는 채무명의를 가지고 있는 채권자로서 민사소송법 제605조 제1항에 의하여 배당 요구를 할 수 있고, 배당 요구의 종기인 경락기일까지 청구금액을 확장하여 잔액을 청구한 경우 이를 배당 요구로 볼 수 있기 때문이다(대결 83. 10. 15. 83마 393).

(4) 이미 기재된 이자채권의 확장 가능성

최근 대법원에서는 경매신청자가 임의경매 신청을 하면서 대여금채권의 원금 전액과 그에 대한 경매신청일 무렵까지의 이자 및 지연이자를 청구채권으로 표시했다가 그 후 채권계산서를 제출하면서 그 지연이자를 확장한 사안에서, 경락기일 이전까지는 이자 등 부대채권을 증액하는 방법으로 청구금액을 확장하는 것이 가능하다고 판시한 바 있다(대판 2001. 3. 23. 99다 11526).

신청채권자가 경매 신청서에 피담보채권의 일부만을 청구금액으로 하여 경매를 신청한 경우에는 다른 특별한 사정이 없는 한 신청채권자의 청구금액은 그 기재된 채권액을 한도로 확정되고, 그 후 신청채권자가 채권계산서에 청구금액을 확장하여 제출하는 등의 방법에 의하여 청구금액을 확장할 수 없으나, 이러한 법리는 신청채권자가 경매 신청서에 경매 청구채권으로 이자 등 부대채권을 표시한 경우, 나중에 채권계산서에 의하여 부대채권을 증액하는 방법으로 청구금액을 확장하는 것까지 금지하는 취지는 아니라고 할 것이다.

… 신청채권자를 포함한 각 채권자는 경락기일까지 채권계산서를 제출해야 하고, 경락기일까지 채권계산서를 제출하지 않으면 경매 신청서 등 집행기록에 있는 서류와 증빙에 의하여 채권을 계산하여 배당하고, 거기서 인정되지 않은 채권은 보충을 불허하는 것으로 하고 있는 민사소송법 규정의 취지를 종합해 보면, 담보권 실행을 위한 경매 절차에 있어 신청채권자가 이자 등 부대채권을 표시했다가 나중에 채권계산서에 의하여 그 부대채권을 증액하는 방법으로 청구금액을 확장하는 경우, 그 확장은 늦어도 채권계산서의 제출시한인 경락기일까지는 이루어져야 하고, 그 이후에는 허용되지 않는다고 보아야 한다(대법원 2001. 3. 23. 선고 99다 11526 판결).

3. 신청채권자 이외의 담보권자의 청구금액 확장 가능성 (임의경매의 경우)

담보권 실행을 위한 경매 절차에서 신청채권자가 아닌 담보권자도 신청채권자와의 형평상 채권 신고를 한 후에는 그 채권신고액의 확장을 불허해야 한다는 견해도 있다.

그러나 사건에 관하여 주도권을 쥐고 있는 신청채권자와 그 절차를 이용하여 자기의 권리를 실현하려고 하는 다른 담보권자를 달리 취급한다고 하여 형평성에 벗어난다고 할 수는 없으므로, 청구금액의 확장을 허용한다.

담보권의 실행을 위한 경매 절차에서 경매 신청채권자에게 우선하는 근저당권자가 경락기일 전에 제출한 채권계산서에 기재한 피담보채권액을 경락기일 후에 확장하는 내용으로 보정할 수 있다는 것이 판례(대판 99. 1. 26. 98다 21946)의 태도이다.

> 담보권의 실행을 위한 경매 절차에서 경매 신청채권자에 우선하는 근저당권자는 배당 요구를 하지 않아도 당연히 등기부상 기재된 채권최고액의 범위 내에서 그 순위에 따른 배당을 받을 수 있으므로, 그러한 근저당권자가 채권계산서를 제출하지 않았다고 해도 배당에서 제외할 수 없다. 또한 위 근저당권자는 경락기일 전에 일응 피담보채권액을 기재한 채권계산서를 제출했다고 하더라도 그 후 배당표가 작성될 때까지 피담보채권액을 보정하는 채권계산서를 다시 제출할 수 있다고 할 것이며, 이 경우 배당법원으로서는 특단의 사정이 없는 한 배당표 작성 당시

까지 제출한 채권계산서와 증빙 등에 의하여 위 근저당권자가 등기부상 기재된 채권최고액의 범위 내에서 배당받을 채권액을 산정해야 한다(대법원 1999. 1. 26. 선고 98다 21946 판결).

4. 청구채권의 추가적·교환적 변경 가능성(임의경매의 경우)

임의경매 절차에서 신청채권자가 당해 근저당권과는 다른 피담보채권을 청구채권에 추가하거나 당초의 청구채권을 그 다른 채권으로 교환할 수 있는지의 여부에 대해 판례는 '민사소송법 제728조에 의하여 담보권의 실행을 위한 경매 절차에 준용되는 같은 법 제601조 제3호, 민사소송규칙 제204조 제2호 및 제4호 규정의 입법취지, 근저당권의 특성 등에 비추어 볼 때, 근저당권의 실행을 위한 경매 절차에서 신청채권자가 일단 경매 신청서에 특정의 피담보채권을 기재함으로써 이를 청구채권으로 표시하였다 하더라도 당해 근저당권의 피담보채권으로서 다른 채권이 있는 경우에는 그 다른 채권을 청구채권에 추가하거나 당초의 청구채권을 그 다른 채권으로 교환하는 등 청구채권을 변경할 수 있다(단, 변경 후의 피담보채권액이 경매 신청서에 기재되어 있는 청구채권액을 초과할 때는 그 초과하는 금액에 대하여는 배당받을 수 없음). 이 때 청구채권의 변경이 추가적 변경인가 교환적 변경인가는 신청채권자가 경매법원에 표시한 의사를 객관적·합리적으로 해석하여 판단해야 한다.'고 판시하고 있다(대판 98. 7. 10. 96다 39479).

제5장 이중경매 신청

1. 이중경매 신청의 의의와 요건

(1) 이중경매 신청의 의의

강제경매 또는 담보권의 실행을 위한 경매(임의경매)의 절차개시를 결정한 부동산에 대하여 다른 강제경매 또는 임의경매의 신청이 있는 경우 이를 이중경매 신청이라 한다. 이 때 법원은 다시 경매절차의 개시 결정(이중개시 결정)을 하고 먼저 개시 결정한 집행 절차에 따라 경매한다(제604조 제1항).

(2) 이중개시 결정의 요건

1) 이미 개시 결정이 되어 있을 것

선행의 경매개시 결정이 있어야 한다. 그러나 그 개시 결정의 효력 발생 여부는 불문한다. 아직 경매개시 결정을 하지 않은 경우에는 선행의 경매 신청과 후행의 경매 신청을 병합하여 1개의 경매개시 결정을 할 것이다(이 경우는 공동경매에 해당함).

선행의 경매개시 결정이 강제경매에 의한 것이든 담보권 실행을 위한 경매에 의한 것이든 불문한다. 그러나 다른 채권자에 의해 가압류된 부동산에 대한 경매개시 결정은 이중개시 결정이 아니다.

2) 경매 신청의 요건을 구비할 것

후행의 경매 신청 자체가 요건을 구비한 것이어야 한다. 따라서 뒤에 한 경매 신청이 강제경매 신청인 경우에는 강제집행의 요건, 강제집행개시의 요건 등을 구비해야 하고, 임의경매 신청인 경우에는 임의경매 신청의 모든 요건을 구비해야 한다.

후행의 경매 신청이 경매 신청의 요건을 갖추지 못한 경우에는 신청각하설과 배당 요구의 요건을 갖추고 있으면 배당 요구를 한 것으로 볼 것이라는 배당요구간주설이 대립하고 있다.

3) 부동산이 동일채무자의 소유일 것

선행경매 신청채권과 후행경매 신청채권의 채무자가 동일인이어야 한다. 다음과 같은 경우는 이중경매 신청에 해당하지 않는다.

① 압류의 효력 발생 후 경매부동산의 소유자가 변경되고 그 새로운 소유자의 채권자가 그 부동산에 관하여 경매 신청을 한 경우

뒤에 한 경매 신청에 대하여는 별도로 새로운 소유자를 채무자로 하여 경매개시 결정을 하여 경매 신청 기입등기까지만 하고, 선행 경매 사건이 완료될 때까지 절차의 진행을 유보했다가 선행사건이 취소 또는 취하에 의하여 경매 없이 종결된 때는 새로운 사건의 절

차를 진행한다. 선행사건의 절차가 진행되어 낙찰자가 소유권을 취득하면 매각으로 인하여 권리의 이전을 불가능하게 하는 사정이 명백하므로(제613조 제1항) 후행의 경매 절차를 취소하게 된다.

② 가압류 후 채무자가 목적물을 제3자에게 양도한 경우, 제3자에 대한 채권자가 경매 절차를 개시한 후에 가압류채권자가 본집행으로서 경매 신청을 한 때

이 경우에는 선행의 경매 절차가 사실상 정지되고 가압류채권자의 신청에 기한 집행 절차에 따라 경매가 진행된다.

이 때 낙찰자 앞으로 소유권이 이전되면 선행의 경매 절차는 취소되고, 만일 후행의 경매 절차가 취소 등으로 실효되면 선행의 절차가 다시 진행된다.

공동경매와의 구별

수인의 채권자가 동시에 경매 신청을 하거나, 이미 경매 신청은 되었지만 아직 경매개시 결정을 하지 않은 동안에 동일 부동산에 대하여 다른 채권자로부터 경매 신청이 있는 경우, 이에 기하여 경매 절차를 실시하기 위해서는 1개의 경매개시 결정을 해야 한다. 이를 공동경매라 한다. 이 때 그 수인의 채권자는 공동의 압류채권자로 되며 그 집행 절차는 단독으로 경매 신청을 한 경우에 준하여 실시한다(제662조).

이 경우 경매 절차는 각 채권자를 위하여 각별로 진행되므로 어느 한 채권자에 관하여 집행 정지·취소 사유가 발생했다거나 경매 신청이 취하되더라도 다른 채권자는 아무런 영향을 받지 않는다.

2. 이중경매 신청을 할 수 있는 시기(낙찰대금 완납시까지)

이미 개시 결정된 부동산에 대하여 언제까지 다른 경매 신청을 할 수 있는가에 관하여는 견해가 대립한다. 경락기일설은 배당 요구를 할 수 있는 시한인 경락기일 즉 경락허가 결정선고시까지만 할 수 있다고 하고, 경락대금완납시설은 선행경매 사건의 경락인이 대금을 완납하여 그 부동산의 소유권이 채무자로부터 경락인에게 이전될 때까지 이중경매 신청이 가능하다고 한다.

목적부동산이 채무자의 소유라면 하나의 절차로 진행하는 것이 적합하므로 경락대금완납시설이 타당하다. 판례도 임의경매 절차에 있어서 그 경락허가결정일 후라도 경락대금납부 전에 강제경매 신청이 있는 경우에는 그 강제경매 신청기록을 선행임의경매 사건의 기록에 첨부함이 타당하다고 판시하였다(대결 78. 11. 15. 78마 285).

3. 이중경매개시 결정의 절차

이중경매 신청이 있으면 민사집행사건부에 등재하여 접수하고 별책으로 기록을 만들어 선행의 경매 사건과 끈으로 연결하고 보존도 그 기록과 함께 한다. 이중경매개시 결정은 채무자에게 송달하고(제603조 제4항) 후행경매 신청채권자에게 고지하는 것 외에, 이해관계인에게 이중경매 신청이 있음을 통지해야 한다(제606조 제1항, 부록 〔서식 6〕 이중경매개시 결정통지서 참조).

통지해야 할 이해관계인은 선행경매 신청사건의 신청채권자, 집행력 있는 정본에 의한 배당 요구채권자에 한하는데, 이 통지가 이중개시 결정의 효력 발생 요건인 것은 아니다.

4. 이중경매개시 결정의 효력

(1) 일반적인 효력

이중개시 결정도 채무자에게 그 결정이 송달되거나 또는 민소법 제611조 규정에 의한 경매 신청등기가 되면 압류의 효력이 생긴다(제603조 제4항). 그러나 경매 절차는 먼저 개시 결정한 선행사건의 집행 절차에 따라 진행해야 한다. 따라서 이해관계인의 범위, 경매기일의 통지, 이의나 항고 등의 적부 등도 선행의 경매 사건을 기준으로 정해야 한다. 이 때 이중경매 신청채권자는 압류의 효력이 생기면 압류채권자로서 당연히 배당에 참가할 수 있다. 다만, 선행 경매 사건의 낙찰기일 전에 경매 신청한 경우에 한하며, 그 후에 경매 신청을 한 경우에는 배당에 참가할 수 없다.

한편, 후행의 경매신청인은 선행경매 절차에서의 최고가 매수신고인 등의 동의 여부에 관계없이 경매 신청을 취하할 수 있다(즉 민소법 제610조 제2항이 적용되지 않음).

(2) 선행사건의 경매 신청이 취하되거나 그 절차가 취소·정지된 경우의 절차

민소법 제608조 제1항의 우선권을 해하지 않는 한도 안에서 뒤의 개시 결정에 의하여 절차를 속행한다(제604조 제2항). 이 때 후

행 절차는 선행 절차의 속행이라는 성격을 가지므로 선행 절차에 있어서 행해진 현황 조사라든가 평가 등은 특별히 원용 절차를 밟지 않아도 후행 절차에 그대로 원용할 수 있으며 후행사건에서는 나머지 절차만 속행하면 된다(대결 80. 2. 7. 79마 417).

물론 새로운 용익권 등의 설정으로 이를 그대로 원용할 수 없게 되는 경우에는 마땅히 새로운 평가를 해야 하고, 따라서 선행사건에 의한 현황 조사가 후행사건의 압류 후에 행해진 경우 등을 제외하고는 법원이 다시 현황 조사를 명할 필요가 있다 하겠다.

다만, 먼저 개시 결정한 경매 절차가 '정지'된 경우에는 주의할 점이 있다. 만일 정지된 선행경매 절차가 후에 취소되면 민소법 제617조의 2 제3호의 기재사항(등기된 부동산에 관한 권리 또는 가처분으로서, 낙찰에 의하여 그 효력이 소멸하지 않는 것)이 변경되는 경우가 있을 수 있는데, 이런 경우에는 후행개시 결정에 의하여 절차를 속행해서는 안 된다(규칙 146조의 2). 왜냐하면 선행경매개시 결정과 후행경매개시 결정 사이에 용익권이 설정되거나 처분금지 가처분등기가 경료된 경우에는 후행개시 결정에 기하여 경매 절차가 진행되는 도중에 선행개시 결정이 취소되면 위의 용익권 또는 가처분은 제671조의 2 제3호 소정의 '낙찰에 의하여 그 효력이 소멸하지 않는 권리 또는 가처분'이 되므로, 집행정지중인 선행 절차가 나중에 취소되는가의 여부에 따라 낙찰자의 지위에 중대한 영향을 미치기 때문이다(즉 매각 조건의 변동을 초래하기 때문).

따라서 이 경우에는 선행 절차가 정지되더라도 뒤의 개시 결정에 기하여 즉시 절차를 속행할 것이 아니라, 선행 절차의 집행정지 사유가 소멸하거나 선행개시 결정이 취소될 때까지 기다려야 한다.

따라서 선행 절차가 정지된 경우에는 선행경매개시 결정과 후행경매개시 결정과의 사이에 용익권이 설정되어 있는지의 여부 등을 확인하기 위하여 다시 현황 조사를 명할 필요가 생긴다.

그러나 선행개시 결정과 후행개시 결정 사이에 제3자가 저당권을 취득한 경우에는 선행 절차가 취소되더라도 배당받을 자의 범위에 변동이 있을 뿐 민소법 제617조의 2 제3호의 기재사항이 변경되는 것은 아니므로(즉 그 저당권이 소멸하는 데는 영향이 없으므로 매각 조건의 변동을 초래하지 않음) 이중개시 결정에 의한 경매 절차의 속행을 방해하지 않는다. 단, 이 때도 잉여의 가망이 있는지를 후행압류채권자를 기준으로 다시 살펴보아야 한다(제616조).

한편, 선행사건의 경매 절차가 정지되었는데 선행 절차의 정지 사유가 해소되지 않은 채 배당에 들어가게 될 경우에는 선행 절차의 압류채권자에게 배당할 금액은 이를 공탁해야 한다(제658조, 제589조 제3항). 또 후행 절차로 속행하고 있는 중에 선행 절차의 정지 사유가 해소되는 경우에는 다시 선행 절차로 환원한다.

하지만 실무에서는 후행사건으로 상당 기간 진행했기 때문에 선행사건으로 돌아가는 것이 오히려 경매진행에 어려움을 주는 경우에는 후행사건으로 진행하기도 한다.

(3) 선행경매가 취소·취하 또는 정지된 경우에 후행경매에서 배당 요구로서의 효력을 인정할 것인지 여부

선행경매 절차가 취소·취하된 경우에는 그 압류의 효력을 상실하므로 선행경매 신청채권자의 선행경매 신청행위에 대하여 후행경매 절차에서의 배당 요구로서의 효력을 인정할 수는 없으나, 선

행경매가 정지된 경우에는 그 압류의 효력을 상실하지 않으므로 후행경매 절차에서의 배당 요구로서의 효력을 인정할 수 있다.

따라서 선행 절차의 정지 사유가 해소되지 않은 채 배당에 들어가게 될 경우에는 앞서 살핀 바와 같이 선행 절차의 압류채권자에게 배당할 금액은 공탁해야 한다(제658조, 제589조 제3항).

(ㄴ) 선행경매가 취소·취하 또는 정지된 경우에 후행경매에 따른 대금납부의 효력

1) 선행경매의 낙찰허가 결정확정 후 선행 절차가 정지된 경우

낙찰허가 결정이 확정된 후 경매 절차정지 결정이 제출되어 대금지급기일을 지정하지 못하고 있는 사이에 이중경매 신청에 의한 경매개시 결정이 내려진 경우에는 후행사건에 기하여 대금지급기일을 지정한다. 선행사건의 절차가 정지되는 경우 후행사건의 절차는 선행사건이 진행된 상태를 그대로 이어받아 진행해야 하기 때문이다.

이에 대하여는 이중경매개시 결정에 기하여 대금지급기일을 지정하면 채무자나 소유자가 경매 절차가 정지되었다고 믿고 있는 상태에서 대금이 납부되므로 그들의 이익을 보호하지 못한다는 반론이 있을 수 있으나, 이중경매개시 결정이 채무자와 소유자에게 송달되어야 비로소 그에 기한 후속 절차의 진행이 가능한 것이기 때문에, 그 후속 절차의 정지를 원하는 채무자나 소유자는 다시 경매 정지가처분 결정을 받아 경매법원에 제출하면 되므로 문제될 것 없다.

단, 경매 절차가 정지되었다고 믿고 있는 채무자나 소유자에게 불측의 피해를 주지 않기 위하여 이중경매개시 결정이 그들에게 송달

되기도 전에 대금지급기일을 지정하지 않도록 유의해야 한다.

2) 선행경매의 낙찰허가 결정선고 전 선행 절차가 취소된 경우
낙찰허가선고 전에 경매 취소 결정을 했지만 그 결정이 확정되기 전에 이중경매 신청에 의한 경매개시 결정이 내려졌을 때는 취소된 선행사건의 낙찰자에게 후행사건에 기하여 낙찰허가를 선고한다. 후행사건의 절차는 선행사건 절차의 속행적 성격을 띠기 때문이다.

5. 이중경매의 집행비용

(1) 이중경매의 집행비용
압류가 경합된 경우에 후행사건의 신청에 소요된 비용(경매 신청 서기료, 인지대, 제출비용 등)은 배당 요구 신청에 소요된 비용과 마찬가지로 우선변제를 받을 집행비용으로 되지는 않는다. 단, 후행사건임을 모르고 감정평가 및 현황 조사 등을 했는데 뒤늦게 이중경매임을 발견하게 되었다면 그 비용은 모든 채권자의 이익을 위해 지출한 비용으로, 후행사건의 신청채권자에게 우선변제되어야 한다.

> **집행비용**이란 채권자가 지출한 비용 전부를 포함하는 것이 아니라 배당재단으로부터 우선변제를 받을 집행비용을 의미하며, 이것은 당해 경매 절차를 통하여 모든 채권자를 위하여 체당한 비용으로서의 성질을 띤 집행비용에 한한다(실무제요 강제집행[상] p.508).

(2) 선행사건이 취소·취하된 경우의 집행비용

선행압류가 집행 절차종료 전 취소·취하된 경우에는 그때까지 선행압류채권자가 지출한 비용은 그 채권자의 부담으로 되는 것이 원칙이므로, 그 다음 순위의 압류채권자가 지출한 모든 필요비용이 우선변제받을 집행비용에 해당하게 된다. 하지만 선행압류채권자가 지출한 필요비용 중 집행목적재산에 대한 감정료와 같은 순수한 공익비용(집행 신청이나 그 준비를 위한 비용을 제외한 것)은 이를 우선배당하여 그 채권자에게 반환해야 할 것이다.

6. 참가압류

참가압류는 국세, 지방세 등 조세채권에 관하여 징수권자가 집행법원 등 다른 기관에 의하여 이미 개시되어 있는 강제환가 절차에 참가하여 압류하는 제도를 말한다(국세징 제57조·제58조, 지방세 제28조 제4항). 이것은 이중경매 신청에 준하는 것으로 법원은 이에 대하여 배당을 해주어야 하며, 그 방법이나 효과도 이중경매 신청과 비슷하다.

즉 참가압류를 하고자 하는 징수권자는 참가압류통지서를 집행법원에 송달하고 등기공무원에게 참가압류의 등기를 촉탁함으로써 참가압류를 하며(국세징 제57조 제1항·제3항), 집행법원에 의한 압류가 실효된 경우에는 위 참가압류의 등기가 된 때에 체납처분의 압류효력이 발생하여 이후는 국세징수법에 의한 환가 절차가 진행된다(동 법 제58조).

제3편 경매「압류절차」절차의 개시

제1장 경매 신청서의 접수 및 심사

1. 경매 신청서의 접수

경매 신청서가 제출되면 접수담당 법원사무관 등은 신청서의 기재사항이나 첨부서류가 법정의 요건을 구비하고 있는지, 소정의 인지가 첨부되어 있는지 여부를 검토하여 흠결이 있으면 신청서 제출자에게 구술로 그 흠결을 지적하여 고지하고 그 보정을 촉구해야 한다. 접수담당 사무관 등이 그 보정을 촉구했음에도 불구하고 제출자가 이에 응하지 않더라도 그 접수를 거부할 수 없고, 신청서에 간단명료하게 흠결의 내용을 기술한 부전지를 첨부하여 접수해야 한다(송민 64-18).

접수된 신청서는 민사집행사건부에 등록되고 사건번호가 부여되면 법관에게 사건 배당이 된다. 경매 신청서에는 민사집행사건기록 표시, 목록용지, 이해관계인표, 민사예납금 수급계산표, 예납송달료 수급계산표를 함께 편철하여 기록을 조제한다.

2. 경매 신청서의 심사

경매 신청이 있으면 집행법원은 신청서의 기재 및 첨부서류에 의하여 강제집행의 일반적 요건, 집행개시의 요건 등에 관하여 형식적 심사를 한다. 판결 절차에서와 같은 실질적 심사는 필요 없다.

그 심리는 심문기일이나 변론기일을 열어 할 수도 있으나 변론이나 심문 없이 서면에 의하여 심리하는 것이 통상적인 방법이다. 이 때 강제경매의 요건이 구비되어 있는지의 여부는 경매개시 결정을 할 때를 기준으로 판단한다.

심리의 결과 신청이 적법하면 경매개시 결정을 하고, 경매 신청에 흠결이 있는 경우에 그 흠결이 보정할 수 있는 것일 때는 보정을 명하고(보정의 형식은 부록 〔서식 7〕 보정서 참조) 그 흠결이 보정할 수 없는 것일 때는 결정으로 신청을 각하한다.

경매 신청을 각하하는 재판에 대하여는 즉시항고할 수 있다(제603조 제5항).

신청을 허용해야 할 때는 신청인으로 하여금 경매비용을 예납시킨 후에 개시 결정을 한다. 비용을 예납하지 않으면 신청을 각하할 수 있다(제513조의 2 제2항).

3. 심리·조사할 사항

아래에서는 경매법원이 경매 신청시 심리·조사해야 할 사항을 강제경매의 경우와 임의경매의 경우로 나누어 개략적으로 살펴본

후, 그 중 당사자와 목적물에 관한 조사사항을 보다 구체적으로 살펴보도록 한다.

우선 일반적인 검토사항은 다음과 같다.
- 관할 법원 확인
- 중복사건 심사
- 부동산 목록이 등기부의 표제부와 일치하는지의 여부 확인
- 인지 첩부의 적정 여부 확인
- 등기부상 신청채권자보다 선순위의 근저당권자 또는 전세권자의 채권액을 파악하여 기록표지 우측 상단에 표시
- 최선순위근저당권 또는 가압류·가등기의 등기일자를 기록표지 우측 상단에 표시

(1) 강제경매의 경우 검토사항

1) 채무명의가 판결 또는 확정된 지급명령인 경우
- 채무명의 집행문 확인
- 채무명의 송달증명 확인(공정증서 제외)
- 승계집행문이 부여된 경우 집행문과 승계증명서 등본의 송달증명 확인

2) 채무명의가 공정증서인 경우
- 집행문 확인(집행수락문언)
- 약속어음 공정증서상 집행인낙의 범위에 기재된 금액 확인(어음금액만 기재된 경우, 위 금액에 대한 법정이자는 청구금액에 포

함될 수 없다)
- 어음상 지급기일이 백지인 경우(변제기가 도래하지 않았으므로 채권자에게 백지의 보충을 명한다)

(2) 임의경매의 경우 검토사항
- 등기부상 담보권자인지의 여부 확인
- 담보권의 존재를 증명하는 서류 및 담보권의 승계를 증명하는 서류의 존부 확인
- 피담보채권의 존재나 변제기 도래 사실 증명 불요

(3) 목적물(부동산)에 대한 검토사항

1) 부동산의 표시에 관한 조사
부동산 목록에 기재되어 있는 부동산의 표시와 등기부등본 표제부의 부동산 표시(미등기 부동산의 경우 부동산등기법 제132조 소정의 토지대장등본이나 건축물대장등본 등 부동산의 표시를 증명하는 서면의 부동산의 표시)가 일치하는지 여부를 조사하여 불일치하는 경우에는 보정을 명한다.

2) 부동산의 소유권에 관한 조사
부동산은 채무자의 소유이어야 하므로 등기부등본상의 소유자가 채무자와 일치하는지 여부를 조사하여 채무자의 소유가 아닌 경우에는 경매 신청을 각하한다.
미등기 부동산의 경우 즉시 채무자의 명의로 등기할 수 있음을

증명할 서류를 첨부했는지 조사한다. 특히 채무자의 소유임을 증명하는 서면이 부동산등기법 제130조 또는 제131조 소정의 서면에 해당하는지 여부를 조사한다.

경매법원은 경매 신청서와 첨부서류에 의하여 경매목적부동산이 채무자의 소유인가를 서류상 조사할 뿐이고 부동산의 현황을 직접 조사해야 할 의무는 없다. 따라서 경매부동산이 서류상으로만 존재하고 실제에 있어서는 멸실되어 존재하지 않는데도 경매개시 결정이 내려지는 경우도 있을 수 있다. 경매 절차 진행중에 이러한 사실이 발견되면 부동산의 멸실로 인하여 권리의 이전이 불가능하게 되므로(제613조) 경매 절차를 취소한다.

3) 부동산이 채무자의 피상속인 명의로 등기가 되어 있는 경우

채무자가 상속하였으나 아직 상속등기를 하지 않은 경우에는 채권자가 대위에 의하여 상속등기를 한 후에 경매 신청을 해야 한다는 것이 일반적인 원칙이지만, 상속등기를 하지 않고 상속을 증명하는 서면을 첨부하여 경매 신청을 한 경우에도 경매개시 결정을 해야 한다. 다만, 경매 신청의 기입등기는 채권자가 대위에 의하여 상속등기를 경료한 후에 촉탁해야 한다(등기 예규 제178호).

4) 채권자가 가압류한 후에 제3자에게 소유권 이전등기가 경료된 경우

가압류채권자가 채무자 소유의 부동산에 대하여 가압류집행을 한 후에 채무자가 그 부동산을 제3자에게 양도하여 소유권 이전등기가 경료된 경우에도 가압류채권자는 피보전채권에 관하여 채무명의를 얻어 경매 신청을 할 수 있다. 그러므로 가압류채권자가 경

매를 신청한 경우에는 신청채권이 가압류의 피보전채권인지의 여부를 조사하여 동일성이 인정되는 경우에 경매개시 결정을 하고 동일성이 인정되지 않는 경우에는 경매 신청을 각하해야 한다.

5) 집합건물인 경우 대지권에 대한 조사

집합건물인 경우 대지권 등기가 아직 경료되어 있지 않았을 때, 즉 채무자가 대지지분에 대한 소유권 이전등기청구권만 가지고 있는 경우에는 건물만 경매의 대상이 되고 대지에 대한 지분 이전등기청구권은 경매의 대상이 될 수 없다. 그러므로 경매 신청서에 대지권의 표시가 있는 경우에는 등기부등본에 대지권 등기가 경료되었는지를 확인해야 한다.

대지권 등기가 안 된 경우에는 건물에 대해서만 경매개시 결정을 하고, 대지지분에 대한 경매 신청은 각하한다.

6) 압류금지 부동산인지 여부 조사

목적부동산이 법률의 규정에 의하여 압류(강제집행)가 금지되어 있으면 경매할 수 없으므로 경매 신청을 각하한다.

그러나 단순히 주무관청의 허가가 없으면 처분할 수 없는 부동산, 즉 학교법인의 기본재산(사립학교 제28조 제1항), 사찰 소유의 부동산(전통사찰보존법 제6조), 향교재단법인의 향교재산(향재 제11조), 공익법인의 기본재산(공익법인 제11조 제3항) 등에 대한 주무관청의 허가는 경매개시의 요건이 아니고 경락인의 소유권 취득의 요건에 불과하므로 경매 신청시 부동산 처분허가서를 제출하지 않았다 하더라도 경매 신청을 각하할 것은 아니다.

압류금지에 해당하는 부동산은 다음과 같다.

가. 학교법인 및 사립학교 경영자가 학교교육에 직접 사용하는 교지, 교사, 체육장 및 실습 또는 연구시설 등은 이를 매도하거나 담보에 제공할 수 없으므로(사립학교 제28조 제2항, 제51조, 동 시행령 제12조) 이에 해당하는 재산은 강제집행의 대상이 되지 않는다(대결 72. 4. 14. 72마 330)

나. 국가유공자등예우및지원에관한법률에 의한 대부금으로 취득한 부동산(대부재산)은 이를 양도 또는 담보로 제공하거나 다른 사람이 이를 압류할 수 없다(동 법 제58조).

다. 신탁법상 신탁재산은 신탁 전의 원인으로 발생한 권리 또는 신탁사무의 처리상 발생한 권리에 기한 경우 외에는 강제집행을 할 수 없으므로(동 법 제21조), 신탁재산에 대하여 강제경매를 신청한 경우에는 그 신청이 위의 권리에 기한 것인지의 여부를 조사하여 이에 해당하는 것이 아닐 때는 신청을 각하해야 한다.

라. 목적부동산이 공장재단이나 광업재단에 속하는 경우에는 개별적으로 이를 양도하거나 소유권 이외의 권리, 압류, 가압류, 가처분의 목적으로 하지 못하므로(공저 제18조, 광저 제5조) 이에 대한 경매 신청은 각하한다.

마. 향교재단의 소유에 속하는 향교건물 및 대지로서 등기된 것 중 대통령령으로 정하는 것은 저당권 기타 물권의 실행을 위한 경우 및 파산의 경우를 제외하고는 그 등기 후에 생긴 사법상의 금전채권으로서 이를 압류할 수 없으므로 강제경매의 목적으로 할 수 없다(향재 제12조, 동 시행령 제4조).

바. 전통사찰의 소유에 속하며 전법에 제공되는 경내지의 건조물 및 토지는 저당권, 기타 물권의 실행을 위한 경우 또는 파산의 경우를 제외하고는 문화체육부에 등록 후에 발생한 사법상의 금전채권으로서 이를 압류할 수 없으므로 강제경매의 목적으로 할 수 없다(전통사찰보존법 제10조).

7) 합유지분, 공동광업권자의 지분

조합원의 지분(합유지분)에 대한 압류는 그 조합원 장래의 이익배당 및 지분에 대해 반환받을 권리에 효력이 있을 뿐이므로(민 세714조) 부동산의 합유지분은 강제경매의 대상이 되지 못한다.

또한 공동광업권자의 광업권의 지분은 합유로 보고 광업권의 지분은 다른 공동광업권자의 동의 없이는 지분을 양도하거나 저당권의 목적으로 할 수 없으므로(광업 제34조·제19조) 강제경매의 목적으로 할 수 없다(송민 63-16).

8) 파산, 화의, 회사정리 절차개시 결정의 등기가 된 부동산

이에 대하여는 개별적인 강제집행이 금지되므로(파산법 제15조·제61조, 화의법 제8조, 제40조 제1항, 회사정리법 제67조 제1항) 이에 대한 경매 신청은 각하한다.

파산선고나 화의개시 결정 또는 회사정리 절차개시 결정 전에 재산보전처분으로서 가압류·가처분이 행해져(파산법 제145조 제1항, 화의법 제20조 제1항, 회사정리법 제39조 제1항) 그 등기가 되어 있는 부동산에 대해서는 강제경매가 허용되지 않는다는 견해와 압류는 할 수 있으나 환가 절차로는 이어질 수 없다는 견해가 대립

하고 있다. 그러나 별제권을 가지는 저당권자의 임의경매 신청은 파산 절차나 화의 절차의 개시로 인해 방해받지 않으므로 경매개시 결정의 장애 사유가 되지 않는다(파산법 제86조, 화의법 제44조).

단, 회사정리 절차에서는 담보권에 의한 임의경매도 금지되고 있으므로(회사정리법 제67조 제1항) 회사정리 절차개시 결정의 등기는 임의경매의 경우에도 경매개시 결정의 장애 사유에 해당된다.

9) 경매개시 결정이 있는 부동산

이미 강제(임의)경매개시 결정이 있는 부동산에 대하여 다른 강제경매 신청이 있는 경우, 1990년 민사소송법 개정 전에는 다시 경매개시 결정을 하지 못하고, 다른 경매 신청은 집행기록에 첨부함으로써 배당 요구의 효력이 있으며 이미 개시한 경매 절차가 취소된 때는 동 법 제608조 제1항의 우선권을 해하지 않는 한도에서 개시 결정이 된 것으로 간주하였다(이것이 소위 기록첨부 제도임).

그러나 1990년 민사소송법의 개정으로 압류의 경합을 인정하여 다시 경매개시 결정을 하고 먼저 개시 결정한 집행 절차에 따라 집행한다(제604조)는 것을 이미 설명하였다(이중경매 신청 부분 참조).

10) 가압류, 가등기 또는 환매특약의 등기가 있는 부동산

채무자 소유의 부동산에 대하여 제3자를 위해 가압류등기, 소유권 이전등기청구권 보전의 가등기 또는 환매특약의 등기가 되어 있는 경우라도 이러한 등기가 있다는 사실만으로는 경매의 개시나 진행을 방해할 사유가 될 수 없으므로 경매 신청이 가능하다.

11) 처분금지 가처분등기가 되어 있는 부동산

채무자 소유의 부동산에 처분금지 가처분등기가 되어 있는 경우에도 가처분채무자는 그 부동산을 처분할 수 없는 것이 아니고, 그 처분으로 가처분에 저촉하는 범위에서 가처분채권자에게 대항할 수 없을 뿐이다(대판 88. 9. 13. 86다카 191). 즉 처분금지 가처분의 효력은 상대적 효력밖에 없으므로, 채권자는 경매 신청을 할 수 있다. 따라서 경매개시 결정을 하고 경매 신청등기를 촉탁한다.

이 경우에 환가 절차까지도 진행할 수 있는가에 대하여는 견해가 나뉘지만 법률상으로는 환가 절차도 가능하고 경락인에게로 소유권 이전등기도 가능하다. 그러나 환가 절차의 실시로 당해 부동산이 경락되어 경락인에게로 소유권 이전등기가 되어도 가처분채권자가 본안에서 승소하면 결국 경락인은 가처분채권자에게 대항할 수 없게 되어 소유권을 상실하므로 경매 신청 기입등기만을 촉탁하고, 그 이후의 절차는 가처분을 취소할 때까지 사실상 정지해 두는 것이 타당하다.

실무에서도 경매 신청등기를 마친 단계에서 사실상 중지하고 가처분 또는 본안소송의 결과에 따라 처리한다.

12) 체납처분에 의한 압류등기가 있는 부동산

국세징수법에 의한 체납처분에 의하여 압류등기가 된 부동산에 대하여도 경매 절차를 진행할 수 없다는 규정은 없고, 체납처분에 의한 공매 절차가 진행중에 있는 경우에도 법원은 경매 절차를 진행할 수 있으므로, 이러한 부동산에 대하여 경매 신청이 있으면 경매개시 결정을 하고 경매 절차를 진행한다.

(4) 당사자 등에 대한 조사

1) 집행력 있는 정본과 일치 여부
  집행 당사자는 집행문의 부여에 의하여 확정되므로 채권자와 채무자의 성명(또는 명칭)과 주소(또는 사무소 소재지)가 집행력 있는 정본과 일치하는지 여부를 조사해야 한다. 집행문 부여 후에 성명이나 주소 등이 변경된 경우에는 이를 증명하는 서면인 호적등본이나 주민등록(표)등본 등을 첨부했는지를 조사해야 한다.
  집행 당사자적격에 변동이 있는 경우에는 승계집행문을 부여받아야 하므로 집행문 부여 후에 채권자나 채무자가 사망한 경우에도 승계집행문을 부여받아 경매 신청을 해야 한다.

2) 대리인에 관한 조사
  채권자의 대리인이 경매를 신청한 경우 법정대리인인 경우에는 호적등본 등에 의하여, 임의대리인인 경우에는 위임장 등에 의하여 대리권의 유무를 조사한다. 다만, 판결 절차에 있어서 각 심급의 소송대리인은 그 판결에 기한 강제집행에 있어서 당연히 대리권을 가지므로(제82조 제1항), 별도의 위임을 받지 않고도 강제경매를 신청할 수 있다. 그러므로 위임장을 첨부하지 않은 경우에도 각하할 수 없다. 그러나 실무에서는 판결 후에 소송대리권이 해임 등의 사유로 소멸하지 않고 여전히 존속중임을 확인하기 위하여 새로이 위임장을 제출받고 있다. 채무자가 소송 무능력자인 경우 송달은 법정대리인에게 해야 하므로(제166조) 신청서에 법정대리인을 표시하고 호적등본 등을 첨부했는지 조사한다.

제2장 경매개시 결정

  집행법원은 경매 신청에 대하여 심사한 결과 그 신청이 적법하다고 인정되면 경매개시 결정을 한다(부록 〔서식 8〕 부동산 강제경매개시 결정문 참조). 경매개시 결정은 경매 신청접수일로부터 2일 내에 해야 하고(대법원 예규 송민 91-5), 개시 결정에는 일정한 사항을 기재하고 판사가 서명(또는 기명)날인하며(제210조 제1항, 제193조), 동시에 그 부동산의 압류를 명해야 한다(제603조 제1항).
  부동산에 대한 경매개시 결정으로 인한 압류는 채무자에게 그 결정이 송달된 때 또는 경매 신청의 등기가 된 때에 그 효력이 생기므로(제603조 제4항), 경매개시 결정을 한 때는 직권으로 그 관할 등기소에 경매 신청의 기입등기를 촉탁하고 경매개시 결정정본을 채무자에게 송달해야 한다.

1. 경매개시 결정 기입등기의 촉탁

(1) 제도의 취지

집행법원이 경매개시 결정을 했을 때는 직권으로 그 사유를 등기부에 기입할 것을 등기공무원에게 촉탁해야 하며, 등기공무원은 위 촉탁에 의하여 경매 신청의 기입등기를 해야 한다(제611조). 부동산의 공유지분에 경매개시 결정을 했을 때도 공유지분에 대한 경매 신청의 기입등기를 촉탁해야 한다(제649조 제1항).

이와 같이 법원이 경매개시 결정을 한 때에 그 사유를 직권으로 촉탁하여 등기하도록 한 것은 채무자에게 경매개시 결정이 송달되기 전에 기입등기가 된 경우에는 그 등기시에 압류의 효력이 발생하도록 하고(제603조 제4항), 또 제3자에게 그 부동산이 압류되었다는 사실을 공시함으로써 제3자로 하여금 그 등기 이후에 권리를 취득하더라도 경매신청인이나 경락인에게 대항할 수 없도록 하는 데 그 취지가 있다.

(2) 경매 신청 기입등기의 촉탁시기

경매개시 결정을 한 경우에 경매 신청 기입등기의 촉탁시기에 대하여는 법문상 제한이 없으나 대법원 예규에서는 개시 결정과 마찬가지로 신청서 접수일로부터 2일 이내에 하도록 규정하고 있다(송민 91-5). 그러나 채무자의 저당권 설정, 임의처분 등 권리관계의 변동으로 채권자가 불측의 손해를 입는 일이 없도록 경매개시 결정이 있는 즉시 관할 등기소에 촉탁해야 할 것이다(1987. 6. 9. 민사 제1206호 지시사항).

실무에서도 경매개시 결정에 대한 기입등기가 이루어지기 전에 경매개시 결정정본을 채무자에게 송달하면 채무자가 즉시 목적부동산을 타에 처분할 염려가 있기 때문에 경매개시 결정에 대한 등기 촉탁을 먼저 하고, 그 이후 등기공무원으로부터 민사소송법 제612조 소정의 등기부등본 또는 이에 갈음할 통지서를 송부받은 후에 경매개시 결정정본을 채무자에게 송달하거나, 또는 경매개시 결정 기입등기를 촉탁하고 그로부터 상당한 기간(보통 7일 정도)이 도과한 후에 경매개시 결정정본을 채무자에게 송달한다.

(3) 경우에 따른 등기 촉탁

1) 이미 경매 신청의 등기가 되어 있는 경우

이미 경매개시 결정의 기입등기가 된 부동산에 대하여 다른 채권자가 경매 신청을 한 경우에는 1990년 민사소송법의 개정으로 압류의 경합이 인정되므로 다시 경매개시의 결정을 하고 경매 신청의 기입등기를 촉탁해야 한다(제604조 제1항).

2) 채무자가 상속했지만 아직 상속등기를 하지 않은 경우

이런 경우 강제경매 신청이 있으면, 집행법원은 이를 미등기 부동산과 같이 보아 강제경매개시 결정을 하고 법원의 기입등기 촉탁이 있으면 등기공무원이 직권으로 상속등기를 한 후에 경매 기입등기를 할 것이라는 견해와 먼저 민법 제404조, 부동산등기법 제29조·제52조에 의하여 대위에 의한 상속등기를(이 경우 대위 원인을 증명하는 서면은 금전소비대차 계약증서라든가 채권자가 부여받은 승

계집행문 등이 될 것임) 한 다음에야 상속인에 대하여 강제경매를 신청할 수 있다는 견해의 대립이 있다.

　개정 민사소송법 제602조 제1항 제2호가 경매 신청의 첨부서류로서 구법과는 달리 '등기부에 채무자의 소유로 등기되지 않은 부동산에 대하여는 즉시 채무자의 명의로 등기할 수 있음을 증명할 서류'로 규정하고 있으므로 상속을 증명하는 서류를 첨부하여 강제경매 신청을 한 경우에는 강제경매개시 결정을 해야 한다.

　그러나 이 경우 체납처분으로 인한 압류의 등기 촉탁의 경우와 같이 상속으로 인한 소유권 이전등기를 집행법원이 채권자를 대위하여 촉탁할 수 있다거나, 미등기 부동산의 경우처럼 등기공무원이 직권으로 소유권 이전등기를 한 후에 경매 신청의 등기를 한다는 근거 규정이 부동산등기법에 없다. 그러므로 집행법원이 경매개시 결정을 한 후 경매개시 결정 기입등기 촉탁 전에 채권자가 경매개시 결정정본을 첨부하고 채무자를 대위하여 상속등기를 해서 등기의무자의 표시가 등기부와 부합하도록 한 뒤에 등기를 촉탁해야 한다.

　대법원 예규는 상속등기를 하지 않은 부동산에 대하여 가압류 결정이 있을 때, 채권자는 그 가압류등기 촉탁 이전에 먼저 대위에 의하여 상속등기를 함으로써 등기의무자의 표시가 등기부와 부합하도록 해야만 가압류 결정의 기입 촉탁이 있을 때 등기공무원이 그 기입등기를 할 수 있다고 하고 있다.

　또 상속등기가 있기 전에 가압류 결정의 기입등기 촉탁이 있을 때는 등기공무원으로서는 그 촉탁을 각하할 수밖에 없다고 규정하고 있다(등기 예규 제178호).

(4) 상급심에서 경매개시 결정을 한 경우 촉탁법원

경매 신청을 각하한 경우 즉시항고로 불복할 수 있다(제603조 제5항). 이에 항고가 제기되어 상급심에서 각하 결정을 취소하고 경매개시 결정을 한 경우, 어느 법원이 촉탁을 해야 하는가?

이런 경우에 경매 신청 기입등기의 촉탁은 집행법원이 해야 하므로 기록이 경매법원에 송부되어 온 후에 경매법원이 촉탁해야 한다는 견해도 있으나, 경매 신청의 등기는 신속을 요하므로 상급심이라도 경매개시 결정을 한 법원이 경매 신청의 기입등기를 촉탁하는 것이 타당할 것이다.

(5) 촉탁 절차

1) 등기 촉탁의 절차

촉탁에 의한 등기 절차에 대해서도 법률에 다른 규정이 있는 경우를 제외하고는 신청으로 인한 등기에 관한 규정을 준용하므로(부등 제27조 제2항), 등기의 촉탁은 촉탁서에 의하여 한다.

즉 등기 촉탁은 집행법원이 촉탁서에 부동산등기법 제41조 소정의 기재사항을 기재하여 판사가 서명(또는 기명)날인하고 동 법 제40조 소정의 서류를 첨부하여, 그 촉탁서 원본을 등기소에 송부한 뒤 그 부본을 기록에 편철하는 방법으로 행해진다.

등기촉탁서의 송부 방법은 청 외의 등기소로 송부할 때는 우편에 의하고(등기 예규 제338호), 청 내의 등기과로 송부할 때는 법원 직원편에 의해야 하며, 이해관계인이나 법무사 등에게 교부하여 그들이 직접 등기과·소에 접수하도록 해서는 안 된다(송민

83-5 · 84-1). 목적부동산이 수개인 경우에 관할 등기소가 각각 다를 때는 각 등기소별로 촉탁서를 작성하여 촉탁한다.

2) 등기촉탁서의 기재사항

등기의 촉탁은 송무 예규 소정의 촉탁서에 경매 신청 사건번호, 부동산의 표시, 등기권리자와 등기의무자, 등기의 원인과 그 연월일, 등기의 목적, 과세표준액, 등록세액 및 교육세액, 첨부서류, 등기소의 표시, 촉탁 연월일 등을 기재하여 촉탁해야 한다. 기재사항 중 중요한 사항을 살펴보면 다음과 같다.

① 부동산의 표시

등기된 부동산에 있어서는 그 등기부상의 표시와 합치되어야 하고, 경매개시 결정정본의 부동산 표시와도 합치되어야 한다. 미등기 부동산의 경우에는 등기공무원의 직권으로 소유권 보존등기를 한 다음 기입등기를 하게 되므로(부등 제134조) 부동산의 표시에 미등기 부동산이라는 취지를 표시해야 한다.

부동산의 공유지분에 대하여 경매개시 결정을 한 경우에는 채무자 소유지분의 내용(지분비율 등)을 표시한다.

채무자명의로 등기가 되어 있지만 미등기의 부속건물이 있거나 건물이 증 · 개축되어 실제 건평이나 구조가 등기부상의 기재와 다를 경우라도 동일성이 인정되는 한 등기부의 표제부에 기재된 대로 촉탁을 하고 그대로 기입등기를 하면 된다. 단, 이 경우에는 그 미등기 부속건물 또는 실제 건물의 구조와 건평을 아울러 표시한다.

한편, 건물의 증 · 개축 등으로 인하여 동일성을 인정할 수 없을 때는 증·개축 부분에 있어서는 미등기 부동산에 준하여 채무자의 소유임을 증명하는 서면 등에 의해 필요한 사항이 증명되어야 경매 개시 결정 및 그 기입등기가 가능하다.

② 등기권리자와 등기의무자

등기권리자로서는 경매 신청채권자를, 등기의무자로서는 부동산의 소유자, 즉 채무자를 기재한다. 성명(또는 명칭)뿐만 아니라 주소(또는 주된 사무소 소재지)도 기재한다.

등기권리자의 경우에는 주민등록번호도 병기하고 주민등록(표) 등·초본 —— 이것은 등기권리자의 주민등록증 사본으로 갈음할 수 있다(부등규칙 제52조) —— 도 첨부한다(부등 제41조 제2항, 부등 규칙 제52조).

등기권리자·등기의무자의 기재는 개시 결정상의 채권자·채무자의 표시와 부합해야 하므로 가압류등기 후 가압류채권자가 채무명의를 얻어 경매 신청을 하고 그 기입등기를 촉탁하는 경우에 가압류등기 후 제3자에게 목적부동산의 소유권이 이전되었다 하더라도 등기의무자는 개시 결정상의 채무자인 가압류 당시의 소유자를 기재한다(등기 예규 제595호). 물론 이 경우 위의 제3자는 가압류채권자에게 대항할 수 없다.

③ 등기 원인 및 그 연월일

등기 원인은 경매개시 결정이며, 그 연월일은 경매개시 결정을 한 일자이다. 즉 "2001년 7월 10일 부동산 강제경매개시 결정"이라고 기재한다.

④ 등기 목적

등기 목적은 "부동산 강제(또는 임의)경매(신청)의 기입등기"라고 기재한다.

⑤ 과세표준액

청구채권금액(경매 신청서에 청구금액으로 기재된 금액)이 과세표준으로 된다(지방세 제131조 제1항 제7호).

경매 신청서에 원금과 이자를 기재한 경우에는 원금과 이자를 합산한 액이 과세표준이 된다는 견해와 원금만 과세표준이 된다는 견해가 있으나, 이자는 부대청구로서 신청시에 그 금액이 확정되지 않으므로 후자의 견해가 타당하다고 본다.

⑥ 등록세 및 교육세

경매신청인은 경매 신청 기입등기를 하기 위하여 채권금액의 1000분의 2에 해당하는 등록세(지방세 제131조 제1항 제7호)와 등록세액의 100분의 20에 해당하는 교육세를 납부해야 하므로(교육세 제5조 제1항) 등기촉탁서에 위 등록세 및 교육세액을 계산하여 그 합산액을 기재해야 한다. 이 때 등록세액이 금 3,000원 미만인 때는 금 3,000원으로 한다(지방세 제131조 제3항).

집행법원이 등기 촉탁을 할 경우에는 등록세를 납부할 자에게 등록세 영수필통지서 1통과 영수필확인서 1통을 제출하게 하여 이를 등기촉탁서에 첨부하여 등기소에 송부해야 한다(지방세법 시행령 제92조). 그러므로 경매신청인은 원칙적으로 경매법원의 등기 촉탁 전까지는 등록세를 납부하고 그 영수필통지서와 영수필확인서를 경매법원에 제출해야 하며, 경매법원도 경매신청인에 대하여 그 제출을 촉구해야 한다.

경매신청인이 영수필통지서 등의 제출을 요구받고도 이를 제출하지 않은 경우에 집행법원이 등기 촉탁을 거부할 수 있는가에 대하여는 '등기관서의 장은 등록세가 납부되지 않았거나 납부부족액을 발견한 때는 납세지를 관할하는 시장 군수에게 통지해야 한다.'는 지방세법 제151조의 2 제1항의 규정을 들어 등기 촉탁을 거부할 수 없다는 견해도 있다. 그러나 등기촉탁서에 등록세 영수필통지서 등을 첨부해야 할 뿐만 아니라 등록세를 납부하지 않으면 등기공무원이 등기 촉탁을 각하해야 하는 점 등에 비추어 볼 때(부등 제55조 제9호), 집행법원은 민사소송법 제513조의 2 제2항을 유추하여 등기 촉탁을 하지 않을 수 있고, 경우에 따라서는 경매개시 결정을 취소할 수도 있다.

동일한 채권을 위하여 관할 등기소가 다른 수개의 부동산에 대하여 경매개시 결정을 하고 관할 등기소에 각별로 등기 촉탁을 할 경우에는 1개의 등기소에만 영수필통지서 등의 원본을 촉탁서에 첨부하여 송부하고, 나머지 등기소에는 영수필통지서 등을 사본하여 원본대조필의 인인을 하고 그 사본에 "원본은 ○○등기소에 등기 촉탁함에 있어 첨부하였다."는 취지의 부기를 하여 그 사본을 촉탁서에 첨부하여 송부한다.

⑦ 등기부등본 작성 연월일

법원의 경매 신청등기 촉탁이 있으면 등기공무원은 기입등기를 한 후 등기부등본을 작성하여 법원에 송부해야 하지만(제612조),

경매신청인이 제출한 등기부등본이 작성된 이후에 변동사항이 없으면 통지서로써 등기부등본의 송부에 갈음할 수 있으므로 이와 같은 사무처리를 위하여 촉탁서 우측상단에 "1997. 3. 5. 등본 작성"과 같이 신청인이 제출한 등기부등본의 작성 연월일을 기재한다.

3) 첨부서류

① 경매개시 결정정본
등기 원인은 경매개시 결정이므로 등기 원인을 증명하는 서면으로서 경매개시 결정정본을 첨부하고, 첨부서류란에 "부동산 강제(임의)경매개시 결정정본 1통"이라고 기재한다.

② 등기권리자의 주민등록표등(초)본(또는 부동산등기용 등록번호를 증명하는 서면)
앞에서 살펴본 바와 같이 등기권리자의 주민등록표등(초)본 등도 첨부한다.

③ 미등기 부동산의 경우
미등기 부동산에 대하여 경매 신청의 기입등기를 촉탁하는 경우에는 등기공무원이 직권으로 보존등기를 해야 하므로(부등 제134조) 경매신청인이 제출한 '즉시 채무자의 소유로 등기할 수 있음을 증명할 서류'(민소법 제602조 제2호)를 첨부해야 한다.
즉 부동산등기법 제130조·제131조 소정의 채무자의 소유임을 증명하는 서면을 첨부하고(등기 예규 제153호, 대결 92. 12. 28. 92

그 32), 그 밖에 부동산의 표시를 증명하는 서면(구분건물 등의 경우 건물의 평면도 등도 첨부 ; 부등 제132조)과 채무자의 주소를 증명하는 서면(채무자가 법인 아닌 사단이나 재단인 경우에는 대표자 등의 주소를 증명하는 서면 첨부)이나 부동산등기용 등록번호를 증명하는 서면을 첨부해야 한다(부등 제40조 제1항 제2호·제7호, 부등규칙 제56조).

부동산등기법 제130조 및 제131조의 서면 중 특히 '소유권을 증명하는 판결'이 어떤 판결을 의미하느냐가 문제된다.

등기 예규에 의하면 위 판결(화해조서·인낙조서를 포함)은 토지(임야)대장 또는 가옥대장상 소유자로 등록되어 있는 자(대장상 소유자란이 공란으로 되어 있거나, 소유자 표시에 일부 누락이 있어 대장상의 소유자를 특정할 수 없는 경우에는 국가)를 상대로 한 판결에서 당해 부동산이 채무자의 소유임을 확정하는 것이어야 한다고 하지만(등기 예규 제701호), 대법원은 건물의 경우에는 국가가 소유권을 확인해 줄 지위에 있지 않으며, 국가를 상대로 소유권 확인 판결을 받는다 하더라도 그 판결은 부동산등기법 제131조 제2호에 해당하는 판결이라고 볼 수 없어 이를 근거로 소유권 보존등기를 신청할 수 없다고 판시하고 있다(대판 95. 5. 12. 94다 20464).

또한 판례에 따르면 여기의 판결에는 제소전 화해조서도 포함되며(대결 90. 3. 20. 89마 389), 소유권 확인의 판결뿐만 아니라 그 판결설시로서 등기의무자의 소유임을 인정하고 그 이전등기를 명한 이행 판결도 포함된다고 한다(대결 71. 11. 12. 71마 657).

부동산등기법 제131조 제2호의 서면인 '소유권을 증명하는 시·구·읍·면의 장의 서면'의 범위에 대해서도 실무상 문제가 많다. 과세대장에 의하여 발부한 건물 표시 및 소유자의 표시 있는 재산증명서는 여기의 서면에 해당되지만(등기 예규 제198호) 사업계획변경승인서, 건축허가대장, 질의회시 및 감정도면 등(등기 예규 제548호, 대결 84. 11. 13. 84마 81)과 착공신고서, 건물현황사진, 공정확인서, 현장조사서, 건축허가서, 사실확인서 등은 여기의 서면에 해당되지 않는다(대결 92. 12. 28. 92그 32).

(6) 경매 신청의 등기 절차

1) 등기공무원의 심사

촉탁에 의한 등기 절차도 신청에 의한 등기 절차가 준용되므로(부등 제27조 제2항), 등기공무원은 위 등기의 촉탁이 있으면 직권으로 부동산등기법 제55조 소정의 각하 사유 특히 제1호·제2호·제4호 내지 제9호의 사유가 있는지 여부를 심사하여 이에 해당하는 사유가 있는 경우에는 이유를 기재한 결정으로 등기 촉탁을 각하하고 각하 결정의 등본을 경매법원에 송부한다.

예를 들어 촉탁서에 기재된 부동산의 표시가 등기부의 기재와 일치하지 않는다거나 1필의 토지 일부에 대하여 경매개시 결정을 하고 그 부분에 관하여 등기 촉탁을 한 경우에는 제5호에 의하여, 촉탁서에 표시된 등기의무자의 기재가 등기부상의 소유명의인의 기재와 다른 경우에는 제6호에 의하여 촉탁을 각하한다.

그러나 민사소송법 제609조 제2항에 의하여 압류 후 소유권을 취득한 제3자가 있더라도 경매 절차를 속행해야 하는 경우에는 등기의무자가 다르더라도 등기공무원은 기입등기를 해야 한다.

즉 가압류등기 후에 제3자에게 소유권 이전등기가 경료된 경우, 가압류채권자가 채무명의를 얻어 강제경매 신청을 한 경우에는 촉탁서에 등기의무자로서 가압류 당시의 소유자인 채무자를 표시해도 그 등기를 수리해야 하며(등기 예규 제595호), 임의경매 신청의 등기 촉탁의 경우에는 촉탁서에 기재된 소유자로부터 제3자에게 소유권 이전등기가 경료된 경우에도 등기공무원은 등기 촉탁에 의하여 그 등기를 해야 한다(등기 예규 제377호).

한편, 부동산등기법 제56조는 그 등기명의인이 등기 신청을 하는 경우에 적용할 규정이므로 국가기관인 경매법원이 등기 촉탁을 하는 경우에 촉탁서 기재의 소유명의인과 등기부상의 소유명의인의 표시가 부합할 때는 토지대장(또는 가옥대장)의 소유명의인의 표시가 등기부와 부합하지 않는다 할지라도 등기공무원은 기입등기를 해야 한다(등기 예규 제247호).

2) 등기의 방법

이미 등기가 된 부동산에 대하여 적법한 촉탁이 있으면 등기부의 갑구 사항란에 "강제(또는 임의)경매 신청의 등기"를 기입한다. 이미 경매 신청의 등기가 경료된 부동산에 대하여 다시 다른 경매 신청의 등기 촉탁이 있는 경우에도 다시 경매 신청의 등기를 해야 함은 전술한 바와 같다. 부동산 공유지분 경매의 경우에는 채무자의 공유지분에 관하여 갑구 사항란에 위와 같이 기재한다.

이 등기는 그 부동산이 압류의 목적이 되었다는 사실을 공시하는데 그 취지가 있으므로 언제 어느 법원의 경매개시 결정에 의하여 채권자 누구를 위하여 등기되었다는 표시가 있으면 충분하다. 등기부에 경매 신청채권자의 청구금액을 표시할 필요는 없지만, 그 원인 다음의 괄호 안에 사건번호를 기재하고 등기권리자의 주민등록번호도 기재한다(등기 예규 제578호).

경매 신청의 등기는 처분제한(압류)의 등기이므로 미등기 부동산에 대하여 경매 신청 기입등기의 촉탁이 있는 경우에는 부동산등기법 제134조의 규정에 의하여 등기공무원의 직권으로 소유권 보존등기를 한 다음 경매 신청의 기입등기를 한다.

3) 경매 신청의 등기 후의 절차

① 등기필증의 송부

등기공무원은 경매 신청의 등기를 완료했을 때는 등기 원인을 증명하는 서면으로서 촉탁서에 첨부된 경매개시 결정정본에 접수 연월일, 접수번호, 순위번호와 등기필의 뜻을 기재하고 등기소인을 찍어 촉탁법원에 송부한다(부등 제27조 제2항, 제67조 제1항). 송부된 등기필증은 경매기록에 편철한다.

② 등기부등본 등의 송부

등기공무원은 경매 신청의 기입등기를 한 후에 등기필증 외에 등기부등본을 작성하여 이를 촉탁법원에 송부해야 한다(제612조). 이것은 법원이 경매 신청의 등기가 제대로 기입되었음을 확인하게 하는 것 외에 등기부상 경매 절차의 진행에 장애가 되는 사항의 존부 및 이해관계인의 범위 등을 확인하도록 하기 위한 것이다.

그런데 민사소송법 제612조는 훈시 규정으로서 등기공무원이 등기부등본을 송부하지 않으면 경매 절차를 속행할 수 없는 것이 아니고 등기부등본의 송부 없이 경매를 진행했다 하더라도 경매의 효력에는 아무런 영향이 없다(대결 87. 5. 18. 87마 118).

③ 등기부등본의 송부에 갈음할 통지서
등기공무원은 촉탁서에 기재된 등기부등본 작성 연월일 이후에 등기부에 변동사항이 없을 경우에는 등기필증에 "200○. ○. ○. 등본 작성 이후 변동사항 없음"이라는 통지의 고무인을 찍어 등기공무원이 날인 송부함으로써 등기부등본의 송부에 갈음할 수 있다(등기 예규 제80호, 송민 64-14 · 85-8).
이것은 실무상 경매 신청시에 첨부된 등기부등본 작성 이후 등기부에 변동사항이 없는 경우에 등기부등본의 송부 절차를 간소화하기 위한 것이다.

④ 경매 신청등기 기입 후에 등기변동이 있는 경우
경매 신청등기 기입 후에 등기변동이 있는 경우, 그 중에서도 경매개시 결정 기입 후의 권리변동사항 중 경매 절차진행에 장애될 사실, 예를 들어 경매 신청 기입등기 후 원인무효로 인한 소유권 이전등기 말소의 소(예고등기됨)의 원고 승소확정 판결에 의해 소유권 이전등기의 말소등기를 함으로써 소유권이 변동된 경우나 경매 신청 기입등기 전에 소유권 이전청구권 보전의 가등기가 되어 있었는데 경매 신청 기입등기 후에 소유권 이전본등기가 된 경우에는 법 제612조를 유추하여 변동된 등기부등본을 송부해야 한다(등기 예규 제418호).

4) 경매 신청등기의 효력

부동산의 경매개시 결정으로 인한 압류는 채무자에게 그 결정이 송달된 때 또는 경매 신청의 등기가 된 때에 그 효력이 생기므로(제603조 제4항), 채무자에게 경매개시 결정이 송달되기 전에 경매 신청의 등기가 이루어진 경우에는 그 등기시가 압류의 효력 발생시기의 기준이 된다.

경매개시 결정의 송달은 경매개시 결정에 대한 등기 촉탁을 먼저 하고, 등기공무원으로부터 등기필증을 송부받은 후 또는 촉탁 후 7일 정도가 경과된 후에 하는 것이 실무례이므로 압류의 효력은 경매 신청등기시에 발생하는 것이 일반적이라고 할 것이다.

5) 경매 신청 기입등기의 유탈과 경매의 효력

이상과 같이 부동산에 대하여 경매개시 결정을 하면 법원은 지체 없이 기입등기를 촉탁하고 등기공무원은 이에 따라 등기를 하고 등기부등본 등을 촉탁법원에 송부해야 하지만, 등기공무원의 과오로 인하여 등기부에의 기입을 빠뜨리는 경우가 있을 수 있다. 특히 경매 대상인 부동산이 많은 경우에 일부 부동산에 대하여 기입이 빠질 수 있고, 다른 등기부에 기입하는 경우도 있을 수 있다. 그리고 이 경우 법원은 등기의 기입이 유탈된 줄 모르고 개시 결정정본을 채무자에게 송달하고 경매 절차를 진행하는 경우가 있다.

경매개시 결정은 채무자에게 개시 결정정본이 송달되면 그 효력이 생기고 그 기입등기가 유탈되었다 해도 그것이 경매 절차를 진행하는 데 직접적인 장애가 되는 것은 아니다. 그러나 경매개시 결정에 의한 압류의 효력은 그 기입등기를 해야만 제3자에게 효력이 있으므로 기입등기가 되지 않은 동안에 선의의 제3자가 경매부동산을 취득하게 되면 경매채권자의 권리보다 제3자의 권리가 우선하게 된다(제609조 제1항). 그러면 기입등기가 되지 않은 부동산에 대한 경매 절차는 더이상 진행할 수 없고 민사소송법 제613조에 의하여 그 부동산에 대한 경매 절차를 취소할 수밖에 없다.

다시 말하면 선의의 제3취득자의 출현이 없는 한 경매개시 결정 기입등기의 유탈은 경매 절차의 진행에 아무런 지장을 주지 않으나, 선의의 제3취득자가 출현하게 되면 경매 절차의 진행에 장애가 되는 사유가 되어 경매를 할 수 없게 된다.

경매 절차를 진행하는 도중에 경매 신청등기의 유탈을 발견하게 되면 법원은 지체없이 필요한 조치를 취해야 함은 물론이다. 그러므로 경매개시 결정의 효력이 발생한 후 그 기입등기가 되기까지의 사이에 소유권의 변동이 없으면 아무런 지장 없이 경매 절차를 속행할 수 있을 것이고, 소유권변동이 있었다면 민사소송법 제609조에 의하여 경매를 속행할 수 있는 경우를 제외하고는 경매 절차를 속행할 수 없고 경매 절차를 취소해야 할 것이다.

한편, 경매개시 결정의 기입등기 없이 경매 절차를 진행했어도 그것 때문에 그 경매 절차의 효력에 영향을 미치지 않고 또한 경매로 인하여 부동산의 소유권을 취득하는 데 있어서는 등기를 필요로 하지 않으므로, 선의의 제3취득자가 출현하기 전에 경락인이 경락대금을 완납하면 경락인은 확정적으로 소유권을 취득하고(제646조의 2) 채무자는 소유권을 상실하게 되어, 그 후에는 채무자가 부동산을 처분하여 제3자에게 소유권 이전등기를 했다 해도 그 등기는 무효가 된다.

2. 경매개시 결정의 송달

(1) 채무자에 대한 송달

1) 결정정본의 송달

부동산의 압류는 채무자에게 강제경매개시 결정이 송달된 때 또는 경매 신청등기가 된 때에 그 효력이 생기므로(제603조 제4항), 집행법원은 직권으로 개시 결정정본을 채무자에게 송달해야 한다 (제161조). 민사소송법 제502조는 채무자의 소재지가 분명하지 않거나 외국에 있을 때는 집행행위에 속한 송달이나 통지를 요하지 않는다고 규정하고 있다.

그러나 경매개시 결정의 송달은 집행법원의 집행행위인 재판의 고지 방법으로서 행해지는 것이지, 여기서 말하는 집행행위에 속한 송달이라고 할 수 없으므로 채무자의 주소가 불명이거나 외국에 있는 경우라도 반드시 송달해야 한다.

2) 송달시기

대법원 예규 송민 91-5에 의하면 개시결정일로부터 3일 이내에 송달하도록 규정되어 있으나, 경매개시 결정에 대한 기입등기가 이루어지기 전에 채무자에게 송달하면 채무자가 즉시 목적부동산을 타에 처분할 염려가 있다. 그러므로 개시 결정에 대한 등기 촉탁을 먼저 하고 등기공무원으로부터 민사소송법 제612조 소정의 등기부 등본 또는 이에 갈음할 통지서를 송부받은 후 또는 개시 결정의 기입등기를 촉탁한 다음 상당한 기간(보통 7일)이 경과한 후에 개시 결정정본을 송달하는 것이 실무례이다.

그러나 이미 경매개시 결정 기입등기가 되어 있는 부동산에 대하여 다른 채권자로부터 경매 신청이 있는 경우에는 당사자에 대한 경매개시 결정의 송달과 기입등기의 촉탁을 동시에 해도 무방하다.

3) 송달 방법

경매기일과 경락기일의 통지는 집행기록에 표시된 이해관계인의 주소에 등기우편으로 발송할 수 있으나(제617조 제3항), 이 규정은

외국송달의 특례(민사집행법안 제13조)

2001년 9월 현재 국회에 계류중인 민사집행법안은 집행 절차에 관하여 외국으로 송달하는 경우에는 그 송달과 함께 대한민국 내에 송달 장소를 신고하도록 하고, 신고를 하지 않은 경우에는 그 이후 당해 절차 내에서 하는 송달이나 통지 등을 실시하지 않을 수 있게 규정하고 있다.

경매개시 결정을 하면 채무자와 소유자에게 그 결정정본을 송달해야 하고, 경매를 진행하면서 이해관계인·경락인 등에게 각종의 기일통지나 최고를 해야 한다. 그런데 경매기일과 경락기일의 통지를 위한 발송송달과 같은 특례(현행법 제617조 제3항)가 없는 한, 송달할 장소가 외국인 경우에는 그 송달에 3개월 내지 6개월 정도의 시간이 소요되어 경매의 신속한 진행에 장애가 된다. 또한 이러한 제도를 악용하는 경락인의 경우 대금납부를 늦추기 위하여 의도적으로 주소를 외국으로 신고하기도 한다. 법안에서 외국송달의 특례를 도입한 것은 이런 점을 개선하기 위한 것이다.

경매개시 결정정본의 송달에는 적용되지 않으므로 등기우편에 의한 발송송달로 결정정본을 송달할 수 없다.

　채무자가 외국에 있는 경우의 외국송달은 국제민사사법공조법, 동 규칙 및 국제민사법공조 등에 관한 예규(송일 91-8)에 의하여 송달한다.

　강제경매개시 결정정본이 이사불명으로 송달불능이 된 경우에는 일단 채권자에게 주소 보정을 명하여 될 수 있는 대로 경매개시 결정이 채무자에게 송달될 수 있도록 하지만, 보정된 주소로도 송달이 안 되고 달리 송달할 장소를 알 수 없는 경우에는 당사자의 신청 또는 직권으로 공시송달의 방법으로 송달한다. 다만, 채무자가 법인인 경우에는 법인등기부상의 대표이사 개인 주소지에도 송달하여 송달되지 않는 경우에만 공시송달한다.

4) 채권자가 주소 보정명령에 응하지 않는 경우

　경매개시 결정이 채무자에게 송달되지 않아 채권자에게 주소 보정을 명했으나 채권자가 이에 불응하는 경우에는, 집행사건에 재판장의 소장심사에 관한 민사소송법 제231조를 준용한다는 명문의 규정은 없지만 이것을 유추적용하여 경매개시 결정을 취소하고 경매 신청을 각하하는 것이 타당하다. 또 각하 결정이 확정되면 직권으로 경매 신청의 기입등기의 말소를 촉탁한다.

5) 채무자가 사망한 경우

　채무자에게 경매개시 결정정본을 송달했으나 송달보고서에 채무자가 사망한 것으로 기재되어 있는 경우 채권자에게 사망 사실에 대한 보정을 명한다.

채무자가 경매개시 결정 후에 사망한 경우, 강제집행은 유산에 대하여 속행하므로(제512조 제1항) 승계집행문의 부여를 받을 필요가 없으니 상속인에게 송달한다. 이 때 상속인이 없거나 상속인의 소재가 불분명하면 채권자의 신청에 의하여 집행법원이 특별대리인을 선임하여(동 조 제2항) 그 자에게 송달해야 한다.

채무자가 경매개시 결정 전에 이미 사망한 경우에는 상속인에 대하여 강제집행의 요건과 집행개시 요건을 구비해야 강제집행을 할 수 있으므로 경매개시 결정을 취소하고 경매 신청을 각하한다.

6) 경매개시 결정의 법적 성질과 송달위반시의 효과

> 경매개시 결정의 송달은 압류의 효력 발생 요건이자 경매 절차진행의 유효 요건이다.

경매개시 결정은 압류의 효력을 발생시킬 뿐만 아니라 경매 절차의 기초가 되는 재판이어서 그것이 채무자에게 고지되지 않으면 효력이 없다. 즉 경매개시 결정의 송달은 경매개시 결정의 효력 발생 요건이다. 따라서 압류의 효력이 발생했는지의 여부에 관계없이 경매개시 결정의 고지 없이는 유효하게 경매 절차를 속행할 수 없다(대결 91. 12. 16. 91마 239).

경매개시 결정을 채무자에게 송달하지 않고 경매 절차를 진행했다면 그 경매는 경매개시 결정의 효력이 발생하지 않은 상태에서 이루어진 것이어서 당연무효이므로 경락인은 소유권을 취득할 수 없다.

또한 이중경매개시 결정도 본래의 개시 결정과 마찬가지로 독립된 결정으로서 반드시 채무자에게 송달해야 하므로 이중경매개시 결정을 채무자에게 송달하지 않고 먼저 개시 결정한 경매 신청의 취하 등으로 이중경매개시 결정에 의하여 경매 절차를 속행했다면 그 경매는 당연무효이다. 그러므로 경락대금완납에 의한 경락인의 소유권 취득이라는 경락의 효력은 부정될 수밖에 없고, 경매법원이 경락대금완납 후에 사후적으로 이중경매개시 결정을 채무자에게 송달했다 해도 마찬가지이다(대판 94. 1. 28. 93다 9477).

(2) 채권자에 대한 송달

경매개시 결정은 일반의 결정·명령의 경우와 마찬가지로 당사자에게 고지되어야 하므로 채권자에 대하여도 고지의 방법으로 그 정본을 송달한다. 그러나 송달에 의하지 않고 적당한 방법으로 고지해도 무방하다. 또한 채권자에게 경매개시 결정을 송달하지 않고 경매 절차를 진행해도 경락의 효력에는 아무런 영향이 없다(대결 69. 6. 10. 69마 231).

(3) 공유자에 대한 통지

공유부동산의 지분에 관하여 경매개시 결정을 했을 때, 법원사무관 등은 다른 공유자에게 그 경매의 신청 있음을 통지해야 한다(제649조 제1항 본문, 부록 [서식 9] 공유자에 대한 통지서 참조).

각 공유자는 누가 공유자의 1인이 되는가에 대하여 이해관계가 있을 뿐만 아니라 우선매수권이 있기 때문이다(제650조). 이 통지도 경매개시 결정정본의 송달과 마찬가지로 경매 신청의 기입등기 후에 한다.

그러나 상당한 이유가 있는 경우 통지를 하지 않을 수 있다(제649조 제1항 단서). 따라서 누가 공유자가 되더라도 이해관계가 없다고 판단되는 공유관계, 예를 들어 아파트·상가·다세대 주택 등 구분소유적 공유관계의 경우에는 통지를 하지 않아도 된다.

공유자에 대한 통지는 채무자에 대한 경매개시 결정의 송달과는 달리 비록 통지가 없었다 하더라도 경매개시 결정의 효력에 영향을 주지는 않는다. 그러나 공유사에 대한 통지를 하지 않고 경매를 진행하여 낙찰을 허가한 경우에는 다른 공유자는 이를 이유로 낙찰허가에 관한 이의 또는 낙찰허가 결정에 대한 항고를 할 수 있다(대결 98. 3. 4. 97마 962).

이 통지는 실무상 채무자에 대한 송달과 마찬가지로 경매 신청 기입등기 완료 후에 실시한다.

(ㄴ) 강제관리의 압류채권자 및 관리인에 대한 통지

강제관리개시 결정이 된 부동산에 대하여 강제경매개시 결정이 있을 때는 법원사무관 등은 강제관리의 압류채권자 및 관리인에게 그 취지를 통지해야 한다(규칙 제146조, 부록〔서식 10〕관리인에 대한 통지서 참조). 통지의 방법에는 아무런 제한이 없다.

(5) 금융기관부실자산등의 효율적 처리 및 한국자산관리공사의 설립에 관한 법률상의 특칙

1) 특칙의 내용

가. 금융기관부실자산등의효율적처리및한국자산관리공사의설립에관한법률(이하 '개정한국자산관리공사법' 이라고 함) 소정의 금융기관이 신청인인 경우(임의경매의 경우에 한함) 개정한국자산관리공사법 제45조의 2에 의하여 경매 신청 당시 당해 부동산등기부에 기재된 주소(법원에 신고한 주소가 있으면 그 주소)로 발송함으로써 송달된 것으로 본다. 또 부동산등기부상에 주소가 기재되어 있지 않거나 주소를 법원에 신고하지 않았을 때는 공시송달의 방법에 의해야 한다(대판 98. 2. 13. 97다 39865).

> 연체대출금특조법 제3조의 규정에 의한 통지 또는 송달은 경매 신청 당시 당해 부동산등기부상에 기재되어 있는 주소(주소를 법원에 신고한 때는 그 주소)에 발송함으로써 송달의 효력이 발생하고, 발송된 송달서류가 실제로 송달되었는지, 아니면 송달불능이 되었는지 여부는 위와 같은 효력에 영향이 없다(대법원 2000. 1. 31. 선고 99마 6589 결정 ; 대법원 1990. 11. 22. 선고 90마 755 결정, 1995. 6. 5. 선고 94마 2134 결정, 1998. 2. 13. 선고 97다 39865 판결 등 참조).

나. 주소가 법원에 신고되지 않은 경우 등기부상 주소 및 주민등록상 주소가 다르면 두 곳에 모두 송달해야 하며, 이후의 기일 통지는 그 중 송달된 곳으로 하되, 모두 송달불능된 경우에는 부동산등

기부상의 주소로 발송송달한다.

다. 단, 위 송달 특례를 적용받기 위하여는 경매실행 예정사실통지가 있어야 하며(대법원 송무 예규 제721호 1999. 5. 25. 결재금융기관의 임의경매 신청시 발송송달에 관한 예규(송민 99-4)), 이러한 경매실행 예정사실의 통보는 경매실행 전에 있어야 한다(부록 [서식 11] 경매실행 예정사실 통지 확인서 참조).

2) 송달의 특례를 받는 금융기관의 범위

① 특례적용 금융기관
가. 한국자산관리공사법 제45조의 2 제1항 제1호의 한국자산관리공사(구성업공사)
나. 같은 법 제2조 제1호 가목 내지 아목의 금융기관 : 은행법의 규정에 의하여 인가를 받은 금융기관, 한국산업은행, 중소기업은행, 장기신용은행, 한국수출입은행, 농업협동조합중앙회, 수산업협동조합중앙회, 축산업협동조합중앙회

② 특례배제 금융기관
위의 한국자산관리공사법 제45조의 2 제1항 제2호에서 제외된 같은 법 제2조 제1호 자목의 금융기관은 위 특례적용이 배제된다.
따라서 같은 법 시행령 제2조에서 위 법 제2조 제1항 자목에 해당하는 금융기관으로 규정된 단위농업협동조합, 단위수산업협동조합, 단위축산업협동조합, 은행법에 의하여 인가를 받은 외국금융기관의 지점 또는 대리점, 보험사업자, 상호신용금고, 단기금융회사,

종합금융회사, 신용협동조합, 증권회사, 신용보증기금, 여신전문금융회사, 기술신용보증기금, 한국종합기술금융주식회사, 중소기업창업투자회사, 새마을금고는 위의 특례를 받을 수 없다(종전에는 단위수산업협동조합, 상호신용금고, 신용보증기금, 기술신용보증기금 등은 금융기관의연체대출금의회수에관한특별조치법 및 각 개별법에 의하여 송달의 특례가 인정되었으나 위 연특법의 폐지로 송달의 특례를 적용할 수 없음).

3) 위 특칙이 강제경매에도 적용되는지 여부

강제경매에는 위의 특칙이 적용되지 않는다는 점에 주의해야 한다(헌법재판소 1998. 9. 30. 98헌가 7, 96헌바 93(병합) 전원재판부 ; 헌재 결정 이후 개정법에서는 헌재 결정의 취지가 반영되었음).

3. 압류의 효력

(1) 효력 발생시기

경매개시 결정에 의한 압류의 효력은 그 결정이 채무자에게 송달된 때 또는 경매 신청의 기입등기가 된 때에 발생한다(제603조 제4항). 따라서 경매개시 결정이 채무자에게 송달된 시기와 경매 신청등기가 된 시기 중 먼저 된 시기에 압류의 효력이 발생한다.

실무상 개시 결정정본의 송달은 경매 신청등기 완료 후에 하므로 통상은 경매 신청 기입등기시에 압류의 효력이 제3자에게도 발생한다.

(2) 처분금지의 효력

압류에 의하여 법원은 부동산을 압류 당시의 상태로 환가하는 권능을 취득하며, 채무자는 그 부동산을 타에 양도하거나 담보권 또는 용익권의 설정 등 일체의 처분행위를 할 수 없다.

그러나 압류의 처분금지 효력은 가처분으로서의 처분금지(제714조)와 마찬가지로 상대적인 것이고, 따라서 경매개시 결정등기가 있은 후에도 채무자는 그 부동산을 처분하여 그에 따른 물권 변동의 등기를 할 수 있다. 다만, 그 부동산의 처분을 가지고 압류채권자 내지 경락인에게 대항할 수 없을 뿐이다.

경매개시 결정 기입등기 후에 등기된 담보권자에게는 압류의 처분금지 효력이 미치므로 그 담보권자는 압류채권자에게 우선권의 주장을 할 수 없어 배당 요구를 할 자격에 있어 제한을 받는다(제605조 제1항).

경매개시 결정이 채무자에게 송달되어 압류의 효력이 발생한 후에 경매개시 결정등기가 된 때는 그 사이에 권리를 취득한 제3자와 압류채권자 간의 이해가 대립되지만, 이러한 대립은 민사소송법 제609조에 의하여 해결한다.

즉 권리를 취득한 제3자가 취득시에 경매 신청 또는 압류 있음을 알았을 경우에는 압류에 대항하지 못한다. 또 압류 후 소유권을 취득한 제3자가 취득할 때에 경매 신청 또는 압류 있음을 알지 못한 경우에도 부동산이 압류채권을 위하여 의무를 부담한 때(예를 들면 담보권자가 그 피담보채권에 관한 채무명의에 기하여 강제경매 신청을 한 경우)에는 경매 절차를 속행해야 한다.

(3) 시효중단의 효력

압류의 효력이 생기면 경매 신청시로 소급하여 집행채권에 대해 소멸시효중단의 효력이 생긴다(민 제168조).

(4) 압류효력의 소멸

경매개시 결정에 따른 압류의 효력은 경매대금의 교부 또는 배당, 경매 신청의 취하 등으로 집행이 종료되면 당연히 소멸한다. 또한 목적물이 멸실되면 그에 대한 압류의 효력이 소멸한다.

이 경우에는 최고가 매수신고인 결정 전이면 경매개시 결정만 취소함으로써 최고가 매수신고인이 호창되고, 경락허가가 있은 후라면 그 허가 결정까지 취소함으로써 절차상으로도 압류의 효력을 소멸하게 해야 한다.

제3장 경매개시 결정에 대한 이의

1. 총 설

　강제경매개시 결정에 대하여 이해관계인은 제1차적으로 경락인이 경락대금을 납부할 때까지 집행법원에 이의 신청을 할 수 있고(제603조의 3 제1항), 제2차적으로 이의 신청에 대한 재판에 대해서는 즉시항고를 할 수 있다(동 조 제3항).
　이와는 달리 경매 신청을 각하하는 결정에 대하여는 곧바로 즉시항고를 할 수 있다(제603조 제5항).
　강제경매개시 결정에 대한 이의 신청은 개시 결정에 관한 형식적인 절차상 하자에 대한 불복 방법이다. 즉 강제집행에 있어서의 경매개시 결정 이의 신청은 민사소송법 제504조의 집행 방법에 관한 이의 신청의 성질을 가지므로 실체상 이유를 가지고는 이의 사유로 할 수 없다(대결 78. 9. 30. 77마 263).
　한편, 임의경매개시 결정에 대한 이의는 강제경매개시 결정에 대한 이의와는 달리 절차상의 하자뿐 아니라 실체상의 하자도 이의 사유로 주장할 수 있다(제725조).

경매개시 결정에 대한 이의 신청은 집행정지의 효력이 없으므로(법 제603조의 3 제2항) 이의 신청이 있어도 경매 절차는 정지되지 않는다.

(1) 관할 법원

경매개시 결정에 대한 이의 신청은 개시 결정을 한 집행법원에 한다(제603조의 3 제1항). 경락허부에 대한 항고로 인하여 기록이 항고심에 있는 경우에도 이의 신청은 개시 결정을 한 집행법원에 제기해야 한다.

(2) 이의신청권자

경매개시 결정에 대한 이의 신청을 할 수 있는 자는 경매 절차의 이해관계인에 한한다(제603조의 3 제1항). 경매 절차의 이해관계인의 범위에 대해서는 제1편 제5장에서 이미 자세히 살펴보았다.

부동산 위의 권리자(동 조 제4호)는 그 권리를 증명함과 동시에 개시 결정에 대한 이의 신청을 할 수 있다. 이해관계인의 채권자는 이해관계인을 대위하여 이의 신청을 할 수는 없다.

(3) 신청 방법 및 시기

1) 신청 방법

집행에 관한 이의 신청은 서면(부록 [서식 12], [서식 13] 강제(임의)경매개시 결정에 대한 이의 신청서 참조)으로 해야 하고, 이의 신청을 함에 있어서는 이의의 이유를 명시해야 한다(규칙 제124조). 이의 신청서에는 1,000원의 인지를 첩부한다(민인 제9조 제4항 제4호, 송민 91-1).

개시 결정에 대한 이의 신청이 있으면 집행 사건(사건부호 '타기')으로 접수하여 민사집행사건부에 등재하며, 이의 신청서는 시간적 순서에 따라 경매 사건기록에 편철하고 경매 사건기록의 표지에 사건번호와 사건명을 병기한다(송민 91-1). 단, 경락허부 결정에 대한 항고로 인하여 기록이 상급심에 송부된 후에 이의 신청이 있는 경우에는 기록을 따로 편성하여 심리하고 기록이 반환되어 오면 이를 첨철하는 것이 타당하다.

2) 신청시기

경매개시 결정에 대한 이의는 경락인이 경락대금을 완납할 때까지 할 수 있다(제603조의 3 제1항).

2. 이의 사유

(1) 강제경매의 경우

1) 절차상의 하자

강제경매개시 결정에 대한 이의 신청은 민사소송법 제504조의 집행에 관한 이의의 성질을 가지고 있으므로 경매 신청 요건의 흠결, 경매개시 요건의 흠결 등 개시 결정에 관한 절차상의 하자를 이유로 하는 경우에만 할 수 있으며, 실체상의 이유는 경매개시 결정에 대한 이의 사유로 할 수 없다(대결 91. 2. 6. 90그 66).

즉 경매 신청방식의 적부, 경매신청인의 적격 여부, 대리권의 존부, 목적부동산 표시의 불일치, 집행력 있는 정본의 불일치, 집행채권의 기한 미도래 등은 이의 사유가 되지만 집행채권의 소멸 등은 이의 사유가 되지 못한다.

실체상의 하자를 이유로 개시 결정에 대한 이의를 신청하려면 먼저 청구이의의 소(제505조), 또는 제3자 이의의 소(제509조)를 제기한 후 그 본안 재판부로부터 집행정지 결정(잠정처분)을 받아 그 정본을 민사소송법 제510조 제1호의 서류로 제출하면 집행법원은 경매 절차를 정지하게 된다.

2) 경매개시 결정 전의 하자

경매개시 결정 후에 발생한 경매 절차상의 하자는 원칙적으로 경매개시 결정에 대한 이의 사유로 할 수 없다. 따라서 경매개시 결정 후의 위법, 예를 들어 경매부동산의 가격 평가 절차나 최저 경매가격 결정 절차 또는 경매 준비단계에 있어서의 경매기일 공고·통지 등에 관한 위법 사유는 경매개시 결정에 대한 이의 사유로 삼을 수 없다(대결 71. 7. 14. 71마 467).

그러나 강제경매의 기초가 되는 채무명의가 청구이의의 소송 등의 절차에서 실효되었을 때는 비록 경매개시 결정 후에 실효되었다 하더라도 경매개시 결정에 대한 이의 사유가 될 수 있다.

(2) 임의경매의 경우

임의경매개시 결정에 대한 이의에도 강제경매개시 결정에 대한 이의에 관한 민사소송법 제603조의 3의 규정이 준용된다.

그러나 임의경매개시 결정에 대한 이의는 강제경매개시 결정에 대한 이의와는 달리 절차상의 하자뿐만 아니라 실체상의 하자도 이의 사유가 될 수 있다(제725조). 즉 특별규정에 의해 임의경매개시 결정에 대한 이의 사유로서 절차상의 하자 외에 담보권의 부존재 또는 소멸을 주장할 수 있다.

1) 절차상의 이의 사유

강제경매의 경우와 마찬가지로 절차상의 이의 사유라 함은 경매 신청방식의 적부, 신청인 적격의 유무, 대리권의 존부, 목적부동산 표시의 불일치 등 경매 신청의 형식적 요건과 경매개시 결정 자체의 형식적 효력이 흠결되었음을 주장하는 것을 말한다.

마찬가지로 경매개시 결정 후에 발생한 경매 절차상의 하자는 원칙적으로 경매개시 결정에 대한 이의 사유로 할 수 없다.

2) 실체상의 이의 사유

실체상의 이의 사유로는 경매의 기본이 되는 담보권의 부존재, 피담보채권의 불성립·무효 또는 변제 등에 의한 소멸, 피담보채권의 이행기 미도래(대결 68. 4. 24. 68마 300) 등이 있다.

경매개시 결정 전의 담보권 소멸은 물론 경매개시 결정 후의 담보권의 소멸도 이의 사유가 된다. 또한 채무자가 피담보채무에 관하여 이행제공을 했음에도 불구하고 채권자의 수령거절로 채권자

지체에 빠진 경우에도 이의할 수 있다(대결 73.2.26. 72마 991).

한편, 피담보채권의 일부가 부존재 또는 소멸해도 나머지 일부가 잔존하고 있는 한 경매법원은 담보목적물 전부에 대하여 경매개시 결정을 해야 한다.

따라서 경매개시 결정에 표시된 피담보채권액이 실제의 채권액과 다르다 해도 채권의 동일성이 인정되는 한 이를 이유로 경매개시 결정에 대한 이의를 할 수 없다(대결 71.3.31. 71마 96). 왜냐하면 경매개시 결정에 표시된 피담보채권액의 과다는 청구이의의 소나 배당이의의 소에 의하여 그 시정을 구할 수는 있어도 경매개시 결정에 대한 이의 사유는 되지 않기 때문이다(대결 73.2.26. 72마 991).

① 이의 신청의 시기

실체상의 이의 사유 중 저당권이 처음부터 부존재 또는 원인무효인 경우 또는 경매개시 결정 이전에 피담보채권이 소멸됨에 따라 저당권이 소멸된 경우에는 경락인이 적법하게 경락부동산의 소유권을 취득할 수 없다. 따라서 경매개시 결정에 대한 이의로써 다투지 않아도 경매 절차종료 후에 경락인을 상대로 소유권에 관한 별소를 제기하여 그 권리의 구제를 받을 수 있다.

그 외에 변제, 이행기 미도래, 이행기의 유예(연기) 등의 사유는 반드시 경락인이 경락대금을 납부하기 전까지 경매개시 결정에 대한 이의로써 그 권리를 구제받아야 한다. 경락인이 경락대금을 지급하고 난 이후에는 위와 같은 실체상의 이의 사유를 들어 별개의 소로써 경락인의 소유권 취득을 다툴 수는 없게 된다.

신청채권자로부터 변제유예를 받았음을 원인으로 한 임의경매개시 결정에 대한 이의 신청의 경우, 그 이의 신청의 기한(경락대금완납시) 및 매수의 신고가 있은 후에는 그 이의 신청에 최고가매수인 등의 동의를 요하는지 여부(소극)에 관한 판례

　신청채권자로부터 변제유예를 받았음을 원인으로 한 임의경매개시 결정에 대한 이의 신청의 경우, 민사소송법 제728조에 의하여 임의경매에 준용되는 민사소송법 제610조 및 민사소송규칙 제205조에 의하여 임의경매에 준용되는 민사소송규칙 제146조의 3 제2항의 규정들은 경매법원이 경매 절차를 필수적으로 정지·취소하도록 되어 있는 서류의 제출시기를 제한하는 규정일 뿐 임의경매개시 결정에 관한 이의 신청을 제한하는 규정이 아니고, 달리 민사소송법 및 민사소송규칙상 임의경매개시 결정에 관한 이의 신청을 제한하는 규정은 보이지 않으므로, 이해관계인인 채무자로서는 민사소송법 제728조·제725조, 제603조의 3에 의하여 경락대금완납시까지는 그 이의를 신청할 수 있고, 매수의 신고가 있은 후에도 그 이의 신청에 최고가 매수신고인 등의 동의를 필요로 하지는 않는다 할 것이다. 그러므로 변제유예 사실이 인정된다면 그 이의 신청이 신의칙에 반하거나 권리남용에 해당하는 경우와 같은 특별한 사정이 없는 한 이를 인용해야 한다고 판시하였다(대법원 2000. 6. 28. 선고 99마 7385 결정).

② 이의 사유의 존부가 불명한 경우
　임의경매개시 결정에 대한 이의는 강제경매의 경우와는 달리 실체상의 사유로도 주장할 수 있도록 되어 있으나 법원이 이를 심리

함에 있어서는 통상 변론에 의하지 않고 심문 등 간편한 심리방식을 취하고 있어서 이의 사유의 존부가 불명한 경우가 많다.

이의 사유의 존부가 불명일 때는 담보권 실행의 요건 존재가 명백하지 않은 것이므로 이의를 받아들여 경매개시 결정을 취소해야 한다는 취소설과, 실체적 요건의 존부가 명백하지 않더라도 민사소송법 제724조 제1항 소정의 담보권의 존재를 증명하는 서류가 첨부되어 있는 이상 이의를 각하해야 한다는 각하설, 경우를 나누어 실체적 요건의 존부가 명백하지 않은 경우에는 경매개시 결정을 취소하고 소멸 원인의 존부가 불명일 때는 이의를 각하하고 절차를 속행해야 한다는 이분설 등의 견해대립이 있다.

실무상으로는 심리방식과의 관계상 증명이 용이한 경우에는 경매개시 결정에 대한 이의를, 증명이 용이하지 않은 경우에는 담보권부존재 확인의 소를 단독으로 또는 병행하여 제기하는 것이 통례로 되어 있다.

③ 무효인 담보권에 기하여 진행되는 경매 절차를 정지시키는 방법

담보권 설정 계약이 무효이거나 담보권 설정등기가 위조서류에 의하여 경료된 경우 또는 피담보채권의 변제, 담보권의 포기 등으로 효력이 없는 근저당권에 기하여 경매가 실행되었다고 주장하면서 경매개시 결정에 대한 이의 신청을 하는 경우, 집행법원에서는 이러한 실체적 사유를 심리하기가 사실상 매우 어렵다.

이런 경우 통상 입증자료가 부족하다는 이유로 이의 신청을 기각하고 경매를 진행하는 예가 많다. 따라서 이 경우에는 청구이의의 소에 준하는 채무부존재 확인이나 저당권부존재 확인 또는 저당권

설정등기 말소 청구의 소를 본안으로 제기하고 그 본안 재판부로부터 민사소송법 제507조에 의한 가처분으로서 경매 절차 정지명령(잠정처분)을 받아 그 정본을 동 법 제510조 제1호의 서류로 제출하여 집행법원으로 하여금 경매 절차를 정지하게 하도록 할 수 있다(대판 93. 10. 8. 93그 40). 그 후 승소확정 판결을 받아 저당권을 말소한 다음에는 저당권이 말소된 등기부등본을 동 법 제726조 제1호 소정의 집행 취소서류로 제출하면 된다.

이와 같이 임의경매 절차에 이의가 있는 이해관계인은 경매개시결정에 대한 이의를 한 후 집행정지명령을 받거나, 청구이의의 소 또는 제3자 이의의 소를 제기하고 경매 절차의 정지를 구할 수 있을 뿐이고, 민사소송법 제714조의 일반가처분 절차에 의하여 임의경매 절차의 정지를 구할 수는 없다(대결 83. 2. 3. 82마 869). 또한 별개의 소로써 경매의 불허를 구하는 청구도 허용되지 않는다 (대판 87. 3. 10. 86다 152).

④ 경락허가 결정에 대한 즉시항고와의 관계

담보권의 부존재·소멸이라는 실체상의 이유를 들어 경락허가 결정에 대한 항고 사유로 삼을 수 있는가, 즉 담보권의 부존재·소멸이라는 실체상의 이유가 민사소송법 제633조 제1호의 강제집행(여기서는 임의경매)을 허가할 수 없거나 속행할 수 없는 사유에 해당하는가가 문제되고 있는데, 대법원에서는 이것을 긍정하고 있다(대결 91. 1. 21. 90마 946).

그러나 낙찰허가 결정에 대한 항고기각의 결정 후에 저당채무 및 경매비용을 변제했다 하더라도 이러한 사유는 경매법원에 하는 경매개시 결정에 대한 이의 사유가 되는 것은 별문제로 하고, 법률심인 상고심에 대한 재항고 이유는 되지 못한다(대결 91. 2. 6. 90마 898).

> 부동산의 임의경매에 있어서는 강제경매의 경우와는 달리 경매의 기본이 되는 저당권의 존재 여부가 경매개시 결정에 대한 이의 사유가 되는 것은 물론 경락허가 결정에 대한 항고 사유도 될 수 있는 것이므로, 그 부동산의 소유자가 경락허가 결정에 대하여 저당권의 부존재를 주장하여 즉시항고를 한 경우에는 항고법원은 그 권리의 부존재 여부를 심리하여 항고 이유의 유무를 판단해야 한다(대법원 1991. 1. 21. 선고 90마 946 결정).

3. 재판 전의 가처분에 의한 집행정지

이의 신청이 있다고 해서 강제집행이 당연히 정지되는 것은 아니지만, 집행법원은 재판 전 가처분으로서 직권으로 집행의 일시정지 등을 명할 수 있다(제603조의 3 제2항, 제484조 제2항).

이것은 경매개시 결정에 대해 이의 신청을 하더라도 강제집행은 정지되지 않고 속행되는 것이어서, 법원이 그 이의 신청에 대한 재판을 할 때까지 속행된 강제경매로 인해 이의신청인이 예측할 수 없는 손해를 입게 되는 것을 방지하기 위하여 직권으로 재판 전에 가처분명령을 할 수 있도록 규정한 것이다.

따라서 이의 신청이 받아들여질 개연성이 있는 것으로 판단되는 경우에만 일시정지를 명하는 가처분을 할 수 있고, 신청 원인 자체에 의해서도 이의 신청이 받아들여질 수 없는 것이 명백하다면 일시정지를 명하는 가처분은 할 수 없다(대결 91. 2. 6. 90그 66).

일시정지를 명하는 등의 가처분은 집행법원이 직권으로 하는 것으로 이의신청인에게는 이를 신청할 권한이 없다. 그러나 집행법원의 직권발동을 촉구하는 의미의 정지 신청은 할 수 있다.

(1) 가처분의 내용

경매개시 결정에 대한 이의 신청을 받은 집행법원은 그것을 재판하기 전에 가처분으로서 직권으로 채무자에게 담보를 제공하게 하거나 제공하지 않게 하고 집행의 일시정지를 명할 수 있고, 채권자에게 담보를 제공하게 한 뒤 그 집행의 속행을 명할 수 있다(제603조의 3 제2항, 제484조 제2항).

일시정지의 담보로서는 청구금액 또는 최저 경매가격의 1/3 정도의 금원을 공탁하게 하는 것이 실무례이다.

법원이 집행의 일시정지를 명하는 결정을 한 경우에는 그와 동시에 직권으로 집행정지에 필요한 조치를 명해야 할 것이다. 예를 들어 감정인에게 평가명령을 한 경우에는 평가의 중지를 명하고, 입찰기일을 공고한 경우에는 입찰기일을 변경(추후지정)하는 등의 조치를 취해야 한다.

(2) 가처분에 대한 불복 불허

명문의 규정은 없으나 경매법원의 가처분 결정은 경매개시 결정에 대한 이의에 부수하는 일시적이고 응급적인 재판으로 그 자체가 독립하여 불복 신청의 대상이 될 수 없다 할 것이므로, 이에 대하여는 불복이 허용되지 않는다(대결 59.9.7. 4290민재항 172).

4. 이의 신청에 대한 재판

(1) 심리 및 재판

개시 결정에 대한 이의 신청 재판은 변론 없이 할 수 있으며(제503조 제3항), 그 재판은 결정의 형식으로 행한다. 변론을 열지 않는 경우에도 당사자, 이해관계인, 기타 참고인을 심문할 수 있다(제124조 제2항, 규칙 제104조).

실무에서는 변론을 열거나 당사자 등을 심문하는 예는 거의 없으나 정식으로 증거조사를 해야 할 경우에는 반대의 이해관계인을 상대방으로 정하여 변론을 열어야 할 것이다.

심리의 결과 경매개시 결정에 대한 이의가 이유 있다고 인정되면 경매개시 결정을 취소(부록 [서식 14] 강제경매개시 결정 취소 양식 참조)하고 경매 신청을 기각하며, 이의 신청이 부적법하거나 이유 없다고 인정되면 이의 신청을 각하 또는 기각한다.

이의 신청 재판의 시기에 대하여는 제한이 없으나 경매 절차가 종료되기 전, 즉 경락인이 경락대금을 납부하기 전에만 하면 된다. 실무상으로는 이의신청인의 항고로 인한 경매 절차의 지연을 방지하기 위하여 이의 신청이 부적법하거나 이유 없는 경우에도 신청각하 또는 기각의 결정을 경락허가 결정선고시까지 보류했다가 경락허가 결정과 동시에 하는 예가 많다.

(2) 재판의 고지

이의 신청에 대한 재판은 상당한 방법에 의하여 당사자에게 고지한다(제207조). 재판의 고지는 통상 결정정본을 송달하는 방법으로 하고 있다. 이의 신청을 각하 또는 기각하는 결정은 신청인에게만 고지하면 되지만, 이의 신청을 인용하여 경매개시 결정을 취소하고 경매 신청을 기각하는 결정은 신청인뿐만 아니라 반대의 이해관계인에게도 고지해야 한다(규칙 제103조의 2 제1항 제2호).

5. 이의 신청 재판에 대한 불복 방법

이의 신청에 대한 재판에 대하여 이해관계인은 즉시항고를 할 수 있다(제603조의 3 제3항).
경락허가 결정이 선고된 후에 경매개시 결정에 대한 이의가 인정되어 경매개시 결정이 취소되고 경매 신청이 기각된 경우에 경락인도 이해관계인으로서 항고를 할 수 있는지에 대하여는 견해가 나뉘지만, 실무에서는 경락인에게도 취소 결정정본을 송달해 준다.

(1) 항고의 제기

항고는 이의 신청에 대한 재판의 고지가 있은 날로부터 1주 이내에 제기해야 한다(제414조). 항고는 경매법원에 대하여 항고장(부록 〔서식 15〕 항고장 참조)을 제출함으로써 제기하고(제415조), 항고장에는 2,000원의 인지를 첨부해야 한다. 항고장은 문서건명부에 이를 접수한다.

(2) 즉시항고의 효력

소송 절차에 있어서 즉시항고에는 집행정지의 효력이 있으나(제417조), 강제집행 절차 재판에 대한 즉시항고에는 집행정지의 효력이 없다(제517조 제2항). 따라서 이의 신청을 각하 또는 기각하는 결정에 대하여 항고가 있는 경우에도 경매 절차를 속행할 수 있다. 또한 강제집행 절차를 취소하는 결정은 확정되어야 효력이 있으므로(제504조의 2 제2항) 이의 신청이 인용되어 경매개시 결정을 취소하는 결정에 대하여 즉시항고가 있으면 취소 결정이 확정될 때까지는 이론상 경매 절차의 속행이 가능하다.

그러나 실무상으로는 항고법원이 취소 결정을 하기에 앞서 경매법원은 민사소송법 제603조의 3 제2항에 의한 가처분으로서 집행정지 결정을 한다.

(3) 항고에 대한 집행법원의 조치

경매법원은 항고가 이유 있다고 인정하는 때는 그 재판을 결정해야 하고(제416조 제1항) 이유 없다고 인정하는 때는 의견서(부록 〔서식 16〕 의견서 참조)를 첨부하여 항고기록을 항고법원에 송부해야 한다(법 제416조 제2항).

경매개시 결정에 대한 이의 신청기각 결정에 대한 즉시항고가 있어도 경매 절차는 정지되지 않으므로 경매개시 결정에 대한 이의 신청기각 결정에 대한 즉시항고가 있는 경우, 항고기록을 송부함에 있어서는 기본적 기록의 등본을 만들어 항고법원으로 송부한다(송민 80-3).

6. 경매개시 결정 취소 결정확정 후의 법원의 조치

경매개시 결정에 대한 이의 신청이 이유 있다고 인정되어 경매개시 결정이 취소되고 이 취소 결정이 확정되면, 경매법원은 등기공무원에 대하여 위의 취소 결정을 등기 원인으로 하여 경매 신청 기입등기의 말소 촉탁을 한다(제651조). 촉탁서에는 위 경매개시 결정 취소 결정정본을 첨부해야 한다.

이 경우에 등록세 3,000원(지방세 제131조 제1항 제8호) 및 교육세 600원(교육세 제5조 제1항)을 납부해야 하므로 이의신청인으로 하여금 위 등록세 영수필통지서 및 영수필확인서를 제출하도록 하여 촉탁서와 함께 등기공무원에게 송부한다.

위 말소등기의 촉탁에 관한 비용은 경매를 신청한 채권자가 부담한다(규칙 제155조의 4).

제4장 부동산의 침해방지를 위한 조치

 경매 절차의 개시 결정을 한 후에 법원은 직권 또는 이해관계인의 신청에 의하여 부동산에 대한 침해행위를 방지하기 위해 필요한 조치를 할 수 있다(제603조 제3항).
 채무자는 압류 후에도 경락인이 소유권을 취득할 때까지는 부동산을 관리·사용하며 이용할 수 있다(제603조 제2항).
 그러나 이 때 채무자가 자포자기 등으로 부동산의 가액을 현저히 감소시키는 행위를 하게 되면 채권자 등의 이익을 해하게 되므로, 경매의 실효성을 확보하기 위하여 법원은 이해관계인의 신청 또는 직권으로 이러한 침해행위를 방지하기 위해 필요한 조치를 취할 수 있도록 한 것이다.

1. 부동산에 대한 침해행위

　부동산에 대한 침해행위는 목적물의 교환가치를 현저하게 감소시키거나 또는 감소시킬 우려가 있는 행위로서(규칙 제147조의 2 제1항) 주로 부동산에 물리적인 손상을 가하는 행위를 말한다. 예를 들어 목적물인 건물을 손상시키거나 토지의 경우에 토사를 채취하기 위하여 심굴(深掘)하여 토지를 침수시키는 행위 등이 침해행위에 해당한다.
　그러나 임차권의 설정이니 전세권의 설정 등과 같은 징상적인 이용행위는 침해행위에 해당하지 않는다.

2. 이해관계인의 신청

　채무자가 부동산의 가격을 현저히 감소시키거나 감소시킬 우려가 있는 행위를 할 때, 이해관계인은 법원에 이를 방지하기 위한 필요한 조치를 취해 달라고 신청할 수 있다(법 제603조 제3항, 규칙 제147조의 2 제1항).
　신청의 상대방은 채무자뿐만 아니라 그 점유보조자나 채무자로부터 점유를 승계한 자도 포함된다. 그러나 불법점유자나 압류 전의 점유자는 여기에 포함되지 않는다.
　법원은 이해관계인의 신청이 있으면 이를 문서건명부에 등재하고 경매 신청 사건기록에 가철하며, 신청서에는 인지를 첨부하지 않는다(송민 91-1).

3. 침해행위의 방지를 위한 조치

(1) 조치의 내용
— 금지명령 · 작위명령 · 인도명령

침해행위를 방지하기 위한 필요한 조치로서 법원은 경락인이 경락대금을 납부할 때까지 채무자에게 목적부동산에 대한 침해행위를 금지시키거나 또는 일정한 행위를 명할 수 있다(규칙 제147조의 2 제1항). 채무자가 법원의 명령을 위반했을 때는 경락대금완납시까지 채무자에게 그 부동산을 집행관에게 인도할 것을 명할 수도 있다(동 조 제2항).

또한 법원은 사정변경이 있을 때 집행관에 대한 인도명령을 취소 또는 변경할 수 있다(동 조 제4항).

이런 조치들은 법원이 직권으로 또는 이해관계인의 신청에 의해 결정의 형식으로 발한다(부록〔서식 17〕부동산의 침해방지를 위한 보전처분 결정문 참조).

(2) 담보의 제공

법원이 이해관계인의 신청으로 필요한 조치를 명하는 결정을 하는 경우에는 신청인에게 담보를 제공하게 할 수 있다(규칙 제147조의 2 제3항).

(3) 결정에 대한 불복

법원의 결정에 대하여 채무자는 집행에 관한 이의(제504조 제1항)로써 불복할 수 있고, 이 이의의 재판에 대하여는 즉시항고를 할 수 있다(동 조 제4항).

(ㄴ) 필요한 조치 결정의 집행

위의 금지명령이나 작위명령은 대체집행 또는 간접강제의 방법에 의해 집행할 수 있다는 견해(법원실무제요 강제집행〔상〕p.307)와 이 결정은 항고로만 불복을 신청할 수 있는 재판(제519조 제1호)에 해당하지 않아 독립한 채무명의가 되지 않으므로 강제집행을 할 수 없다는 견해가 대립하고 있다.

집행관에의 인도명령은 보전처분적 성질을 가지는 것이므로 그 결정이 상대방에게 송달되기 전에도 집행할 수 있으나(규칙 제147조의 2 제5항), 고지된 날로부터 2주일을 경과하면 집행할 수 없다(동 조 제6항).

집행관에의 인도명령의 집행은 민사소송법 제647조 제6항을 준용하여, 위 결정을 송달받은 집행관에게 위임하여 인도집행을 할 수 있다.

제5장 부동산의 멸실 등에 의한 경매 취소

집행개시 후 집행종료까지의 사이에 경매 절차개시의 장애 사유 또는 경매 절차속행의 장애 사유에 해당하는 목적부동산의 멸실이나 기타 매각으로 인하여 권리의 이전을 불가능하게 하는 사정이 명백할 때, 법원은 강제경매의 절차를 직권으로 취소해야 한다(제613조 제1항). 취소 사유의 발생 원인 여하(예 : 소유자의 고의에 의한 멸실 여부)나 취소 사유를 알게 된 경위 여하는 불문한다.

1. 취소 사유

(1) 부동산의 멸실

1) 경매 절차속행의 장애 사유
경매부동산이 멸실되면 경매 절차를 진행할 수 없게 된다(경매 절차속행의 장애 사유). 경매개시 결정 후 목적부동산의 현상이 다소 변경되더라도 절차의 진행을 방해할 사유는 되지 않지만 그 정도가 심하여 부동산의 동일성을 잃게 할 정도라면 경매 절차를 취소해야 한다.

감정결과 평가를 명한 건물의 전부 또는 일부가 멸실된 것으로 인정될 때는 곧바로 채권자에게 그 부분에 대하여 적절한 조치(신청 취하 등)를 취하도록 보정명령을 한다. 보정명령을 받고도 아무런 조치를 취하지 않으면 그 부분에 대한 경매개시 결정을 취소하고 신청을 기각한다.

2) 대금납부 후에 부동산이 멸실된 경우

대금납부 후에 부동산이 멸실된 경우에는 ① 배당실시 전이라도 경매 절차에 아무런 영향을 미칠 수 없다는 견해와 ② 부동산이 멸실되었어도 목적물 인도 의무가 이행되지 않은 이상 위험부담이론을 적용하여 배당실시 전이면 경매 절차를 취소할 수 있다는 견해, 그리고 ③ 그 부동산의 멸실이 채무자의 과실에 의한 경우에는 경매 절차를 취소해야 하고, 채무자의 과실이 없는 경우에는 소유권은 이미 경락인에게 이전되었으므로 경매 절차를 취소할 수 없다는 견해가 대립하고 있다.

(2) 채무자의 소유권 상실

1) 경매개시 결정의 장애 사유

경매부동산이 제3자의 소유인 경우에는 경매개시 결정을 할 수 없으므로, 경매개시 결정 후에 목적부동산이 채무자 소유가 아님이 판명된 때(즉 경매 신청시 제출된 등기부등본의 작성일 이후에 제3자에게 소유권 이전등기가 경료된 경우)는 경매 절차를 취소해야 한다.

단, 제3자가 소유권을 취득할 당시 이미 경매 신청이 있었다는 사실이나 압류의 효력이 발생했다는 사실을 알았을 경우에는 실체상으로 제3자는 소유권의 취득으로써 압류채권자에게 대항할 수 없다(제609조 제1항).

절차적인 면에서는 경매 신청 기입등기의 촉탁 전에 소유권 이전등기가 경료되었다면 등기공무원은 등기불능을 이유로(부등 제55조 제6호) 등기 촉탁을 각하할 수밖에 없고, 이 경우 경매법원은 등기공무원으로부터 경매 신청 기입등기 촉탁각하 결정등본을 송부받으면 경매 절차를 취소할 수밖에 없게 된다.

다만, 등기공무원이 경매 신청 기입등기의 촉탁을 각하한 후라도 부동산이 압류채권을 위하여 의무를 부담한 때는 압류 후 소유권을 취득한 제3자가 취득할 때에 경매 신청 또는 압류 있음을 알지 못한 경우에도 경매 절차를 속행해야 하므로(제609조 제2항) 다시 기입등기 촉탁을 할 수 있다(이 때 제3자의 소유권 취득등기가 채무자에 대한 경매개시 결정의 송달 전인가 후인가의 여부는 경매법원이 기록에 의해 용이하게 판정할 수 있음).

2) 가등기에 기한 본등기가 경료된 경우

제3자를 위하여 가등기가 경료되어 있는 부동산에 대하여 경매개시 결정을 한 후, 가등기권리자가 본등기를 하게 되면 본등기의 효력은 가등기시에 소급하게 되므로 이는 경매 절차개시에 장애가 된다. 가등기에 기한 본등기가 있으면 등기공무원은 가등기 이후의 경매 신청 기입등기를 직권말소할 수 있다.
　이 경우에는 경매법원에 대하여 가등기로 인해 본등기가 경료되었다는 취지 및 일정기간 내에 이의가 없으면 경매 신청 기입등기를 직권말소하겠다는 취지를 통지해야 하고(부등 제175조 제1항), 경매법원은 그 통지를 받으면 경매 절차를 취소한다.

(3) 법령에 의한 강제집행의 금지
　목적부동산이 공장재단의 일부를 구성하고 있는 것일 때(공저 제4조, 광저 제5조), 목적부동산에 대하여 파산, 화의, 회사정리 절차 개시의 등기가 되어 있는 것이 판명된 경우(파산법 110조, 화의법 제8조, 회사정리법 제18조 제1항)에는 경매 절차를 취소해야 한다. 그러나 별제권을 가지는 저당권자의 임의경매 신청은 파산 절차나 화의 절차의 개시에 의하여 영향을 받지 않는다(파산법 제86조, 화의법 제44조).
　다만, 강제경매가 개시된 후에 위와 같은 파산 등의 등기가 경료된 경우에는 파산재단에 대하여 효력을 잃게 되거나(파산법 제61조), 강제경매가 중지됨으로써(화의법 제40조, 회사정리법 제67조 제1항) 더이상 절차를 속행할 수 없게 될 뿐, 본 조의 취소 사유에는 해당하지 않는다. 따라서 경매법원은 집행 취소 결정 없이 곧바로 말소 촉탁을 한다.

(4) 처분금지 가처분등기가 되어 있는 경우
　가처분채권자가 아직 승소 판결을 받지 못하고 가처분등기만 되어 있는 상태에서는 가처분채권자도 경락인의 소유권 취득을 부정하거나 다른 채권자가 강제집행하는 것을 배제할 수 없다 할 것이므로 처분금지 가처분등기가 되어 있는 것만으로는 경매 절차의 취소 사유에 해당하지 않는다.

그러나 실무에서는 처분금지 가처분등기가 되어 있는 부동산에 대한 경매 신청에 관하여는 경매 개시 결정을 하고 경매개시 결정 기입등기를 마친 단계에서 경매 절차를 사실상 중지하고 가처분 또는 본안소송의 결과를 기다려 그 결과에 따라 처리하는 예가 많다.

2. 취소 결정의 절차

경매법원은 경매 절차를 취소할 사유가 명백하면 직권으로 결정으로써 경매 절차를 취소한다. 이 경우 주문은 "별지목록 기재 부동산에 대한 강제경매 절차를 취소한다."와 같이 한다. 이 취소 결정은 확정되어야 효력이 있고(제504조의 2 제2항), 당사자에게 신청권은 없다.

경매 절차 취소는 즉시 행하는 것이 원칙이지만 장애 사유가 상당한 기간 내에 제거될 여지가 있는 것일 때는 바로 경매 절차를 취소하지 않고 압류채권자에게 취소 사유를 제거할 기회를 주고, 그동안 사실상 경매 절차를 정지했다가 그 결과를 기다려 취소 여부를 결정한다.

경매 절차를 취소하는 결정이 확정된 경우에 이미 집행관에게 현황 조사를 명했거나 감정인에게 평가를 명했을 때는 집행관·감정인에게 각 부동산의 현황 조사 및 부동산의 평가를 중지할 것을 명하고, 만일 이미 경매·입찰물건명세서 등이 비치되어 있는 경우에는 이를 회수해야 한다.

경매기일의 실시 후에도 취소 결정을 해야 할 사유가 있으면 경락기일을 열 필요 없이 취소 결정을 하고, 이 취소 결정이 확정되면 경매 신청등기의 말소 촉탁을 한다(제651조).

3. 취소 결정에 대한 불복 방법

경매 절차의 취소 결정은 채권자·채무자에게 고지해야 한다(규칙 제103조의 2 제1항 제2호).

또한 이 취소 결정에 이해관계가 있는 최고가매수인 또는 경락인이 있을 때는 이들에 대해서도 고지해 주는 것이 바람직하다.

법원의 경매 절차 취소 결정에 불복이 있는 사람은 즉시항고를 할 수 있다(제613조 제2항). 경매 절차를 취소해야 할 사유가 명백함에도 불구하고 경매법원이 취소 결정을 하지 않을 때는 채권자, 기타 이해관계인이 민사소송법 제504조의 집행에 관한 이의로써 불복을 신청할 수 있다(대결 97. 11. 11. 96그 64).

4. 경매 신청 기입등기의 말소

경매 절차의 취소 결정이 확정되었을 때 경매법원은 경매 신청 기입등기의 말소를 등기공무원에게 촉탁해야 한다(부록〔서식 18〕

말소등기촉탁서 참조).

　말소등기의 촉탁에 관한 비용은 경매를 신청한 채권자의 부담으로 한다(규칙 제155조의 4).

> 　민사소송법 제613조에 의하면, 강제경매 절차 중에 부동산의 멸실, 기타 매각으로 인하여 권리의 이전을 불가능하게 하는 사정이 명백하게 된 때는 집행법원이 강제경매의 절차를 필요적으로 취소하도록 규정하고 있다. 그러므로 이해관계인이 집행법원에 대하여 민사소송법 제613조에 의한 경매 절차의 취소 신청을 했다 하더라도 이와 같은 취소 신청은 집행법원의 경매 절차 취소를 촉구하는 의미를 가질 뿐이지만, 집행법원이 절차를 취소해야 할 사정이 명백함에도 불구하고 취소 결정을 하지 않을 때는 민사소송법 제504조에 정한 집행에 관한 이의에 의하여 불복을 신청할 수 있다(대법원 1997. 11. 11. 선고 96그 64 결정).

| 제4편 | 환가 절차

제1장 경매(입찰)의 준비

1. 경매(입찰)의 준비단계

경매개시 결정등기가 되고 채무자에게 경매개시 결정정본이 송달되어 압류의 효력이 발생하면, 경매법원은 목적부동산의 현황 조사를 명하고 감정인으로 하여금 목적물을 평가하게 하여 최저 경매(입찰)가격을 정하게 된다.

이 최저 경매가격으로 우선채권자의 채권을 변제하고 난 후, 잉여의 가망이 없으면 민사소송법 제616조가 규정하는 바에 따라 경매 절차를 취소하고, 잉여의 가망이 있으면 직권으로 경매(입찰)기일과 경락(낙찰)기일을 지정·공고·통지하고 경매의 절차를 진행한다.

2. 현황 조사

(1) 현황 조사명령

　법원은 경매개시 결정을 한 후 지체없이 집행관에게 부동산의 현상, 점유관계, 차임 또는 보증금의 수액, 기타 현황에 관하여 조사할 것을 명해야 한다(제603조의 2 제1항). 법원은 개시결정일(같은 날에 경매 신청 기입등기 촉탁이 있게 됨)로부터 3일 이내에 조사명령을 발해야 하는데(송민 91-5 예규), 통상 실무에서는 경매 신청 기입등기의 촉탁과 동시에 현황 조사명령을 내리고 있다.

(2) 제도의 취지

　법원이 집행관에게 부동산의 현황을 조사하게 하여 현황조사서 사본을 경매물건명세서와 함께 비치하여 일반인에게 열람할 수 있도록 한 것은, 경매(입찰) 대상 부동산의 현황을 되도록 정확히 파악하여 적정·타당한 매각조건을 결정하고, 일반인에게 그 현황과 권리관계를 공시함으로써 매수희망자가 경매(입찰) 대상 부동산에 관하여 필요한 정보를 얻을 수 있게 하여 예측하지 못한 손해를 입지 않도록 하는 데에 그 취지가 있다.

(3) 조사사항

1) 현황 조사사항

　현황 조사에 있어서 조사사항은 부동산의 현상, 점유관계, 차임 또는 보증금의 수액, 기타 현황이다. 그러나 여기서 부동산의 현상,

점유관계, 차임 등으로 열거한 것은 현황 조사사항의 예시에 불과하다. 따라서 경매법원이 매각조건의 인정, 최저 경매가격의 결정 및 인도명령 허부의 판단 등을 하는 데 필요한 부동산에 관한 사실관계 및 권리관계의 전반에 걸친 모든 사항이 조사사항에 속한다.

부동산에 대한 기타 현황도 법원이 구체적으로 특정하여 조사를 명할 수 있다. 예를 들어 경매목적건물이 공장재단인 경우 공장에 설치된 기계·기구 등 부속물의 설치상황 등을 구체적으로 적시하여 발령을 한다.

부동산 현황 조사사항은 점유자의 점유권원의 유무 또는 점유자가 낙찰자에게 대항할 수 있는지 여부는 가리지 않으므로 법에서 금지하고 있는 임대차(농지 제22조)가 조사 대상이 된다. 그리고 강제집행의 목적물이 부동산의 공유지분인 경우 그 조사의 목적물은 공유지분 그 자체가 아니라 공유지분의 대상인 본래의 부동산, 즉 토지 또는 건물이다.

한편, 현황 조사시 부동산의 현황과 등기부상 표시가 현저히 다른 경우나 조사 대상 건물이 멸실되고 다른 건물이 신축되어 있는 경우에는 관계인의 진술을 청취하여 그 내용을 현황 조사 보고서에 기재한다. 이 때 반드시 신·구 건물의 동일성에 대한 집행관의 의견을 부기하고, 구건물에 대한 멸실등기가 종료되었으면 그 등기부 등본을 첨부해야 한다(송민 97-8 예규).

2) 현황 조사명령의 실무

경매목적부동산에 대한 현황 조사사항을 위와 같이 개괄적으로 기재하여 현황 조사명령을 발하게 된다면 구체적으로 어떤 항목에 관하여 조사할 것인지가 명확하지 않게 된다.

실무에서는 현황 조사사항을 ①부동산의 현상 및 점유관계, ② 임대차관계, ③기타 현황 등 크게 셋으로 나눈다. ①에 속한 사항으로는 부동산의 위치 및 현상, 부동산의 내부구조 및 사용용도 등과 부동산의 점유자와 점유권원을, 그리고 ②에 속하는 사항으로는 임차목적물, 임차인, 임차 내용(보증금·전세금·임대차기간 등), 주민등록 전입 여부 및 그 일자, 일자확정 여부 및 그 일자 등을 조사하도록 한다. 위와 같이 조사사항은 구체적으로 세분하여 조사명령을 빌하고 있다.

(4) 집행관의 강제력 사용권

현황 조사명령을 받은 집행관은 부동산의 현황을 조사하기 위하여 부동산에 출입할 수 있고, 채무자 또는 그 부동산을 점유하는 제3자에게 질문하거나 문서의 제시를 요구할 수 있다(제603조의 2 제2항).

또한 부동산 출입을 위하여 필요하다면 잠긴 문을 여는 등 적절한 처분을 할 수도 있다(동 조 제3항). 이러한 처분은 채무자 등이 집 안에 있으면서 현황 조사를 방해할 목적으로 문을 잠그고 열어주지 않는 경우에 강제력을 행사하여 문을 열 수 있도록 함으로써 집행관의 현황 조사를 용이하게 하여 경매 절차를 신속히 진행시키기 위한 것이다. 잠긴 문을 여는 등의 처분을 한 경우에는 현황 조사 보고서에 그 조사 방법을 구체적으로 기재해야 한다(규칙 제148조의 2 제1항 제3호).

한편, 집행관은 현황 조사를 할 때 필요하다면 관할 구역 외에서도 그 직무를 행할 수 있고(규칙 제148조), 저항을 받았을 때는 경찰 또는 국군의 원조를 청구할 수도 있다(민소법 제496조 제2항).

(5) 현황 조사명령에 대한 불복

법원의 현황 조사명령의 발령이 위법한 경우, 즉 현황 조사의 목적물이 틀렸다든지 압류가 경합된 사건에 있어서 후행의 경매 신청에 의하여 경매를 속행할 것이 아닌데도 다시 현황 조사명령을 발한 경우 등에는 이에 대하여 불복이 있는 자가 집행에 관한 이의를 신청할 수 있다(제504조 제1항).

그러나 집행관의 현황 조사 자체에 대하여 이의가 있다 해도 이는 집행관이 집행기관으로서 행하는 직무집행이 아니라 경매법원의 보조기관으로서 행하는 직무집행이므로 집행에 관한 이의를 할 수는 없다. 따라서 이 때에는 집행관에게 현황 조사를 명한 경매법원에 대하여 그 지시감독권의 발동을 촉구하거나 집행관이 소속된 지방법원에 대하여 사법행정상의 감독권(집행관 제6조)의 발동을 촉구할 수밖에 없다.

(6) 현황 조사 보고서

1) 현황 조사 보고서의 제출

집행관은 현황을 조사한 뒤 민소규칙 제148조의 2 제1항 각 호의 사항을 기재한 현황 조사 보고서를 소정의 기일(2주간 ; 송민 91-5)까지 집행법원에 제출해야 한다. 또 현황 조사 보고서에는 조사의 목적이 된 부동산의 현황을 알 수 있도록 도면·사진을 첨부해야 한다(규칙 제148조의 2).

경매법원은 이 현황 조사 보고서의 사본을 경매물건명세서에 첨부하여 일반인이 열람할 수 있도록 비치해야 하므로(규칙 제150조 제2항) 원본 이외에 사본을 1통 더 제출받아 둔다(부록〔서식 19〕부동산 현황 조사 보고,〔서식 20〕부동산 현황 및 점유관계 조사서·임대차관계 조사서 참조).

집행관이 위 보고서를 법원에 제출하면 법원은 집행관으로부터 영수증을 받고 수수료 및 비용을 지급한다(집행관법 제9조).

2) 조사자료의 첨부

경매목적부동산이 주택인 경우 임대차관계의 확인을 위하여 임차인이 임대차목적물 소재지에 주민등록 전입 신고를 마쳤으면 집행관은 전입 신고된 세대주 전원에 대한 주민등록등·초본을 발급받고, 이를 현황 조사 보고서에 첨부해야 한다. 그 밖에 임대차 계약서 등 객관적 자료의 복사가 가능하면 그 사본도 현황 조사 보고서에 첨부한다.

3) 현황 조사 보고서의 기재사항

사건의 표시, 부동산의 표시, 조사의 일시·장소 및 방법, 민사소송법 제603조의 2 제1항에 규정된 사항(부동산의 현상, 점유관계, 차임 또는 보증금의 액수) 및 기타 법원이 명한 사항 등에 대하여 조사한 내용 등을 기재한다(규칙 제148조의 2 제1항).

4) 임대차관계의 기재

집행관의 현황 조사 보고는 경매목적부동산에 현실로 존재하는 임대차의 실체를 그대로 보고하면 된다. 따라서 그 임대차가 제3자에게 대항할 수 있는 것인지의 여부에 대한 법률 판단까지 할 필요는 없다. 만약 조사해 보아도 임대차의 존부가 불분명할 때는 그 이유를 설명해야 한다.

5) 점유관계의 기재

현재 소유자 이외의 자가 점유하고 있으나 조사 결과 그 점유의 근거가 판명되지 않았을 때는 점유의 사실과 점유권원의 조사경과를 구체적으로 기재한다.

6) 목적물의 멸실과 불일치의 기재

목적물이 멸실된 경우에는 멸실 원인를 조사하여 그 결과를 기재해야 하며, 목적물의 동일성이 인정되지 않는 경우에는 그렇게 된 원인과 일치하지 않는 정도 등을 조사하여 그 결과를 기재한다.

7) 현황 조사 보고서에 대한 불복

현황 조사 보고서의 내용이 사실과 달라도 이에 관하여는 독립하여 불복을 신청할 수 없고, 다만 보고서의 내용으로 인해 이루어진 그 이후의 최저 경매가격의 결정이나 일괄경매 결정 등에 대하여 불복함으로써 구제를 받을 수밖에 없다. 그러나 그 후에 이루어진 최저 경매가격의 결정 등에 대하여도 독립한 불복 신청을 인정하지 않는 입장에서는 민사소송법 제633조 제6호의 사유(최저 경매가격의 결정, 일괄경매의 결정 또는 물건명세서의 작성에 중대한 하자가 있을 때)를 들어 낙찰에 관한 이의를 하거나 낙찰허가 결정에 대한 항고를 하는 방법밖에 없다.

(7) 추가조사·재조사 명령

집행관이 일단 현황 조사를 하여 현황 조사 보고서가 제출되었어도 새로운 사항에 관하여 조사할 필요가 있거나 이미 제출된 조사보고서상의 조사결과에 관하여 다시 보충조사를 할 필요가 있을 때는 추가조사명령을 하거나 재조사명령을 할 수 있다.

(8) 보충조사와 경매법원의 심문, 증거조사

집행관의 현황 조사 보고가 충분하지 못할 때는 법원이 다시 보충적으로 조사를 명할 수 있으나, 보충조사를 해도 점유관계에 관한 사실을 확정할 수 없을 경우에는 경매법원이 심문기일을 지정하여 채무자, 부동산을 점유하는 제3자, 기타 참고인을 심문할 수 있다(규칙 제104조). 또한 집행관의 현황 조사 보고서의 기재만으로는 목적물의 동일성을 판단할 수 없어 경매 절차의 취소 결정을 할 것인지의 여부를 가릴 수 없을 때도 심문기일을 지정하여 당사자, 이해관계인, 기타 참고인을 심문할 수 있다.

필요에 따라서 경매법원은 변론을 열어 변론기일에 압류채권자로부터 증거 신청을 받아 그에 따른 증거조사(검증)를 할 수도 있다(민소법 제124조 제1항 단서).

실무에서는 집행관의 현황 조사 보고서의 기재만으로 부합물인지의 여부가 분명하지 않거나 목적물의 동일성에 의심이 가는 경우에 심문기일을 지정하여 그 심문 절차에서 검증 등을 시행하고 있는 예도 있다.

(9) 농지에 관한 경매법원의 사실조회(송민 97-1 예규)

가. 등기부상의 지목이 전, 답, 과수원에 해당하는 경매목적물에 대한 현황 조사시에는 그 현황 및 이용상황을 객관적으로 조사하여 이를 정확히 기재한 현황 조사 보고서에 현장 사진 및 도면을 첨부하여 집행법원에 제출해야 한다. 다만, 등기부상의 지목은 전, 답, 과수원에 해당하지만 그 현황지목이 농지법 제2조 소정의 농지에 해당하는지 여부에 대하여 의문이 있는 경우에는 이를 즉시 집행법원에 보고해야 한다(1997. 4. 29. 송무 예규 제521호 농지에 대한 경매·입찰 절차에 있어서의 유의사항(송민 97-1)).

나. 집행법원은 집행관으로부터 위 보고를 받은 경우에, 위 예규 별지 양식1 기재 '사실조회서'에 의하여 농지 소재지관할 시장, 군수, 자치구청장에 대하여 경매목적물인 토지의 현황이 농지법 제2조 소정의 농지인지 여부, 토지현황이 농지가 아닌 경우에는 농지전용허가가 이루어졌는지 여부, 농지전용허가가 이루어진 경우에는 그 허가 연월일, 허가조항, 전용 목적 및 허가신청자의 주소와 성명, 농지전용허가를 얻지 않고 토지현황이 변경된 경우에는 향후 원상회복명령이 발해질 가능성이 있는지 여부 등에 관하여 사실조회를 함과 동시에 감정인에 대하여는 사실 조회를 했다는 취지와 감정평가서의 작성을 유보할 것을 통지해야 한다(부록 [서식 21] 농지에 관한 사실조회서 참조). 왜냐하면 1991. 12. 14. 도시계획법

제87조 제3호가 개정되어 도시계획구역 내의 녹지 지역 안의 농지 중 도시계획사업에 필요하지 않은 농지에 대하여는 농지법 8조가 적용되어 농지취득자격증명을 요하게 되었으므로 그 해당 여부를 확인할 필요가 있기 때문이다.

집행법원은 시장, 군수, 자치구청장으로부터 경매목적물에 대한 사실 조회회보서가 도착한 경우에는 그 사본을 경매물건명세서의 사본에 첨부하여 함께 비치한다.

다. 어떤 토지가 농지법 소정의 농지인지의 여부는 공부상의 지목 여히에 불구하고 당해 도지의 사실상의 현상에 따라 가려져야 할 것이다(대법원 1999. 2. 23. 선고 98마 2604 결정). 경매목적인 토지의 지목이 전으로 되어 있지만 사실상 대지화되어 농경지로 사용되지 않고 있어 객관적인 형상으로 보아 농지개혁법의 적용대상인 농지가 아니라면, 토지의 최고가경매인이 농지개혁법 소정의 농지매매증명을 제출하지 않았다는 이유만으로 경락을 불허할 수 없다는 판례가 있다(대결 1987. 1. 15. 86마 1095).

3. 각종의 최고

(1) 공과주관 공무소에 대한 최고

1) 제도의 의의와 취지

경매개시를 결정한 때에 법원은 조세, 기타 공과를 주관하는 공무소에 대하여 그 부동산에 관한 채권의 유무와 한도를 일정한 기간 내에 통지할 것을 최고해야 한다(제614조). 이 최고는 법원이 직권으로 한다.

이 제도는 우선채권인 조세채권 등의 유무, 금액에 관하여 통지를 받아 잉여의 가망(제608조·제616조)이 있는지 여부를 확인함과 동시에 조세 등의 채권에 관하여 경매 절차에서 교부 청구를 할 수 있는 기회를 주어 그 징수를 용이하게 하려는 데 목적이 있다.

2) 최고를 해야 할 공무소

① 세무서
국세에 대하여는 경매할 부동산 소유자의 주소지를 관할하는 세무서가 최고할 공무소이다. 세무서장에 대한 최고서에는 경매할 부동산 소유자의 성명·주소 및 주민등록번호를 기재한다. 기록상 주민등록번호를 알 수 없는 경우에는 "모름"이라고 기재한다(송민 82-3, 재판사무에관한문서양식 2-164 참조).

② 시·구·읍·면
지방세에 대하여는 목적부동산 소재지의 시·구·읍·면이 최고할 공무소이다.

③ 관세청장
경매 사건이 공장저당법상 저당권자의 신청에 의한 것이거나, 채무자(임의경매의 경우에는 소유자)가 회사인 경우에는 관세청장에게도 최고를 해야 한다(송민 82-1).

3) 최고의 시기와 통지기간

최고의 시기와 통지기간에 대해서는 법문에 규정이 없으나, 대법원 예규에서는 경매개시결정일로부터 3일 이내에 2주 이내의 기간을 정하여 최고를 하도록 규정하고 있다(송민 91-5). 그러나 관세청장에 대한 최고의 경우에는 특별한 사유가 없는 한 통지기간을 20일 이상으로 정하도록 규정하고 있다(송민 82-1).

4) 최고의 방법

최고의 방법에 대해서도 법령에 특별히 규정한 바가 없다. 통상은 송달의 방법에 의하지만 반드시 그렇게 해야 하는 것은 아니고, 경매법원의 재량에 따라 상당한 방법으로 하면 되므로 서면 외에 구술 또는 전화에 의한 최고도 가능하다.

현재 실무상으로는 대법원 예규 소정의 양식(송일 92-6 양식 2-164)에 의한 최고서를 법원의 특별우편송달로 송달하고 있다(부록 〔서식 22〕 공과주관 공무소에 대한 최고서 참조).

5) 최고를 하지 않은 경우

공과주관 공무소에 대한 최고에 관한 규정은 훈시 규정이므로 법원이 공과주관 공무소에 대하여 채권의 유무와 그 한도를 일정한 기간 내에 통지할 것을 최고하지 않았어도 경락허가 결정에는 아무런 영향을 미치지 않는다(대결 79. 10. 30. 79마 299).

6) 소정기간 내에 교부 청구를 하지 않은 경우

최고를 받은 공과주관 공무소는 법원이 정한 기간 내에 교부 청구를 해야 하지만, 배당 요구는 경락기일까지 할 수 있으므로(제605조 제1항) 경락기일까지 교부 청구를 하면 배당을 받을 수 있다.

따라서 그 기간 내에 교부 청구를 하지 않았다 하여 실권효가 인정되는 것은 아니다.

(2) 이해관계인에 대한 채권 신고의 최고

1) 제도의 의의와 취지

경매개시 결정을 한 때에 법원은 민사소송법 제607조 제1호·제3호 및 제4호에 규정된 자에 대하여 동 법 제653조 제1항에 규정된 채권계산서를 경락기일 전까지 제출할 것을 최고해야 한다(규칙 제147조). 채권 신고의 최고는 법원이 직권으로 한다.

이것은 우선변제권이 있는 채권의 유무와 그 금액에 관하여 위에 열거한 이해관계인들로부터 신고를 받아 잉여의 가망이 있는지 여부를 확인함과 동시에, 매각조건을 결정하고 그들에게 경매 절차 내에서 배당 요구를 할 수 있는 기회를 주자는 데 그 주된 목적이 있다. 또 채권과 무관한 이해관계인에게도 최고를 하고 있으므로 강제경매가 개시된 사실을 통지해 준다는 의미도 지니고 있다.

2) 최고의 상대방

압류채권자와 집행력 있는 정본에 의하여 배당을 요구한 채권자(제607조 제1호), 등기부에 기입된 부동산 위의 권리자(동 조 제3호), 부동산 위의 권리자로서 그 권리를 증명한 자(동 조 제4호)이다(규칙 제147조). 그러나 이 가운데 압류채권자는 경매 절차의 당사자로서의 그의 채권액은 경매 신청서에 청구한 금액으로 확정되므로 굳이 최고를 할 필요는 없다. 이것은 집행력 있는 정본에 의한 배당 요구채권자의 경우에도 마찬가지이다. 또한 부동산 위의 권리자로서 그 권리를 증명한 자는 경매개시 결정 당시의 등기부의 기재에 의해서는 그 존재를 알 수 없으므로 그 증명 전에 본 조의 최고를 한다는 것은 사실상 불가능하다.

그러므로 실제상 채권 신고를 최고할 필요가 있는 자는 등기부에 기입된 부동산 위의 권리자에 한하며, 실무에서도 등기부에 기입된 부동산 위의 권리자에 대해서만 채권 신고를 최고하고 있다.

3) 최고의 시기 및 신고기간

대법원 예규에서는 채권 신고의 최고시기를 경매개시결정일로부터 3일 이내로 하고 신고기간은 법문과 마찬가지로 경락기일까지로 규정하고 있다(송민 91-5).

그러나 실무에서는 경매기일을 정하기 전에 채권계산서를 제출받아 잉여의 유무를 판단하기 위하여, 최고서가 상대방에게 도달하는 데 소요되는 일수를 참작, 그 예상도달일로부터 약 2주 뒤의 일자를 제출시한으로 특정하여 최고하고 있다. 최고서의 양식에서도 제출시한을 "20 . . ."로 특정하여 기재하도록 하고 있다.

4) 최고의 방법

최고의 방법도 규칙에서 규정하고 있지 않으므로 대법원 예규 소정의 양식(송일 92-6 양식 2-164-2)에 의한 최고서를 법원의 재량에 따라 상당한 방법으로 교부 또는 송달하면 된다. 통상 실무에서는 최고서를 특별우편송달로 송달하고 있다(부록〔서식 23〕채권 신고 최고서 참조).

5) 채권 신고를 하지 않은 경우
채권자가 최고를 받고 신고기간 내에 채권계산서를 제출하지 않았다고 해도 배당 요구를 할 수 없는 것은 아니다. 즉 채권 신고와 배당 요구는 별개의 절차이다.

(3) 가등기권리자에 대한 최고

1) 제도의 의의와 취지
소유권 이전에 관한 가등기가 되어 있는 부동산에 대하여 경매개시 결정이 있을 때 법원은 가등기권리자에 대하여 그 가등기가 담보가등기인 경우는 그 내용 및 채권(이자, 기타의 부수채권 포함)의 존부·원인 및 수액을, 담보가등기가 아닌 경우에는 그 내용을 법원에 신고할 것을 상당한 기간을 정하여 최고해야 한다(가담보 제16조 제1항).
담보가등기가 경료된 부동산에 대하여 경매가 개시된 경우에 담보가등기권리자는 다른 채권자보다 자기 채권의 우선변제를 받을 권리가 있다(동 법 제13조).
그러나 등기부상 소유권 이전에 관한 가등기가 있는 경우에 경매법원으로서는 그 등기부의 기재만으로는 그것이 담보가등기인지, 순수한 소유권 이전청구권의 보전을 위한 가등기인지, 또 담보가등기인 경우에는 그 피담보채권의 유무와 액수를 알 수 없다. 게다가

담보가등기권리는 그 부동산의 매각에 의하여 소멸하므로(동 법 제 15조), 최고를 통하여 담보가등기권리자로 하여금 채권을 신고하도록 함으로써 배당에 참여할 수 있도록 하기 위해 최고 제도를 특별히 둔 것이다.

2) 최고의 시기 및 신고기간

최고시기 및 신고기간에 대하여는 특별히 규정된 것은 없다. 현재 실무에서는 경매개시 결정과 동시에 최고를 하며, 통상 통지를 받은 날로부터 1주일 내에 신고하도록 하고 있다.

그러나 담보가등기권리는 경락으로 인하여 소멸하고, 담보가등기권리자는 채권 신고를 한 경우에 한하여 배당을 받을 수 있는 점을 고려할 때, 1주일의 신고기간은 너무 짧으며 채권 신고기간과 같이 최소한 2주일은 되어야 할 것이다.

3) 최고의 방법

최고의 방법에는 제한이 없지만 이해관계인에 대한 채권 신고의 최고와 마찬가지로 대법원 예규 소정의 양식에 의한 최고서를 법원의 재량에 따라 상당한 방법으로 교부 또는 송달하면 된다. 실무에서는 통상 최고서를 특별우편송달로 송달하고 있다.

4) 최고를 받고 그 기간 내에 신고하지 않은 경우

채권 신고의 최고를 받은 담보가등기권리자는 법원이 정한 상당한 기간 내에 채권 신고를 한 경우에 한하여, 그 매각대금으로부터 배당을 받을 수 있다(가담보 제16조 제2항).

그러나 가등기에 의하여 담보되는 채권과 마찬가지로 우선변제청구권이 있으면서 채권자의 채권 신고가 없으면 그 채권의 존부나 액수를 알 수 없는 조세, 기타 공과금채권이나 임금채권 등은 경락기일 또는 배당기일까지만 배당 요구 또는 교부 청구를 하면 배당을 받을 수 있도록 한(민소 제605조 제1항) 것에 비추어 보면, 형평성에 맞지 않는다는 문제점이 있다.

그렇다고 하여 위 신고기간을 민사소송법상의 배당 요구의 종기인 경락기일이나 조세채권의 교부 청구시한인 배당기일까지로 정해서 최고한다면, 다른 채권자들과의 형평성 문제는 해결될지 몰라도, 경매기일을 정하기 전에 잉여의 유무를 판단하는 자료를 수집하여 경매 절차의 속행 여부를 결정짓고자 하는 최고 제도의 취지를 해하게 된다. 따라서 실무에서는 경매개시 결정과 동시에 채권 신고의 최고를 하면서 통지를 받은 날로부터 1주일 이내에 신고하도록 하여 경매기일 전에 권리 신고가 될 수 있도록 신고기간을 짧게 잡아 최고를 한다. 그 대신 그 기간 내에 채권 신고를 하지 않아도 실권효는 인정하지 않고 경락기일까지 배당 요구가 있으면 배당을 해주고 있다.

또한 실무에서는 가등기권리자로부터 기간 내에 채권 신고가 없는 경우에는 그 가등기를 순수한 소유권 이전청구권 보전을 위한 가등기로 보고 이를 낙찰자에게 인수시키는 조건으로 경매 절차를 속행하고 있는데, 이러한 경우에는 매수를 원하는 사람이 없어 사실상 경매가 이루어지지 않고 있다.

(ㄴ) 임차인에 대한 통지

경매법원은 집행관의 현황 조사 보고서 등의 기재에 의하여 주택임차인으로 판명된 자, 주택임차인인지 여부가 명백하지 않은 자 또는 주택임차인으로 권리 신고는 했지만 배당 요구는 하지 않은 자에 대해 통지서를 송부하여, 주택임대차보호법 제3조의 2 제1항 소정의 대항 요건과 임대차 계약서상의 확정일자를 구비한 임차인 또는 동 법 제8조 제1항 소정의 소액임차인이라도 낙찰기일까지 배당 요구를 해야만 우선변제를 받을 수 있다는 것을 고지해야 한다(98.4.25.부터 시행하는 송민 예규 98-6). 이 통지를 받은 임차인은 낙찰기일까지 배당 요구를 해야 배당받을 수 있다(부록〔서식 24〕임차인에 대한 통지서 참조).

4. 부동산의 평가 및 최저 경매(입찰)가격의 결정

(1) 최저 경매가격이란

집행법원은 감정인에게 경매부동산을 평가하게 하고 그 평가액을 참작하여 최저 경매가격을 정해야 한다(제615조).

최저 경매가격은 경매에 있어 경락을 허가하는 최저의 가격을 말하며 최저 경매가격에 미달하는 매수 신고에 대해서는 경매를 허가하지 않는다.

최저 경매가격은 법정의 매각조건으로 이해관계인의 합의에 의해서도 이를 변경할 수 없다(제622조 제1항).

(2) 최저 경매가격 제도의 취지

재산으로서의 중요성이 인정되는 부동산이 실시세보다 훨씬 저가로 매각되면 채무자 또는 소유자의 이익을 해하게 되고, 채권자에게도 불이익이다. 이에 부동산의 공정·타당한 가격을 유지시켜 부당하게 염가로 매각되는 것을 방지하고 동시에 목적부동산의 적정한 가격을 표시하여 매수(입찰) 신고를 하려는 사람에게 기준을 제시함으로써 입찰이 공정하게 이루어지도록 하기 위함이 최저 경매가격 제도의 목적이다.

(3) 목적부동산의 평가

1) 감정인의 선임

경매법원은 최저 경매가격을 결정하기 위하여 적당한 사람을 감정인으로 선임하여 부동산을 평가한다. 실정법상 감정인의 자격 및 선임에 관하여는 아무런 제한이 없으므로 법원이 부동산의 평가에 전문적인 지식 또는 경험이 있고 목적부동산을 평가함에 있어서 적당하다고 인정하면 누구라도 감정인으로 선임할 수 있다.

감정평가사, 한국감정원 또는 금융기관의 감정계원, 법원 직원(대결 60.11.20. 4293민재항 240), 집행관(대결 94.5.26. 94마83)도 감정인이 될 수 있다.

그러나 지가공시및토지등의평가에관한법률의 입법취지나 부동산경매 절차에 있어 목적물가액의 적정한 평가의 중요성에 비추어 볼 때, 최저 경매가격의 결정을 위한 감정인을 선정함에 있어서는 감정평가사를 감정인으로 선정함이 원칙이라 할 것이다.

실무상으로는 전산망이 설치된 법원과 지원에서는 법원행정처에서 작성한 UNIX용「감정인선정전산프로그램」에 의하여, 전산망이 설치되지 않은 법원과 지원에서는 법원행정처에서 작성한 PC용「감정인선정전산프로그램」에 의하여 감정인을 선정하고 있다(부동산시가 등 감정인의 선정 등에 관한 예규(송일 92-2) 참조).

> 민사소송법 제615조는 '법원은 감정인에게 부동산을 평가하게 하고 그 평가액을 참작하여 최저 경매가격을 정해야 한다.'고만 규정하고 있어 경매부동산을 평가힐 감징인의 자격에 대하여 특별한 세한을 두고 있지 않으므로 금융기관의연체대출금에관한특별조치법 제4조와 같은 특별규정이 적용되지 않는 한, 경매법원으로서는 경매부동산을 평가할 능력을 갖추었다고 인정되는 사람이면 누구에게나 평가를 명할 수 있다고 해석된다. 또 지가공시및토지등의평가에관한법률 제21조 제1항의 규정을 위와 같은 경매법원의 권한을 제한하는 취지로 해석할 수는 없으므로 경매법원이 집달관에게 부동산의 평가를 명하고 그 평가액을 참작하여 최저 경매가격을 정한 것을 위 법률에 저촉되어 위법한 것이라고는 할 수 없다(대법원 1994. 5. 26. 선고 94마 83(全) 결정).

2) 평가명령

① 법원의 평가명령

부동산의 평가는 집행법원의 평가명령에 기하여 감정인이 행하므로 법원은 감정인에게 직권으로 평가명령을 해야 한다(부록 [서식 25] 평가명령서 참조). 법원은 목적부동산을 특정하여 평가를 명하며, 평가서의 제출기간을 정해야 하고 평가함에 있어 유의할 사항이 있으면 이를 지시해야 한다. 평가명령은 평가명령정본을 감정인에게 송부하는 방식에 의하고, 평가서 제출기간은 2주 이내로 정한다(송민 91-5).

특히 평가를 함에 있어서 임차권의 존부, 대항력의 유무, 법정지상권의 발생 여부 등 법률적 판단을 요하는 사항이 있으면 법원은 그 판단을 내려 이를 전제로 평가할 것을 지시해야 한다. 이러한 지시는 반드시 평가명령 자체에 기재해야 하는 것은 아니고, 구술 또는 별지로 감정인에게 지시해도 무방하며 감정인이 평가 도중 의문이 생겨 문의를 해오면 지시를 하는 경우도 있을 수 있다.

평가명령 후 경매 절차의 진행에 장애가 되는 사유를 발견하거나 장애 사유가 발생하면 즉시 감정인에게 연락하여 평가에 착수하지 않도록 함으로써 불필요한 평가를 하는 일이 없도록 해야 한다.

② 평가명령의 시기

대법원 예규에 의하면 부동산 평가명령은 등기관으로부터 등기필증을 송부받은 날로부터 3일 이내에 하도록 되어 있으나, 실무상으로는 경매 절차의 신속처리와 사무처리의 간이화를 위하여 경매신청 기입등기의 촉탁과 동시에 공과주관 사무소에 대한 통지, 현황 조사명령 및 평가명령을 발하고 있다. 단, 목적부동산에 대한 법률관계가 복잡하여 평가명령을 함에 있어서 감정인에 대하여 특별한 지시를 할 필요가 있다고 인정되는 경우에는 등기관의 통지 및 현황 조사 보고서가 도착한 후에 평가명령을 발한다.

3) 평가 대상

평가 대상은 경매목적부동산 및 낙찰자가 그 부동산과 함께 취득할 모든 물건 및 권리에 미친다. 낙찰자가 취득할 물적 범위는 압류의 효력이 미치는 물적 범위와 일치한다. 따라서 경매목적부동산의 구성부분, 천연과실, 종물 등도 평가의 대상이 된다.

① 부동산 자체

목적부동산의 등기부 표시와 실제 부동산의 동일 여부에 대한 결정은 등기부에 표시된 소새·지번·종류·구조와 면적 등이 실제 부동산과 사회통념상 동일성이 인정될 정도로 합치되는지의 여부에 따라 결정된다(대판 96. 6. 14. 94다 53006).

② 부합물

부동산의 부합물은 부동산의 일부로서 당연히 평가의 대상이다. 그러나 타인의 권원(지상권·전세권·임차권 등)에 의하여 부속(부합된 물건이 어느 정도의 독립성을 갖춘 경우)된 것은 평가의 대상이 되지 않는다(민 제256조 단서).

또 임의경매에 있어서는 법률에 특별한 규정(예를 들어 공저 제4조·제5조, 광저 제5조, 수산 제20조 등)이 있는 경우에는 부합물이 아닌 경우에도 평가의 대상이 될 수 있음을 주의해야 한다.

설정행위에 다른 약정이 있는 경우에는 부합물이라도 평가의 대상이 되지 않는다(민 제358조 단서).

가. 토지에의 부합물

대표적인 토지의 부합물로는 수목을 들 수 있다. 수목은 '입목에 관한법률에 따라 등기된 입목'과 '명인 방법을 갖춘 수목'이 아닌 한 부합물로서 평가의 대상이 된다(대결 76.11.24. 76마 275).

이 때 타인의 토지상에 권원 없이 식재한 수목의 소유권은 토지소유자에게 귀속하여 평가 대상이 되지만, 독자적인 권원에 의하여 식재한 경우에는 그 소유권이 식재한 자에게 있으므로 평가 대상이 되지 않는다(대판 98.4.24. 97도 3425 참조).

교량, 도랑, 돌담, 도로의 포장 등도 부합물로서 평가의 대상이 되고, 논둑도 논의 구성부분이므로 평가 대상이 된다(대판 64.6.23. 64다 120).

지하 굴착공사에 의한 콘크리트 구조물은 토지의 일부로 간주될 뿐 아니라 부동산에 건축공사를 시행할 경우에 이를 활용하여 객관적으로 부동산의 가액을 현저히 증가시키는 것이므로 목적토지를 평가함에 있어서 이를 고려해야 한다는 것이 판례이다(대결 94.4.22. 93마 719).

지하구조물이나 주유소 땅 속에 부설된 유류저장 탱크는 주유소 토지의 부합물이 되는 경우가 많다.

공유수면의 빈지에 옹벽을 쌓고 토사를 다져 넣어 축조한 공작물이 사실상 매립지와 같은 형태를 가지게 된 경우 위의 공작물은 공유수면의 빈지에 정착되어 그 구성부분으로서 일부가 되었다 할 것이므로 독립한 소유권의 객체가 될 수 없다는 것이 판례의 입장이다(대판 94.4.12. 93다 53801).

> 토지 지하에 설치된 유류저장 탱크와 건물에 설치된 주유기가 토지에 부합되거나 건물의 상용에 공하기 위하여 부속시킨 종물로서 토지 및 건물에 대한 경매의 목적물이 된다고 한 사례가 있다(대법원 2000. 10. 28. 선고 2000마 5527 결정).

나. 건물에의 부합물

증축 또는 개축되는 부분이 독립된 구분소유권의 객체로 거래될 수 없는 것일 때는 기존건물에 부합하여 평가의 대상이 된다(대판 81. 7. 7. 80다 2643·2644). 이 때 건물의 증축부분이 기존건물에 부합하는지 여부는 증축부분이 기존건물에 부착된 물리적 구조뿐만 아니라, 그 용도와 기능면에서 기존건물과 독립한 경제적 효용을 가지고 거래상 별개의 소유권의 객체가 될 수 있는지의 여부 및 증축하여 이를 소유하는 자의 의사 등을 종합하여 판단해야 한다(대판 96. 6. 14. 94다 53006).

건물의 임차인이 그 권원에 의하여 벽과 천장에 부착시킨 석재·합판 등도 부착과 동시에 건물에 부합된다(대판 85. 4. 23. 84도 1549). 건물의 증축부분이 축조 당시는 본건물의 구성부분이 됨으로써 독립된 권리의 객체성을 상실하여 본건물에 부합되었다고 할지라도, 그 후 구조의 변경 등으로 독립한 권리의 객체성을 취득하게 되었을 때는 본건물과 독립하여 거래의 대상이 될 수도 있다(대판 82. 1. 26. 81다 519).

한편, 기존건물에 부합된 증축부분이 기존건물에 대한 경매 절차에서 경매목적물로 평가되지 않은 경우에도 경락인은 부합된 증축부분의 소유권을 취득한다(대판 92. 12. 8. 92다 26772 · 26789).

③ 종물

압류의 효력은 종물에 미치므로 종물도 평가 대상이 된다. 압류 후나 저당권 설정등기 후의 종물도 평가의 대상이 된다(대결 97. 12. 10. 71마 757). 단, 제3자의 소유인 종물에는 종물이론이 적용되지 않으므로 평가 대상이 되지 않는다.

종물은 주물의 상용에 이바지하는 관계에 있어야 하고, 주물의 상용에 이바지한다는 것은 주물 그 자체의 경제적 효용을 다하게 하는 것을 말한다. 주물의 소유자나 이용자의 상용에 이익을 준다 해도 주물 그 자체의 효용과 직접적인 관계가 없는 물건은 종물이 아니다(대판 97. 10. 10. 97다 3750).

종물이 평가의 대상이 되더라도 반드시 목적부동산과 별도로 평가액을 산출할 필요는 없다. 그러나 고가의 종물은 독립하여 평가하는 것이 타당하다.

독립된 건물을 경매 신청 건물의 부합물이나 종물로 오인하여 진행된 경우, 경락인은 위 독립된 건물에 대한 소유권을 취득할 수 없다(대판 88. 2. 23. 87다카 600).

> 건물이 증축된 경우에 증축부분의 기존건물에의 부합 여부는 증축부분이 기존건물에 부착된 물리적 구조뿐만 아니라 그 용도와 기능면에서 기존건물과 독립한 경제적 효용을 가지고 거래상 별개의 소유권의 객체

> 가 될 수 있는지의 여부 및 증축하여 이를 소유하는 자의 의사 등을 종합하여 판단해야 한다.
> … 어느 건물이 주된 건물의 종물이기 위해서는 주된 건물의 경제적 효용을 보조하기 위하여 계속적으로 이바지되어야 하는 관계가 있어야 한다.
> … 경매법원이 기존건물의 종물이라거나 부합된 부속건물이라고 볼 수 없는 건물에 대하여 경매 신청된 기존건물의 부합물이나 종물로 보고 경매를 같이 진행하여 경락허가를 했어도 그 독립된 건물에 대한 경락은 당연무효이고 따라서 그 경락인은 위 독립된 건물에 대한 소유권을 취득할 수 없다(대법원 1988. 2. 23. 선고 87다카 600 판결).

④ 종된 권리

압류의 효력은 종된 권리에도 미치므로 종된 권리도 평가 대상이다. 부동산의 종된 권리에는 토지에 관하여는 지역권(경매목적토지가 요역지인 경우 ; 민 제292조), 건물에 관하여는 지상권이 있다. 건물에 대한 저당권의 효력은 그 건물의 소유를 목적으로 한 지상권(대판 96. 4. 26. 95다 52864), 건물의 소유를 목적으로 한 토지의 임차권에도 미친다(대판 93. 4. 13. 92다 24950).

평가 당시 종된 권리로서 존재하고 있는 것은 아니지만 경락으로 인하여 건물의 경락인이 법정지상권을 취득하게 되어 있는 경우에는 그 장래의 법정지상권도 종된 권리로서 평가 대상이 된다.

건물을 경매할 경우 부지의 임차권은 경락인에게 양도되는 것으로 보아야 한다. 이 경우 임대인이 사전에 그 임차권의 양도에 대해 동의를 한 경우에는 그 임차권도 양도성이 있는 임차권이 되어 종된 권리로서 평가 대상이 되지만, 임대인의 동의가 없으면 양도로써 임대인에게 대항할 수 없으므로(민 제629조) 이를 평가에서 참작할 필요가 없다(대판 93. 4. 13. 92다 24950).

건물의 소유를 목적으로 하여 토지를 임차한 사람이 그 토지 위에 소유하는 건물에 저당권을 설정했을 때는 민법 제358조 본문에 따라 저당권의 효력이 건물뿐만 아니라 건물의 소유를 목적으로 한 토지의 임차권에도 미친다고 보아야 할 것이므로, 건물에 대한 저당권이 실행되어 경락인이 건물의 소유권을 취득한 때는 특별한 다른 사정이 없는 한, 건물의 소유를 목적으로 한 토지의 임차권도 건물의 소유권과 함께 경락인에게 이전된다.
… 위 '가' 항의 경우에도 민법 제629조가 적용되기 때문에 토지의 임대인에 대한 관계에서는 그의 동의가 없는 한 경락인은 그 임차권의 취득을 대항할 수 없다 할 것이다. 이에 민법 제622조 제1항은 건물의 소유를 목적으로 한 토지임대차는 이를 등기하지 않은 경우에도 임차인이 그 지상 건물을 등기한 때는 토지에 관하여 권리를 취득한 제3자에 대하여 임대차의 효력을 주장할 수 있음을 규정한 취지임에 불과할 뿐, 건물의 소유권과 함께 건물의 소유를 목적으로 한 토지의 임차권을 취득한 사람이 토지의 임대인에 대한 관계에서 그의 동의 없이도 임차권의 취득을 대항할 수 있는 것까지 규정한 것이라고는 볼 수 없다.
… 임차인의 변경이 당사자의 개인적인 신뢰를 기초로 하는 계속적 법률관계인 임대차를 더이상 지속시키기 어려울 정도로 당사자 간의 신뢰관계를 파괴하는 임대인에 대한 배신행위가 아니라고 인정되는 특별한

> 사정이 있을 때는, 임대인은 자신의 동의 없이 임차권이 이전되었다는 것만을 이유로 민법 제629조 제2항에 따라서 임대차 계약을 해지할 수 없고, 그와 같은 특별한 사정이 있는 때에 한하여 경락인은 임대인의 동의가 없더라도 임차권의 이전을 임대인에게 대항할 수 있다고 봄이 상당하므로, 위와 같은 특별한 사정이 있는 점은 경락인이 주장·입증하여야 한다(대법원 1990. 4. 13. 선고 92다 24950 판결).

ⓔ 미분리의 천연과실

부동산 경매에 관계되는 천연과실에는 과수의 열매·곡물·광물·석재·토사 등이 있다. 미분리의 천연과실은 원래 토지의 구성부분이므로 명인 방법을 구비하여 제3자에게 양도된 경우가 아니면 원칙적으로 평가 대상이 된다. 그러나 그것이 경락시까지 성숙기에 달하여 채무자에 의해 수취될 것이 예상되거나 채굴이 예상되는 경우에는 평가 대상에서 제외된다. 왜냐하면 압류는 채무자에 의한 부동산의 이용 및 관리를 방해하지 않기 때문이다(제603조 제2항).

그러나 임의경매의 경우 저당권의 효력은 저당부동산에 대한 압류가 있은 후에 저당권설정자가 그 부동산으로부터 취득한 과실 또는 수취할 수 있는 과실에 미치므로(민 제359조) 천연과실까지 고려하여 평가해야 한다.

ⓕ 법정과실

물건의 사용대가로 받는 금전 및 기타의 물건이 법정과실이다(민 제101조 제2항). 부동산 경매와 관련된 법정과실에는 토지사용의 대가인 지료, 가옥사용의 대가인 집세 등이 있다. 그런데 압류 및 저당권의 효력은 법정과실에 미치지 않으므로 법정과실은 평가 대상이 되지 않는다.

⑦ 대지사용권

대지권의 등기 없는 집합건물에 대하여만 경매 신청이 있는 경우 대지사용권을 입찰목적물에 포함되는 것으로 보고 그에 대한 감정평가액을 최저 경매가격에 포함시킬지의 여부가 문제된다.

대지사용권은 원칙적으로 전유부분 건물의 종된 권리이다. 따라서 집합건물의소유및관리에관한법률 제20조 제1항에서 규정하고 있는 '구분소유자의 대지사용권은 그가 가지는 전유부분의 처분에 따른다.'라는 법문의 취지에 따라, 전유부분의 소유자가 대지사용권을 취득하고 있다면 비록 그것이 등기되어 있지 않아도, 그 대지사용권은 대지사용권의 분리처분이 가능하도록 규약으로 정해져 있는 경우가 아닌 한 종된 권리로서 당연히 경매목적물에 포함된다 할 것이다. 따라서 경매개시 결정의 효력이 대지사용권에도 미치는 것으로 보아 평가 대상이 된다고 보아야 한다.

집합건물에 대지권 등기가 경료되지 않게 된 사정은 여러 가지가 있을 수 있으나, 저당권 설정 당시에 저당권설정자가 대지사용권을 취득하고 있었으나 대지권 등기만을 경료하지 않고 있어 집합건물의 전유부분에만 저당권 설정등기가 경료된 경우에 관하여는 저당권의 효력이 대지사용권에 미치게 됨을 판례(대판 95. 8. 22. 94다12722)에서 명백히 하고 있다. 따라서 대지권 등기 없는 집합건물에 대한 경매 신청이 있는 경우에 경매법원은 신청채권자에 대한 보정명령이나 감정인에 대한 사실조회 등을 통하여 저당권 설정 당시에 저당권설정자가 대지사용권을 취득하고 있었는지 여부를 조사하여, 저당권 설정시에 저당권설정자가 대지사용권을 취득하고 있었다면 저당권의 효력이 대지사용권에도 미치므로 대지사용권을 경매목적물에 포함시켜 그에 대한 감정평가액을 포함해 최저 경매가격을 정해야 한다(대결 97. 6. 10. 97마 814).

여기서 저당권설정자가 저당권 설정시 대지사용권을 취득하고 있는 경우라 함은, 저당권설정자가 자신 명의로 대지사용권을 취득하여 그에 대한 등기까지 마친 경우뿐만 아니라 저당권설정자가 집합건물의 수분양자인 경우에 그 분양자에게 대지사용권이 있고 수분양자가 대지사용권까지 분양받은 경우를 포함하는 것이다. 왜냐하면 집합건물의 분양자에게 대지사용권이 성립되어 있는 경우에 수분양자가 대지사용권까지 분양받게 되면 집합건물의소유및관리에관한법률 제20조 제1항에 의하여 수분양자는 등기 없이도 대지사용권이 있다고 해야 하기 때문이다. 하지만 전유부분과 함께 대지지분을 매수한 자가 가지는 대지지분에 관한 소유권 이전등기 청구권은 집합건물의소유및관리에관한법률 소정의 대지사용권에 해당하지 않음(대판 96. 12. 20. 96다 14661)에 주의한다.

결국 감정인은 평가명령서상 평가 대상 부동산이 집합건물이면서 대지권의 표시가 없는 경우에도 저당권 설정 당시에 저당권설정자가 대지사용권을 취득하고 있었는지 여부를 조사하여 위와 같은 경우는 물론 집합건물의 분양자에게 대지사용권이 있고 수분양자가 대지사용권까지 분양받은 경우 등에는 대지사용권을 평가 대상에 포함시켜 평가하고, 이를 감정평가액에 포함시키고 그 취지를 평가서에 기재하여 제출해야 한다.

경매법원은 대지권이 있음이 밝혀진 경우 최저 경매가격은 건물과 대지권을 포함한 가격으로 결정하고 신문공고의 부동산 표시란에는 건물만을 기재하지만 비고란 등에 "미등기 대지권 있음"이라고 기재하는 등으로 최저 경매가격에 대지권 가격이 포함되었음을 나타낸다. 하지만 대지권 유무를 집행법원이 가려 판단하는 데에는 한계가 있어서 통상 물건명세서나 신문공고에 "대지권 미등기이며, 대지권 유무는 알 수 없음"이라고 기재하고, 최저 경매가격은 안전하게 건물과 대지권을 포함한 가격으로 결정하여 진행한다.

4) 평가 방법

감정인은 지가공시및토지등의평가에관한법률 및 동 법 제22조의 위임에 의하여 건설교통부령으로 정해진 감정평가에관한규칙을 준수해야 하는데, 만약 감정인이 위 법률과 규칙의 기준을 무시하고 자의적인 방법으로 감정평가하는 경우에는 고의 또는 이에 가까운 중과실에 의한 부당감정이라고 할 수 있다.

단, 어떤 기술적인 방법으로 경매목적부동산을 평가하는가는 감정인의 판단에 맡겨야 하고 감정인은 경매목적부동산의 위치, 형상, 주위의 상황, 건물구조·자재 등 모든 사정을 참작하여 객관적으로 공정·타당성 있는 방법으로 감정·평가해야 한다. 예를 들어 목적부동산을 보지도 않고 등기부등본이나 토지대장 또는 가옥대장등본만을 보고 탁상감정을 하는 것은 위법이다(대결 68. 8. 26. 68마 798).

① 부동산 평가의 기준시

감정인은 평가시를 기준으로 그 시점의 부동산 가격을 평가하면 된다. 그러나 낙찰에 의해 법정지상권이 발생하거나 낙찰시까지 경매부동산에 존재하는 단기임대차의 기간이 만료하거나 하는 사정이 있어 평가 대상 또는 평가에 참작해야 할 권리상태가 낙찰시와 평가시에 각각 다를 것이 명백하게 예상되는 경우에는 낙찰시의 상태가 평가시에 이미 존재한다고 가정하여 평가해야 한다.

② 평가에 관한 감정인의 권한

감정인은 평가를 위하여 부동산에 출입할 수 있고, 채무자 또는 그 부동산을 점유하는 제3자에게 질문하거나 또는 문서의 제시를 요구할 수 있다(규칙 제149조 제1항). 이것은 감정인이 적정하게 평가하기 위하여 필요한 자료를 목적물 자체나 관계인으로부터 직접 취득하여 정확한 평가를 할 수 있도록 권한을 준 것으로써, 이 한도 내에서는 현황 조사에 있어서의 집행관과 동등한 권한을 갖는다고 할 것이나 집행관과는 달리 감정인은 부동산에 출입하기 위하여 강제력을 행사할 수는 없고, 강제력의 행사가 필요한 경우 집행법원의 허가를 얻어 집행관의 원조를 구할 수 있다(규칙 제149조 제2항, 제102조 제2항 ; 부록〔서식 26〕원조요청이 있을 경우 법원의 허가문 양식 참조).

③ 공유부동산의 지분의 경우

경매의 목적이 지분인 경우에는 공유물 전체에 관하여 평가한 다음 그 지분비율에 따른 가격을 산출한다.

④ 복수 부동산의 평가

경매부동산이 수개 있는 경우에는 원칙적으로 부동산마다 개별적인 평가를 해야 한다. 수개의 부동산을 일괄경매하는 것이 명백한 경우에 경매법원은 개별평가에 겸하여 일괄평가도 아울러 명해야 한다. 이 경우 어느 것을 기준으로 최저 경매가격을 결정하는가는 법원의 재량에 속한다. 단, 수개의 부동산을 일괄경매함에 있어서 각 부동산의 대금액을 특정할 필요가 있을 때는 각 부동산을 개별적으로 평가하여 부동산마다 최저 경매가격을 정해 놓아야 한다(제655조 제2항).

여러 개의 부동산을 일괄평가하도록 명을 받은 감정인은 일괄경매로 인하여 부동산의 이용가치가 증가된 정도가 각 부동산마다 다를 경우에는 단순히 분할매각할 때의 가액을 기준으로 해서는 안 되고, 이용가치가 증가된 비율이 다른 점을 참작하여 이를 기준으로 평가해야 한다.

⑤ 경매부동산의 부담

― 담보물권이 있는 부동산의 평가

경매부동산 위에 낙찰자가 인수해야 할 유치권 등 담보권이 존재하고 있는 경우에는 그 부담이 있는 부동산 가격을 평가해야 한다. 왜냐하면 낙찰자는 유치권의 피담보채권을 변제할 책임이 있기 때문이다(제608조 제3항).

부동산 위에 존재하는 저당권은 낙찰에 의하여 소멸되므로(제608조 제2항) 평가에 있어서 이를 고려할 필요가 없다.

⑥ 경매부동산의 부담
— 용익물권이 있는 부동산의 평가

경매부동산 위에 낙찰자에 대하여 대항할 수 있는 용익물권이 존재하는 경우에는 그 부담이 있는 부동산 가격을 평가해야 한다. 따라서 전세권(단, 낙찰로 인하여 소멸하는 민사소송법 제608조 제2항에 규정된 전세권은 제외), 법정·약정 지상권, 지역권(경매목석토지가 승역지인 경우), 대항력 있는 임차권이 존재하고 있는 경우에는 그 부담이 있는 가격을 평가해야 한다. 낙찰에 의하여 비로소 법정지상권이 생기는 경우에도 평가시에 이를 고려해야 한다.

대항력 있는 임차권으로서는 등기된 임차권(민 제621조 제2항), 지상 건물의 등기가 된 토지임차권(민 제622조), 주민등록 전입을 마친 주택임차권(주택임대차 제3조) 등이 있다.

법정지상권이 성립하기 위하여는 토지와 건물이 저당권이 설정될 당시에 동일한 소유자에 속하고 있는 것으로 족하고 그 후 계속하여 동일한 소유자에게 속하고 있을 필요는 없다.

대법원 판례도 동일소유자에 속하는 대지와 건물에 관하여 근저당권이 설정된 후 그 건물이 철거되고 제3자 소유의 새 건물이 축조된 경우에도 그 후 근저당권의 실행에 의하여 대지가 경락됨으로써 대지와 건물의 소유자가 달라지면, 위 대지에 새 건물을 위한 법정지상권이 성립되고, 다만 이 경우 그 법정지상권의 내용은 구건물을 기준으로 하여 그 이용에 일반적으로 필요한 범위 내로 제한된다고 한다(대판 92.6.26. 92다9388).

⑦ 가등기・가처분 등기가 있는 부동산의 평가

경매부동산에 가등기 또는 가처분등기가 되어 있는 경우에도 평가시에 이를 고려해야 한다.

⑧ 인도명령・명도 소송을 해야 하는 경우

낙찰자가 인도명령을 받을 수 없는 경우에는 목적부동산의 인도를 받기 위해 때로는 점유자를 상대로 소송을 해야 하므로 이러한 사정을 고려하여 감액평가해야 한다.

⑨ 공장저당의 목적인 토지・건물에 관한 평가

공장저당의 목적이 된 부동산과 이에 설치된 기계・기구, 기타의 공용물은 임의경매나 강제경매 절차에서 이를 일괄경매하지 않으면 안 된다. 그러므로 배당관계가 동일한 경우에는 일괄평가만으로 족하지만, 배당관계가 동일하지 않은 경우에는 부동산과 기계・기구, 기타 공용물에 대하여 각각 개별평가를 해야 한다.

이 때 공장의 토지 또는 건물에 대하여 공장저당권이 설정되어 있는 경우, 이에 부가되어 일체를 이루는 물건과 기계・기구, 기타 공장의 공용물 중 평가 대상이 되는 것은 공장저당법 제7조 소정의 기계・기구 목록에 기재된 것에 한정되므로 감정인으로서는 기계・기구 목록을 확인하여 정확히 평가할 것을 요한다.

⑩ 구분소유적 공유에 있어서의 평가

한 필지의 토지를 여러 사람이 전소유자로부터 각각 일부씩을 구분・특정하여 매수하고 등기만은 편의상 매수면적에 해당하는 비율로 공유지분 이전등기를 해놓은 경우나, 1필지의 대지를 여러 사람이 각자 특정하여 매수한 뒤 배타적으로 점유해 왔으나 분필이 되어 있지 않은 탓으로 그 특정부분에 상응하는 지분소유권 이전등기만을 경료한 경우에 있어서 판례는 다음과 같이 판시한다.

'그 특정부분 이외의 부분에 관한 등기는 상호 명의신탁관계에 있는 이른바 구분소유적 공유관계로서, 이 경우에는 명의신탁 계약의 해지에 의한 소유권 이전등기청구권만 인정될 뿐 공유물분할청구권은 인정되지 않는다. 또 경락에 의한 소유권 취득은 성질상 승계취득이므로 하나의 토지 중 특정부분에 대한 구분소유적 공유관계를 표상하는 공유지분등기에 근저당권이 설정된 후, 그 근저당권의 실행에 의하여 위 공유지분을 취득한 경락인은 구분소유적 공유지분을 그대로 취득한다(대판 91. 8. 27. 91다 3703).'

집행법원은 평가명령에 있어서 구분소유적 공유일 때는 이를 명시하여 토지의 지분에 대한 평가가 아닌 특정 구분소유목적물에 대한 평가를 명할 것이고, 감정인으로서는 평가명령서에 이러한 기재가 없을 때도 평가를 위한 조사결과 현황이 구분소유적 공유일 때는 집행법원에 이를 알리고 필요한 지시를 받아 그에 따라 평가할 것이다.

⑪ 다세대주택의 실질을 갖춘 다가구용 단독주택의 공유지분 평가

구조상·이용상 독립성을 구비하고 실질적으로 여러 세대가 독립된 주거생활을 영위하는 다세대용 공동주택에 해당되지만 구분건물등기가 경료되지 못한 다가구용 단독주택의 공유지분등기는 일반 등기와는 달리 특정부분에 대한 구분소유권을 표창한다고 할

것이다.

따라서 그 공유지분에 대한 감정평가는 민사소송법 제649조 제2항에 의한 건물의 전체가격 중 공유지분의 비율에 따른 가격이 아니라 전체건물 중 당해 구분건물이 점유하고 있는 위치를 반영한 가격이어야 한다. 그러므로 당해 특정부분을 평가함에 있어 다른 부분의 거래가격을 참작해 복성식 평가법으로 평가해야 한다.

⑫ 공법상의 제한이 있는 경우

목적부동산의 사용수익에 관하여 공법상의 제한이 가해져 있는 경우(목적토지의 일부가 도시계획선에 저촉되는 경우 ; 건축법 제32조 이하, 도시계획법 제19조 이하)에는 평가에 있어서 이를 고려해야 한다. 이에 관한 사항은 평가서의 필요적 기재사항이다(민소규칙 제149조의 2 제1항 제5호).

⑬ 환지예정지의 지정이 있는 경우

경매부동산에 환지예정지가 지정되어 있는 경우에 환지예정지의 지정에 의한 토지의 사용관계는 그 예정지 위에 이전하는 것이므로 그 환지예정지의 위치·평수·형상, 기타의 사정도 종전 토지의 평가시에 참작되어야 한다(대결 83. 9. 26. 83마카 33).

⑭ 과수원에 대한 평가

과수원에 대한 평가에 있어서는 지상 과목(果木)에 대한 수종(樹種)·수령(樹齡)·그루 수·시설물 등을 실상대로 개별적으로 감정·평가하여 그 지가에 대한 산출기초를 명확히 해야 한다(대법원 예규 송민 74-2).

⑮ 부동산이 멸실·훼손된 경우의 평가

　전부멸실의 경우, 감정인은 부동산이 전부멸실된 사실을 집행법원에 알리고 평가 절차를 중단해야 한다. 일부멸실·훼손된 경우에는 일부멸실·훼손된 부분의 가액을 공세하는 등 이러한 사정을 고려하여 평가한다. 이 때 집행법원은 감정결과 평가를 명한 건물의 전부 또는 일부가 멸실된 것으로 인정되면 곧바로 채권자에게 그 부분에 대하여 직질한 조치(신청취하 등)를 취하도록 보성명령을 한다. 보정명령을 받고도 아무런 조치를 취하지 않으면 그 부분에 대한 경매개시 결정을 취소하고 신청을 기각한다.

　다만, 건물 일부가 멸실되어 취하 또는 취소된 경우에는 나중에 낙찰되어 소유권 이전등기를 촉탁함에 있어서 그 취하 또는 취소된 부분을 촉탁서의 부동산 목록에 다시 기재하고 괄호하여 "멸실됨"이라고 표시하는 것이 좋다. 이것은 이전등기를 촉탁하는 건물의 표시가 등기부의 표시와 달라 이전등기가 각하되는 것을 막기 위한 취지이다.

5) 감정평가서와 재평가

① 감정평가서의 작성 및 제출

　감정인은 부동산 평가의 결과를 기재한 서면, 즉 민사소송규칙 제149조의 2 제1항 각 호의 사항을 기재한 감정평가서를 소정의 기일까지 경매법원에 제출해야 한다. 이 감정평가서에는 부동산의 형상 및 그 소재지 주변의 개황을 알 수 있도록 도면을 첨부해야 한다(규칙 제149조의 2 제2항). 법원은 이 감정평가서 사본도 경매(입찰)물건명세서 사본과 함께 일반인이 열람할 수 있도록 비치하고 있다.

② 감정평가서의 조사와 재평가

감정평가서가 접수되면 담임 법원사무관 등은 즉시 이를 판사실로 올린다. 판사는 평가서의 특이사항으로서 경매기일공고시 유의할 사항 등에 주의 표시를 하고, 채권자 또는 감정인에게 보정을 명할 사항이 있으면 즉시 보정을 명한다. 그리고 감정료의 적정 여부를 확인한 뒤 담임 법원사무관 등에게 출급명령서를 발부하여 감정료를 지급하도록 한다.

가. 현황 조사 보고서와 감정평가서가 일치하지 않는 경우

두 서류가 제시 외 건물의 유무(예 : 다락방 등), 건물의 소재·지번 등에서 차이가 있는 경우에는 감정인에게 현황 조사 보고서 사본을 첨부하여 감정보완을 명한다. 필요한 경우에는 집행관에게도 현황 조사의 보완을 명한다.

나. 재평가

경매목적부동산에 대한 감정인의 평가가 합리적 근거가 없거나 감정평가시에 당연히 고려해야 할 사정을 고려하지 않고 평가하여 이를 최저 경매가격의 산정기준으로 삼을 수 없다고 인정되는 경우에 법원은 재평가를 명할 수 있다. 즉 경매 대상 건물의 증축부분에 대한 평가를 누락한 경우(대결 69.8.26. 69마 80), 건물의 평가를

실제 현 상태로 하지 않고 등기부상의 표시에만 의존하여 한 경우(대결 68. 8. 26. 68마 798), 환지예정지임을 감안하지 않고 평가한 경우(대결 73. 9. 3. 73마 762) 등에는 이를 기초로 최저 경매가격을 결정할 수는 없으므로 법원은 재평가를 명해야 할 것이다.

그러나 경매 절차 진행중 상당 기간이 경과했다거나(대결 71. 9. 2. 71마 533), 부동산 가격에 변동이 있다(대결 94. 12. 2. 94마 1720)는 사실만으로는 재평가를 명할 수 없다.

다만, 최초의 경매 이후 강제집행의 정지 결정으로 인하여 장기간 경매 절차가 정지된 후 다시 속행하는 경우에 그 동안 경제사정의 급격한 변동으로 당초 평가액이 정당한 최저 경매가격이라고 보기 어려울 때는 경매의 공정을 기하기 위하여 법원이 재평가를 명할 수 있다. 예를 들어 감정평가 후에 환지처분이 있는 경우처럼 평가의 전제가 되었던 중요한 사항이 변동된 경우라면 재평가를 명해야 할 것이다.

6) 감정료의 지급

감정인은 평가서를 법원에 제출할 때 감정료산정서 및 감정료청구서를 함께 제출하고 담임 법원사무관 등이 이 서류를 담임 판사에게 제출하면 판사는 평가서, 감정료산정서, 기타 구체적 사정을 고려하여 감정료를 결정하고 출급명령서를 발부하여 담임 법원사무관 등에게 교부하면 담임 사무관 등은 이를 감정인에게 교부하고 그 사본을 기록에 편철한다(법원보관금취급규칙 제13조, 법원보관금취급규칙개정에따른업무처리지침(대법원 송무 예규 제524호) 제12조).

감정료의 산정기준, 지급 등에 관하여는 대법원 예규(감정료의산정기준등에관한 예규 송일 91-3)에서 상세히 규정하고 있다. 그러나 감정료의 산정은 이 예규의 규정에도 불구하고 구체적 사정을 고려하여 감정료를 적절히 가감할 수 있으므로(동 예규 제2조), 서울지방법원에서는 감정료에 관한 내규를 제정하여 시행하고 있다.

7) 감정인의 평가에 대한 이의 신청

감정인의 부동산 평가 자체에 대해서는 이해관계인이 직접 이의신청을 할 수는 없다(대결 59. 7. 31. 4292민재항 138). 즉 감정인의 평가에 대해 직접 불복할 수 없고, 이를 기초로 한 법원의 최저경매가격 결정에 대하여 불복해야 한다.

(ㄴ) 최저 경매가격의 결정

1) 결정기준

법원은 감정인의 평가액을 참작하여 최저 경매가격을 정해야 한다(제615조). 감정인의 평가액을 그대로 최저 경매가격으로 정해야 하는 것은 아니지만 감정인의 평가액을 증감하는 데는 합리적인 이유가 있어야 한다. 실무에서도 원칙적으로 감정인의 평가액을 그대로 최저 경매가격으로 정하고 있는 것이 통례이다.

그런데 감정인의 평가가 평가의 대상을 빠짐없이 평가하고 평가시에 고려해야 할 사항들을 빠짐없이 고려하는 등 완벽한 것인 경우에는 감정인의 평가액을 그대로 최저 경매가격으로 결정하는 데에 문제가 없다. 그러나 감정인의 평가가 그렇지 못한 경우에는 최저 경매가격 결정 자체가 위법 또는 부당한 것이 되므로, 최저 경매가격을 결정함에는 우선 감정인의 평가가 제대로 되었는지의 여부를 세밀히 조사하는 일이 선행되어야 할 것이다.
　법원은 최저 경매가격을 정함에 있어서 별도의 결정문을 작성하지 않고 경매기일공고에 최저 경매가격을 기재하고 있다.

2) 최저 경매가격의 변경
　최저 경매가격은 한 번 결정된 이상 함부로 변경할 것은 아니다. 그러나 경제사정 등의 변동으로 처음의 최저 경매가격을 그대로 유지함이 사회통념상 부당하거나 감정평가의 전제로 된 중요한 사정이 변경된 경우 또는 최저 경매가격의 결정 후에 그 기초가 된 평가에 잘못이 있음이 판명된 경우에는 재평가를 실시하여 최저 경매가격을 다시 정해야 할 것이다.
　감정평가에는 잘못이 없으나 평가의 취지를 오인하여 법원이 최저 경매가격의 결정을 잘못한 경우에도 최저 경매가격을 다시 정해야 한다.
　신경매의 경우에는 민사소송법 제631조 제1항에 의하여 최저 경매가격을 저감할 필요가 있으나 그것은 당초의 최저 경매가격 결정이 잘못되었기 때문에 변경하는 것은 아니다.

3) 최저 경매가격의 공고 위반
　최저 경매가격의 의의와 취지 그리고 이를 경매기일의 공고 내용에 포함시켜 둔 민사소송법 제618조 제5호, 제621조 제2항, 민사소송규칙 제153조의 2 등의 규정에 비추어 볼 때 경매기일을 공고함에 있어서 최저 경매가격을 누락한 경우는 물론, 착오로 잘못 기재한 경우에도 그것이 사소한 것이 아니라면 그 입찰기일의 공고는 적법한 공고가 아니다(대결 94. 11. 30. 94마 1673).

4) 최저 경매가격의 저감

경매기일에 허가할 매수가격의 신고가 없을 때에 법원은 우선권을 해하지 않는 한도에서 최저 경매가격을 상당히 저감하고 신경매기일을 정해야 한다(제631조 제1항). 그런데 이것은 어디까지나 그 경매기일이 적법하게 열린 경매기일일 때에 그러한 것이므로 경매기일의 공고 내용에 흠결사항이 있는 등 경매기일이 적법하게 열릴 수 없는 경우라면 그 경매기일에 허가할 매수 신고가 없더라도 최저 경매가격을 저감할 수는 없다.

따라서 입찰기일공고 등의 위법으로 낙찰을 불허하고 다시 입찰하는 경우에 있어서, 최저 입찰가격은 당초의 최저 가격에 의해야 하고 위법한 절차에 의하여 저감된 가격에 의할 수는 없다(대결 94. 11. 30. 94마 1673).

민사소송법 제615조 · 제728조가 부동산에 대한 집행에 있어서 최저 입찰(경매)가격 제도를 채용하고 있는 것은, 재산으로서의 중요성이 인정되는 부동산이 그 실시세보다 훨씬 저가로 매각되게 되면 채무자 또는 소유자의 이익을 해치게 될 뿐만 아니라 채권자에게도 불이익하게 되므로 부동산의 공정타당한 가격을 유지하여 부당하게 염가로 매각되는 것을 방지함과 동시에 목적부동산의 적정한 가격을 표시하여 입찰신고를 하려는 사람에게 기준을 제시함으로써 입찰이 공정하게 이루어

> 지도록 하고자 함에 있다. 이와 같은 최저 입찰가격의 의미 및 이를 입찰기일의 공고 내용에 포함시켜 둔 민사소송법 제618조 제5호, 제621조 제2항, 민사소송규칙 제159조, 제153조의 2 규정의 취지 등에 비추어 볼 때 입찰기일을 공고함에 있어서 최저 입찰가격을 누락한 경우는 물론 착오로 잘못 기재한 경우에도 그것이 사소한 것이 아니라면 그 입찰기일의 공고는 적법한 공고가 되지 못한다고 보아야 한다
>
> … 최저 입찰가격은 입찰법원이 직권으로 변경할 수 있지만, 그 변경은 수긍할 만한 합리적인 이유가 있는 경우에 한하여 허용되고, 한편 입찰기일에 허가할 입찰 신고가 없으면 입찰법원은 신기일을 정하면서 최저 입찰가격을 상당히 저감할 수 있으나, 이는 어디까지나 그 입찰기일이 적법하게 열린 입찰기일이어야 하는 것이므로 입찰기일의 공고 내용에 흠결사항이 있는 등 입찰기일이 적법하게 열릴 수 없는 경우라면 그 입찰기일에 허가할 입찰 신고가 없더라도 최저 입찰가격을 저감할 수는 없으며, 따라서 입찰기일공고 등의 위법으로 낙찰을 불허하고 다시 입찰을 하는 경우에 있어서 최저 입찰가격은 당초의 최저 가격에 의해야 하고 위법한 절차에 의하여 저감된 가격에 의할 수는 없다(대법원 1994. 11. 30. 선고 94마 1673 결정).

5) 최저 경매가격의 결정에 대한 불복

최저 경매가격의 결정에 대하여 이해관계인이 집행에 관한 이의신청(제504조)을 할 수 있는지에 대하여는, 제633조 제6호를 근거로 경락허가에 대한 이의나 경락허가 결정에 대한 항고를 할 수 있으므로 이의 신청을 인정할 필요가 없다는 견해도 있다. 그러나 최

저 경매가격 결정 자체에 중대한 하자가 있는 경우에도 경매를 실시하는 것은 무의미할 뿐만 아니라 경매 절차의 지연을 초래하므로 최저 경매가격 결정이 위법한 경우에는 이에 대해서도 이의 신청을 할 수 있다고 해야 할 것이다.

단, 제633조 제6호 및 제642조의 규정에 비추어 볼 때 최저 경매가격 결정에 대한 이의 신청은 경매기일까지로 한정하고 경매기일 이후에는 경락허가에 대한 이의 또는 경락허가 결정에 대한 항고로만 다툴 수 있다고 해야 할 것이다.

이 때 최저 경매가격의 결정에 불복할 만한 위법 사유가 있다고 하려면 그 결정이 법에 정한 절차에 위반하여 이루어졌거나, 감정인의 자격 또는 평가 방법에 위법 사유가 있어 이에 기초한 결정이 위법한 것으로 되는 등의 사정이 있어야 한다. 단순히 감정인의 평가액과 이에 의하여 결정한 최저 경매가격이 매우 저렴하다는 사유는 이의 사유가 될 수 없다. 단, 감정에 의하여 산정한 평가액이 감정평가의 일반적 기준에 현저하게 반한다거나 사회통념상 부당하다고 인정되는 경우에는 그런 사유만으로도 최저 경매가격의 결정에 중대한 하자가 있는 것으로 보아야 한다(대결 95. 7. 12. 95마 453).

참 고 판 례

가. 감정인이 경매부동산 중 창고의 가액을 평가함에 있어서 그 면적을 실제 면적인 1449㎡로 사정해야 할 것을 등기부상의 면적인 1403.96㎡로 사정하여 이를 기준으로 산정함으로써, 결과적으로 실제보다 금 11,034,800원이 낮은 가격으로 평가하고, 이를 기초로 경매부동산의 전체가액을 평가한 보고서를 경매법원에 제출하였고, 경매법원은 감정인의 이러한 평가상의 잘못을

발견하지 못한 채 감정인이 평가한 가액을 그대로 최저 경매가격으로 결정하여 경매를 진행시켰다면 경매법원의 조처에는 민사소송법 제728조, 제633조 제6호 소정의 위법 사유가 있다(대법원 1993. 9. 15. 선고 93마 1065 결정).

나. 최저 경매가격의 결정에 중대한 하자가 있다고 하려면 그 결정이 법에 정한 절차에 위반하여 이루어지거나 감정인의 자격 또는 평가 방법에 위법 사유가 있어 이에 기초한 결정이 위법한 것으로 되는 등의 사정이 있어야 하고, 단순히 감정인의 평가액과 이에 의하여 결정한 최저 경매가격이 매우 저렴하다는 사유는 이의 사유가 될 수 없다. 그러나 감정에 의하여 산정한 평가액이 감정평가의 일반적 기준에 현저하게 반한다거나 사회통념상 현저하게 부당하다고 인정되는 경우에는 그러한 사유만으로도 최저 경매가격의 결정에 중대한 하자가 있는 것으로 보아야 한다.

… 근저당권의 채권최고액은 그 목적부동산의 시가에 미치지 못함이 일반적인데도 그 평가기준일로부터 5년여 전에 설정된 근저당권의 채권최고액이 이미 감정평가액을 초과하고 있고, 그 이후에도 수차에 걸쳐 그 평가액을 넘는 금액을 채권최고액으로 하는 근저당권이 추가로 설정되었으며, 개별공시지가에 따라 계산한 토지의 가격이 감정평가액의 수 배에 달할 뿐 아니라, 실제 매매 사례 또한 그 감정평가액을 훨씬 초과하는 점에 비추어, 그 감정평가는 객관적으로 현저히 부당한 것이며 이를 그대로 최저 경매가격으로 결정한 경매법원의 결정에는 중대한 하자가 있다(대법원 1995. 7. 12. 선고 95마 453 결정).

다. 감정인이 일부 경매 대상 물건에 대하여 소재불명이라 하여 평가하지 못한 경우, 그 소재불명의 원인이나 경위 추급에 의한 원상회복의 가능 여부를 기록상 알 수 없고 저당권자나 소유자가 추급권을 행사하지도 않은 상황이라면 경매법원이 추급의 가능 여부를 조사하여 추급할 책무가 있는 것도 아니므로, 경매법원이 추급권의 행사 없이 사실상 현존하는 물건에 대하여 경매 절차를 진행했다 하여 중대한 하자가 있다고 할 수 없다. 일부 경매 대상 물건이 감정평가에서 누락되었다 해도 감정인의 총평가액과 누락부분의 가액, 후순위

근저당권자의 배당가능성 등을 고려하여 그 누락부분이 낙찰을 허가하지 않아야 할 정도로 중대한 것인 경우에만 최저 경매가격의 결정에 중대한 하자가 있는 것으로 판단될 수 있다(대법원 2000. 11. 2. 선고 2000마 3530 결정).

5. 경매(입찰)물건명세서의 작성 및 비치

(1) 제도의 의의와 취지

집행법원은 집행관의 현황 조사서와 집행기록에 의거하여 법정사항을 기재한 경매(입찰)물건명세서를 작성하고, 경매기일의 1주일 전까지 그 사본을 법원에 비치하여 일반인이 열람할 수 있도록 해야 한다(제617조의 2). 그리고 여기에는 현황 조사 보고서 및 감정평가서의 사본도 함께 비치해야 한다(규칙 제150조).

경매(입찰)물건명세서는 입찰희망자로 하여금 경매기록을 보지 않고도 경매(입찰)물건명세서의 기재만으로 부동산의 물적 부담상태, 취득할 종물·종된 권리의 범위 등과 최저 입찰가격 산출의 기초가 되는 사실 등을 쉽게 알아볼 수 있도록 공시하여 신중한 판단을 거쳐 입찰에 참가하게 함으로써 적정가격에 의한 입찰을 도모하기 위하여 마련된 제도이다.

(2) 경매(입찰)물건명세서의 작성과 그 위반의 효과

경매(입찰)물건명세서 사본의 비치는 경매기일의 1주일 전까지 해야 하므로 경매(입찰)물건명세서는 적어도 그 이전에 작성되어야 하고, 법원은 이를 작성함에 있어서 필요한 경우에는 이해관계인, 기타 참고인을 심문할 수 있다(규칙 제104조 참조).

경매(입찰)물건명세서는 경매법원의 인식을 기재한 서면에 불과하고, 그 작성행위는 집행처분이 아닌 단순한 사실행위이다. 따라서 법관의 서명 또는 기명날인(제210조, 제193조 제1항)을 필요로 하지는 않는다. 다만, 법원이 작성했음을 명백히 하기 위하여 명세서 우측 상단에 법관이 날인하고(송민 90-4) 간인한다.

물건명세서의 작성은 단순한 사실행위이므로 이에 대하여 집행에 관한 이의를 할 수는 없고, 그 작성에 중대한 하자가 있으면 낙찰에 관한 이의 사유(제633조 제6호) 및 경락허가 결정에 대한 즉시항고의 사유(제642조 제2항)가 된다. 이는 명세서를 비치하지 않았거나, 비치기간을 준수하지 않은 경우에도 같다고 할 것이다.

참고판례

가. 물건명세서 작성에 중대한 하자가 있음을 이유로 낙찰을 불허하고 다시 입찰기일을 진행하게 된 경우, 물건명세서 작성의 하자가 계속된 채 진행된 입찰기일들은 모두 위법하여 그 입찰기일에서 최저 입찰가격이 저감되었다고 하더라도 이 역시 위법하다는 이유로 경매법원으로서는 위법하게 저감된 최저 입찰가격이 아닌 당초의 최저 입찰가격을 최저 입찰가격으로 하여 입찰을 진행해야 된다고 한 사례이다(대법원 2000. 8. 16. 선고 99마 5148 결정).

나. 민사소송법 제617조의 2가 집행관에 의한 현황 조사와 함께 경매물건명세서 제도를 도입하여 집행법원으로 하여금 경매물건명세서를 작성하고 그 사본을 비치하여 일반인에게 열람할 수 있도록 규정한 것은, 일반인에게 경매 대상 물건을 표시하고 그 현황과 권리관계를 공시하여 매수희망자가 경매 대

상 물건에 대한 필요한 정보를 쉽게 얻을 수 있게 하여 예측하지 못한 손해를 방지하게 하고자 함에 있다 할 것이다. 그러므로 같은 법 제635조 제2항, 제633조 제6호에 의하여 직권에 의한 경락불허가 사유가 되는 '물건명세서의 작성에 중대한 하자가 있는 때'에 해당하는지의 여부는 그 하자가 일반 매수희망자가 매수의사나 매수신고가격을 결정함에 있어 어떤 영향을 받을지를 중심으로 하여 부동산 경매와 경매물건명세서 제도의 취지에 비추어 구체적인 사안에 따라 합리적으로 판단해야 할 것이고, 이러한 법리는 경매에 갈음하는 입찰의 경우에도 마찬가지이다.

… 최선순위근저당권자보다 먼저 대항력을 갖추었으나 확정일자를 부여받지 않아 경락대금에서 배당받지 못하고 경락인이 임대인의 지위를 양수해야 하는 임차인과 그 부동산의 소유자가 부자관계에 있다는 사실을 입찰물건명세서에 기재하지 않은 것이 민사소송법 제633조 제6호 소정의 '입찰물건명세서의 작성에 중대한 하자가 있는 때'에 해당하지 않는다고 한 사례이다(대법원 2000. 1. 19. 선고 99마 7804 결정).

다. 경매물건명세서의 작성에 경매의 결과에 영향을 미치지 않을 정도의 하자가 있는 경우 이를 경락불허가 사유로 삼을 수는 없는 것이고, 그 하자가 경락을 허가하지 않아야 할 정도로 중대한가의 여부는 그 하자가 일반 매수희망자가 매수의사나 매수신고가격을 결정함에 있어 어떠한 영향을 받을 정도의 것이었는지를 중심으로 하여 부동산 경매와 경매물건명세서 제도의 취지에 비추어 구체적 사안에 따라 합리적으로 판단해야 할 것이다.

공장저당권에 의한 경매에 있어서 경매물건명세서에 기계·기구 등의 일부가 소재불명인 사실을 표시하지 않은 하자가 경락불허가 사유가 되지 않는다고 한 사례이다(대법원 1994. 1. 15. 선고 93마 1601 결정).

(3) 경매(입찰)명세서의 기재사항(제617조의 2)

1) 부동산의 표시(제1호)
경매목적물인 부동산을 기재한다. 등기부등본상의 표시와 현황이 다를 경우에는 현황도 함께 기재한다(부록 [서식 27] 경매·입찰 물건명세서 참조).

2) 점유관계와 관계인의 진술(제2호)
집행관이 현황 조사 보고서 등에 의하여 경매목석부동산의 점유자와 점유의 권원, 점유할 수 있는 기간(임대차기간 등), 차임 또는 보증(임대차기간 등), 차임 또는 보증금에 관한 관계인의 진술(그 액수, 선급 유무 등)을 기재한다. 채무자가 목적물을 전부 점유하고 있는 경우에는 점유의 권원이라든가 점유기간 등은 기재할 필요가 없으나 채무자가 점유자란 사실만은 그대로 기재한다.
임차인이 있는 경우에는 배당 요구 여부와 그 일자, 전입신고일자 및 확정일자의 유무와 그 일자를 기재하게 된다. 즉 대항력 있는 임차인의 경우는 그 임차권의 내용이 비록 등기부에 공시되어 있다 해도 물건명세서에 기재하며, 낙찰자에게 대항력 있는 임차인이 경매 기입등기 후에 임차권 등기를 한 다음 권리 신고를 하는 경우에는 배당 요구 여부란에 권리 신고 여부를 기재하는 것이 바람직하다.

3) 경락으로 소멸되지 않는 부동산 위의 권리 또는 가처분(제3호)
경매물건명세서에는 '등기된 부동산에 관한 권리 또는 가처분으로서 낙찰에 의하여 그 효력이 소멸되지 아니한 것'을 기재해야 한다. 낙찰로 소멸되지 않는 권리가 전세권일 경우에는 그 권리의 범위·전세권자·전세기간·전세보증금, 기타 특약사항을 기재한다.

가처분의 경우에는 가처분의 내용과 집행 연월일을 기재하면 되고 피보전권리까지 기재할 필요는 없다.

등기된 부동산상의 부담이 낙찰로 소멸되지 않고 낙찰자에게 인수될 것인지 여부가 불분명한 경우에는 그 소멸 여부가 불명하다고 기재하면 된다. 단, 이 경우에는 최저 경매가격의 결정 경위(예 : "최저 경매가격은 인수되는 것으로 보고 결정했음")를 부기한다.

임차권의 경우에도 마찬가지이다. 경락인에게 대항력 있는 임차권은 보증금이 전액 변제되지 않는 한, 말소되지 않고 낙찰자가 인수하게 됨을 기재해야 한다.

그러나 경매 진행중에는 전액 변제받을지 여부를 알기 어려우므로 일단 대항력 있는 임차권 등기명령권자가 있으면 물건명세서에 "경락인에게 대항력 있는 임차인이 있음(임대차보증금   만 원, 전입일   . . . 확정일자   . . .). 배당에서 보증금이 전액

제3호의 기재사항 중 주의할 점

1. 입찰목적물에 설정된 최선순위타물권을 기준으로 정한다.
2. 최선순위가 가압류인 경우에는 타물권과 동일하게 취급한다(무조건 말소된다).
3. 선순위전세권으로서 경매개시 결정 기입등기 후 6월 이내에 그 존속기간이 종료되지 않는 것은 민사소송법 제608조 제2항에 의하여 소멸되지 않는 전제권이므로 주의를 요한다.

변제되지 아니하면 잔액을 낙찰자가 인수함"이라고 기재해야 한다.

> 예고등기는 등기 원인의 무효 또는 취소로 인한 등기의 말소 또는 회복의 소가 제기된 경우에 그 등기에 의하여 소의 제기가 있었음을 제3자에게 경고하여 계쟁부동산에 관하여 법률행위를 하고자 하는 선의의 제3자로 하여금 소송의 결과 발생할 수도 있는 불측의 손해를 방지하려는 목적에서 하는 것으로서 부동산에 관한 권리관계를 공시하는 등기가 아니므로, 예고등기를 경매물건명세서에 기재해야 하는 민사소송법 제617조의 2 제3호의 '등기된 부동산에 관한 권리로서 경락에 의하여 그 효력이 소멸되지 아니하는 것'에 해당한다고 볼 수 없다(대법원 2001. 3. 14. 선고 99마4849 결정).

4) 경락으로 생기는 법정지상권의 개요(제4호)

경매(입찰)물건명세서에는 낙찰에 의해 설정된 것으로 보게 되는 지상권의 개요를 기재해야 한다. 토지가 집행목적물이 되어 지상권을 부담하게 되는 경우는 물론, 건물이 집행목적물이 되어 지상권을 취득하게 되는 경우에도 모두 기재사항이 된다.

경매(입찰)물건명세서에 기재할 것은 지상권의 개요이므로 "이 사건 물건을 위하여 그 대지에 법정지상권이 성립한다." 또는 "지상 건물을 위하여 이 사건 토지의 대지 부분에 법정지상권이 성립한다."는 식으로 간결하게 기재하면 족하다.

단, 토지의 일부에 대해서만 법정지상권이 성립하는 경우에는 그 뜻을 기재하면 되고 구체적으로 그 범위를 특정해서 표시할 필요는 없다.

지상권이 설정된 것으로 보게 될 가능성은 있으나 확실히 밝혀지지 않은 경우에는 "별지도면 표시 미등기 건물을 위하여 이 사건 토지의 대지 부분에 지상권이 설정된 것으로 보게 될 여지가 있다."는 식으로 그 취지를 기재하게 된다.

(4) 경매(입찰)물건명세서의 비치 및 열람·등사

경매(입찰)물건명세서가 작성되면 그 원본은 경매기록의 순서에 따라 편철하고, 그 사본을 만들어 집행관의 현황 조사 보고서, 감정인의 평가서의 각 사본 1부와 같이 사건별로 분철한 후, 경매계 사무실 등 적당한 곳에 일반인이 열람할 수 있도록 비치하되, 그 장소 부근에 경매(입찰)물건명세서 비치장소를 표시하고, 사건별·기일별로 구분하여 비치한다(송민 97-9 예규).

경매(입찰)물건명세서 사본의 비치는 매 입찰기일 1주일 전까지 해야 한다(규칙 제150조). 경매(입찰)물건명세서 등의 사본이 비치된다는 사실은 경매(입찰)기일공고의 내용 중에도 포함시켜야 한다.

한편, 법원은 각 경매기일까지 계속하여 경매(입찰)명세서를 비치해야 하며, 낙찰자가 낙찰대금을 납부한 후에 이를 폐기한다.

경매(입찰)물건명세서는 비치기간 중 누구라도 그리고 언제라도 무료로 자유로이 열람할 수 있다. 물론 법원의 집무시간 내에 한한다. 그러나 비치된 문서를 등사할 권리는 인정되지 않는다.

비치기간 중에는 경매기록의 열람은 꼭 필요하다고 인정되는 이해관계인에 한해서만 허용된다. 이해관계인은 그 자격을 소명하고 먼저 열람 신청을 해야 한다.

(5) 경매(입찰)물건명세서의 정정

경매(입찰)물건명세서의 기재에 오류가 있으면 열람을 개시한 후라도 직권으로 정정할 수 있다. 경매물건명세서 사본을 비치한 이후에 그 기재내용이 변경된 경우에 판사는 변경된 기재부분에 정정인을 날인하고 비고란에 "20 . . . 변경"이라고 기재한다.

정정이 경매기일 1주일 이전에 행해졌다면 그대로 경매 절차를

경매기록의 열람 · 등사

2000. 12. 21. 송무 예규 제805호
【경매절차개선을위한사무처리지침(송민 83-5, 84-1)】

1. 경매기록의 열람 · 등사

가. 경매 절차상의 이해관계인(제607조 · 제728조) 이외의 자로서 경매기일 이외의 기간 중에 경매기록에 대한 열람 · 등사를 청구할 수 있는 이해관계인의 범위는 다음과 같다.
 (1) 파산관재인이 집행 당사자가 된 경우 파산자인 채무자 및 소유자
 (2) 매수신고인(다만, 경락허부 결정이 선고된 이후에는 최고가 매수신고인, 차순위 매수신고인 및 경락인에 한하여 경매기록을 열람 · 등사할 수 있다)
 (3) 민사소송법 제605조 소정의 민법 · 상법, 기타 법률에 의하여 우선변제청구권이 있는 배당 요구채권자
 (4) 대항 요건을 구비하지 못한 임차인으로서 현황 조사 보고서상 나

진행할 수 있다. 단, 이 경우에도 정정 이전에 명세서를 열람한 자 등에게 불이익을 줄 염려가 있으므로 경매기일에 경매(입찰)법정에서 집행관이 경매(입찰)물건명세서에 어떤 내용의 정정이 있었는지를 고지하고 있다.

경매(입찰)물건명세서의 정정이 경매(입찰)기일을 1주일 이상 남겨 놓지 않은 상황에서 행해졌다면 정정한 경매(입찰)물건명세서

      탄 난 자
(5) 건물이 경매목적물인 경우의 그 부지 소유자, 부지가 경매목적물인 경우의 그 지상 건물의 소유자
(6) 가압류채권자, 가처분채권자(점유이전금지가처분 채권자도 포함된다)

나. 이해관계에 대한 소명

경매기록에 대한 열람·등사를 청구하는 자가 위 가. 항에서 열거한 이해관계인에 해당하는지 여부가 기록상 명백하지 아니한 경우에는 스스로 이해관계인에 해당한다는 사실을 소명할 수 있는 자료를 제출하여야 한다.

다. 경매기록 중 등사할 범위의 특정

경매기록에 대한 등사를 청구하는 자는 경매기록 전체에 대한 등사청구를 해서는 안 되고 경매기록 중 등사할 부분을 특정해야 한다.

비치일로부터 1주일 이후로 경매기일을 변경하는 절차를 밟아야 한다. 다만, 매수신청액에 영향을 줄 염려가 없는 사소한 사항에 대한 정정의 경우에는 경매기일을 변경할 필요는 없다.

6. 잉여의 가망이 없는 경우의 경매 취소

(1) 제도의 의의와 취지

집행법원은 법원이 정한 최저 입찰가격이 압류채권자의 채권에 우선하는 부동산상의 모든 부담(우선부담)과 절차비용(이하 우선부담과 절차비용을 합하여 우선채권이라 함)을 변제하고 나면 남는 것이 없다고 인정될 때 그 사실을 압류채권자에게 통지한다.

이 통지를 받은 압류채권자가 만일 이러한 우선채권을 넘는 가액으로 매수하려는 자가 없는 경우에 스스로 매수하겠다는 신청(신청과 동시에 그에 대한 충분한 보증을 제공해야 함)을 7일 내에 하지 않으면 법원은 경매 절차를 취소해야 한다(제616조).

이는 압류채권자의 무익 · 무용한 집행을 방지하기 위한 것이다.

(2) 우선채권

1) 우선채권의 의의

압류채권자의 채권에 우선하는 부동산상의 모든 부담과 경매비용을 포함하여 우선채권이라 한다.

2) 우선채권의 산정범위

① 부동산상의 부담
 민사소송법 제616조에서 말하는 압류채권자의 채권에 우선하는 부동산상의 모든 부담이라 함은 경매부동산의 매각대금으로부터 압류채권자에 우선하여 변제받을 수 있는 채권으로서 당해 경매 절차에서 밝혀진 것을 말한다.
 그 구체적 종류는 다음의 3)에서 살펴보기로 한다.

② 절차비용
 경매 절차비용은 항상 낙찰대금으로부터 우선변제받으므로 이것도 우선채권에 해당한다. 경매 절차비용은 이미 지출되었음이 경매기록상 명백하게 나타난 경매 신청 기입등기 등록세, 교육세, 감정료, 현황 조사비용, 각종 증명서 작성비용뿐만 아니라 장차 경매 절차를 완결할 때까지 지출될 것이 예상되는 경매수수료 등 제반비용도 포함시켜 법원이 산정해야 한다.

③ 분할경매의 경우
 수개의 부동산을 동시에 경매하는 경우에는 각각의 부동산에 대하여 잉여의 가망이 있는지 여부를 심사한다. 예를 들어 A, B 부동산을 동시에 경매하는 경우, A 부동산에만 저당권이 설정되어 있고 A 부동산의 최저 경매가격이 그 저당권의 피담보채권액 이하라면, A 부동산에 대하여 민사소송법 제616조의 절차를 취하여 경매 절차를 취소하고 B 부동산에 대하여는 경매 절차를 속행한다.

예외로서, 수개의 부동산이 공동담보의 목적으로 되어 있고 동시에 경매되는 경우에는 일괄경매 결정이 되어 있는지 여부에 관계없이 전체로서 판단하여, 배당을 받을 가능성이 있으면 잉여의 가망이 없다는 통지를 하지 않는 것이 서울지방법원의 실무례이다.

④ 일괄경매의 경우
수개의 부동산에 관하여 일괄경매 결정을 한 경우에는 일괄경매 결정을 한 이상 수개의 부동산을 전체로서 1개의 부동산으로 보아야 한다. 따라서 수개의 부동산 중 일부에 관하여 그 부동산 자체만을 경매한다면 잉여의 가망이 없다 해도 전체 부동산의 매각대금에서 배당받을 수 있다면 무잉여의 통지를 할 수 없다. 즉 각개의 부동산에 특유의 우선채권 총액이 그 부동산의 최저 경매가격을 상회하는 경우라도 각 부동산에 관한 우선채권 총액의 합계가 일괄경매되는 부동산 전부에 관한 우선채권 총액으로 되어 그 우선채권 총액이 각 부동산의 최저 경매가격의 합산액 이하라면 민사소송법 제616조의 절차를 할 필요가 없다.

3) 우선채권의 종류
조세, 임차보증금, 임금채권, 선순위의 저당권·가등기담보권·전세권 및 제3자의 비용상환청구권 등이 부동산상의 부담으로서 우선채권에 해당한다.

① 저당권
부동산상의 저당권은 낙찰에 의하여 소멸하고 매득금으로부터

배당받을 수 있다(제608조 제2항). 따라서 선순위의 저당권에 의한 피담보채권은 우선채권에 해당한다.

우선채권이 되는 범위는 원칙적으로 피담보채권 원본과 이자 및 원본의 이행기를 경과한 후 1년분의 지연손해금이다(민 제360조). 이 때 원본채권액은 원칙적으로 등기된 금액을 말하지만, 경매기록상 등기된 채권액 이하의 금액이 실제의 채권액으로 밝혀진 경우에는 이것을 원본채권액으로 한다. 이자나 지연손해금에 관한 특별한 약정이 있는 경우 그에 대해 우선권을 인정받기 위하여는 그 약정을 등기해야 한다(부등 제140조).

② 근저당권·공동저당

근저당권의 경우에는 실제의 채권액이 밝혀지지 않는 한 등기된 채권최고액을 우선채권액으로 한다.

공동저당권의 목적이 된 수개의 부동산 중 1개만이 경매되는 경우 또는 수개의 부동산이 분할경매되는 경우에도 피담보채권 전액이 우선채권으로 된다.

이에 반하여 공동저당권의 목적이 된 수개의 부동산이 일괄경매되는 경우에는 피담보채권 전액이 한 번만 우선채권의 범위에 산입될 뿐이고, 각 부동산마다의 피담보채권액을 합산한 금액이 우선채권으로 되는 것은 아니다.

③ 전세권

전세권자는 부동산 전부에 대하여 전세금의 우선변제를 받을 권리가 있다(민 제303조).

따라서 목적부동산에 관하여 선순위의 전세권등기가 있는 경우 그것이 기간만료 6월 이내의 것이어서 민사소송법 제608조 제2항의 적용을 받아 낙찰로 인해 소멸하게 될 전세권인 경우에는 그 전세보증금 반환채권도 우선채권에 해당한다.

④ 가등기담보권

선순위 가등기담보권에 의하여 담보되는 채권은 우선채권의 범위에 들어간다. 그러나 그 권리자가 채권을 증명하여 경매법원에 신고하지 않으면 순수한 소유권 이전청구권의 순위 보전을 위한 가등기인지 아니면 담보가등기인지 알 수 없으므로 채권자의 신고가 있어야 우선채권의 범위에 들어간다.

⑤ 조세 등

국세, 지방세, 산업재해보험료, 지방자치단체의 사용료, 수수료 등 공과금은 실제적 우선권이 인정되므로(국세기본법 제35조, 지방세법 제31조 제1항, 산업재해보상보험법 제76조, 지방자치법 제130조 제1항) 그 실제적 순위가 압류채권자의 권리에 우선하는 때는 우선채권에 해당한다. 이 때 당해세인가의 여부는 묻지 않는다.

그러나 조세, 기타 공과금채권이 강제집행 절차에서 배당에 참가하기 위하여는 교부 청구 또는 참가압류를 해야 하므로(국세징수법 제56조·제57조, 지방세법 제65조) 교부 청구 또는 참가압류를 하지 않은 것은 우선채권에 포함되지 않는다.

우선채권으로 되는 금액은 교부청구서(국세징수법 시행령 제61조) 또는 참가압류통지서(동 시행령 제63조)에 기재된 금액이다.

> **당해세**란 집행의 목적물에 대하여 부과된 국세와 가산금을 말한다. 현행 세법상 국세 중 당해세로는 상속세·증여세·재평가세·토지초과이득세 등이 있다.

⑥ 임금채권 등 근로관계로 인한 채권

임금, 퇴직금, 재해보상금, 기타 근로관계로 인한 채권도 우선채권의 범위에 속한다(근로기준법 제37조). 이 채권도 경매법원으로서는 당연히 알 수 있는 사항이 아니므로 채권자가 배당 요구 신청을 했을 때 우선채권으로 인정받게 된다.

⑦ 임차보증금

주택 또는 주택 겸용 건물의 임차인(미등기전세권자 포함)은 주택에 관한 경매 신청 기입등기 전에 주택임대차보호법 제3조 제1항의 대항 요건(주택인도와 주민등록)을 갖춘 때, 임차보증금(또는 전세금) 중 일정액(특별시 및 광역시에서는 3,000만 원 이하의 보증금 중 1,200만 원 이하, 기타 지역은 2,000만 원 이하의 보증금 중 800만 원 이하)에 관해 다른 담보권자보다 우선하여 변제받을 권리가 있다(주택임대차 제8조 제1항, 제12조, 동 시행령 제3조·제4조).

한편, 주택임대차보호법 제3조 제1항의 대항 요건과 임대차계약증서상의 확정일자를 갖춘 임차인은 대지를 포함한 임차주택의 환가대금에서 후순위권리자 기타 채권자보다 우선하여 보증금을 변제받을 권리가 있다(동 법 제3조의 2 제2항).

따라서 주택임대차보호법 제8조 제1항의 요건을 갖춘 임차보증금 중 일정액 및 같은 법 제3조의 2 제2항의 요건을 갖춘 임차보증금은 여기의 우선채권에 해당한다. 물론 이들 채권도 배당 요구가 없으면 우선배당을 받지 못하지만, 현황 조사 보고서의 기재에 의하여 그 보증금의 액수가 판명된 경우에는 아직 이들 채권자로부터 배당 요구가 없더라도 잉여의 유무를 판단함에 있어서 압류채권자의 채권에 우선히는 부동산 위의 부담에 포함시켜 계산할 것이다.

참고판례

가. 주택임대차보호법상의 대항력과 우선변제권의 두 가지 권리를 겸유하고 있는 임차인이 먼저 우선변제권을 선택하여 임차주택에 대하여 진행되고 있는 경매 절차에서 보증금 전액에 대하여 배당 요구를 했으나 그 순위에 따른 배당이 실시될 경우, 보증금 전액을 배당받을 수 없었던 때는 보증금 중 경매 절차에서 배당받을 수 있었던 금액을 공제한 잔액에 관하여 경락인에게 대항하여 이를 반환받을 때까지 임대차관계의 존속을 주장할 수 있다. 그러므로 여기에서 경락인에게 대항할 수 있는 보증금잔액은 보증금 중 경매 절차에서 올바른 배당순위에 따른 배당이 실시될 경우의 배당액을 공제한 나머지 금액을 의미하는 것이지 임차인이 배당 절차에서 현실로 배당받은 금액을 공제한 나머지 금액을 의미하는 것은 아니라 할 것이다. 따라서 임차인이 배당받을 수 있었던 금액이 현실로 배당받은 금액보다 많은 경우에는 임차인이 그 차액에 관하여 과다배당받은 후순위 배당채권자를 상대로 부당이득의 반환을 구하는 것은 별론으로 하고 경락인을 상대로 그 반환을 구할 수는 없다고 할 것이다(대법원 2001. 3. 23. 선고 2000다 30165 판결).

나. 주택임대차보호법상의 대항력과 우선변제권의 두 가지 권리를 겸유하고 있는 임차인이 우선변제권을 선택하여 제1경매 절차에서 보증금 전액에 대하여 배당 요구를 했으나 보증금 전액을 배당받을 수 없었던 때는 경락인에

게 대항하여 이를 반환받을 때까지 임대차관계의 존속을 주장할 수 있을 뿐이고, 임차인의 우선변제권은 경락으로 인하여 소멸하는 것이므로 제2경매 절차에서 우선변제권에 의한 배당을 받을 수 없다(대법원 2001. 3. 27. 선고 98다 4552 판결).

⑧ 제3취득자의 비용상환청구권

민법 제367조는 저당권이 설정된 부동산을 강제경매하는 경우에도 적용된다. 따라서 필요비·유익비를 지출한 제3취득자는 그 상환청구권에 관하여 우선권이 있고, 그에 의하여 우선배당을 받을 수 있다. 즉 제3취득자의 비용상환청구권도 민사소송법 제616조의 우선채권에 해당한다.

다만, 제3취득자가 실제로 배당을 받으려면 배당 요구의 신청을 해야 하므로 우선채권의 인정도 제3취득자의 신고(제607조 제4호)나 배당 요구 신청이 있어야 가능하다.

4) 압류채권자가 우선채권액을 다투는 방법

경매법원의 우선채권 인정이 부당한 경우, 경매 신청채권자는 민사소송법 제616조 제2항의 취소 결정을 받은 후 그 결정에 대한 항고로 다툴 수 있을 뿐 그 이전에는 불복 방법이 없다.

그러나 압류채권자는 당해 우선채권이 이미 변제되었다거나 감소되었다는 사실 등을 증명하는 자료를 제출하여 경매법원이 스스로 다시 판단할 수 있도록 촉구할 수는 있다.

(3) 잉여의 가망 여부의 판단기준

1) 수개 사건이 중복되는 경우(이중경매)

예를 들어 압류채권자에 우선하는 저당권자 등이 경매 신청을 하여 이중경매개시 결정이 되어 있는 경우에는, 절차의 불필요한 지연을 막기 위해서라도 민사소송법 제616조 소정의 최저 경매가격과 비교해야 할 우선채권의 범위를 정하는 기준이 되는 권리는 그 절차에서 경매개시 결정을 받은 채권자 중 최우선순위권리자의 권리로 보아야 한다(대결 98. 1. 14. 97마 1653).

2) 근저당권자가 채무명의를 가지고 강제경매를 신청한 경우

근저당을 가지고 있는 채권자가 채무명의를 가지고 강제경매를 신청한 경우에는 먼저 경매개시 결정을 송달하면서 채권자에게 근저당의 피담보채권과 채무명의상 채권의 동일성 여부를 밝히도록 보정을 명한다. 그 결과는 다음과 같다.

가. 채무명의상의 채권과 근저당권의 피담보채권이 동일한 채권인 경우에는 근저당권의 피담보채권액을 선순위채권액의 계산에서 제외하여 잉여의 여부를 판단하며, 그 근저당에 의하여 배당받을 수 있는 한 입찰을 그대로 진행한다.

나. 채무명의상의 채권과 근저당권의 피담보채권이 별개인 경우에는 근저당권의 피담보채권액을 선순위채권액의 계산에 포함시켜 잉여의 여부를 판단한다. 채무명의상의 채권에 관하여는 배당받을 수 없다면 제616조의 통지를 한다.

3) 1, 2번 근저당권자가 2번 근저당권에 기하여 경매를 신청한 경우

1, 2번 근저당권자가 2번 근저당권에 기하여 경매를 신청한 경우에 위 1번 근저당권이 포괄근저당권이어서 2번 근저당권에 기한 피담보채권도 담보하는 것이라면(대판 94. 9. 30. 94다 20242) 1번 근저당권의 피담보채권액을 선순위채권액의 계산에서 제외하여 잉여의 여부를 판단하며 그 근저당권에 의하여 배당받을 수 있는 한 입찰을 그대로 진행한다.

(4) 잉여의 가망이 없다는 통지

1) 통지의 시기

경매법원은 최저 경매가격을 정한 후, 경매기일을 공고하기 전에 우선채권총액을 인정하여 최저 경매가격으로 우선채권총액을 변제하고 잉여가 없다고 인정되는 때는 압류채권자에게 그 통지를 해야 한다.

경매기일의 공고 후에는 우선채권의 신고가 있어 우선채권총액이 최저 경매가격을 초과하게 되더라도 일단 공고한 기일을 취소하거나 경매기일까지의 사이에 위 통지를 할 필요는 없다.

경매기일의 공고를 마친 후에는 오히려 기일을 실시하여 우선채권 총액을 넘는 매수 신고가 있는지의 여부를 실제로 시험해 보고 그 결과 만일 최고가의 매수신고가격이 우선변제 총액에 미치지 못하고 이해관계인(압류채권자와 우선채권자)의 승인(제635조 제2항)도 받지 못하게 되면 그때에 경락불허가의 결정을 하면 될 것이다.

그러나 우선채권 총액이 최저 경매가격을 초과하는 정도가 심하

여 기일을 열더라도 우선채권 총액을 넘는 매수 신고가 있으리라거나 이해관계인의 승인이 있으리라고 기대할 수 없어 굳이 기일을 실시할 필요가 없음이 명백한 경우에는 공고한 기일을 취고하고 제616조 소정의 경매 취소 절차를 밟는 것이 타당하다.

2) 통지의 방법

압류채권자에 대한 통지는 통지서의 송달로써 한다. 이 통지서에는 사건번호, 당사자 등 형식적 사항과 최저 경매가격으로 우선채권 총액을 변제하고 그 잉여가 없다는 취지 및 최저 경매가격, 우선채권 총액을 기재해야 한다.

(5) 압류채권자의 매수 신청

압류채권자가 경매법원으로부터 잉여의 가망이 없어 경매를 취소한다는 취지의 통지(제616조 제1항)를 받은 날로부터 7일 내에 우선채권 총액을 변제하고 잉여가 있을 가격을 정하여, 그 가격에 응하는 매수 신고가 없을 때는 그 가격으로 매수할 것을 신청하고 충분한 보증을 제공한 경우에 한하여 법원은 경매 절차를 속행한다. 그러나 위의 매수 신청 및 보증제공이 없을 때는 경매 절차를 취소해야 한다(동 조 제2항).

1) 매수 신청기간

압류채권자가 매수 신청을 해야 할 위 7일의 기간은 법정기간으로서 불변기간이 아니므로 경매법원은 그 기간을 신장하거나 단축할 수 있다(제159조 제1항). 또 위의 기간경과 후에도 경매 절차 취소 결정이 있기 전에 매수 신청 및 보증제공이 되면 경매 절차를 취소하지 않고 속행한다(대결 75. 3. 28. 75마 64).

경매법원이 7일의 기간경과를 이유로 경매 절차를 취소하는 결정을 한 이후에도 압류채권자가 이 결정에 대하여 즉시항고를 제기하고(제616조 제3항) 매수 신청과 보증을 제공하면 항고법원은 경매 절차를 속행하기 위하여 원결정을 다시 취소해야 할 것이다.

2) 매수 신청서의 제출과 철회

채권자가 매수 신청서를 제출하는 경우에는 인지를 첩부하지 않아도 된다. 매수 신청을 할 때는 우선채권 총액을 넘는 일정한 금액을 매수신청금액으로 명시해야 한다(부록〔서식 28〕경매부동산 매수 신청서 참조). 또한 압류채권자는 매수 신청 및 보증제공을 하더라도 경매기일까지는 이를 철회할 수 있다. 철회한 경우에는 제공한 보증의 반환을 청구할 수 있다.

3) 보증의 기준

압류채권자가 매수 신청을 함에 있어서는 충분한 보증을 제공해야 한다(제616조 제2항). 어느 정도의 금액이 충분한 보증금으로 되는가에 관하여 법문에 구체적으로 제시하고 있지는 않지만, 통상 최저 경매가격과 압류채권자의 매수신청금액과의 차액이 보증액으로 될 것이다.

보증제공이 충분한 경우에는 경매 절차를 속행한다. 원칙적으로 경매법원은 압류채권자의 신용, 자산정도, 성실성 등 제반사정을 고려하여 충분한 보증인가의 여부를 결정하게 된다.

4) 보증제공의 방법, 추가보증의 제공

보증제공의 방법에 관하여는 민사소송법 제475조가 적용된다(한편, 이 보증제공은 제625조의 매수신청인의 보증과 같은 성질이라는 견해도 있음).

압류채권자는 현금이나 경매법원이 인정하는 유가증권을 공탁하고 공탁서 원본을 매수 신청서와 함께 경매법원에 제출하면 된다. 단, 성질상 지급보증위탁 계약을 체결한 문서의 제출에 의한 보증제공은 허용되지 않는다.

법원은 압류채권사가 제공한 보증이 충분하지 못하다고 인정하면 압류채권자에게 추가보증의 제공을 명할 수 있고, 만일 압류채권자가 이에 응하지 않으면 경매 절차를 취소한다.

5) 매수 신청 및 보증제공 후의 절차

① 매수 신청취지의 공고

압류채권자가 매수 신청을 한 경우에 그 매수신청금액 이상의 가격이 아니면 최저 경매가격을 초과하더라도 낙찰이 불허된다는 점에서 압류채권자의 매수신청금액은 최저 경매가격과 비슷한 의미를 가지고 있다. 따라서 경매법원은 압류채권자로부터 매수 신청이 있었다는 취지 및 그 매수신청금액을 경매기일의 공고에 기재해야 한다. 그러나 경매기일의 공고에 그 기재가 없더라도 낙찰허가에 대한 이의 사유(제633조)로는 되지 않는다.

② 압류채권자가 낙찰자으로 지정되는 경우

경매기일에서 압류채권자의 매수신청금액 이상의 금액으로 매수가격의 신고가 없으면 그 신고가격이 최저 경매가격을 초과하더라도 낙찰허가가 되지 않는다. 그러므로 이 경우에 집행관은 특별 매각조건이 있는 경우에 준하여 매수신청금액을 고지하고, 매수가격 신고를 최고해야 한다(제624조).

최고한 금액 이상의 매수가격의 신고가 없는 경우에는 압류채권자가 경매기일에 출석했는지의 여부를 불문하고 압류채권자를 최고가 매수신고인으로 하여 그 성명과 가격을 호창한 후 경매의 종결을 고지해야 한다(제627조 제1항).

③ 추가보증의 제공

매수 신청을 한 압류채권자는 매수가격의 10분의 1에 해당하는 현금이나 유가증권으로 보증(제625조)을 제공할 필요는 없다.

다만, 압류채권자도 경매기일에 출석하여 매수신청액보다 고가로 매수가격을 신고할 수 있으므로, 이렇게 하여 최고가 매수신고인이 된 경우에 앞서 제공한 보증액이 그 매수신고가격의 10분의 1이 되지 않으면 10분의 1에 달할 만큼의 보증을 추가로 제공해야 한다.

④ 낙찰허부의 결정

압류채권자가 최고가 매수신고인이 된 경우에도 낙찰기일에서의 절차는 일반의 경우와 다를 바 없으므로 경매법원은 낙찰기일에 출석한 이해관계인의 진술이 있은 후에 낙찰허부의 결정을 해야 한다. 최고가 매수신고가격이 압류채권자의 매수신청금액과 동일할 때는 그 매수신청인이 최고가 매수신고인으로 된다.

　압류채권자의 보증제공액이 낙찰대금에 미달하는 경우에 낙찰자로 된 압류채권자가 대금지급기일에 그 차액을 납부하지 않고, 차순위 매수신고인도 없는 경우에는 재경매를 할 것이 아니라 경매절차를 취소해야 한다. 경매 절차의 취소 결정이 확정되면 압류채권자는 앞서 제공한 보증금을 반환받을 수 있다.

⑤ 낙찰자가 낙찰대금을 지급하지 않은 경우
　압류채권자 이외의 자가 낙찰자와 차순위 매수신고인이 되었으나 낙찰자가 대금지급기일에 낙찰대금을 납부하지 않고 차순위 매수신고인도 이를 납부하지 않은 경우에 법원이 어떤 절차를 밟아야 하는지에 대하여는 2가지 학설이 대립한다. 그러나 절차의 신속한 진행을 위한다면 압류채권자의 의견을 들어 압류채권자에게 낙찰을 허가하는 것이 상당하다고 본다.
　대립하는 2가지 학설은 다음과 같다.

　첫째, 낙찰허가 결정이 확정되더라도 낙찰자가 대금을 납부할 때까지는 압류채권자의 매수 신청의 효력이 유지되므로 낙찰자 및 차순위 매수신고인이 낙찰대금을 납부하지 않을 때는 재경매를 할 것이 아니라 압류채권자에게 낙찰을 허가해야 한다는 견해
　둘째, 일단 압류채권자가 신청한 채권액을 넘는 매수 신청이 있고, 그 자에 대하여 낙찰허가 결정이 되어 확정된 경우에는 압류채권자의 매수 신청은 이로써 그 효력을 잃게 되므로 낙찰자 및 차순위 매수신고

인이 대금을 납부하지 않을 때는 재경매를 해야 한다. 이 때 전낙찰자 및 차순위 매수신고인의 보증금을 최저 경매가격에 합산하여 잉여의 유무를 판단하되 그렇게 해도 잉여가 없다고 인정될 때는 민사소송법 제616조 소정의 절차를 다시 밟아야 한다는 견해

⑥ 매수 신고가 있은 후에 우선채권의 누락이 발견된 경우

민사소송법 제616조 제2항 소정의 매수 신고가 있은 후에 경매 신청채권자에게 우선하는 주택임대보증금 반환채권의 누락이 발견된 경우, 경매법원은 새로이 잉여 가망이 없다는 통지를 해야 한다 (대결 94. 9. 5. 94마 1205).

(6) 낙찰불허가 결정과 경매 취소

잉여의 가망이 없다는 통지를 받은 날로부터 7일 내에 압류채권자의 적법한 매수 신청 및 보증의 제공이 없으면 법원은 결정으로 경매 절차를 취소해야 한다(제616조 제2항). 따라서 매수의 신청이 없으면 경매개시 결정을 취소하고 경매 신청을 기각한다. 이 때 취소 결정은 채권자에게 고지한다(부록 〔서식 29〕 부동산 강제경매 취소 결정문 참조).

취소 결정이 확정되면 법원은 직권으로 위의 취소 결정을 등기 원인으로 하여 경매 신청 기입등기의 말소를 촉탁한다.

(7) 무잉여경매 취소에 대한 위반의 효과

최저 경매가격이 압류채권자의 채권에 우선하는 채권과 절차비

용에 미달하는데도 불구하고, 경매법원이 이를 간과하고 민사소송법 제616조 소정의 조치를 취하지 않은 채 경매 절차를 진행한 경우에, 최고가 매수신고인의 매수가액이 우선채권총액과 절차비용을 초과하는 한 그 절차 위반의 하자는 치유된다.

그러나 매수가액이 우선채권총액과 절차비용에 미달할 때, 경매법원은 경락을 불허가하는 결정을 해야 한다. 경매법원이 절차를 그대로 진행했다 하여 매수가액이 우선채권총액과 절차비용에 미달함에도 불구하고 그 법 조항 위반의 하자가 치유된다고는 할 수 없다(대결 95. 12. 1. 95마 1143).

이 때에는 경락허가 결정에 대하여 즉시항고를 할 수 있는데, 즉시항고를 할 수 있는 자는 압류채권자와 우선채권자에 한하고, 채무자·소유자는 항고할 수 없다(대결 87. 10. 30. 87마 861).

(8) 민사소송법 제616조의 적용이 문제되는 경우

1) 압류채권자가 목적부동산을 취득할 자격이 없는 경우

압류채권자가 목적부동산을 취득할 자격이 없는 경우에는 민사소송법 제616조 소정의 절차를 생략하고 바로 경매 절차를 취소할 수 있다. 왜냐하면 동 조 제1항의 통지를 하더라도 동 조 제2항에 의한 매수 신청을 할 수 없기 때문이다.

단, 경매법원은 그 자격취득에 관하여 나중에 보완이 가능한 경우에는 민사소송법 제616조 소정의 절차를 밟아 매수 신고를 받고, 낙찰기일까지 그 자격을 보충할 수 있도록 기회를 주어야 한다.

2) 신경매의 경우

민사소송법 제616조는 경매 절차의 시초부터 최저 경매가격이 우선채권 총액에 미달하는 경우에 적용될 뿐만 아니라, 경매기일에 매수 신고가 없어 신경매에서 최저 경매가격을 저감한 결과 우선채권 총액에 미달하는 경우나 압류가 경합된 경우 먼저 개시 결정한 경매 신청이 취하되거나 경매 절차가 취소되어 뒤의 경매개시 결정에 의하여 경매가 진행될 때, 뒤의 경매신청인에 대한 우선채권 총액이 최저 경매가격에 미달하는 경우에도 적용된다.

3) 별제권을 행사하는 경우

파산관재인이 파산법 제193조 제1항에 의하여 별제권의 목적이 된 부동산을 환가하기 위하여 강제경매를 신청하는 경우에는, 위 파산법의 규정이 파산관재인으로 하여금 파산 절차를 조속히 완결시키고자 하는 데 그 목적이 있으므로 본 조의 적용은 하지 않는다. 즉 별제권자가 그 권리의 만족을 얻을 수 없다 하더라도 경매 절차는 취소되지 않는다.

제2장 매각조건의 결정

1. 매각조건이란

매각조건이란 법원이 경매부동산을 매각하여 그 소유권을 낙찰자에게 이전시키는 조건을 말한다. 다시 말하면, 경매의 성립과 효력에 관한 조건을 말한다.

(1) 매각조건의 종류
매각조건은 법정 매각조건과 특별 매각조건으로 구별된다.
법정 매각조건은 모든 경매 절차에 공통하여 법이 미리 정한 매각조건을 말한다. 경매도 일종의 매매라 할 수 있으나 통상의 매매에 있어서는 그 조건을 당사자가 자유로이 정할 수 있지만, 강제경매는 소유자의 의사에 반하여 행해지고 이해관계인도 많으므로 법은 매각조건을 획일적으로 정했다(매각조건법정주의).
특별 매각조건은 각개의 경매 절차에서 특별히 정한 매각조건을 말한다. 즉 구체적인 경매 절차에서 법정 매각조건 중 이해관계인의 합의에 의하여 또는 법원이 직권으로 변경한 조건이 특별 매각조건이다(제622조 제1항, 제623조).

(2) 매각조건의 고지 등

특정의 경매 절차가 법정 매각조건에 의하여 실시되는 경우에는 경매기일에 그 매각조건의 내용을 관계인에게 알릴 필요가 없다. 그러나 특별 매각조건이 있는 경우에는 집행관이 그 내용을 고지하고 매수가격 신고를 최고해야 하며(제624조), 특별 매각조건으로 경락한 때는 경락허가 결정에 그 조건을 기재해야 한다(제640조 제1항).

2. 법정 매각조건

(1) 최저 경매가격 미만의 매각불허

경매에 있어서는 미리 결정·공고한 최저 경매가격 미만의 가격으로는 경락을 허가할 수 없다(제631조). 최저 경매가격은 이해관계인의 합의에 의해서도 변경할 수 없다(제622조 제1항).

(2) 잉여가 없는 경우의 경매불허

우선채권을 변제하고 자기에게 돌아올 잉여가 있는 등 압류채권자 입장에서 그 경매를 실시할 이익이 있는 경우가 아니면 경매하지 못한다(제608조·제616조).

(3) 부동산 위의 물적 부담의 소멸과 인수의 범위

저당권 및 존속기간이 정해져 있지 않거나 제611조의 등기 후 6월 이내에 그 기간이 만료되는 전세권은 경락으로 인하여 소멸하고(제608조 제2항), 경락인은 유치권으로 담보되는 채권을 변제할 책임이 있다(제608조 제3항).

(4) 매수인의 자격

집행채무자는 매수인 자격이 없다(규칙 제153조·제119조).

(5) 매수신청인(입찰자)의 의무

매수신청인은 매수보증으로 매수신고가격의 10분의 1에 해당하는 현금 또는 유가증권을 집행관에게 보관시켜야 하고(제625조), 매수신고인은 다시 그보다 고가의 매수허가가 있을 때까지 그 신고가격에 구속을 받아(제626조 제1항) 매수 신고를 철회할 수 없다.

(6) 경락인의 대금지급 의무와 그 지급시기

경락인 대금지급기일에 대금을 지급해야 한다(제654조·제648조).

(7) 경락인의 소유권 취득시기

경락인은 경락대금을 완납했을 때에 부동산의 소유권을 취득한다(제646조의 2).

(8) 소유권 취득등기의 시기, 방법 및 비용부담

경락대금이 완납된 경우에 행하는 경락인명의로의 소유권 이전등기 및 경락인이 인수하지 않은 부동산 위의 부담의 말소등기는 법원의 촉탁에 의해야 하며, 그 비용은 경락인이 부담한다(제661조).

(9) 경락인이 인도청구를 할 수 있는 시기

경락인은 대금을 완납한 후 6월 내에 인도명령을 신청하여 인도를 받을 수 있다(제647조 제1항).

(10) 경락인의 추탈담보에 기한 청구권(담보책임, 위험부담)

경락허가 결정확정 전의 목적물 멸실 등에 관해서는 민법상의 담보책임이론(민 제578조)이, 확정 후의 경우에는 위험부담이론(민 제537조)이 각각 적용된다.

(11) 공유지분 경매의 경우의 최저 경매가격 결정(제649조 제2항), 통지받은 타공유자의 우선매수권(제649조 제1항, 제650조)

공유물지분 경매의 경우에는 다른 공유자에게 그 경매의 신청이 있음을 통지해야 하고 최저 경매가격은 공유물 전부의 평가액을 기본으로 채무자의 지분에 관하여 정해야 한다.

이 때 통지를 받은 공유자가 경매기일까지 보증을 제공하고 최고가 매수신고가격과 동일한 가격으로 채무자의 지분을 우선매수할 것을 신고한 경우에는 법원은 그 공유자에게 경락을 허가해야 한다.

(12) 법정 매각조건이 아닌 사항

법정 매각조건이라고 할 수 없는 것으로는 경매장소, 경매기일, 경락기일, 기일의 공고, 경락허부 결정의 방법 등을 들 수 있다. 경락허부에 관한 이의의 진술, 경락허부 결정에 대한 항고권 등도 각 이해관계인이 가지는 집행법상의 권리이지 매각조건은 아니다.

3. 특별 매각조건

(1) 특별 매각조건이란

법정 매각조건 중에서 공공의 이익이나 경매의 본질에 관계되지 않는 조건들은 이해관계인 전원의 합의에 의하여 또는 법원의 직권으로 이를 변경할 수 있는데, 이와 같이 각개의 경매 절차에 있어서 이해관계인의 합의 또는 법원의 직권으로 변경한 매각조건을 특별 매각조건이라 한다. 단, 환가의 본질적·근본적·필연적인 조건은 변경할 수 없음을 주의해야 한다.

(2) 특별 매각조건의 고지

특정의 경매 절차가 법정 매각조건에 의해 실시되는 경우에는 경매기일에 그 매각조건의 내용을 관계인에게 알릴 필요가 없으나, 특별 매각조건이 있는 경우에는 그 내용을 집행관이 경매기일을 개시할 때 이를 고지해야 한다(제624조). 특별 매각조건으로 경락했을 때는 경락허가 결정에 그 조건을 기재해야 한다(제640조 제1항). 이에 위반한 경우 경락허가에 대한 이의 사유가 된다.

(3) 합의에 의한 특별 매각조건

최저 경매가격 이외의 법정 매각조건은 이해관계인 전원의 합의에 의하여 변경할 수 있다(제622조 제1항). 합의할 이해관계인은 제607조 각 호 소정의 자 중 입찰기일까지 이해관계인이 된 자로서 당해 매각조건의 결정변경에 의하여 자기의 권리에 영향을 받는 자이다.

이해관계인은 합의에 따른 매각조건변경 신청을 인지를 첨부하지 않고 할 수 있다(부록 [서식 30] 매각조건변경 신청서 참조). 경매법원은 이해관계인이 법정 매각조건변경의 합의를 하여 매각조건변경 신청을 했을 때는 그 변경이 적합한 것인가를 심사하여 그것이 적법하다고 인정하면 이에 구속되어 매각조건변경의 결정을 한다. 조건변경의 효과는 이해관계인의 합의에 기하여 법원이 매각조건변경의 결정을 해야 발생한다.

매각조건변경 결정은 합의에 참가한 이해관계인에게 고지해야 한다. 고지 방법은 경매법원이 상당하다고 인정하는 방법에 의하면 되는데, 통상 경매기일공고에 기재하든가 결정정본을 송달하는 방법에 의한다.

1) 합의로 변경가능한 매각조건

이해관계인의 합의로 변경할 수 있는 매각조건은 경락대금의 지급 방법과 시기, 소유권 이전시기, 잉여주의의 원칙, 부동산 위의 담보권·용익권의 인수·소멸에 관한 매각조건 등이 있다.

최저 경매가격에 미달하는 가격으로 할 수 없다고 한 것은 최저 경매가격은 공익에 관계되는 매각조건이므로 이해관계인의 합의로서도 변경할 수 없도록 한 것이지만, 경매법원이 결정한 최저 경매가격을 인상하기로 하는 합의는 유효하다.

최저 경매가격 외에도 낙찰자에 대한 소유권 이전과 같은 입찰의 근본에 관한 매각조건은 이해관계인의 합의가 있어도 변경할 수 없다고 해석된다. 합의변경한 것을 다시 합의하여 변경하는 것은 가능하지만, 법원이 직권변경한 것을 다시 합의변경하지는 못한다.

2) 매각조건변경의 시적 한계

이해관계인의 합의에 의한 매각조건변경 신청은 경매기일까지 할 수 있다(제622조 제2항).

여기서 경매기일까지라고 한 것은 실제로는 경매기일이 열릴 때까지를 의미한다. 신경매, 재경매의 경우에도 마찬가지로 각 그 기일이 열릴 때까지이다. 필요한 경우에는 경매법원이 경매기일 전에 특별기일을 열어 이해관계인으로 하여금 합의가 성립되도록 협의하게 할 수도 있다.

3) 매각조건변경 합의의 효과

경매법원은 이해관계인으로부터 합의에 따른 매각조건변경 신청이 있으면 그 합의가 유효하게 성립된 이상 이에 구속되어 매각조건변경 결정을 해야 한다. 만일 매각조건변경 결정을 하지 않고 전의 매각조건대로 경매를 명했을 경우에는 이의 사유(제633조 제4호)가 된다.

모든 이해관계인의 유효한 합의 없이 매각조건을 변경하여 경매를 실시한 경우에도 이의 사유에 해당된다. 왜냐하면 이러한 경우는 매각조건의 정함이 위법하기 때문이다.

(ㄴ) 직권에 의한 특별 매각조건

경매법원은 필요하다고 인정할 때는 직권으로 법정 매각조건을 변경할 수 있다(제623조 제1항). 법원은 합의변경 조건 및 직권변경 조건을 다시 직권으로 변경할 수도 있고, 이해관계인의 합의로써도 변경할 수 없는 최저 경매가격이라도 직권으로 변경할 수 있다(제623조 제2항 단서 참조). 그러나 경매의 근본에 관한 매각조건은 변경할 수 없다고 해석된다. 개별경매를 법정 매각조건으로 보는 입장에서는 일괄경매 결정(제615조의 2)을 직권에 의한 매각조건변경으로 본다.

실무상으로는 일괄경매 결정 외에 재경매로 인한 절차지연을 방지하기 위하여 입찰보증금을 입찰가액의 10분의 2나 3 정도로 증액하는 경우와 농지경매에 있어서 입찰자를 농지 취득자격이 있는 자(농지법 제6조·제8조)로 제한하는 경우가 있다.

경매법원은 직권으로 매각조건을 변경하고자 하는 경우에 집행관에게 그 부동산에 대한 필요한 조사를 하게 할 수 있다(제623조 제3항).

법원이 직권으로 법정 매각조건을 변경할 경우에도 매각조건변경 결정을 한다. 결정의 고지 방법도 합의변경의 경우와 같다.

직권에 의한 매각조건변경 결정에 대하여는 원칙적으로 불복하지 못하지만, 최저 경매가격의 변경에 대하여는 즉시항고를 할 수 있다(제623조 2항).

> **실무에서 특별 매각조건을 다는 경우**
>
> 1. 현재 실무에서는 재입찰의 경우에는 특별 매각조건으로 채권자 이외의 자가입찰인이 되고자 할 때에는 입찰가격의 10분의 2에 해당하는 현금이나 법원이 인정한 유가증권을 즉시 집행관에게 보관시켜야 한다는 결정을 하고 있다.
> 2. 경락인이 대금지급을 지연하는 경우에 지연이자율을 연 25%로 하고 있는 바, 이것은 새로운 매각조건을 설정하는 것이 아니고 민소 제623조에 따른 직권에 의하여 법정 매각조건을 변경하는 특별 매각조건에 해당한다.
> 3. 저당권부 별도등기 있는 집합건물에 관하여 경매 신청이 있는 경우 경매 실무에서는 토지(대지권)에 대한 저당권을 인수할 것을 조건으로 경매한다는 특별 매각조건(민소 제623조)을 다는 경우가 많다.

4. 분할경매(개별경매)와 일괄경매

하나의 경매 절차에서 수개의 부동산을 경매하는 경우에 최저 경매가격의 결정과 경매를 각 부동산별로 하는 방법과 수개의 부동산 전부에 대해 일괄하여 하는 방법이 있다. 전자를 분할경매, 후자를 일괄경매라 한다.

(1) 분할경매의 원칙

민사소송법은 분할경매를 원칙으로 하고 있다. 이것은 법에 명문으로 규정된 것은 아니지만, 1개 부동산의 매득금으로 각 채권자의 채권 및 집행비용에 충분할 때는 다른 부동산에 대한 낙찰을 허가하지 않으며, 이 경우 채무자는 낙찰할 부동산을 지정할 수 있다는 규정(제636조)과 일괄경매에 관한 특칙(제615조의 2)에 비추어 보면 명백하다.

(2) 법원의 재량에 의한 일괄경매

수개의 부동산을 동시에 경매하는 경우에, 법원이 수개의 부동산의 위치·형태·이용관계 등을 고려하여 이를 동일인에게 일괄매수시킴이 상당하다고 인정될 때는 일괄경매할 것을 정할 수 있다(제615조의 2). 경매부동산을 분할경매하는 것은 법정 매각조건이 아니며 법원은 자유재량에 의하여 분할경매할 것인지 일괄경매할 것인지를 결정할 수 있다(대결 64. 6. 24. 64마 444).

따라서 법원은 이해관계인의 합의가 없어도 일괄경매를 명할 수 있고, 일단 일괄경매로 정한 것을 분할경매로, 분할경매로 정한 것을 일괄경매로 변경할 수도 있다.

(3) 일괄경매를 할 수 있는 경우

수개의 부동산 상호간에 위치·형태·이용관계 등을 고려하여 이를 동일인에게 일괄매수시킴이 상당하다고 인정한 때, 즉 객관적·경제적으로 유기적 일체성이 인정되어 일괄입찰해야 고가로 매각될 수 있고 또 사회·경제적으로도 유리한 경우에 법원 재량으로 일괄경매를 명할 수 있다(제615조의 2).

이해관계인 전원이 합의하여 일괄경매 신청을 하는 경우에 법원은 이를 존중하여 일괄경매하는 것이 타당하다.

일괄경매 신청은 인지를 첨부하지 않고 신청할 수 있으며 신청서(부록〔서식 31〕부동산 일괄입찰 신청서 참조)가 제출되면 문서건명부에 등재하고, 이를 경매 신청 사건기록에 시간적 접수순서에 따라 가철한다(송민 91-1 예규).

토지와 지상 건물이 동시에 경매되거나(민 제365조) 토지와 건물이 하나의 기업시설을 구성하고 있는 경우 또는 2필지 이상의 토지의 경매로서 분할경매에 의하여 일부 토지만이 낙찰되면 나머지 토지가 현저히 값이 내려가게 될 경우에는 과잉경매의 여부를 가릴 것 없이 일괄경매를 해야 한다. 판례에서도 공장저당법에 의한 저당권의 실행으로 경매가 이루어지는 경우에 공장저당 물건인 토지 또는 건물과 그에 설치된 기계·기구, 기타 공장의 공용물과는 유기적인 일체성이 있으므로 반드시 일괄경매해야 한다고 판시한 바 있다(대결 92. 8. 29. 92마 576).

또한 토지와 그 지상 건물의 소유자가 공동저당권을 설정한 후 건물을 철거하고 그 토지상에 새로운 건물을 축조하여 소유하고 있는 경우에는 건물이 없는 나대지상에 저당권을 설정한 후 저당권설정자가 건물을 축조한 경우와 마찬가지로 저당권자는 민법 제365조에 의하여 토지와 신축건물의 일괄경매를 청구할 수 있다(대결 98. 4. 28. 97마 2935).

수개의 부동산의 압류채권자와 각 소유자가 다르더라도 일괄경매를 하는 데는 아무런 지장이 없다. 따라서 남편 소유의 토지와 그 지상의 처 소유의 건물, 법인대표자 소유의 토지와 그 지상의 법인 소유의 건물 등에 관하여도 그들이 각 압류채무자인 한 일괄경매가 가능하다. 또한 각 부동산마다 저당권 등의 권리가 다르다거나 그 순위가 다를 때도 일괄경매를 할 수 있다. 단, 이러한 경우 등에는 각 부동산별로 매각대금과 집행비용을 확정할 필요가 있으므로 일괄하여 최저 경매가격을 정하는 외에 각 부동산별로도 최저 경매가격을 정한다(제655조 제2항 참조).

> 공장저당법 제4조·제5조는 공장에 속하는 토지 또는 건물에 설정한 저당권의 효력은 그 토지 또는 건물에 설치된 기계·기구, 기타의 공장 공용물에 미치고, 같은 법 제10조 제1항은 공장저당권의 목적인 토지 또는 건물에 대한 압류의 효력이 공장 공용물에 미친다고 하여 집행의 불가분성을 규정하고 있으므로, 법원의 경매 절차에서 공장저당권의 목적인 토지 또는 건물에 대한 경매개시 결정이 내려져, 위 토지 또는 건물이 압류된 경우에는 특별한 사정이 없는 한 공장저당권의 목적인 토지 또는 건물과 함께 그 공장 공용물도 법률상 당연히 일괄경매되어 경락허가 결정도 일괄하여 이루어지는 것이다. 경매법원이 경매개시 결정에서 공장 공용물을 경매목적물로 명시하지 않았거나 경매목적물의 감정평가와 물건명세서에서 이를 누락했다고 해도 달리 볼 것은 아니며, 경매법원이 경락허가 결정에서 그 목적물을 표시함에 있어 공장 공용물을 누락했어도 특별한 사정이 없는 한 이것은 오기, 기타 이에 유사한 오류가 있음에 불과한 것으로서 경매법원은 이를 보충하는 경정 결정을 할 수 있다(대법원 2000. 4. 14. 선고 99마 2273 결정).

(4) 일괄경매가 허용되지 않는 경우(개별경매를 해야 하는 경우)

분할경매를 하는 편이 일괄경매를 하는 것보다 고가로 매각할 수 있으리라 예측되는 경우에는 일괄경매를 할 수 없다.

과잉경매로 되는 경우에도 일괄경매가 허용되지 않는다. 즉 매득금으로 각 채권자의 채권과 집행비용을 상환함에 충분한 경우(제636조 제1항)에는 동일 경매 절차의 대상이 되는 수개의 부동산 전부를 일괄경매하는 것은 허용되지 않는다.

그러나 토지와 그 지상 건물이 동시에 경매하는 경우에는 앞서 말한 바와 같이 설사 과잉경매에 해당되더라도 토지와 건물의 경제적·사회적인 용도와 효용으로 보아 예외적으로 일괄경매를 인정하고 있다(대결 67.8.31. 67마 781).

(5) 일괄경매의 절차

1) 최저 경매가격의 결정

일괄경매를 할 때 각 부동산별로 매각대금과 집행비용을 확정할 필요가 있을 때, 즉 각 부동산별로 소유자나 배당받을 채권자가 상이한 경우 등에는 일괄하여 최저 경매가격을 결정하는 것 외에 각 부동산별로 최저 경매가격을 결정해야 한다.

물론 각 부동산의 소유자가 동일하여 각 부동산별로 매각대금을 확정할 필요가 없는 경우에는 일괄경매하는 부동산 전체에 대한 최저 경매가격만을 정해도 된다. 단, 이 경우에도 과잉경매에 해당하는지의 여부를 판단하기 위하여 감정평가만은 일괄평가 외에 각 부동산마다 개별적으로 그 가액을 산출해야 한다.

각 부동산마다 최저 경매가격을 정함에 있어서 이를 어떻게 결정할 것인가에 관하여는 각 부동산을 분할매각하는 것을 전제로 그 가액을 평가하여 이를 기준으로 최저 경매가격을 정하면 족하다는 견해와 일괄경매로 인하여 부동산의 이용가치가 증가된 정도가 각 부동산마다 다를 경우에는 단순히 분할매각할 때의 가액을 기준으로 해서는 안 되고 이용가치가 증가된 비율이 다른 점을 참작하여 각 부동산별로 따로 그 가액을 평가하여 이를 기준으로 각 그 최저 경매가격을 정해야 한다는 견해가 서로 대립하고 있다.

2) 일괄경매 결정과 병합 결정

법원이 일괄경매하기로 정하면 일괄경매를 한다는 결정을 하여 기록에 결정문을 편철한다. 결정을 이해관계인에게 송달하지는 않는다.

수인의 채권자가 각각 경매 신청을 하거나 또는 소유자별로 따로 경매 신청이 된 수개의 부동산을 일괄경매함에 있어서는 각 사건의 병합 결정을 한다. 이 경우에 일괄경매를 한다는 결정에는 병합 결정이 포함되어 있는 것으로 볼 수도 있으나 병합 결정을 하여 기본 사건과 병합되는 사건을 기록상 명백히 해두는 것이 절차진행에 편리하다.

3) 일괄경매취지의 공고 · 고지

일괄경매를 하는 경우에는 경매기일공고에 일괄경매를 한다는 취지를 기재해야 한다(규칙 제152조 제1호). 그리고 집행관은 경매기일에서 매수 신고의 최고를 하기 전에 일괄경매를 한다는 취지를 반드시 고지해야 한다(제624조).

만약 경매기일공고 후에 일괄경매로 변경된 경우에는 그 취지를 다시 공고할 필요는 없고, 집행관이 경매기일에 경매를 실시하면서 매수 신고 최고 전에 이를 고지하면 된다.

4) 일부의 경락불허 사유가 전부에 미치는 영향

일괄경매한 수개의 부동산 중 일부에 대하여 낙찰불허가 사유가 있는 경우에는 전체에 대하여 낙찰불허를 해야 한다(대결 84. 2. 8. 84마카 31).

5) 일괄경매 결정에 대한 불복

법원의 일괄경매 결정에 대하여 불복이 있는 자는 집행에 관한 이의를 신청할 수 있다(제504조 제1항).

참 고 판 례

가. 구분건물에 대한 경매에 있어서 비록 경매 신청서에 대지사용권에 대한 아무런 표시가 없는 경우에도 집행법원으로서는 대지사용권이 있는지, 그 전유부분 및 공용부분과 분리처분이 가능한 규약이나 공정증서가 있는지 등에 관하여 집달관에게 현황 조사명령을 할 때에 이를 조사하도록 지시하는 한편, 그 스스로도 관련자를 심문하는 등의 가능한 방법으로 필요한 자료를 수집해야 한다. 그 결과 전유부분과 불가분적인 일체로서 경매 대상이 되어야 할 대지사용권의 존재가 밝혀졌을 때는 이를 경매목적물의 일부로서 경매 평가에 포함시켜 최저 입찰가격을 정해야 할 뿐만 아니라, 입찰기일의 공고와 입찰물건명세서의 작성에 있어서도 그 존재를 표시해야 한다. 그러나 그렇지 않고

대지사용권이 존재하지 않거나 존재하더라도 규약이나 공정증서로써 전유부분에 대한 처분상의 일체성이 배제되어 있는 경우에는 특별한 사정이 없는 한 전유부분 및 공용부분에 대하여만 경매 절차를 진행해야 한다.
… 대지사용권이 존재함에도 그에 대한 경매 신청이 없다는 이유로 집행법원이 대지사용권의 존부 등에 관하여 조사함 없이 전유부분 및 공용부분에 대하여만 경매 절차를 진행한 경우에 있어서도, 대지사용권에 대하여 분리처분이 가능한 규약이나 공정증서가 없을 때는 전유부분에 대한 경매개시 결정 및 압류의 효력이 그 대지사용권에도 미치므로 일괄경매를 할 필요가 없다(다만, 이 경우 이해관계인으로서는 입찰기일의 공고가 법률의 규정에 위반하거나 최저 입찰가격의 결정 또는 입찰물건명세서 작성에 중대한 하자가 있음을 이유로 민사소송법 제632조, 제642조 제2항, 제633조 제6호 등에 의하여 입찰허가에 대한 이의를 하거나 입찰허가 결정에 대한 항고를 함으로써 구제받을 수 있다고 할 것이다). 그와 같은 내용의 규약이나 공정증서가 있을 때는 전유부분에 대한 경매개시 결정 및 압류의 효력이 대지사용권에는 미치지 않고 그 대지사용권이 경매목적물에서 제외되어 일괄경매의 요건을 충족하지 않기 때문에 일괄경매를 할 수가 없으므로, 구분건물의 대지사용권이 존재한다고 하더라도 그에 대한 경매 신청이 없었던 이상 집행법원이 이를 그 전유부분 및 공용부분과 일괄경매하지 않았다 하여 그러한 사유만으로 경매 절차에 하자가 있다고 할 수 없다(대법원 1997. 6. 10. 선고 97마 814 결정).

나. 경매목적토지 및 건물과 별개의 독립한 시설 또는 건물에 대하여 경매신청인의 별도의 경매 청구는 물론이고 어느 누구로부터도 일괄경매의 대상이 된다는 주장이나 소명조차 없는 상태에서 경매 절차가 진행되어 입찰 대상 토지 및 건물에 대한 낙찰허가 결정까지 있게 되었다면, 그 후 후순위저당권자로서는 그와 같은 별개의 독립한 건물에 대하여 일괄경매를 해야 한다는 소명자료를 제출하면서 경매 절차에 있어 최저 경매가격 결정이나 일괄경매 결정에 하자가 있다고 주장할 수 없다(대법원 2000. 11. 2. 선고 2000마 3530 결정).

 쉬어가는 페이지 | 일반 법률 상식 ③

일괄매각의 확대(민사집행 법안 제98조 · 제101조)

2001년 9월 현재 국회에 계류중인 민사집행법안에서는 일괄매각의 범위를 확대하여 경매목적물이 서로 다른 종류의 재산이라 하더라도(단, 강제집행의 대상이 금전채권인 경우는 제외) 그 이용관계를 고려하여 동일인에게 일괄매수하게 하는 것이 상당한 때는 직권 또는 이해관계인의 신청에 의하여 이를 일괄매각할 수 있도록 규정하고 있다. 이것은 서로 다른 종류의 재산이라 하더라도 일괄하여 매각하는 것이 경매가격의 적정화와 사회적 효용의 증대라는 측면에서 더 바람직한 경우가 있기 때문이다.

즉 동일한 채무자에게 속하는 공장건물과 대지, 기계설비 등에 대하여 강제집행을 하는 경우에는 부동산 집행, 동산 집행에 따라 각각 다른 사람에게 경매됨으로써 생산시설이 모두 해체되어 저가로 매각되는 것보다는 동일인에게 일괄매각하는 것이 바람직하다. 현행법상으로는 이들이 공장저당법 등에 의하여 재단을 구성하고 있지 않는 한 각각 별도의 절차에 의해 경매할 수밖에 없도록 되어 있다. 서로 종류가 다른 재산을 일괄매각하는 경우의 경매 절차는 그 중 가장 엄격한 절차에 의해야 할 것이므로, 법안은 부동산과 다른 재산을 일괄매각하는 경우에는 부동산 경매 절차에 의하도록 하고 있고(법안 제98조), 일괄매각의 공익성을 중시하여 과잉경매금지 원칙의 예외를 인정하였다(법안 제101조).

제3장 입찰기일 및 낙찰기일의 지정·공고·통지·변경

경매 절차에 있어서의 환가 방법에는 경매에 의한 매각 방법과 입찰에 의한 매각 방법이 있다. 민사소송법은 경매에 의한 매각에 관하여 상세히 규정(제617조·제662조)한 후, 입찰에 의한 매각에 관하여 수개의 특별규정을 두고(제663조·제666조) 그 밖의 사항에 관해서는 그 성질에 반하지 않는 한 경매의 절차에 관한 규정을 준용하는 체제를 취하고 있다(제663조 제2항, 규칙 제159조).

과거에는 경매 실무에서 입찰에 의한 매각을 거의 실시하지 않다가, 1993년 2월 25일 송무심의 14호로 부동산 등에 대한 입찰실시에 관한 사무처리집(송민 93-21)이 제정되고, 1993년 3월 3일 민사소송규칙이 개정되어 입찰에 관한 상세한 규정이 신설됨에 따라(규칙 제159조의 2·제159조의 10) 1993년 5월 11일부터 서울민사지방법원에서 부동산의 매각 방법을 입찰로 바꾸어 시행한 이래 1994년 초부터는 전국의 법원으로 입찰의 실시 범위가 확대되어 있다.

따라서 이 책에서는 입찰 절차를 중심으로 설명하고자 한다.

1. 입찰기일 및 낙찰기일의 지정

(1) 입찰기일의 지정

경매(입찰)기일이란 경매법원이 경매부동산에 대한 경매(입찰)를 실시하는 시기를 말한다.

법원은 공과주관 사무소에 대한 통지, 현황 조사, 최저 입찰가격 결정 등의 절차가 끝나고 경매 절차를 취소할 사유가 없는 경우에는 직권으로 입찰기일을 지정·공고한다(제663조 제2항, 제617조).

최초의 입찰기일의 지정·게시 및 공고는 현황 조사 보고서 및 평가서의 접수일부터 3일 이내에 한다(송민 91-5).

입찰기일의 지정은 연·월·일·시각을 특정해야 한다. 만일 입찰기일에 시각의 지정이 없으면 법원의 일상 업무개시시간 이후의 적당한 시간에 개정하는 취지라고 보면 된다.

최초의 입찰기일이 되는 날은 공고일로부터 14일 이후로 정하되(제619조 제1항), 신문공고의뢰일부터 20일 이내로 정해야 한다(송민 91-5). 이러한 규정은(제619조 제1항)은 강행 규정으로서 위의 기간(14일)의 불준수는 낙찰불허 사유가 된다(대결 60. 7. 19. 4293민재항 199). 이 기간은 공고사항에 변경이 있을 때는 변경공고일로부터 계산하여 준수되어야 하며, 위의 계산법은 공고일로부터 14일째 되는 날을 포함하여 그 이후의 날을 입찰기일로 지정하면 된다(대결 79. 3. 20. 79마 79).

신입찰기일과 재입찰기일은 공고일부터 7일 이후(제631조 제2항, 제648조 제3항) 20일 이내로 정해야 한다(송민 91-5).

(2) 낙찰기일의 지정

입찰이 실시되어 최고가입찰자가 있을 때 법원이 출석한 이해관계인의 진술을 듣고 입찰 절차의 적법 여부를 심사하여 낙찰허가 또는 불허가의 결정을 선고하는 기일을 낙찰기일이라 한다.

법원은 입찰기일을 지정함과 동시에 직권으로 낙찰기일을 지정해서 공고해야 한다(제663조 제2항, 제617조).

낙찰기일은 입찰기일로부터 7일 이내로 정해야 한다(제620조 제1항). 그러나 이 규정은 훈시 규정에 불과하기 때문에 집행법원이 입찰기일로부터 7일을 경과한 일자로 낙찰기일을 지정했어도 그 낙찰기일을 부적법한 것이라고 할 수 없다(대결 84. 8. 23. 84마454).

(3) 일괄지정

입찰기일과 낙찰기일의 지정은 원칙적으로 입찰을 실시할 때마다 해야 하지만 3~4회 정도의 기일을 일괄하여 지정할 수도 있다(송민 98-11).

(4) 사건 목록 작성

입찰기일이 지정되면, 경매할 사건의 사건번호를 기재한 사건 목록 3부를 작성하여 1부는 경매공고서와 같이 게시하고, 1부는 담임 법관에게, 1부는 집행관에게 송부한다(송민 83-5·84-1).

단, 공고서와 함께 게시하는 사건 목록에는 공고일자를 명시한다(98. 8. 26. 송무 예규 632호).

(5) 경매명령과 입찰명령

법원이 경매기일을 지정하면 경매명령을 발한다(부록 〔서식 32〕 경매·입찰 명령서 참조). 이 경매명령은 집행관에게 별도로 송부하지 않고 기록에 가철해 두었다가 경매기일공고가 끝난 후에 경매사건기록과 함께 집행관에게 교부하여 경매를 실시하게 한다.

앞서 말한 바와 같이 법원은 직권 또는 이해관계인의 신청에 의하여 경매에 갈음하여 입찰을 명할 수 있다(제663제 제1항). 이를 입찰명령이라고 한다. 이해관계인은 경매부동산을 입찰로써 매각할 것을 신청할 수 있으나, 법원이 이에 구속되는 것은 아니므로, 입찰명령의 발령 여부는 법원이 재량으로 결정한다. 다만, 현재 실무에서는 모든 사건에 관하여 직권으로 입찰을 명하고 있다.

입찰명령은 입찰기일의 공고 전에 해야 한다(제663조 제1항). 따라서 입찰을 실시하려면 미리 입찰기일임을 명시하여 지정하고 이를 공고해야 한다.

2. 입찰기일 및 낙찰기일의 공고

집행법원은 입찰 및 낙찰기일을 지정했을 때는 이를 공고해야 한다(제663조 제2항, 제617조).

입찰기일공고는 민사소송법 소정의 공고사항을 기재한 서면을 법원의 게시판에 게시하는 방법으로 한다(제621조 제1항). 그러나 최초의 입찰기일공고는 그 요지를 신문에 게재해야 하고(제621조 제2항), 법원이 필요하다고 인정하는 경우에는 그 외의 입찰기일에 관하여도 신문에 게재할 수 있다(제621조 제2항, 송민 83-5).

법원사무관 등은 입찰기일을 공고한 경우에는 입찰기일공고 및 공고게시보고서를 2통 작성하여 1통은 게시하고, 1통은 기록에 가철한다. 또한 그 사본 1통을 담임 사무관 등의 사무실에 비치하여 이해관계인이나 일반인이 열람할 수 있도록 한다.

(1) 공고 방법

1) 법원 게시판에의 게시

입찰기일공고는 공고사항을 기재한 서면을 법원의 게시판에 게시하는 방법으로 행한다(제621조 제1항, 제663조 제2항).

입찰기일공고는 집행법원이 하는 것이므로 공고사항을 기재한 공고서에는 공고시행 명의인으로 집행법원(법원조직법상의 법원)을 표시하고 법원의 청인을 압날하고 법원사무관 등의 직인을 간인한다. 이 때 집행법원의 표시 외에 그 법원을 구성하는 법관의 성명 또는 현실적으로 공고를 게시하는 자의 성명 표시나 날인을 할 필요는 없다.

입찰기일공고서는 2통을 작성하여 그 중 1통은 기록에 가철하고 1통은 법원의 게시판에 게시한다. 법원 게시판에의 게시는 법원사무관 등이 하게 된다.

실무상에서는 게시판이 없어지는 것을 막기 위하여 법원이 게시판에 철창문을 만들어 달고 잠금장치를 하여, 그 안에 게시문을 여러 개 겹쳐서 매달아 놓는다.

> 경매법원이 경매기일공고 서류를 게시하는 경우, 공고 내용을 게시판에서 읽을 수 있는 한 법원 게시판이 철창문으로 잠겨져 있다 해서 위법하다고 할 수 없다(대법원 1995. 9. 6. 선고 95마 596 결정).

2) 신문에의 공고

죄조 경매기일의 공고는 공고서를 게시판에 게시하는 것 외에 그 요지를 신문에 게재해야 한다(제621조 제2항). 신문에 경매기일을 공고함에 있어서는 경매할 부동산, 최저 경매가격 및 경매의 일시와 장소를 공고해야 한다(규칙 제153조의 2).

그러나 부동산 등에 대한 입찰실시에 관한 처리지침(송민 93-2) 제2조에 의하면, 입찰기일의 공고는 공고사항을 기재한 입찰기일 공고서를 법원 게시판에 게시하는 것 외에 최초기일 또는 신기일의 여부를 불문하고 그 요지를 신문에 게재하도록 하고 있으므로(즉 현행 입찰실무에서는 모든 입찰기일의 공고를 일간신문에 게재함), 경매기일의 경우에도 입찰기일과 마찬가지로 최초기일 이외의 경매기일도 그 요지를 신문에 공고하도록 하는 것이 타당하다.

한편, 3~4회의 입찰기일 및 낙찰기일을 일괄하여 지정하는 경우에는 법원 게시판에 게시하는 공고도 일괄하여 할 수 있지만, 일간신문에의 게재만큼은 매 입찰기일마다 해야 한다(송민 98-11).

신문에의 게재는 전국적인 규모의 일간지 또는 그 지역에서 발행되는 주요 일간지를 선택하여 윤번제로 게재한다(송민 93-2).

신문광고비용은 광고비용 총액을 경매부동산의 수에 따라 균분하여 각 사건의 경매예납금 중에서 지출한다(송민 84-1).

3) 공고기간

경매기일을 공고하는 목적은 경매목적물의 특정과 그 목적물의 실질적 가치를 매수희망자에게 알림으로써 그들에게 판단자료를 제공해 주자는 데 있다. 따라서 공고는 일정기간 지속되어야 한다.

신문공고의 양식

2000. 12. 21. 송무 예규 제805호
【경매절차개선을위한사무처리지침(송민 83-5, 84-1)】

3. 경매기일공고

나. 신문광고의 활용
(1) 최초의 경매기일의 공고는 반드시 그 요지를 신문에 게재하여야 하고, 그 외의 경매기일의 공고는 법원이 특히 필요하다고 인정하는 경우를 제외하고는 법원 게시판에 공고사항을 기재한 서면을 게시하는 방법으로 하여야 한다(민사소송법 제621조).
(2) 신문광고의 내용은 [별표] 양식(부록 [서식 33] 경매(입찰)의 신문공고 양식 참조)에 따라 요령 있게 작성하여야 한다.
(3) 경매·입찰공고문은 아파트, 다세대주택, 단독주택, 상가, 대지, 전·답, 임야 등 용도별로 구분하여 작성하고, 감정평가금액과 최저 입찰가격을 함께 기재하여야 하며, 아파트·상가 등의 경우에는 면적란에 등기부상의 면적과 함께 모델명(평형 등)을 기재할 수 있다.
(4) 신문광고비용은 광고비 총액을 경매부동산의 수에 따라 균분하여 각 사건의 경매예납금 중에서 지출하여야 한다.

최초의 경매기일은 적어도 14일 이상, 신경매기일 등은 7일 이상 계속해서 게시판에 게시해야만 한다.

4) 경매기일공고 및 공고게시보고서

공고를 게시한 법원사무관 등은 기록에 편철하는 경매기일공고 및 공고게시보고서에 공고게시 연월일을 기재하고 법원사무관 등의 직인을 날인하는 한편, 신문사로부터 공고를 게재한 신문을 송부받아 그 중에서 신문제호, 발행일자, 공고문 부분을 따로 오려 기록과 같은 크기의 백지 위에 적절히 배열하여 그 사본을 기록에 편철한다.

또한 경매기일을 공고할 때는 그 공고서 사본 1통을 사무실에 비치하여 이해관계인이나 일반인이 열람할 수 있도록 해야 한다. 사무실에 비치할 공고서는 매 장마다 투명비닐 바인더에 넣어 압철한 후 과장이나 차석자가 이를 관리하고 매일 공고서의 이상 유무를 확인하여 없어진 것이 있을 때는 즉시 보완해야 한다. 가능하면 이 공고서에 목적물의 사진도 함께 붙여서 보관한다(송민 83-5 · 84-1).

5) 인터넷 홈페이지에의 게시

법원의 경매 사건 담당자는 신문사에 경매 · 입찰공고 요지의 게재를 의뢰함과 동시에 입찰공고문을 PDF 파일로 변환하여 입찰기일 14일 전까지 대법원 홈페이지(http://www.scourt.go.kr) 법원공고란(대법원 홈페이지→법원공고→경매입찰공고→해당 법원 선택)에 게시해야 한다(송민 83-5 · 84-1).

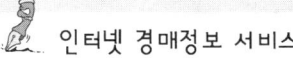
인터넷 경매정보 서비스

법원 행정처에서는 경매공고정보와 경매열람정보를 인터넷을 통하여 국민들에게 제공할 수 있도록 경매정보제공 시스템을 개발하여, 경매 사건의 공고 및 열람 서비스를 제공하고 있다.

이 서비스는 2001년 2월 26일부터 수원지방법원에서 개시되는 경매 사건에 한하여 시범적으로 공고 및 열람 서비스를 실시한 이래, 2001년 10월 현재 서울지방법원(2001. 5. 24.부터 실시), 서울지법 동부지원(2001. 7. 30.부터 실시), 서울지법 서부지원(2001. 7. 31.부터 실시)으로 확대하여 실시하고 있으며, 2001년 연말까지 각 재경지원(북부, 남부, 의정부 지원)에 대한 서비스 개시를 완료할 계획이라고 한다.

이 서비스가 제공되는 인터넷 사이트는 법원 경매정보 사이트 (http://www.auction.go.kr 또는 http://www.courtauction.go.kr)이고, 서비스되고 있는 내용은 다음과 같다.

1. 경매물건 정보검색

경매물건을 기일별, 소재지별, 용도별, 사건별의 4가지 하위단계로 검색할 수 있도록 되어 있다. 입찰기일 2주일 전에 공고를 열람할 수 있으며, 1주일 전에는 입찰물건명세서와 현황조사서의 열람이 가능하다.

2. 경매 사건 정보검색

경매 사건의 재판진행 정보를 조회하여 현재 진행 정보와 당사자 및 임차인 정보 등을 열람할 수 있다.

3. 경매 절차

일반인들이 직접 참가하고 싶어도 사전지식의 부족으로 어려워했던 부분인 경매 절차 및 각 절차의 세부사항을 알아볼 수 있으며 간결하게 경매 절차도가 첨부되어 있어 알아보기 쉽다.

4. 경매 정보광장
경매와 관련된 용어설명이 가나다 순으로 정리되어 있고 각종 서식, 주택임대차보호법의 적용실례, 종합법률 정보 및 집행법원·등기소 소재지를 수록하였다.

5. 경매 FAQ
경매와 주택임대차에 관련된 기본 질문 및 자주 묻는 질문 등을 자세한 답변과 함께 수록하였다.

6. 나의 관심물건
① 관심사건 조회
  경매물건 정보검색에서 조회한 사건 중 관심이 있는 사건을 관심사건으로 등록하여, 홈페이지에 재방문시 다시 검색하지 않고 바로 조회할 수 있다.
② 관심물건 조회
  관심 있는 건물의 용도 및 가격 등 조건을 관심물건으로 등록하여 재방문시 다시 지정하지 않고 같은 조건으로 바로 검색할 수 있다.

7. 공지·뉴스
경매관련 공지사항, 최근 입찰공고, 부동산 뉴스 및 부동산 가격을 수록하였다.

(2) 경매기일공고서에 기재할 사항

경매기일공고서에는 다음과 같은 사항들을 기재해야 한다(제618조). 그러나 신문에 하는 공고에는 경매할 부동산, 최저 경매가격 및 경매의 일시·장소 등 그 요지만을 기재하면 된다(법 제621조 제2항, 규칙 제153조의 2).

1) 부동산의 표시(제1호)

경매부동산의 표시를 공고서에 기재하는 목적은 경매목적물의 특정과 그 목적물의 실질적 가치를 경매희망자 일반에게 알림으로써 그들에게 판단자료를 주고자 하는 데 있으므로, 경매기일의 공고에는 경매부동산의 동일성을 인식할 수 있을 정도로 특정하여 표시해야 할 뿐만 아니라 경매희망자로 하여금 목적물의 실질적 가치를 알 수 있도록 구체적으로 부동산의 현황을 표시해야 한다.

따라서 경매부동산의 표시가 특정되지 않은 경매기일공고는 부적법하다(대결 64.10.28. 64마 595)

또 등기부상의 표시와 실제의 면적·구조 등이 상이한 때는 등기부상의 표시뿐만 아니라 현황보고서 등의 내용에 의한 실제의 지번·지목·면적·구조·종물·부가물 등도 아울러 표시한다. 예를 들어 증축에 의하여 실제 건평이 증가된 경우에는 그 실측평수도 기재하고 등기부에 표시되지 않은 부속건물, 종물 등도 표시한다.

토지에 대하여 환지예정지가 지정되어 있는 경우에는 종전 토지의 지번·지적뿐만 아니라 환지예정지 지정의 구체적 내용(위치·지적 등)도 병기해야 한다(대결 74.1.8. 73마 683).

위와 같은 부동산의 실제에 관한 표시를 누락시키면 공고에 부동산 표시를 하지 않은 것으로 되어 낙찰불허의 사유가 된다(제635조 제2항, 제633조 제5호).

참고판례

가. 민사소송법이 입찰기일을 공고함에 있어서 부동산의 표시를 요구하는 것은 입찰목적물의 특정과 입찰목적물에 대한 객관적 실가를 평가할 자료를 이해관계인에게 주지케 하자는 데 그 뜻이 있고, 최저 입찰가격 제도를 채용하고 있는 것은 재산으로서의 중요성이 인정되는 부동산이 그 실시세보다 훨씬 저가로 매각되게 되면 채무자 또는 소유자의 이익을 해치게 될 뿐만 아니라 채권자에게도 불이익하게 되므로 부동산의 공정타당한 가격을 유지하여 부당하게 염가로 매각되는 것을 방지함과 동시에 목적부동산의 적정한 가격을 표시하여 입찰 신고를 하려는 사람에게 기준을 제시함으로써 입찰이 공정하게 이루어지도록 하고자 함에 있다(대법원 1995. 7. 29. 선고 95마 540 결정).
― 입찰부동산 표시공고가 위법하고 최저 입찰가격 결정에 중대한 하자가 있는데도 낙찰허가 결정을 취소하지 않았다는 이유로, 원심 결정을 파기한 사례이다.

나. 경매기일의 공고시 부동산 표시에 있어 공부상의 지번·지목·평수들을 경매기일공고에 표시하도록 함은 경매목적물의 특정과 경매목적물에 대한 객관적 실가를 실현하자는 데 그 의의가 있으므로 공고에 있어서의 부동산 표시 평수는 실측평수를 표시해야 하고, 만일 공고된 등기부상의 평수와 실측평수와의 차이가 현저함으로써 그 목적물의 특정 표시를 인정하기 어려울 뿐 아니라 공고에 게재된 최저 경매가격에 현저한 영향이 있다고 인정된 때는, 그 공고는 본 조 소정의 적법한 공고라고 할 수 없다(대법원 1964. 10. 28. 선고 64마 595 결정).

다. 경매법원이 당초 경매의 대상에 포함시키지 않았고 감정평가에서도 포함되지 않은 부동산이 경매기일공고를 함에 있어서 착오로 경매의 대상에 포함되는 것으로 된 채 절차가 진행되어 경매까지 되었다가 경매법원이 그 잘못을 발견하고 경락불허가 결정을 한 후, 위의 부동산을 경매의 대상에서 제외하여 다시 경매명령과 경매기일공고를 한 후 경매 절차를 진행하여 경락허가 결정을 했다면, 위 부동산은 경매의 대상이 되지 않았다 할 것이다.

비록 경매법원이 경락허가 결정을 하면서 착오로 경매의 대상이 되는 부동산 목록에 위의 부동산을 포함시켰다 하더라도 이는 명백한 오기로서 결정의 경정 사유가 될 뿐 경락의 효력이 그 부동산에 미치지 않는다(대법원 1993. 7. 6. 선고 93마 720 결정).

2) 강제집행에 의하여 경매하는 취지(제2호)

경매에 갈음하여 입찰을 명했을 때는 입찰하는 취지를 기재한다.

3) 부동산의 점유자, 점유권원, 점유사용할 수 있는 기간, 차임 또는 보증금의 약정 유무와 그 수액(제3호)

점유자란 임차인 등 부동산을 현실로 직접 지배하고 있는 자를 말하며, 간접점유자는 포함되지 않는다. 점유자가 누구인지 밝혀지지 않을 때는 점유자 불명으로 기재할 수밖에 없을 것이다.

점유의 권원이란 점유자의 점유를 정당하게 할 법률상의 원인을 말하며 그것이 낙찰자에 대항할 수 있는지의 여부를 불문한다.

점유사용할 수 있는 기간은 시기와 종기를 "○○년 ○월 ○일부터 ○○년 ○월 ○일까지"라고 특정하여 기재한다.

경매법원은 집행관의 현황 조사 보고서, 경매기록 중의 등기부등본, 감정인의 감정평가서 등에 의하여 점유에 관한 사항을 조사해야 하는데, 스스로 검증하거나 기타 증거조사를 하는 것은 허용되지 않는다. 조사결과 점유권원, 차임 또는 보증금액 등이 불명인 경우에는 그 취지를 기재한다.

공고에 본 호의 사항에 대한 기재가 누락된 경우에는 낙찰허가에 대한 이의 사유(제633조 제5호)가 되지만, 그로 인하여 손해를 보는 경우가 아니면 이의로써 주장할 수 없으므로 누락으로 인하여 불이익하게 될 것이 없는 채무자나 임차권자는 이의를 주장할 수 없다(대결 59. 12. 21. 4292민재항 287).

> 임대차가 경락인에게 대항할 수 없는 것이면 경매기일공고에 있어 그 기한·차임 등의 기재가 없더라도 요건의 기재에 흠결이 있다고 볼 수 없다(대법원 1964. 12. 23. 선고 64마 982 결정).

4) 경매의 일시·장소 및 경매할 집행관의 성명(제4호)

경매기일의 일자만을 표시하고 시각을 표시하지 않은 경우에는 법원이 통신 집무를 개시하는 시각에 개시할 수 있다는 취지로 해석할 수 있다. 경매기일의 변경이 있으면 새로 공고해야 한다.

단, 변경 전 공고가 그대로 게시되어 있는 경우에는 기일변경공고만을 하기도 한다.

경매장소는 당해 경매 사건에 관하여 현실로 경매를 실시할 장소를 말하는데, 경매는 원칙적으로 경매법원 내에서 실시해야 하지만, 집행관은 법원의 허가를 얻어 법원 이외의 장소에서 할 수도 있다(제619조 제2항). 따라서 경매법원의 경매법정뿐만 아니라 집행관 사무소 또는 부동산 소재지의 시·구·읍·면사무소나 부동산 소재지 현장에서 실시할 수도 있다. 그러나 경매법원의 허가가 있더라도 경매기일의 공고에 기재하지 않은 장소에서 경매를 실시하는 것은 허용되지 않는다. 또한 집행관 사무소가 법원 구내에 없다고 하여 민사소송법 제619조 제2항의 규정을 무시하고 미리 경매장소를 법원 구내가 아닌 다른 장소로 정할 수도 없다.

경매기일공고에 경매할 자로 표시된 집행관이 사망, 질병, 기타의 사유로 경매를 실시할 수 없게 되면 같은 소속의 다른 집행관이 대신 그 경매 절차를 주재하기도 한다(대결 61. 2. 24. 4293민재항 473). 따라서 경매기일공고에 게시되지 않은 다른 집행관이 경매를 실시한 경우, 이미 적법하게 시행된 경매기일공고가 소급하여 부적법하게 된다고는 할 수 없고, 그러한 사유는 경락허가 결정에 대한 항고 사유가 될 수 없다는 것이 판례의 입장이다(대결 96. 8. 19. 96마 1174).

5) 최저 입찰가격(제5호)

입찰기일의 공고에는 경매부동산의 최저 입찰가격을 기재해야 한다. 입찰기일의 공고가 잘못되어 새로 입찰기일을 정하든가 전낙찰자가 대금을 지급하지 않아 재입찰기일을 정한 경우에는 전입찰기일에 있어서의 최저 입찰가격이 그대로 유지된다.

경매부동산이 수개인 경우에는 각 부동산별로 최저 입찰가격을 표시하여 공고해야 한다. 그러나 일괄경매의 경우에는 모든 부동산의 평가액을 합산하여 최저 입찰가격을 표시해도 무방하다.

입찰기일을 공고하면서 최저 입찰가격을 누락한 경우는 물론이고 착오로 잘못 기재한 경우에도 그것이 사소한 경우가 아니라면 그 입찰기일의 공고는 적법한 공고가 되지 못하여 낙찰허가에 대한 이의 사유(제633조 제5호)와 낙찰불허가 사유(제635조 제2항)가 된다(대결 94. 11. 30. 94마 1673). 그러나 최저 입찰가격을 정정하고 정정관인을 찍지 않은 사실만으로는 그 공고를 위법하다고 볼 수 없다는 판례가 있다(대결 64. 3. 24. 63마 48).

6) 낙찰의 일시 및 장소(제6호)

낙찰기일도 그 일자와 시각을 기재해야 한다. 만약 일자만을 기재했을 때는 경매법원의 집무시간 내에 낙찰기일을 열 것이라는 취지로 보아야 한다.

낙찰장소는 경매법원 내로 정해야 한다(제620조 제2항).

7) 경매기록을 열람할 장소(제7호)

집행관은 경매기일에 경매기록을 매수희망자 모두에게 열람하게 해야 하므로(제624조), 경매기록을 열람할 장소라 함은 집행관 주재 하에 열람하게 하는 장소를 말한다. 따라서 경매기일공고에 기재할 기록 열람장소는 경매실시장소와 동일한 장소가 될 것이고, 통상은 경매법정의 집행관 면전이 된다.

경매기일 전에도 이해관계인이나 매수희망자는 민사소송법 제151조의 소송기록의 열람에 관한 규정에 따라 경매법원에서 기록을 열람할 수 있으나 이런 사항은 경매기일공고에 기재하지 않는다.

경매기일 공고 전에는 경매 절차의 이해관계인이나(제607조 · 제728조) 이해관계인이 될 자격이 있음을 증명하는 서면을 소지한 자, 민사소송법 제151조 제1항에 해당하는 자(당사자와 이해관계를 소명한 제3자)에 한하여 기록 열람이 허용되고, 그 밖의 자에 대해서는 기록 열람이 허용되지 않는다. 기록 열람을 허용할 때는 이해관계의 증명을 엄격히 요구한다. 그리고 기록 열람시에는 열람자의 신분증에 의해 본인 여부를 확인하고 주소·성명·주민등록번호를 명기하므로(송민 83-5·84-1) 열람을 신청한 자는 반드시 신분증을 소지한다(p.312~313 경매기록의 열람·등사 참조).

8) 등기부에 기입을 요하지 않는 부동산 위에 권리 있는 자의 채권을 신고할 취지(제8호)

등기부에 기입을 요하지 않는 부동산 위에 권리 있는 자(대항력 있는 임차인)가 이해관계인으로 되기 위해서는 권리를 증명하여 경매법원에 신고해야 하므로(제607조 제4호), 그 권리자에게 경매실시 사실을 알리고 권리의 증명과 신고를 최고하기 위하여 채권을 신고할 취지를 공고하도록 한 것이다.

9) 이해관계인이 경매기일에 출석할 취지(제9호)

10) 기타 사항

경매기일공고에는 민사소송법 제618조에 규정된 사항 외에 다음의 사항을 기재해야 한다(규칙 제152조).

- 민사소송법 제615조의 2의 규정에 의하여 일괄경매의 결정을 한 때는 그 취지
- 민소규칙 제151조의 규정에 의한 매수신청인의 자격을 제한한

때는 그 제한의 내용
- 경매물건명세서, 현황 조사 보고서 및 평가서의 사본이 경매기일 1주일 전까지 법원에 비치되어 일반인의 열람을 위하여 제공된다는 취지

경매(입찰)기일공고에 기재할 사항

- 부동산의 표시
- 강제집행에 의하여 경매하는 취지
- 부동산의 점유자, 점유권원, 점유사용할 수 있는 기간, 차임 또는 보증금의 약정 유무와 그 수액
- 경매의 일시·장소 및 경매할 집행관의 성명
- 최저 입찰가격
- 낙찰의 일시 및 장소
- 경매기록을 열람할 장소
- 등기부에 기입을 요하지 않는 부동산 위에 권리 있는 자의 채권을 신고할 취지
- 이해관계인이 경매기일에 출석할 취지
- 일괄경매의 결정을 한 때는 그 취지
- 매수신청인의 자격을 제한한 때는 그 제한의 내용
- 경매물건명세서, 현황 조사 보고서 및 평가서의 사본이 경매기일 1주일 전까지 법원에 비치되어 일반인의 열람을 위하여 제공된다는 취지

(3) 위법한 공고의 효력

입찰기일·낙찰기일 공고의 방식이나 내용상의 위법을 간과하고 집행을 속행하면 낙찰허가에 대한 이의 및 낙찰불허가 사유가 되며(제633조 제5호, 제635조) 또한 낙찰허가 결정에 대한 항고 사유(제641조·제642조)가 된다. 단, 불복 없이 낙찰허가 결정이 확정되면 하자는 치유된다.

3. 입찰기일 및 낙찰기일의 통지

(1) 발송송달

법원은 입찰기일과 낙찰기일을 이해관계인에게 통지해야 한다(제617조 제2항). 이 통지는 경매기록에 표시된 이해관계인의 주소(예 : 등기부등본·권리 신고서 또는 배당 요구 신청서상의 주소 등)에 등기우편으로 발송할 수 있다(동 조 제3항). 이와 같은 송달 방법은 우편송달에 해당하므로 그 발송시에 송달의 효력이 있다. 따라서 이해관계인은 주소의 변경이 있는 경우 즉시 경매법원에 서면으로 주소변경 신고를 해야 불이익을 받지 않는다.

이 때 입찰기일통지일과 입찰기일 사이에 14일 또는 7일의 기간이 있어야 하는 것은 아니다(대결 70.1.30. 69마 1104 결정).

(2) 국가에 대한 입찰기일 통지의 경우

국가가 이해관계인인 경우(특히 조세체납으로 인해 국가명의로 압류 등기가 되어 있는 때) 국가의 법률상 대표자인 법무부장관에게 송달할 최초의 입찰기일통지서에는 소관관서를 명백히 할 수 있도록 채무자의 주소를 기입하고 부동산 목록을 첨부해 송달한다(송민 73-3).

(3) 변경된 낙찰기일의 통지

입찰기일의 종료 후에 낙찰기일을 변경한 경우에는 이해관계인 및 최고가입찰자 및 차순위 입찰신고인에게 변경된 기일을 통지해야 한다(規칙 제154조 제1항). 이 경우의 통지도 집행기록에 표시된 이해관계인의 주소에 등기우편으로 발송할 수 있다(동 조 제2항).

(4) 공유지분권자에 대한 통지

경매법원은 공유물의 지분을 경매함에 있어 다른 공유자에게 입찰기일과 낙찰기일을 통지해야 하므로 경매부동산의 다른 공유자들이 그 입찰기일을 통지받지 못한 경우에는 이해관계인으로서 그 절차상의 하자를 들어 항고할 수 있다(대결 98. 3. 4. 97마 962).

> 민사소송법 제617조 제2항은 법원은 이해관계인에게 경매기일을 통지해야 한다고 규정함과 아울러 같은 조 제3항은 이해관계인에 대한 경매기일의 통지는 집행기록에 표시된 이해관계인의 주소에 등기우편으로 발송할 수 있다고 규정하고 있다. 이것은 이해관계인에 대한 경매기일 통지를 의무화하여 이해관계인으로 하여금 경매 절차에 참가할 수 있는 권리를 보장해 줌과 동시에, 이해관계인에 대한 경매기일 통지 절차의 지연으로 인하여 경매 절차의 진행이 늦어지는 것을 방지하기 위하여 이해관계인에 대한 경매기일의 통지는 집행기록에 나타난 주소에

등기우편으로 발송했을 때에 송달의 효력이 생기도록 규정한 것이다.
… 민사소송법 제617조 제3항이 규정하는 송달은 같은 법 제173조가 규정하는 우편송달과는 그 효력 발생시기만 같이할 뿐 그 요건이나 효과를 달리하는 부동산 경매 절차의 특유한 제도이므로, 통상의 송달 방법에 의한 송달을 시도함이 없이 처음부터 등기우편으로 발송했다 하더라도 그 발송시에 송달의 효력이 발생하고, 또 근저당권자와 같이 등기부에 기입된 부동산의 권리자가 등기부상 주소변경등기를 게을리하여 종전의 등기부상 주소에 등기우편으로 송달된 경매기일 통지를 받지 못했다 하더라도 그 발송시에 송달의 효력이 발생하고 그로 인하여 경매 절차에 참가할 권리가 박탈되는 불이익은 주소변경등기를 게을리한 이해관계인이 감수해야 한다.
… 등기부에 기입된 부동산의 권리자가 사망하여 이해관계인의 지위를 승계한 상속인들이 등기부상 상속등기를 게을리하여 경매기일 통지가 이미 사망한 등기부상 권리자의 주소에 등기우편으로 송달된 경우, 가령 그 상속인들이 송달된 주소에 아무도 살고 있지 않아 그 경매기일 통지를 받지 못했다 하더라도 그 송달은 발송시에 상속인들에 대한 송달로서 효력을 발생하고, 그로 인하여 상속인들이 경매 절차에 참가할 권리가 박탈되었다 하더라도 그 경매 절차가 위법하다고 볼 수 없다(대법원 95. 9. 6. 선고 95마 372·373 결정).

(5) 통지 위반의 효과

위의 통지에 대한 위반은 낙찰허가에 대한 이의 및 낙찰불허가 사유가 되며(제633조 제5호, 제635조), 낙찰허가 결정에 대한 항고 사유(제641조·제642조)가 된다. 단, 불복 없이 낙찰허가 결정이 확정되면 하자는 치유된다. 한편, 입찰기일의 공고 및 다른 이해관계인에 대한 입찰기일 및 낙찰기일에 대한 통지 절차가 완료된 후에 비로소 권리 신고가 있는 경우에는 비록 그 신고가 입찰기일 전에 행해졌어도 당해 이해관계인에게 입찰기일 및 낙찰기일을 통지하지 않았다고 하여 위법하다 할 수 없으므로 이를 낙찰에 대한 이의·항고 사유로 삼을 수는 없다(대결 98. 3. 12. 98마 206).

민사소송법 제633조 제1호는 '집행을 속행할 수 없을 때'를 경락에 관한 이의 사유의 하나로 들고 있고, 같은 법 제617조 제2항이 법원은 경매기일과 경락기일을 이해관계인에게 통지하도록 규정하고 있으므로, 특별한 사유가 없는 한 그와 같은 기일 통지 없이는 강제집행을 적법하게 속행할 수 없을 것이고 이러한 기일 통지의 누락은 경락에 대한 이의 사유가 되는 것이며, 같은 법 제663조 제2항에 의하여 준용되는 입찰의 경우에 있어서도 마찬가지이다.
… 낙찰자가 최고가입찰자로 입찰한 입찰기일과 그 낙찰기일에 이해관계인이 기일 통지를 받지 못했더라도, 그 이해관계인이 입찰기일을 스스로 알고 그 기일에 출석하여 입찰에 참가하였음은 물론 낙찰기일에 이르러서는 그 자신에 대한 입찰 및 낙찰기일 통지의 누락 사유가 아닌 다른 사유로 입찰불허 신청서까지 제출했다면, 그 이해관계인에 대한 입찰 및 낙찰기일 통지의 누락은 민사소송법 제633조 제1호 소정의 경락이의 사유인 집행을 속행할 수 없는 때에 해당하지 않는다(대법원 1995. 12. 5. 선고 95마 1053 결정).

4. 입찰기일 및 낙찰기일의 변경

(1) 입찰기일의 변경

1) 직권에 의한 변경

법원은 정해진 입찰기일을 자유재량으로 변경할 수 있다. 특히 경매 절차의 위법을 발견한 경우나 입찰기일을 실시할 수 없는 불가피한 사정이 발생한 경우에는 입찰기일을 취소 또는 변경하여 적법한 경매 절차가 이루어지도록 해야 한다.

또한 경매개시 결정에 대한 이의가 제기되고 그 사유가 상당하다고 인정되는 경우(즉 변제증서가 첨부된 경우)에는 입찰기일을 직권으로 변경하고 채권자·채무자를 소환하여 심문한 후, 그 결과에 따라 경매개시 결정을 취소하거나 절차를 속행한다.

한편, 민사소송법 제510조 소정의 집행정지서류가 제출된 경우에는 직권으로 입찰기일의 지정을 취소하는 것이 원칙이지만, 실무에서는 기일을 변경하여 추후 지정하는 형식으로 처리한다.

법원이 이해관계인에 대한 송달의 부적법, 입찰물건명세서 작성의 중대한 하자, 최저 입찰가격 결정의 하자, 신문공고의 중대한 오류 등을 이유로 직권으로 입찰기일을 변경하는 경우에는 잘못을 시정하여 다음 기일에 바로 다시 진행한다. 이런 경우에는 오류사항을 시정하여 다음 기일에 진행하라는 취지를 기재한 부전지를 기록에 첨부하여 담당 계장에게 주지시킨다.

2) 당사자의 신청에 의한 변경

원칙적으로 이해관계인은 기일의 지정·변경신청권이 없고, 이해관계인 간에 입찰기일변경에 관하여 합의가 있었다 하더라도 법원은 이에 구속되지 않는다. 따라서 법원이 입찰기일을 변경하지 않는 경우에도 기일변경 신청의 각하 결정을 할 필요는 없다.

실무상 법원은 기일변경 신청서(부록〔시식 34〕입찰(경매)기일변성·연기 신청서 참조)가 제출되면 문서건명부에 등재하고 접수된 신청서를 경매 사건기록에 가철한다. 기일변경의 신청에는 인지의 첩부를 요하지 않는다(송민 91-1).

그런데 실무에서는 입찰기일이 지정·공고되고 나면 입찰의 실시에 앞서 채권자가, 또는 채무자가 채권자의 동의를 얻어 입찰기일의 변경(연기)을 신청하는 경우가 흔히 있다. 주로 채권자와 채무자 사이에 임의변제에 관한 협의가 행해지고 있음을 이유로 하고 있다. 민사소송법 제510조 제4호가 변제유예증서의 제출을 집행정지 사유로 규정하고 있기 때문에 이러한 경우에는 입찰기일을 연기해야 한다. 그러나 이러한 연기는 통산 2회에 한하며 그 총연장기간이 6월을 넘을 수 없다(제511조의 2 제2항). 통상적으로 1회에 2개월을 연기한다.

3) 법정기간의 준수

변경 후의 입찰기일도 최초의 입찰기일이라면 그 공고일로부터 14일 이후로 정해야 한다. 원입찰기일공고가 아직 게시중인 경우에는 기일의 변경만 공고해도 무방하다. 또 변경된 기일의 공고는 게시판에만 하는 것이 실무례이다.

(2) 낙찰기일의 변경

경매법원은 자유재량에 의하여 입찰기일 전에 입찰기일과 함께 낙찰기일을 변경하거나 또는 입찰실시 후에 낙찰기일만을 변경할 수도 있고 또 낙찰기일을 개시한 후에 이를 연기할 수도 있다.

입찰기일의 종료 후에 낙찰기일을 변경했을 때는 이해관계인, 최고가입찰자 및 차순위 입찰신고인에게 변경된 기일을 통지해야 한다(규칙 제154조 제1항). 이것은 이해관계인에게 낙찰기일을 알려서 그 기일에 출석하여 낙찰에 관한 의견을 진술하게 하기 위한 취지이다.

이 때 변경된 낙찰기일은 우편송달 등의 방법으로 각 이해관계인에게 통지하여 이를 알리는 것으로 족하고, 변경된 낙찰기일을 공고하지 않았다 하여 낙찰허가 결정이 위법이라 할 수 없다(대결 66. 7. 29. 66마 125).

한편, 입찰실시 후 낙찰기일까지의 사이에 강제집행의 일시정지를 명하는 재판의 정본이 제출된 때(제510조 제2호)에는 낙찰기일을 연 다음에 낙찰불허가 결정을 한다. 왜냐하면 이 경우는 민사소송법 제633조 제1항 후단, 제635조 제2항에 해당되어 집행을 계속할 수 없는 때에 해당되기 때문이다.

 쉬어가는 페이지 | 일반 법률 상식 4

기간입찰제의 도입(민사집행법안 제103조)

현행법은 부동산의 매각 방법으로서 호가경매를 원칙으로 하면서 특정한 입찰기일에 특정한 입찰장소에서 입찰을 실시하는 '기일'입찰제를 채택하고 있다.

호가경매는 일반인의 참가가 어렵고 경매 브로커라고 불리는 전문업자에게 경매목적물이 독점되어 버림으로써 경락가액이 낮아지고 매각 절차가 지연되는 경우가 많았다. 이에 1993년 5월부터 기일입찰의 방법을 채택하게 되었다.

그러나 기일입찰 역시 매수희망자가 지정된 기일에 모두 한자리에 모여서 행하는 것이라는 점에서 호가경매의 문제점을 완전히 해결하기에는 부족한 점이 있었다. 이에 민사집행법안에서는 입찰의 방식으로 '기간' 입찰제를 새로이 도입하고 있는 것이다. 단, 법안은 매각 방법 중 호가경매 · 기일입찰 · 기간입찰의 어느 것을 택할 것인가를 집행법원의 재량에 맡기고, 각 매각 방법의 구체적인 절차는 대법원 규칙으로 정하도록 하고 있다.

기간입찰은 '특정한 입찰기일'에 특정한 입찰장소에서 입찰을 실시하는 현행의 기일입찰과는 달리, '일정한 입찰기간'을 정하여 그 일정한 기간을 중심으로 실시하는 입찰방식이다.

이 경우 입찰 참가희망자는 입찰기간 내에 입찰표를 직접 또는 우편으로 법원에 제출하되, 법원이 일률적으로 정한 보증금(최저 입찰가격의 1할 내지 2할)을 법원의 은행계좌에 납입한 뒤, 그 입금표를 입찰표에 첨부해야 한다. 법원은 입찰기간종료 후 일정한 날짜에 입찰기일을 실시하여 최고가매수인, 차순위 매수신고인을 정하고 낙찰기일에 낙찰허가 결정을 하는 방식을 취하게 된다.

　기간입찰제는 다른 사람의 매수 신청 유무 및 그 신청액을 인식 또는 추측하는 것을 봉쇄함으로써 일반인들의 적극적인 매수를 유도할 수 있고, 경매 브로커의 발호를 근절할 수 있어 매각가격의 적정화를 기대할 수 있다. 또한 우편에 의한 입찰표 제출도 가능하게 하여 멀리 있는 거주자들도 쉽게 매수에 참가할 수 있도록 하는 효과가 있을 것으로 기대된다.

 쉬어가는 페이지 | 일반 법률 상식 5

부동산 매각기일에서의 집행기록의 열람 여부

　현행법은 매각조건을 알고자 하는 매수희망자를 위하여 현황조사서, 감정평가서를 첨부한 경매물건명세서를 작성·비치하여 열람에 제공하는 동시에(제617조의 2, 규칙 제150조 제2항), 매각기일에는 집행기록도 열람할 수 있게 하고 있다(제618조 제7호, 제624조).

　그런데 민사집행법안은 현황조사서, 감정평가서 및 경매물건명세서를 열람하게 하는 이상 매각기일에 중복하여 집행기록을 열람하게 하는 것이 불필요하고, 그로 인하여 실무상 업무가 번잡해지면 집행기록이 훼손될 우려마저 있다는 이유로 매각기일에의 집행기록 열람 제도를 폐지하였다.

　그러나 매수희망자의 입장에서는 당해 부동산에 관한 정보를 가능한 정확히 입수할 수 있어야 하는데, 법안에 의할 경우 집행기록(즉 경매 진행상황)을 보지 않고는 알 수 없는 사항들을 알 수 있는 길이 원천봉쇄되므로 기록 열람 제도의 폐지를 재고해야 한다는 견해도 제시되고 있다.

제4장 입찰의 실시

1. 입찰의 실시 절차

(1) 입찰장소

입찰은 법원 안에서 하는 것이 원칙이다. 그 밖의 장소에서 하려면 집행관이 법원의 허가를 받아야 한다(제663조 제2항, 제619조 제2항). 입찰의 생명은 입찰표를 개봉하기 전까지 응찰 내용의 비밀을 유지하는 데 있으므로 입찰장소에는 입찰자가 다른 사람이 알지 못하게 입찰표를 기재할 수 있도록 설비를 갖추어야 한다(규칙 제159조의 3).

(2) 입찰표·입찰봉투·입찰 사건 목록 및 입찰물건명세서의 비치

입찰표 및 입찰봉투는 입찰자들이 자유롭게 사용하도록 입찰장소에 비치해 놓는다. 입찰봉투는 입찰보증금을 넣는 흰색 작은 봉투와 이 보증금을 입찰표와 함께 넣는 누런색 큰 봉투의 두 가지가 있다

(부록 [서식 35] 입찰보증금 봉투, [서식 36] 입찰봉투 참조).

　집행관은 또한 입찰기일에 입찰 사건 목록을 작성하여 입찰물건명세서와 함께 입찰법정 등의 입구, 내부의 벽면, 기타 누구나 쉽게 볼 수 있는 장소 5곳 이상에 비치 또는 게시해야 한다(송민 93-2). 3~4회의 입찰기일 및 낙찰기일을 일괄하여 지정한 경우에도 입찰물건명세서는 매 입찰기일마다 비치해야 함은 물론이다.

(3) 공동입찰의 원칙

　같은 입찰기일에 입찰에 부칠 사선이 2건 이상이거나 목석부동산이 2개 이상인 경우에는 법원이 따로 정하지 않은 이상 각 부동산에 대한 입찰을 동시에 실시한다(규칙 제159조의 2). 입찰 대상인 부동산이 여러 개인 경우에 원칙적으로 동시에 입찰을 실시하도록 한 취지는 담합의 방지 및 자유로운 응찰의 보장에 있다.

(4) 집행관의 주재와 법원사무관 등의 참여

　입찰기일에서의 입찰 절차는 집행관이 주재한다(제492조). 그리고 입찰법정 등에는 입찰 절차의 감독과 질서유지를 위하여 법원서기관, 법원사무관, 법원주사 또는 법원주사보(이하 '법원사무관 등'이라 함)가 참여하도록 한다(송민 93-2, 제6조).

(5) 경매기록의 열람, 입찰사항·방법 및 주의사항 등의 고지

　집행관은 법원사무관 등으로부터 인계받은 입찰기록을 출석한 각 이해관계인과 매수희망자에게 열람하게 해야 한다(제624조). 아울러 집행관은 입찰기일에 참가자들에게 입찰을 개시하기 전에

입찰 사건의 번호, 사건명, 당사자(채권자 · 채무자 · 소유자), 입찰물건의 개요, 최저 입찰가격 및 특별 매각조건 등을 고지해야 한다. 고지할 사항을 구체적으로 살펴보면 다음과 같다(동 예규 제7조).

- 입찰 사건의 번호, 사건명, 당사자(채권자 · 채무자 · 소유자), 입찰물건의 개요, 최저 입찰가격 및 특별 매각조건
- 입찰 사건 목록 및 입찰물건명세서의 비치 또는 게시장소
- 입찰표의 기재 방법 및 입찰표는 입찰표기재대, 기타 다른 사람이 기재사항을 엿보지 못하는 장소에서 기재하라는 것
- 입찰보증금은 입찰보증금봉투(흰색 작은 봉투)에 넣어 1차로 봉하고 날인한 다음, 필요사항을 기재한 입찰표와 함께 입찰봉투(황색 큰 봉투)에 넣어 다시 봉하고 날인한 후, 입찰자용 수취증 절취선상에 집행관의 날인을 받고 집행관의 면전에서 입찰자용 수취증을 떼어 내 따로 보관하고 입찰봉투를 입찰함에 투입하도록 한다. 또 입찰보증금은 특별 매각조건으로 달리 정하지 않은 이상 입찰가격의 1/10에 해당하는 현금 또는 금융기관발행의 자기앞수표여야 한다는 것
- 입찰표의 취소 · 변경 · 교환은 허용되지 않는다는 것
- 입찰자는 동일 물건에 관하여 동시에 다른 입찰자의 대리인이 될 수 없으며, 동일인이 공동입찰자의 대리인이 되는 경우 외에는 2인 이상의 다른 입찰자의 대리인으로 될 수 없다는 것 및 이에 위반한 입찰은 무효라는 것
- 공동입찰을 하려고 하는 경우에는 입찰자 상호간의 관계 및 지분을 분명히 기재한 공동입찰허가원을 입찰표 제출 전에 미리

제출하여 집행관의 허가를 받아야 한다는 것
- 입찰을 마감한 후에는 신청을 받지 않는다는 것
- 개찰할 때는 입찰자가 참석해야 하며, 참석하지 않은 경우에는 법원사무관 등 상당하다고 인정되는 자를 대신 참석하게 하고 개찰한다는 것
- 최고의 가격으로 입찰한 자를 최고가입찰자로 정하되, 2인 이상일 경우에는 그들만을 상대로 추가입찰한다는 것 및 이 경우에 추가입찰자는 종전 입찰가격보다 낮은 가격으로는 입찰할

 입찰기일의 진행 개관

1. 입찰기일에는 집행관이 집행보조기관으로서 미리 지정된 입찰장소에서 입찰을 실시하여 최고가입찰자 및 차순위 입찰신고인을 정한다.
2. 통상 오전 10시에 입찰의 개시를 선언하고, 입찰을 최고하면서 아울러 입찰기록의 열람도 허용한다.
3. 입찰의 개시를 선언하면 곧바로 입찰표의 제출이 가능하므로 입찰의 개시를 선언한 후에는 경매 신청의 취하에 최고가입찰자 및 차순위 입찰신고인의 동의를 요한다.
4. 입찰의 개시를 선언하여 입찰을 최고한 후 1시간 이상이 경과해야 입찰을 마감할 수 있는데, 통상 오전 11시 10분 이후에 상황을 보아 미리 안내방송을 하고 처리한다.
5. 입찰을 마감한 후 즉시 입찰봉투를 개봉한다. 보증금봉투는 최고가입찰자의 것만 개봉하여 액수를 확인한다. 보증금액이 입찰표에 기재한 액수에 미달하면 그 입찰표는 무효로 처리하고 차순위자의 것을 개

수 없다는 것

- 위의 경우, 추가입찰의 자격이 있는 자 전원이 종전 입찰가격보다 낮은 가격으로 입찰하거나, 전원이 추가입찰에 응하지 않았을 때는 그들 중 추첨에 의하여 최고가입찰자를 정하며, 2인 이상이 다시 최고 가격으로 입찰한 때는 그들 중에서 추첨에 의해 최고가입찰자를 정한다는 것 및 그 입찰자 중 출석하지 않은 자 또는 추첨을 하지 않은 자가 있을 때는 법원사무관 등 상당하다고 인정되는 자로 하여금 대신 추첨하게 한다는 것

봉한다.

6. 입찰표에 입찰가격만 기재하고 보증금의 기재를 누락하였으나, 보증금봉투에 들어 있는 보증금이 법원이 요구하는 액수(입찰가격의 1/10 또는 2/10)에 달하는 경우에는 그 자리에서 보정케 하여 유효한 것으로 처리한다. 그러나 그 반대의 경우, 즉 입찰표에 보증금을 기재하고 보증금봉투에 현실로 그 상당액이 들어 있으나 입찰가격을 기재하지 않은 경우에는 입찰가격을 알 수 없으므로 무효로 처리한다.

7. 최고가입찰자가 보증금을 법원이 요구하는 액수 이상으로 기재하고 보증금봉투에 넣은 경우에는 초과부분을 반환하고, 그 사실을 입찰표에 붉은 고무인으로 찍은 후 영수자의 날인을 받는다.

8. 대리입찰을 하면서 입찰표에 위임장을 첨부하지 않은 경우에 현장에서 즉시 제출하는 것이 가능하면 유효한 것으로 처리하고, 즉시 제출이 불가능하면 무효로 처리한다.

- 최고의 입찰가격에서 입찰보증금을 공제한 금액을 넘는 금액으로 입찰에 참가한 자는 차순위 입찰신고를 할 수 있다는 것
- 최고가입찰자 및 차순위 입찰신고인 이외의 입찰자에게는 입찰 절차의 종료 즉시 입찰보증금을 반환하므로 입찰자용 수취증, 주민등록증 및 도장을 가지고 반환 신청하라는 것
- 이상의 주의사항을 장 내에 게재하여 놓았으므로 잘 읽고 부주의로 인한 불이익을 받지 말라는 것

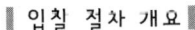

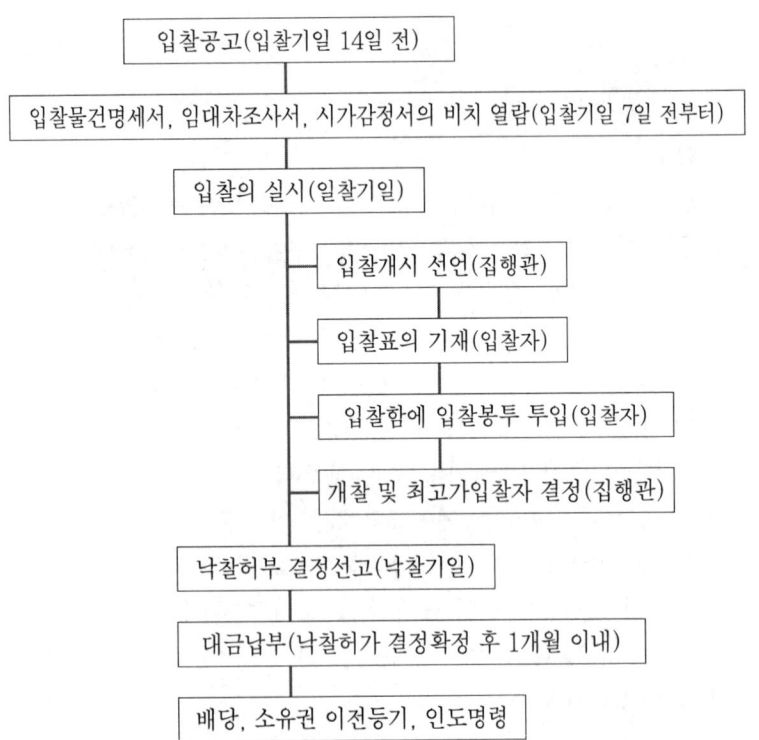

(6) 입찰개시 선언

기록의 열람과 입찰사항 등의 고지가 끝나면, 입찰의 개시를 알리는 종을 울린 후 집행관이 입찰표의 제출을 최고(입찰의 최고)하고 입찰 마감시각과 개찰시각을 고지함으로써 입찰이 시작된다(규칙 제159조의 8 제1항, 송민 93-2 예규 제8조 제1항).

입찰기일의 개시시각은 입찰기일공고에 기재된 시각을 준수해야 하는데, 통상 오전 10시에 입찰실시를 선언하고 입찰을 최고한다.

(7) 입찰 참가 방법

1) 입찰자

① 입찰자의 능력

입찰자는 권리능력과 행위능력이 필요하다(제633조 제2호). 따라서 행위무능력자(미성년자·한정치산자·금치산자)는 단독으로 입찰에 참가할 수는 없고 법정대리인에 의해서만 입찰에 참가할 수 있다(대결 67. 7. 12. 67마 507).

따라서 집행관은 입찰자의 주민등록증, 기타 신분을 증명하는 서면을 제시하게 하여 입찰자가 본인인지의 여부 및 행위능력이 있는 자인지의 여부를 확인해야 한다.

법인이 입찰에 참가하는 경우에도 입찰 참가자의 신분을 확인하는 한편 그 자격도 서면에 의하여 확인한다. 법인 아닌 사단이나 재단이라도 대표자나 관리인이 있으면 법인의 경우에 준하여 입찰에 응할 수 있다(제48조, 부등 제30조).

② 입찰자의 자격

경매법원은 법령의 규정에 의하여 그 취득이 제한되는 부동산에 대해서는 입찰자를 소정의 자격 있는 자로 제한할 수 있다(규칙 제151조). 이것은 목적부동산을 취득할 자격 없는 자가 최고가로 입찰하여 경매를 지연시키는 것을 방지하기 위한 취지이다. 따라서 경매목적물이 일정한 자격을 가진 자만이 취득할 수 있을 때는 입찰자가 그 자격을 갖추어야 한다.

다만, 경매목적물을 취득하는 데 있어서 관청의 증명이나 허가를 필요로 하는 경우(즉 농지의 입찰에 있어서 농지법 제6조 내시 제8소에 의한 농지취득자격증명)에 그 증명이나 허가는 낙찰허가시까지 보완하면 되므로 입찰시에 이를 증명할 필요는 없다.

그런데 실무에서는 농지매매에 있어서 농지취득자격증명을 받을 자격이 없는 자가 입찰에 참가하여 경매를 지연시키는 예가 적지 않아, 이를 막기 위해 입찰자의 자격을 농민이 아닌 경우에는 농지법상의 요건을 갖춘 자로 제한하는 경우가 많다.

③ 입찰 참가의 제한을 받는 자

가. 집행관, 감정인, 경매법원을 구성하는 법관, 법원 직원

집행관 또는 그 친족은 그 집행관 또는 다른 집행관이 경매하는 물건에 관하여(집행관법 제15조 제1항), 경매부동산을 평가한 감정인 또는 그 친족은 그 부동산에 관하여(동조 제2항) 매수 신청을 할 수 없다.

경매법원을 구성하는 법관, 법원사무관 등도 매수 신청을 할 수 없다(제37조 제1호, 제46조).

나. 재경매에 있어서 전낙찰자

재경매에 있어서 전낙찰자는 매수 신청을 할 수 없다(제648조 제5항).

다. 채무자

채무자는 매수 신청을 할 수 없다(규칙 제153조·제119조). 채무자와 달리 채권자(제660조 제2항), 담보권자, 제3취득자, 임의경매에 있어서의 물상보증인은 입찰자가 될 수 있다.

④ 대리입찰

입찰에의 참가는 임의대리인에 의해서도 할 수 있다. 입찰에의 참가를 민사소송법 제80조에서 말하는 재판상의 행위라고는 할 수 없으므로 대리인은 변호사가 아니더라도 무방하며 법원의 허가를 얻을 필요도 없다(대결 85. 10. 12. 85마 613). 그러나 변호사 아닌 자가 보수를 받고 대리인 입찰을 하면 변호사법에 위반된다.

대리인은 그 대리권을 증명할 문서(위임장 및 인감증명 등)를 집행관에게 제출해야 하고(규칙 제159조의 5 제1항), 입찰자 본인의 성명·주소 외에 대리인의 성명·주소를 입찰표에 기재해야 한다.

입찰자가 법인인 경우에는 대표자의 자격을 증명하는 문서(법인등기부등·초본)를 집행관에게 제출해야 하고(규칙 제159조의 5 제2항), 종중·사찰·교회 등 법인이 아닌 사단이나 재단 명의로 입찰하려면 정관 기타 규약, 대표자 또는 관리인임을 증명하는 서면, 대표자 또는 관리인의 주민등록(표)등본을 제출해야 한다(부등법 시행규칙 제56조).

대리인에 의해 입찰하고도 대리권을 증명하는 문서를 제출하지 않으면 그 입찰은 무효이다. 대리권의 증명은 통상 본인의 위임장과 인감증명을 입찰표에 첨부하는 방법으로 행해지지만, 대리권을 증명하는 문서를 반드시 입찰표에 첨부해야 하는 것은 아니고 개찰하여 최고가입찰자를 결정할 때까지만 제출하면 된다.

위임장에는 통상적으로 사건번호, 대리인의 성명·주소, 위임 내용과 위임자의 성명·주소를 기재하고 인감도장을 날인한다.

한편, 입찰자는 동일 물건에 관하여 동시에 다른 입찰자의 대리인이 될 수 없으며, 동일인이 공동입찰자의 대리인이 되는 경우 외에는 2인 이상의 다른 입찰자의 대리인을 할 수 없다. 이에 위반한 입찰은 무효이다.

> 경매 신청행위는 소송행위이기는 하지만 민사소송법 제80조 제1항에 규정된 재판상 행위에 해당하지 않으므로 변호사가 아니라도 대리할 자격이 있다(대법원 1985. 10. 12. 선고 85마 613 결정).

⑤ 공동입찰

2인 이상이 공동으로 입찰에 참가하는 것을 공동입찰이라고 한다. 입찰자는 꼭 단독으로 응찰해야 하는 것은 아니고, 또한 수인이 공유 또는 합유를 목적으로 공동응찰할 필요성도 있으므로 이를 금지할 이유가 없다.

단, 공동입찰을 담합에 이용하는 것을 방지하기 위하여 공동입찰자 상호간의 관계 및 지분을 분명히 하여 입찰표 제출 전에 집행관의 허가를 받도록 하고 있다(규칙 제159조의 5 제3항).

이 때 지분을 표시하도록 하는 것은 낙찰된 경우에 소유권 이전 등기 촉탁시 각자의 지분을 표시해야 하기 때문이다(부등 제44조 제1항 참조).

공동입찰의 허가 신청을 함에 있어서는 공동입찰하고자 하는 부동산을 특정해야 하고, 공동입찰자 상호간의 관계를 소명하는 자료를 제출해야 한다(부록 〔서식 37〕 공동입찰허가원, 공동입찰자 목록 참조). 공동입찰허가원도 입찰기일에 각급 법원의 민사집행과 또는 입찰법정에 비치해 놓는다.

공동입찰을 허가제로 한 취지에 비추어, 공동입찰은 원칙적으로 친자·부부 등의 친족관계에 있는 자, 입찰목적물의 공동점유·사용자, 1필지의 대지 위에 수개의 건물이 있는 경우의 각 건물 소유자, 1동 건물의 수인의 임차인 등과 같이 공동입찰의 필요성이 인정되어 담합의 의심이 없는 자들에 한해서 허가한다(송민 93-2).

공동입찰자에게 낙찰이 허가되면 공동입찰자는 각자 낙찰대금 전액을 지급할 의무가 있다.

2) 입찰표의 기재

입찰표에는 사건번호, 입찰자의 성명·주소, 부동산의 표시, 입찰가격, 대리인에 의하여 입찰하는 경우에는 대리인의 성명과 주소를 기재하고(제664조 제2항, 규칙 제159조의 4), 그 밖에 입찰보증금액도 기재한다(부록 〔서식 38〕 입찰표 참조).

입찰표의 작성 방법은 다음과 같다.

① 주민등록증과 도장 지참
주민등록증은 본인 확인을 위하여, 도장은 보증금의 반환을 받을 때 필요하다.

② 기재문자
한글과 아라비아 숫자로 정확히 기재한다.

③ 입찰자, 대리인의 표시
주소는 주민등록상의 주소를 기재하고, 날인은 실인으로 한다.
대리입찰의 경우에는 입찰표의 입찰자란에 본인 및 대리인의 인적사항을 기재하고 대리인이 날인한다.
입찰자가 법인인 경우에는 본인의 성명란에 법인의 명칭과 대표자의 지위·성명을, 주민등록번호란에는 법인의 등록번호, 즉 등기소에서 부여하는 부동산등기용 등록번호를, 주소란에는 등기부상의 본점 소재지를 기재하고 대표자가 날인한다.
공동입찰의 경우에는 본인의 성명란에 "별지 공동입찰자 목록 기재와 같음"이라고 기재하고, 공동입찰허가서를 첨부하되 입찰표와 공동입찰허가서 사이에 공동입찰자 전원이 간인한다.

④ 입찰가격·보증금액
입찰가격은 최저 입찰가격 이상이어야 한다. 또 일정한 금액으로 표시해야 하며 타인이 신고한 매수가격에 '1할 증', '100만 원 고' 하는 식의 비례로 표시할 수 없다(제665조 제3항).
입찰가격의 기재는 수정할 수 없고 수정할 필요가 있을 때는 새

용지를 사용한다.

보증금액은 통상 입찰금액의 10분의 1에 해당하는 금액이어야 한다. 단, 특별 매각조건이 붙여진 경우에는 그에 해당하는 금액을 기재한다.

⑤ 입찰표 매수
물건마다 별도의 용지를 사용한다. 단, 일괄입찰의 경우에는 예외이다.

⑥ 물건번호의 기재
한 사건에서 입찰물건이 여러 개 있고 그 물건들이 개별적으로 입찰에 붙여진 경우에는 사건번호 외에 '물건번호'를 반드시 기재해야 한다. 물건번호는 입찰 사건 목록 또는 신문의 입찰공고를 보고 확인할 수 있다.

⑦ 수개 물건의 입찰
같은 입찰기일에 사건번호가 다른 두 물건에 대하여 응찰하려고 하거나 또는 같은 사건 중 물건번호가 다른 두 물건에 대하여 응찰하려고 하는 경우에는 입찰표를 사건번호와 물건번호마다 별개의 용지에 별개의 절차로 작성하여 개별용지별로 입찰함에 투입하여야 한다.

⑧ 입찰보증금봉투의 기재
앞면에 사건번호, 물건번호, 제출자 성명을 기재하고 날인한다.

뒷면에는 표시된 세 곳에 날인한다. 법인의 입찰 또는 대리입찰의 경우에는 제출자란에 입찰에 참가한 대표자 또는 대리인의 성명을 기재하고 날인다.

⑨ 입찰봉투의 기재

사건번호, 물건번호, 입찰자 성명을 기재하지만 날인은 하지 않는다. 공동입찰의 경우에는 공동입찰자 중 모두자(가장 앞에 기재되어 있는 자)의 성명과 그 외 인원수를 기재한다.

입찰표 제출 절차

1. 입찰표기재대의 입실

집행관은 입찰표기재대에 입실하는 사람에게만 입찰표, 입찰보증금봉투, 입찰봉투 3종의 규격용지를 무상교부한다.

대리인이 입찰하는 경우에는 대리인만이 입찰표기재대에 들어갈 수 있다. 본인은 그곳에 들어갈 수 없고, 입찰기일에 나올 필요도 없다. 본인은 위임장에 날인하는 일 외에는 날인할 곳도 없고 할 일도 없다.

본인이 문맹자 또는 불구자인 경우에 입찰표기재대에서 보조자의 보조를 받을 수 있는가가 문제되는데, 남용의 우려를 이유로 부정적으로 해석된다. 이 때는 대리인 제도를 이용해야 한다.

2. 입찰표기재대에서의 절차

입찰표를 기재하고, 입찰보증금을 입찰보증금봉투에 넣고 1차로 봉한

3) 입찰표 및 입찰보증금의 제출

① 입찰표의 제출

입찰하려 하는 자는 입찰표를 집행관에게 제출하는 방법으로 입찰에 응한다(제664조 제1항). 실제로는 입찰봉투에 넣어 입찰함에 투입함으로써 집행관에게 제출하는 것이 되고(송민 93-2), 입찰표의 제출로써 매수 신고를 한 것이 된다.

집행관이 입찰의 개시를 알리는 종을 울리고 입찰표의 제출을 최고하면 입찰이 시작된다. 그리고 이 시점 이후로 입찰자는 곧 입찰

후, 기재한 입찰표와 입찰보증금봉투를 다시 큰 입찰봉투에 넣어 호치키스로 찍어 봉하고, 봉투의 지정된 위치에 날인한 다음 기재대에서 나온다. 입찰봉투 접는 방법은 위의 접는선만 접어 호치키스로 찍고, 가운데 접는 선은 입찰함에 넣을 때 사건번호를 타인이 볼 수 없도록 앞면이 안쪽이 되게 반으로 접어서 넣는다.

3. 입찰봉투의 입찰함에의 투입

입찰봉투와 주민등록증을 집행관에게 제출하여 입찰봉투 제출자의 본인 여부를 확인받은 후, 입찰봉투상에 연결번호와 집행관의 간인을 받은 다음, 수취증을 떼어 내 보관하고, 입찰봉투를 입찰함에 투입한다. 수취증은 나중에 입찰에서 떨어졌을 때 그것과 상환으로 보증금을 반환받는 데 필요하다.

표를 기재하여 입찰함에 투입할 수 있다. 입찰표 제출의 종기는 그로부터 1시간이 경과하여 집행관이 입찰의 마감을 선언할 때까지이다.

그런데 어느 사건에서 누가 입찰표를 제출했는지는 개찰을 해야만 비로소 알 수 있는 것이다. 여기서 민사소송법 제610조 제2항(매수의 신고가 있은 후에 경매 신청을 취하하려면 최고가 매수신고인과 차순위 매수신고인의 동의가 있어야 한다는 규정)과의 관계에 있어 입찰자가 매수의 신고를 언제 한 것으로 볼 것이냐 하는 미묘하고도 어려운 문제가 발생한다.

결국 사실인정의 문제라 하겠는데, 입찰표를 가장 빨리 제출할 수 있는 시점, 즉 집행관이 입찰표의 제출을 최고한 직후에 매수의 신고를 한 것으로 추정할 수밖에 없다.

이와 같이 입찰은 입찰표라는 서면을 제출하는 방법으로 행해진다는 점에서 경매가 구술로 호가하는 방법을 사용하는 점과 다르다.

한편, 한 번 제출한 입찰표는 취소·변경 또는 교환할 수 없다(규칙 제159조의 6). 이를 허용하면 담합의 염려가 있을 뿐 아니라, 입찰표 제출 후에 다른 입찰자의 입찰 내용을 알고 다시 입찰을 함으로써 입찰이 불공정하게 되기 때문이다.

② 입찰보증금의 제출

입찰하려고 하는 자는 보증으로 입찰가격의 1/10에 해당하는 현금이나 법원이 인정한 유가증권을 즉시 집행관에게 보관하게 해야 한다(제663조 제2항, 제625조). 보증비율이 이와 다르게 정해진 경우에는 그에 상응하는 보증을 제공해야 한다.

금융기관이 발행한 자기앞수표는 현금에 준하여 취급되고, '법원이 인정하는 유가증권'이라 함은 구체적으로 경매법원이 경매기일 전에 매수보증으로 제공할 수 있음을 허용하는 재판을 한 유가증권을 말한다. 실제로는 경매 사건의 진행과정상 1차적으로 집행관으로부터 보증으로서 적절한 유가증권인지의 여부를 판단받고 낙찰허가시에 경매법원의 심사를 받는다.

입찰보증금을 지급보증위탁 계약을 체결한 문서의 제출로 갈음하는 것은 성질상 허용되지 않으며, 우선변제청구권 있는 저당권자가 응찰하는 경우에도 입찰보증금을 제출해야 한다(대결 59. 5. 6. 4291민재항 189).

입찰보증금은 입찰표와 함께 집행관에게 제출해야 한다(규칙 제159조의 7). 실무에서는 입찰보증금을 보증금봉투에 넣어 입찰표와 함께 다시 입찰봉투에 넣은 후, 입찰함에 투입하도록 하고 있다(송민 93-2).

개찰결과 최고의 가격으로 입찰한 자가 입찰표와 함께 집행관에게 제출한 보증이 법정 매각조건인 입찰가격의 1/10에 미달하는 경우에는 그 입찰가격으로서의 매수를 허가할 수 없다(제625조). 그리고 일단 제출된 입찰표는 취소·변경 또는 교환할 수 없어 그 보증의 10배의 가액을 입찰가액으로 하는 입찰로 변경시킬 수도 없으므로, 집행관으로서는 그 입찰표를 무효로 처리하고 차순위자를 최고가입찰자로 결정해야 한다(대결 98. 6. 5. 98마 626).

2. 입찰의 종결 절차

(1) 입찰의 마감 및 개찰

1) 입찰마감 선언과 개찰의 고지

입찰은 미리 고지된 입찰 마감시간에 입찰의 마감을 알리는 종을 울린 후 집행관이 이를 선언함으로써 마감한다. 그러나 입찰표의 제출을 최고한 후 1시간이 경과하지 않으면 입찰을 마감하지 못한다(제626조). 통상은 오전 11시 10분 이후에 상황을 보아 미리 안내방송을 하고 처리한다.

입찰봉투는 마감시각 안에 입찰함에 넣어야 하며 입찰표가 작성되었어도 입찰마감 후에는 입찰함에 넣을 수 없다.

개찰은 집행관이 입찰 마감시간으로부터 10분 이내에 개찰을 시작한다고 고지한 후, 개찰을 시작한다.

2) 입찰함의 개함

집행관은 입찰을 마감한 후 즉시 입찰함을 개함하여 입찰봉투를 펴서 사건번호별로 입찰기록과 함께 정리한다. 이로써 입찰자가 있는 사건과 입찰자가 없는 사건이 구분된다.

3) 입찰자가 없는 사건

입찰자가 없는 사건은 입찰불능으로 입찰 절차를 종결한다.

이 때 집행관은 '○○○호 사건은 입찰자가 없으므로 입찰 절차를 종결합니다.'라고 고지한다.

4) 입찰자가 있는 사건의 개찰 절차

① 입찰봉투의 개봉(개찰)

집행관은 입찰인들의 면전에서 우선 입찰봉투만을 개봉하고, 입찰표에 의하여 사건번호(필요시에는 물건번호까지), 입찰목적물, 입찰자의 성명, 입찰가격을 호창한다(제665조 제1항, 규칙 제159조의8 제3항, 송민 93-2).

입찰자가 개찰시에 출석하지 않은 경우에는 법원사무관 등 상당하다고 인정되는 자를 참여하게 한다(규칙 159조의 8 제2항, 송민 93-2).

② 입찰표기재의 불비에 대한 처리기준

제출된 입찰표의 기재에 불비가 있는 경우에는 집행관은 다음의 표와 같은 처리기준에 의하여 입찰표의 유·무효를 판단한다(송민 93-2 제10조 제2항 ; p.396~397 표 참조).

③ 입찰보증금봉투의 개봉(보증의 제공 여부의 확인)

입찰보증금봉투는 최고의 가격으로 입찰한 자의 것만 개봉하여 정해진 보증금액에 해당하는지의 여부를 확인한다.

입찰보증금이 정해진 보증금액에 미달하는 경우에는 당해 입찰자의 입찰을 무효로 하고, 차순위의 가격으로 입찰한 자의 입찰보증금봉투를 개봉한다.

번호	불비사항	처리기준
1	입찰 연월일의 기재가 없거나 오기가 있는 경우	입찰봉투의 기재에 의하여 당해 입찰기일의 입찰임을 특정할 수 있으면 개찰에 포함시킨다.
2	사건번호의 기재가 없는 경우	입찰봉투, 보증금봉투, 위임장, 공동입찰허가원 등 첨부서류의 기재에 의하여 사건번호를 특정할 수 있으면 개찰에 포함시킨다.
3	물건번호의 기재가 없는 경우	개찰에서 제외한다. 단, 물건의 지번, 건물의 호수 등을 기재하거나 입찰봉투에 기재가 있어 입찰목적물을 특정할 수 있으면 개찰에 포함시킨다.
4	입찰자 본인 또는 대리인의 성명 기재가 없는 경우	개찰에서 제외한다. 단, 고무인·인장 등이 선명하여 용이하게 판독할 수 있거나 대리인의 성명만 기재되어 있으나 위임장·인감증명서에 본인의 기재가 있는 경우에는 개찰에 포함시킨다.
5	입찰자 본인과 대리인의 주소·성명이 병기되어 있지만(이름 아래 날인이 있는 경우 포함) 위임장이 첨부되어 있지 않은 경우	본인의 입찰로서 개찰에 포함시킨다.
6	입찰자 본인의 주소·성명은 기재되고 위임장이 첨부되어 있지만 대리인의 주소·성명의 기재가 없는 경우	본인의 입찰로서 개찰에 포함시킨다.
7	위임장이 첨부되고 대리인의 주소·성명이 기재되어 있으나 입찰자 본인의 주소·성명의 기재가 없는 경우	위임장의 기재로 보아 본인의 주소·성명을 특정할 수 있으면 개찰에 포함시킨다.

8	입찰자 본인 또는 대리인의 주소나 성명이 위임장 기재와 다른 경우	성명이 다른 경우에는 개찰에서 제외한다.
9	입찰자가 법인인 경우 대표자의 성명 기재가 없는 경우(날인만 있는 경우도 포함)	개찰에서 제외한다. 단, 고무인·인장 등이 선명하여 용이하게 판독할 수 있는 경우에는 개찰에 포함시킨다.
10	입찰가액의 기재를 정정한 경우	정정인 날인 여부를 불문하고 개찰에서 제외한다.
11	입찰가액의 기재가 불명료한 경우(예, 5와 8, 7과 9, 0과 6)	개찰에서 제외한다. 단, 보증금액의 기재가 명확하고 그에 따라 입찰가액을 특정할 수 있을 때는 개찰에 포함시킨다.
12	보증금의 기재가 없거나, 보증금의 기재가 정해진 보증금과 다른 경우	보증금봉투에 의하여 정해진 보증금 이상의 보증제공이 확인되는 경우에는 개찰에 포함시킨다.
13	보증액을 정정하고 정정인이 없는 경우	
14	위임장은 첨부되어 있으나 위임장이 사문서로서 인감증명서가 첨부되어 있지 않거나, 위임장과 인감증명서의 인영이 상이한 경우	최고가입찰자 결정 전까지 인감증명서를 제출하거나 기타 이에 준하는 확실한 방법으로 위임장의 진정 성립을 증명한 때는 당해 입찰자를 최고가입찰자(차순위 입찰신고인)로 결정할 수 있다. 단, 최고가입찰자 결정 전까지 위임장의 진정 성립을 증명하지 못했을 때도 낙찰기일까지 이를 증명할 가망이 충분하고, 당해 입찰자를 최고가입찰자(차순위 입찰신고인)로 결정하는 것이 이해관계인 전원의 이익에 합치된다고 인정하는 때는, 낙찰기일까지 보완을 촉구하고 당해 입찰자를 최고가입찰자(차순위 입찰신고인)로 결정할 수 있다.

(2) 최고가입찰자의 결정

1) 최고가입찰자

개찰이 실시되면 최고가입찰자를 정한다. 최고가입찰자는 입찰자 중 최고의 가격으로 입찰한 자로 한다(송민 93-2 제11조 제1항 본문).

최고가격입찰자로 호창받은 자가 제공한 보증금이 부족할 때는 이를 무효로 하고, 차순위의 가격으로 응찰한 자를 최고가입찰자로 정한다(제666조 제1항). 그리고 이 경우에 최초의 최고가입찰자로 호창받은 자는 그의 입찰가격과 차순위 입찰가격과의 차액을 부담해야 한다(제666조 제2항). 이 차액은 배당받을 채권자나 매각대금을 반환받을 채무자가 별도의 소송을 제기하여 청구할 수 있다. 이 점이 바로 입찰이 경매의 경우와 다른 점이다.

경매의 경우에는 매수신청인이 보증을 제공하지 않으면 매수의 권리를 상실할 뿐이고 아무런 의무를 부담하지 않는다.

최고가입찰자가 보증금을 법원이 요구하는 액수 이상으로 기재하고 보증금봉투에 넣은 경우에는 초과부분을 반환하고, 그 반환 사실을 입찰표에 붉은 고무인으로 찍은 후 영수자의 날인을 받는다.

2) 2인 이상의 동 가격 입찰의 경우

① 추가입찰

최고의 가격으로 입찰한 자가 2인 이상인 경우에는 그들만을 상대로 추가입찰을 실시하여 최고가입찰자를 정한다(제665조 제2항,

송민 93-2 제11조 제1항 단서).

추가입찰에 있어서의 입찰표 기재방식은 최초의 입찰에 있어서의 입찰표 기재방식과 같다. 추가입찰자는 전의 입찰가격에 미달하는 가격으로는 입찰할 수 없다. 만약 전의 입찰가격에 미달하는 가격으로 입찰한 경우에는 입찰에 응하지 않는 것으로 본다(규칙 제159조의 9 제1항).

추가입찰에 있어서 입찰봉투에 실제로 넣는 입찰보증금은 종전 보증금과의 차액만 넣으면 된다. 집행관은 입찰실시 전에 이 내용을 고지해 주어야 한다(송민 93-2 제11조 제2항).

② 추첨

추가입찰에서 추가입찰적격자 전원이 입찰에 응하지 않거나, 2인 이상이 다시 동액의 최고가격으로 입찰한 때는 그들 중에서 추첨에 의하여 최고가입찰자를 정한다(규칙 제159조의 9 제2항, 송민 93-2 제11조 제3항). 이 경우 입찰자 중 출석하지 않은 자 또는 추첨하지 않은 자가 있을 때는 법원사무관 등으로 하여금 대신 추첨하게 할 수 있다(규칙 제159조의 9 제3항).

(3) 차순위 입찰신고인의 결정

1) 차순위 입찰신고 적격자

민사소송법은 재입찰로 인한 절차의 지연을 방지하고 법원의 업무부담을 경감하기 위하여 차순위 입찰신고인 제도를 두고 있다.

최고가입찰자 이외의 입찰자 중 최고가입찰액에서 입찰보증금을 공제한 액보다 높은 가격으로 입찰에 참가한 자는 최고가입찰자가 대금지급 의무를 이행하지 않은 경우에 자기의 입찰에 대하여 낙찰을 허가해 달라는 신고(차순위 입찰신고)를 할 수 있다(제626조의 2, 송민 93-2 제11조 제4항). 예를 들면 최고가입찰가가 2억 원이고 입찰보증금이 2,000만 원인 경우라면 2억 원에서 2,000만 원을 공제한 1억 8,000만 원보다 높은 가격, 즉 1억 8,000만 원 이상 2억 원 미만으로 응찰한 사람은 차순위 입찰신고를 할 수 있다.

이와 같이 차순위 입찰신고의 적격에 제한을 둔 것은 차순위 입찰신고에 의하여 채권자·채무자 등 이해관계인에게 손해를 주지 않게 하기 위함이다.

2) 차순위 입찰신고의 시기

차순위 입찰신고는 집행관이 차순위 입찰신고를 최고한 때부터 입찰 절차의 종결을 고지할 때까지 할 수 있다. 집행관은 적법한 차순위 입찰신고가 있으면 그 신고인을 차순위 입찰신고인으로 정하

차순위 입찰신고인과 차순위입찰자의 구별

차순위입찰자는 입찰가격이 두 번째로 고액인 자를 말하고, 차순위 입찰신고인은 최고가격으로 입찰한 자 이외의 입찰자로서 차순위 입찰신고를 한 자를 말한다(송민 93-2 제11조 제4항 참조).

앞서 살펴본 바와 같이 최고가격입찰자로 호창받은 자가 제공한 보증금이 부족할 때는 이를 무효로 하고, 차순위입찰자를 최고가입찰자로 정한다(제666조 제1항).

여 그 성명과 가격을 호창해야 한다(제627조 제1항).

3) 신고인이 2인 이상인 경우

이 경우에는 입찰가격이 높은 사람을 차순위 입찰신고인으로 한다. 제출한 입찰가격이 같을 때는 추첨에 의하여 차순위 입찰신고인을 정한다(제627조 제2항, 송민93-2 제11조 제4항).

4) 차순위 입찰신고의 구속

차순위 입찰신고를 하면 낙찰자가 낙찰대금을 납부하기 전까지는 보증금을 반환받지 못한다(제654조 제3항 참조).

5) 차순위 입찰신고인에 대한 낙찰허가

최고가입찰자에게 국한된 사유로 그에 대한 낙찰이 불허되거나, 낙찰이 허가되더라도 그가 낙찰대금을 납부하지 않을 경우에는 다시 입찰을 실시하지 않고, 바로 차순위 입찰신고인에게 낙찰을 허가한다.

따라서 낙찰허가를 받은 차순위 입찰신고인도 낙찰대금을 납부하지 않아 재입찰 절차가 진행될 경우에는 재입찰기일 3일 전까지 최고가입찰자와 차순위 입찰신고인 중 먼저 낙찰대금을 납부한 낙찰자가 입찰목적물의 소유권을 취득한다(제648조 제4항).

6) 입찰표 제출 후의 경매 신청 취하와 동의권

차순위 입찰신고인도 최고가입찰자와 같이 입찰표 제출 후의 경매 신청 취하에 이해관계를 가지므로 경매 신청을 취하함에는 최고가입찰자뿐만 아니라 차순위 입찰신고인의 동의도 얻어야 한다(제 610조 제2항).

7) 차순위 입찰신고의 철회
차순위 입찰신고인은 일단 신고하여 집행관에 의하여 호창된 이상 그 신고를 임의로 철회하지 못한다.

(ㄴ) 입찰 절차종결의 고지

1) 입찰자가 있는 경우
집행관은 '○○○호 사건에 관한 최고가입찰자는 금 ○○○원으로 응찰한 ○○○(주소)에 사는 ○○○(성명)입니다. 차순위 입찰신고를 할 사람은 신고하십시오.' 라고 호창한 후, 차순위 입찰신고가 있으면 차순위 입찰신고인을 정한다. 그리고 '차순위 입찰신고인은 입찰가격 ○○○원을 신고한 ○○○(주소)에 사는 ○○○(성명)입니다.' 라고 호창한 다음 '이로써 ○○○호 사건에 관한 입찰 절차가 종결되었습니다.' 라고 고지한다. 이로써 입찰 절차는 종결된다.

> 민사소송법 제626조의 2 및 제627조 제1항의 각 규정을 종합해 보면 차순위 매수신고인의 성명과 입찰가격은 입찰의 종결시까지 적법한 차순위 매수신고를 한 자가 있는 경우에 한하여 호창하면 되므로, 그 때까지 적법한 차순위 매수신고를 한 자가 없는 경우에는 집행관이 최고가 매수신고인의 성명과 입찰가격만을 호창했다고 해서 낙찰허가 결정이 위법하다고 할 수 없다(대법원 1996. 8. 19. 선고 96마 1174 결정).

2) 입찰자가 없는 경우(입찰불능)

입찰자가 없는 사건은 입찰불능으로 처리하고 'OOO호 사건은 입찰자가 없으므로 입찰 절차를 종결합니다.' 라고 고지한다.

3. 입찰 절차종결 후의 처리

(1) 입찰보증금의 반환

입찰종결에 의하여 최고가입찰자와 차순위 입찰신고인 이외의 입찰자는 매수의 책임을 면하고 즉시 보증금의 반환을 청구할 수 있다(제627조 제3항).

보증금의 반환 청구를 받은 집행관은 최고가입찰자 및 차순위 입찰신고인 이외의 입찰자로부터 입찰자용 수취증을 교부받아 입찰봉투의 연결번호 및 간인과의 일치 여부를 대조하고, 주민등록증을 제시받아 보증금제출자가 본인인지의 여부를 확인한다.

그 후, 그 입찰자에게 입찰보증금을 즉시 반환하고 입찰표 하단의 영수증란에 서명날인을 받아 입찰조서에 첨부한다(송민 93-2 제13조).

보증금의 반환 청구가 없는 경우 집행관은 입찰조서와 함께 3일 내에 경매법원의 법원사무관 등에게 인도해야 하고(제629조), 입찰자는 보증금이 경매법원에 인도된 후에는 법원사무관 등에 대하여 그 반환을 청구할 수 있다. 차순위 입찰신고인은 낙찰자가 대금을 지급함으로써 매수의 책임을 면하고 즉시 보증금의 반환을 청구할 수 있다(제654조 제3항).

(2) 입찰조서의 작성

1) 입찰조서의 작성 방법

집행관은 입찰을 실시한 때, 각 입찰기일마다 입찰조서를 작성해야 한다(제500조 제1항). 또한 각 입찰기일을 일괄하여 하나의 조서로 작성해서는 안 된다.

입찰조서에는 작성자인 집행관이 서명날인해야 하고(제500조 제2항 제6호), 그 밖에 최고가입찰자, 차순위 입찰신고인과 출석한 이해관계인도 기명날인해야 하는데, 이 때 이들이 기명날인할 수 없을 때는 그 사유를 부기해야 한다(제628조 제2항).

집행관은 기명날인에 앞서 이들에게 조서를 읽어서 들려 주거나 열람하게 하고, 그 승인과 기명날인한 사실을 조서에 기재해야 한다(제500조 제2항 제5호).

입찰조서의 기재가 사실과 다르다는 이의를 하면 그 사유도 조서에 기재한다(제146조 제2항 유추적용).

2) 입찰조서의 기재사항(제628조 제1항)
- 부동산의 표시(별지목록으로 표시해도 된다)
- 압류채권자의 표시
- 집행기록을 열람하게 한 일
- 특별 매각조건이 있을 때는 이를 고지한 일
- 매수가격의 신고(입찰)를 최고한 일
- 모든 매수신고가격(입찰가격)과 그 신고인(입찰자)의 성명·주소 또는 허가할 매수가격의 신고(입찰)가 없는 일(보증을 제공

하지 않은 부적법한 매수가격의 신고인도 모두 기재해야 함)
- 경매(입찰)의 종결을 고지한 일시
- 매수하기 위하여 보증을 제공한 일 또는 보증을 제공하지 않으므로 그 매수를 허가하지 않은 일(보증의 제공이 있을 때는 그 액수와 현금인지 유가증권인지의 구별을 기재해야 함)
- 최고가 매수신고인(최고가입찰자)과 차순위 매수신고인(차순위 입찰신고인)의 성명과 가격을 호창한 일
- 공유자의 우선매수 신고가 있을 경우에는 그 취지 및 그 공유자의 성명과 주소(규칙 제155조의 2), 최고가 매수신고인(최고가입찰자)이나 차순위 매수신고인(차순위 입찰신고인)이 경매(입찰)기일에 구술로 가주소를 신고한 경우, 그 가주소
- 입찰을 최고한 일시, 입찰표를 개봉한 일시(규칙 제159조의 10)

3) 입찰조서의 경정

집행관은 입찰조서를 법원사무관 등에게 인도할 때까지는 조서상의 오기가 있거나 누락된 것이 있으면 이를 경정할 수 있다. 입찰조서의 경정 방법은 별도의 경정조서를 작성하여 경정하는 방법과 입찰조서에 직접 삽입하거나 삭제하는 방법으로 경정하고 경정 연월일을 부기하는 방법이 있는데, 경정의 내용과 정도에 따라 집행관이 선택한다.

이해관계인이나 최고가입찰자 등의 동의를 요하지 않으면 이로 인하여 불이익을 받는 이해관계인이나 최고가입찰자 등은 낙찰허부의 단계에서 다른 증거에 의하여 입찰조서의 경정이 진실에 부합

되지 않음을 주장·입증할 수 있다.

4) 입찰조서에 첨부할 사항

집행관은 매수의 보증으로 보관한 금전이나 유가증권을 반환한 때는 영수증을 받아 조서에 첨부해야 한다(제628조 제3항).

(3) 입칠조서와 보관금의 인도

집행관은 입찰조서 및 매수의 보증으로 보관한 금전이나 유가증권으로 반환하지 않은 것이 있으면 입찰기일 후 3일 내에 법원사무관 등에게 입찰기록과 함께 인도해야 한다(제629조).

여기서 반환하지 않은 것이라는 것은 최고가입찰자나 차순위 입찰신고인으로부터 제공받은 보증뿐 아니라 최고가입찰자 등이 아닌 입찰자로부터 제공받은 보증으로서 그 입찰자가 반환을 청구하지 않은 것도 포함한다.

3일 내에 인도하라는 규정은 훈시 규정이므로 입찰조서나 보관금을 3일 내에 인도하지 않았다 하여 입찰이 무효로 되는 것은 아니다. 만일 인도가 지연되어 낙찰기일을 실시할 수 없을 때는 경매법원이 낙찰기일을 변경해야 한다.

입찰자가 없어 입찰을 종결할 때는 입찰불능조서와 입찰기록만 인도한다.

(4) 최고가 매수신고인 등의 가주소 신고

최고가 매수신고인은 경매법원 소재지에 주거와 사무소가 없을 때는 그 소재지에 가주소를 선정하여 법원에 신고해야 한다. 이를 게을리하면 그에게 송달할 서류가 그의 주소·거소·영업소 또는 사무소에 등기우편으로 발송되며 그 발송시에 송달된 것으로 본다(제630조 제1항, 제171조 제1항, 제174조).

경매법원의 소재지라 함은 경매법원이 소재하는 최소 행정구역으로서 시·구·읍·면의 구역을 말한다.

가주소의 신고는 집행관에게 하거나 경매법원에 직접하거나 상관이 없다. 경매기일에 경매장소에서는 물론 경매기일 후라도 집행관이 아직 경매조서를 경매법원의 담당 법원사무관 등에게 인도하기 전까지는 집행관에 대해 가주소를 신고할 수 있다.

가주소의 신고는 구술로도 가능하다(제630조 제2항). 경매기일에 구술로 가주소를 신고한 경우에는 경매조서에 기재하고, 경매조서 작성 후에 구술신고를 하는 경우에는 그 취지의 조서를 작성하여 경매조서에 첨부한다.

서면신고가 있는 경우에는 그 서면을 경매조서에 첨부한다.

이 가주소 신고 절차는 차순위 매수신고인에게도 적용한다(규칙 제153조의 3). 그리고 민사소송법 제630조 제1항의 입법취지가 경락에 관한 통지나 송달을 신속하고 편리하게 하고자 함에 있다는 점으로 미루어 볼 때, 최고가 매수신고인이 그 송달장소를 경매법원의 소재지가 아닌, 그것도 송달 절차가 복잡하고 시간이 많이 걸리는 국외로 변경하여 신고한 것은 허용될 수 없는 것이다(대결 93.12.17. 93재마 8 결정).

4. 공유자의 우선매수

(1) 공유자의 우선매수신청권

공유물지분의 경매에 있어서 채무자가 아닌 다른 공유자는 채무자의 지분에 관하여 우선매수신청권이 있다. 즉 그 공유자는 경매기일까지 최고 매수신고가격의 1/10에 해당하는 현금이나 경매법원이 인정한 유가증권을 집행관에게 보관하게 하고 최고 매수신고가격과 동일한 가격으로 매수할 것을 신고할 수 있다(제650조 제1항). 이 경우 경매법원은 최고가 매수신고에도 불구하고 그 공유자에게 낙찰을 허가해야 한다(제650조 제2항).

공유자가 우선매수 신고서를 제출할 때는 인지의 첨부를 요하지 않는다(부록〔서식 39〕공유자의 지분 우선매수 신고서 참조).

(2) 우선매수권 행사의 방법·시기

공유자가 우선매수권을 행사할 수 있는 시한은 경매(입찰)기일까지이다. 여기서 '경매기일까지'라 함은 집행관이 경매기일을 종결시키기 전까지라는 의미이다. 그러므로 우선매수권을 행사하려고 하는 공유자는 집행관이 최고가입찰자의 성명과 가격을 호창하고 입찰종결을 선언하기 전에, 최고가 입찰가격과 동일 가격으로 매수할 것을 신고하고 즉시 그 가격의 1/10에 해당하는 보증을 제공하면 적법하게 우선매수권의 행사를 할 수 있다.

한편, 공유자는 입찰기일 전에 미리 입찰을 실시할 집행관 또는 경매법원에 보증을 제공하고 그 보증에 상응하는 가격 이내라면 우선매수권을 행사하겠다는 신고를 하는 방법으로 우선매수권을 행사할 수도 있다.

(3) 매수경쟁

공유자가 우선매수권을 행사한 경우라도 최고가 매수신고인은 다시 더 고가의 매수 신고를 할 수 있고, 이에 대하여 공유자가 다시 그 매수신고가격으로 매수할 것을 신고하고 보증을 제공하지 않으면 최고가 매수신고인이 낙찰을 받는다(이것은 경매의 경우에 발생할 수 있는 일이고, 입찰의 경우에는 그러한 염려가 없다).

일반 매수신고인으로부터 공유자의 매수신고가격 이상으로 매수신청이 없는 경우, 공유자가 최고가 매수신고가격과 동일한 가격으로 매수할 것을 신고하고 보증을 제공한 경우에는 공유자가 최고가 매수신고인으로 되므로 집행관은 다시 공유자를 최고가 매수신고인으로 호창하고 경매를 종결해야 한다. 이 때 종전의 최고가 매수신고인은 차순위 매수신고인으로 본다(제650조 제4항).

(4) 공유자가 수인인 경우

수인의 공유자가 우선매수할 것을 신고하고 보증을 제공했을 때는 그 공유자 간에 매수할 지분에 관하여 특별한 협의가 없는 한 공유지분의 비율에 의하여 채무자의 지분을 매수하게 된다(제650조 제3항).

(5) 입찰기일에 우선매수를 신청했지만 입찰자가 없는 경우

이 경우는 입찰불능조서를 작성해야 한다. 입찰자가 없다면 이와 동일한 가격으로 매수 신고할 대상이 없기 때문에 공유자의 우선매수를 인정할 수 없기 때문이다.

(b) 경매 기입등기 후에 공유지분을 취득한 자의 우선매수청구 가부

A 부동산 위에 존재하는 갑과 을의 공유지분에 대하여 임의경매 진행중 경매 기입등기 후에 을의 공유지분을 취득한 병이 공유자로서 우선매수를 할 수 있는지의 여부에 대해 알아본다.

1) 공유지분이 각 개별경매되는 경우

이 경우 병은 갑의 공유지분에 대하여는 공유자로서 우선매수를 할 수 있다. 자신 명의의 공유지분 등기가 압류의 효력 발생 후에 경료된 것이어서 그 지분에 대한 경매가 계속 진행된다면, 결국 말소될 운명에 처해진다 해도 경매가 진행되어 대금납부가 이루어지지 않은 이상 이를 고려할 필요가 없다.

2) 공유지분 전체가 일괄경매되는 경우

이 경우 병은 공유자로서 우선매수를 할 수 없다. 압류의 효력 발생 후에 제3자 명의로 경료된 소유권 이전등기는 경락인에게 대항할 수 없으므로 말소 촉탁의 대상이 된다. 이 경우의 병은 공유자라기보다는 압류 후에 경매의 대상인 목적물을 취득한 제3자에 해당한다.

따라서 일괄경매로 진행되는 이상 자신이 취득한 지분 이외의 지분에 대하여 공유자 우선매수를 할 수는 없다.

제5장 신입찰

 신입찰이라 함은 입찰을 실시했으나 낙찰자가 결정되지 않았기 때문에 다시 기일을 지정하여 실시하는 입찰을 말한다. 또한 신입찰은 재입찰과는 구별된다.
 재입찰이란 낙찰허가 결정이 확정되어 낙찰자가 결정되었음에도 불구하고 그 자가 대금을 지급하지 않았기 때문에 실시되는 입찰을 말하는 것으로서, 신입찰과는 다르다.

신입찰을 실시해야 하는 경우

1. 입찰기일에 허가할 적법한 매수가격의 신고가 없는 경우(제631조)
2. 낙찰기일에 법원이 최고가입찰자에 대하여 낙찰을 허가할 수 없는 사유가 있어 낙찰을 불허하거나 낙찰허가 결정이 항고심에서 취소된 경우, 그 불허가 또는 취소의 사유가 종국적으로 입찰을 불허할 사유가 아니고 다시 입찰을 실시할 수 있을 때(제637조)
3. 입찰의 실시 후에 천재지변, 기타 자기가 책임질 수 없는 사유로

> 인하여 목적부동산이 훼손되어 최고가입찰자가 낙찰자의 신청에 의하여 낙찰불허가 결정을 하거나 낙찰허가 결정을 취소한 경우 (제639조)

1. 허가할 매수가격의 신고가 없는 경우(제631조)

(1) 신입찰의 요건

입찰기일에 적법한 입찰을 실시했으나 허가할 매수가격의 신고가 없을 경우에 법원은 최저 입찰가격을 상당히 저감하고 신입찰기일을 정하여 신입찰을 실시해야 한다(제631조 제1항).

이런 경우는 입찰기일이 적법하게 열렸을 때에 한하므로 적법한 입찰기일의 공고가 없었던 경우나 입찰기일이 변경된 경우에는 최저 입찰가격을 저감할 수 없다.

허가할 매수가격의 신고가 없었다 함은 매수가격의 신고가 전혀 없었던 경우는 물론이고 신고한 매수가격이 최저 입찰가격에 미달한 경우 및 신고가격의 10분에 1에 해당하는 보증을 제공하지 않은 경우도 포함된다.

수개의 부동산을 동시에 경매할 때, 일부의 부동산에 대해서만 매수가격의 신고가 없는 경우에는 그 부동산에 대해서만 신경매를 실시하면 되지 모든 부동산에 대하여 신경매를 실시하는 것은 아니다. 단, 일괄경매하는 경우는 그렇지 않다.

(2) 최저 입찰가격의 저감

1) 자유재량에 의한 가격저감

신입찰을 할 경우에 법원은 민사소송법 제608조 제1항의 우선권을 해하지 않는 한도에서 최저 경매가격을 상당히 저감할 수 있다(제631조).

법원은 경매 절차의 진행과정과 이해관계인의 이해를 형량하여 자유재량으로 최저 경매가격을 저감할 수 있으나(대결 69. 1. 9. 68마 982), 합리적이고 객관적인 타당성을 구비하지 못할 정도로 과도하게 가격을 낮춘 최저 입찰가격의 저감 절차는 위법하여 무효라는 것이 판례의 입장이다(대결 94. 8. 27. 94마 1171). 현재 서울지방법원의 실무상으로는 보통 1회에 2할 정도까지 저감하고 있다.

그러나 제608조 제1항의 우선권을 행하지 않는 한도에서만 저감할 수 있으므로 저감할 수 있는 최저 입찰가격은 경매채권에 우선하는 부동산상의 모든 부담과 절차비용을 합한 액보다 많은 액수여야 한다.

2) 가격저감 절차

최저 입찰가격을 저감함에 있어서 재평가는 필요한 것이 아니고 가격저감 산출근거를 명시할 필요도 없으며(대결 58. 12. 1. 4291민재항 67), 별도의 가격저감결정서를 작성할 필요도 없다(대결 68. 3. 30. 68마 186).

저감은 입찰명령서에 기재하고 입찰기일공고에 기재하는 것으로 족하다.

3) 계속저감

신입찰기일에서도 허가할 매수가격의 신고가 없으면 허가할 매수가격의 신고가 있을 때까지 순차로 최저 입찰가격의 저감 및 신입찰기일 지정 절차를 되풀이할 수 있다.

단, 최저 입찰가격을 계속저감한 결과 압류채권자에 우선하는 부동산상의 부담과 절차비용을 변제하고 잉여가 생길 가망이 없게 된 경우에 법원은 민사소송법 제616조의 통지 절차를 이행해야 한다.

이와 같이 순차로 열렸넌 신입찰기일 중 어느 하나가 부적법한 것인 경우에 그 부적법한 기일의 직후에 열린 신입찰기일에서 저감된 최저 입찰가격 이상 저감 전의 최저 입찰가격 이하의 가격으로 매수가 허가되었다면, 혹은 저감 전의 최저 입찰가격 이상의 가격으로 매수허가가 되었다 하더라도, 그것은 부적법하게 저감된 최저 입찰가격을 전제로 한 경매 절차이므로 그 신입찰도 역시 위법한 것이 된다(대결 69. 9. 23. 69마 544).

한편, 경매기일변경 후 착오로 최저가격을 저감한 경매기일에 경매가 불능되고, 그 후의 기일에 경락이 된 때는 그 착오의 저감 절차는 치유된다는 것이 판례의 태도이다(대결 70. 10. 13. 70마 618).

> 최저 경매가격의 저감 자체가 잘못인 이상 비록 경매가격이 저감되기 전의 최저 경매가격 이상이었다 하더라도 그 경매 절차는 위법이다(대법원 1969. 9. 23. 선고 69마 544 결정).

> 경매기일변경 후 착오로 최저가격을 저감한 경매기일에 경매가 불능된 후에 경락이 된 때는 그 착오의 저감 절차는 치유된다(대법원 1970. 10. 13. 선고 70마 618 결정).

4) 가격저감에 대한 불복

가격저감에 대하여는 독립된 불복 방법이 없다(대결 71. 7. 19. 71마 215). 다만, 낙찰기일에 압류채권자나 우선채권자에 한하여 낙찰에 대한 이의 또는 낙찰허가 결정에 대한 항고로 불복할 수는 있다.

2. 낙찰불허가를 한 경우(제637조)

(1) 신입찰의 요건

집행법원이 낙찰기일에 민사소송법 제633조 소정의 낙찰허가에 대한 이의 사유가 있음을 이유로 이해관계인의 이의 신청에 의하여 (제635조 제1항) 또는 직권으로(동 조 제2항) 낙찰불허가 결정을 한 경우에, 그 사유가 종국적으로 경매를 불허하거나 일시정지해야 할 사유가 아니고 다시 경매를 허용할 수 있을 때는 직권으로 신입찰기일을 정해야 한다(제637조 제1항).

특히 제633조 제2호 내지 제8호 규정의 낙찰이의 사유가 있는 경우에는 낙찰을 불허하고 즉시 직권으로 신입찰기일을 정하여 그 신입찰 절차에서 위법을 시정한 뒤 입찰을 실시한다.

또한 낙찰허가 결정이 있었으나 항고에 의하여 취소되고 다시 경매를 실시할 경우(대결 62. 12. 26. 62마 17)나 낙찰허가 결정이 확정되어 대금지급까지 마친 후에 추완항고에 의하여 낙찰허가 결정이 취소된 경우(송민 66-3, 대결 65. 7. 19. 65마 440 참조)에도 신입찰을 명해야 한다.

신입찰기일은 공고일로부터 7일 이후로 정해야 하는데(제637조 제2항), 경매의 일시정지 사유가 있어서 입찰이 불허된 경우에는 그 사유가 해소된 후에야 신입찰기일을 정할 수 있다.

1기일 2회 입찰제(민사집행법안 제115조)

현행법상의 기일입찰에 있어서는 입찰기일에 일단 유찰되면, 1개월 정도 후로 새로운 기일을 정하여 최저 입찰가격의 저감, 입찰기일의 지정 및 공고·통지 등의 절차를 다시 진행한다. 그러나 제1회 기일에 응찰하지 않았던 사람이 최저 입찰가격의 저감 없이 제2회 기일에 응찰하려는 경우도 있을 수 있으므로, 경매 절차의 신속을 위해서는 1기일 2회 입찰을 실시하는 것이 필요하다.

이에 법안에서는 입찰기일에 유찰되는 부동산에 대하여는 최저 입찰가격의 저감 없이 즉시 제2회의 입찰을 실시하도록 규정하고 있다.

이러한 1기일 2회 입찰에 의한 환가가 채권자의 신속한 권리구제뿐만 아니라 채무자로 하여금 이자 및 경매비용 부담의 증가를 줄이게 할 수 있음은 물론이다.

(2) 최저 입찰가격의 저감불가

이와 같이 낙찰을 불허가한 경우 신입찰을 할 때는 최저 입찰가격을 저감할 수 없다.

3. 부동산이 훼손되어 낙찰불허가 등을 한 경우

매수가격 신고 후에 천재지변, 기타 자기가 책임질 수 없는 사유로 인하여 부동산이 훼손된 경우에는 그 훼손이 경미한 것이 아니면 최고가입찰자는 낙찰불허가 신청을, 낙찰자는 대금납부시까지 낙찰허가 결정의 취소 신청을 할 수 있다(제639조 제1항). 이에 따라 법원이 낙찰불허가 결정을 하거나 낙찰허가 결정을 취소한 때는 다시 감정인으로 하여금 평가하게 하여 최저 입찰가격을 결정하게 된다(제615조 · 제646조).

그 결과 제616조 제1항의 채권과 비용을 변제하고 잉여가 있음을 인정하거나, 압류채권자가 제616조 제2항의 매수 신청을 하고 충분한 보증을 제공한 때는 집행법원이 직권으로 신입찰기일과 낙찰기일을 지정 · 공고하여(제617조 제1항) 다시 경매 절차를 진행한다(제646조).

한편, 경매목적물이 '멸실'된 경우에는 경매 절차를 취소해야 하므로(제613조 제1항) 훼손의 경우처럼 다시 신입찰 절차를 밟을 여지가 없다.

4. 신입찰 절차

(1) 신입찰기일, 낙찰기일의 지정·공고·실시

법원은 사유발생일로부터 3일 이내에 직권으로 신입찰기일과 낙찰기일을 지정·공고해야 한다(송민 91-5). 이에 관하여도 최초의 입찰기일, 낙찰기일의 지정·공고에 관한 규정이 전부 적용된다.

다만, 신입찰기일은 공고일로부터 7일 이후로 정해야 하고(제631조 제2항 ; 단, 송민 91-5에서는 7일 이후 20일 이내로 규정하고 있음), 최초의 입찰기일과는 달리 반드시 신문에 게재해야 하는 것은 아니며 법원이 필요하다고 인정하는 때만 게재하면 된다(제621조 제2항).

(2) 신입찰기일에서의 입찰 절차

신입찰기일에서의 입찰의 실시도 일반적인 입찰 절차를 따른다.

제6장 낙찰 절차

1. 낙찰기일

낙찰기일이라 함은 경매법원이 입찰기일의 종결 후 법원 내에서 낙찰의 허부에 관하여 이해관계인의 진술을 듣고 직권으로 법정의 이의 사유가 있는지의 여부를 조사한 후 낙찰의 허가 또는 불허가 결정을 내리는 기일을 말한다.

(1) 낙찰기일의 지정·공고·통지 및 개시

낙찰기일은 입찰기일공고 전에 입찰기일과 같이 지정하되(제617조), 입찰기일로부터 7일 이내로 정해야 한다(제620조 제1항). 단, 이것은 훈시 규정이다.

낙찰기일은 그 장소와 더불어 입찰기일공고에 기재하여 미리 공고한다(제617조 제1항, 제618조 제6호).

법원은 입찰기일과 낙찰기일을 이해관계인에게 통지해야 한다(제617조 제2항). 이 통지는 집행기록에 표시된 이해관계인의 주소에 등기우편으로 발송할 수 있다(같은 조 제3항).

낙찰기일은 미리 공고된 법원 내의 장소에서 연다(제620조 제2항).

> 민사소송법 제620조 제1항은 훈시 규정에 불과하므로 집행법원이 경매기일로부터 7일을 경과한 일자로 경락기일을 지정했다 할지라도 그 경락기일을 부적법한 것이라고 할 수 없다(대법원 1984. 8. 23. 선고 84마 454 결정).

(2) 낙찰기일의 변경

법원은 직권으로 낙찰기일을 변경할 수 있다. 낙찰기일을 변경했을 때는 이해관계인에게 통지하면 되고 변경된 기일을 공고할 필요는 없다(대결 81. 1. 19. 80마 96).

입찰기일의 종료 후에 낙찰기일을 변경한 경우에는 이해관계인 외에 최고가입찰자 및 차순위 입찰신고인에게도 변경된 기일을 통지해야 한다(규칙 제154조 제1항).

이 변경기일의 통지도 집행기록에 표시된 이해관계인의 주소에 등기우편으로 발송할 수 있다(동 조 제2항).

> 변경된 경락기일을 우편송달, 기타의 방법으로 이해관계인에게 통지하여 알렸으면 족하고 이를 공고하지 않았다고 하여 경락허가 결정을 위법이라고 할 수 없다(대법원 1981. 1. 19. 선고 80마 96 결정).

2. 낙찰기일에서의 이해관계인의 진술

(1) 이해관계인의 범위 및 진술 방법

법원은 낙찰기일에 출석한 이해관계인에게 낙찰에 관한 의견을 진술하게 해야 한다(제632조 제1항).

여기서 '이해관계인'이라 함은 민사소송법 제607조의 이해관계인보다 넓은 개념으로서 제607조의 이해관계인뿐만 아니라 최고가입찰자 또는 자기에게 낙찰을 허가할 것을 구하는 그 외의 입찰자도 포함한다. 단, 자기가 최고가입찰자로서 낙찰을 받아야 한다고 주장하는 자는 입찰 참가시에 제공한 보증을 찾아가지 않고 있어야 하며, 만일 제공한 보증을 반환받아 간 경우에는 낙찰기일에 출석하여 의견진술을 할 자격을 상실한 것으로 보아야 할 것이다. 전낙찰자는 재입찰의 낙찰기일에 이의진술권을 가지지 못한다.

이해관계인의 의견진술은 원칙적으로 낙찰기일에 구술로 해야 하지만, 그 때까지 서면으로 제출해도 이를 참작해야 할 것이다. 의견을 진술할 수 있는 시기는 낙찰허가가 있을 때까지, 즉 낙찰허부결정의 선고시까지이다(제632조 제2항).

낙찰기일이 열렸으나 속행기일이 정해진 경우에는 속행기일에 의견을 진술할 수 있음은 물론이다.

(2) 진술내용

1) 낙찰을 허가해야 한다는 진술
민사소송법 제633조에서 규정한 낙찰허가에 대한 이의 사유 중 제4호에서 정한 사유(법률상의 매각조건에 위반하여 매수하거나 모든 이해관계인의 합의 없이 법률상의 매각조건을 변경한 때)에 관하여 이해관계인은 절차의 속행을 승인하는 진술, 낙찰을 허가할 것을 승인하는 진술을 할 수 있고, 이 때 법원은 제633조 제4호의 이의 사유가 존재한다 해도 낙찰을 허가해야 한다(제635조 제2항).

이와 같은 낙찰허가의 승인은 이의 사유를 제거하여 법원이 직권으로 낙찰불허가 결정을 하는 것을 방지하는 효과가 있다.

제633조 제4호 이외의 이의 사유가 있을 때, 이에 대한 이해관계인의 낙찰허가의 승인은 법원을 구속하지 않으므로 닉찰기일에 이해관계인의 출석 여부, 이의진술 여부나 낙찰허가의 승인 여부를 불문하고 직권으로 낙찰의 허부를 결정해야 한다.

낙찰허가의 승인은 승인한 자에 대해서만 효력이 있으므로 다른 이해관계인은 이로 인하여 이의권을 상실하지 않는다.

2) 낙찰허가에 대한 이의

① 의의

낙찰허가에 대한 이의라 함은 이해관계인이 민사소송법 제633조 소정의 이의 사유에 기하여 낙찰을 허가해서는 안 된다고 주장하는 소송법상의 진술을 말한다.

이의 신청이 서면으로 제출된 경우에는 이를 문서건명부에 접수하고 경매 사건기록에 시간적 접수순서에 따라 가철한다. 이의 신청서에 인지는 첩부하지 않는다(송민 91-1, 부록 [서식 40] 낙찰허가에 대한 이의 신청서 참조).

② 이의 사유

낙찰에 대한 이의 사유는 민사소송법 제633조에 열거된 것에 한정된다. 그 외의 사유, 즉 제624조, 제628조 제2항의 위반을 이유로는 이의할 수 없다. 제633조 소정의 이의 사유는 다음과 같다.

가. 강제집행을 허가할 수 없거나 집행을 속행할 수 없을 때(제1호)

'강제집행을 허가할 수 없을 때'라 함은 강제집행의 요건, 강제집행개시 요건, 강제경매 신청의 요건이 흠결된 경우이다. 즉 경매 대상 건물이 인접한 다른 건물과 합동되어 건물로서의 독립성을 상실하게 된 경우에는 경매 대상 건물만을 독립하여 양도하거나 경매 대상으로 삼을 수는 없으므로, 제633조 제1호 소정의 경매한 부동산이 양도할 수 없는 것으로서 강제집행을 허가할 수 없는 때에 해당된다(대결 93. 11. 10. 93마 929). 또 전낙찰자에 대한 대금지급기일통지서의 송달이 적법하지 않다면 전낙찰자이 그 대금지급기일에 대금을 납부하지 않았다는 이유로 경매법원이 재경매를 명하여 경매 절차를 진행한 것은 위법이고, 이것은 제635조, 제633조 제1호 소정의 경락을 허가하지 않을 사유에 해당된다.

'집행을 속행할 수 없을 때'라 함은 강제집행의 정지 또는 취소 사유가 있을 때(제510조·제511조), 또는 경매개시 결정이 채무자에게 송달되지 않았거나(대결 91. 12. 16. 91마 239), 경매 신청의 취하가 있을 때(제610조)와 같이 집행 절차 중에 집행법상 절차의 진행을 방해하는 사유가 발생한 경우이다. 입찰기일과 낙찰기일을 이해관계인에게 통지하지 않은 경우에도 강제집행을 적법하게 속행할 수 없을 때에 해당되어, 입찰기일의 통지누락은 낙찰에 대한 이의 사유가 된다는 것이 판례이다(대결 95. 12. 5. 95마 1053).

> 민사소송법 제633조 제1호는 '집행을 속행할 수 없을 때'를 경락에 관한 이의 사유의 하나로 들고 있고, 같은 법 제617조 제2항이 법원은 경매기일과 경락기일을 이해관계인에게 통지하도록 규정하고 있으므로, 특별한 사유가 없는 한 그와 같은 기일통지 없이는 강제집행을 적법하게 속행할 수 없을 것이고 이러한 기일통지의 누락은 경락에 대한 이의 사유가 되는 것이다. 같은 법 제663조 제2항에 의하여 준용되는 입찰의 경우에 있어서도 마찬가지이다.
> … 낙찰자가 최고가입찰자로 입찰한 입찰기일과 그 낙찰기일에 이해관계인이 기일통지를 받지 못했더라도, 그 이해관계인이 입찰기일을 스스로 알고 그 기일에 출석하여 입찰에 참가했음은 물론 낙찰기일에 이르러서는 그 자신에 대한 입찰 및 낙찰기일통지의 누락 사유가 아닌 다른 사유로 입찰불허 신청서까지 제출했다면, 그 이해관계인에 대한 입찰 및 낙찰기일 통지의 누락은 민사소송법 제633조 제1호 소정의 경락 이의 사유인 집행을 속행할 수 없는 때에 해당하지 않는다(대법원 1995. 12. 5. 선고 95마 1053 결정).

나. 최고가입찰자가 부동산을 매수할 능력이나 자격이 없는 때 (제2호)

'부동산을 매수할 능력이 없는 때'라 함은 미성년자 · 금치산자 · 한정치산자와 같이 독립하여 법률행위를 할 수 있는 능력이 없는 경우를 말한다.

'부동산을 매수할 자격이 없는 때' 라 함은 법률 규정에 의하여 입찰부동산을 취득할 자격이 없거나 그 부동산을 취득하기 위해 관청의 증명이나 허가를 받아야 할 경우 이를 받지 못한 때를 말한다. 채무자(규칙 제119조·제153조), 재입찰에 있어서의 전낙찰자(제648조 제5항), 집행관과 감정인 및 그 친족(집행관법 제15조), 농지입찰에 있어서 농지법 제8조의 농지취득자격증명을 받지 않은 자 등이 이에 속한다. 단, 이러한 증명 또는 허가는 경락허가 결정시까지 추완하면 이의 사유가 되지 않는다(대결 68.2.22. 67마 169).

다. 최고가입찰자나 그 대리인이 민사소송법 제539조의 2 각 호(경매장소 질서문란자)의 1에 해당하는 때(제3호)

집행관은 민사소송법 제539조의 2 각 호의 1에 해당된다고 인정되는 자에게는 경매장소에의 입장을 금하거나 경매장소에서 퇴장시키거나 매수의 신청을 금할 수 있다(제539조의 2). 이와 같이 입찰장소의 질서를 어지럽게 하는 자로서 제539조의 2에 열거된 자는 응찰이 금지되므로 이에 해당하는 자가 최고가입찰자가 되거나 또는 그 대리인이 된 경우에는 낙찰허가에 대한 이의 사유가 된다.

경매장소의 질서유지(민사소송법 제539조의 2)

집행관은 다음 각 호의 1에 해당한다고 인정되는 자에 대하여 경매장소에의 입장을 금하거나 경매장소에서 퇴장시키거나 매수의 신청을 금할 수 있다.

1. 타인의 매수 신청을 방해한 자
2. 부당하게 타인과 담합하거나 기타 경매의 적당한 실시를 방해한 자
3. 제1호 또는 제2호의 행위를 교사한 자
4. 경매에 관하여 형법 제136조·제137조·제140조·제142조·제315조 및 제323조 내지 제327조에 규정된 죄로 유죄 판결을 받고 그 판결확정일부터 2년을 경과하지 아니한 자

라. 법률상 매각조건에 위반하여 응찰하거나 모든 이해관계인의 합의 없이 법률상의 매각조건을 변경한 때(제4호)

법정 매각조건 또는 이해관계인의 합의나 직권에 의한 특별 매각조건을 위반하거나, 이해관계인 전원의 합의 없이 일부 이해관계인의 합의에 의하여 매각조건을 변경한 경우를 의미한다.

마. 입찰기일공고가 법률의 규정에 위반한 때(제5호)

민사소송법 제618조 소정의 공고사항의 기재가 누락되거나 기재가 잘못된 경우, 공고가 법률상 규정한 방법에 의하지 않은 경우 및 제619조에 규정한 기간(최초의 경매기일은 공고일로부터 14일 이후여야 함)을 두지 않은 경우 등이 이에 해당한다.

입찰기일을 공고함에 있어 최저 입찰가격을 누락한 경우는 물론 착오로 잘못 기재한 경우(대결 94. 11. 30. 94마 1673), 대지사용권이 존재함에도 그에 대한 경매 신청이 없다는 이유로 집행법원이 그 대지사용권의 존부 등에 관하여 조사하지 않고 전유부분 및 공용부분에 대해서만 경매 절차를 진행한 경우에 입찰공고는 적법한

공고가 되지 못한다(대결 97. 6. 10. 97마 814).

그러나 입찰기일의 공고사항에 입찰기일이나 낙찰기일의 시간 기재가 없거나 부동산의 표시에 있어서 다소 다른 점이 있어도 경매부동산의 동일성을 식별할 수 있을 정도로 사소한 하자라면 이의사유가 되지 않는다.

> 민사소송법 제618조가 경매기일공고에 있어서 부동산의 표시를 요구하고 있는 것은 경매목적물의 특정과 경매목적물에 대한 객관적 실가를 평가할 자료를 이해관계인에게 주지케 하자는 데 그 뜻이 있으므로, 입찰기일을 신문에 공고함에 있어서 입찰부동산의 표시 부분에서 입찰목적부동산 중 건물 부분에 관하여 실제면적보다 0.002㎡가 많은 것으로 잘못 기재되었다 하더라도 그 평수의 차이가 극히 미미한 것이라면, 이해관계인에게 목적물을 오인하게 하거나 평가를 그르치게 할 정도의 위법한 표시라고 볼 수는 없음에도, 그 사실을 들어 입찰법원 입찰 절차가 민사소송법 제633조 제5호의 경매기일공고가 법률의 규정에 위반한 때에 해당한다고 해석하고, 입찰불허 결정에 대한 재항고인의 항고를 기각한 원심 결정을 파기하였다(대법원 1994. 11. 11. 선고 94마 1453 결정).

바. 최저 입찰가격의 결정, 일괄입찰의 결정 또는 물건명세서의 작성에 중대한 하자가 있는 때(제6호)

최저 입찰가격의 결정 내용(대결 98. 10. 28. 98마 817) 및 절차에 중대한 잘못이 있는 때, 일괄입찰의 결정 절차나 결정 자체에 중대한 위법이 있는 때, 입찰물건명세서에 기재할 사항이나 내용에 중대한 흠결 또는 오류가 있거나(대결 97. 10. 13. 97마 1612) 현황조서의 생략 등 그 작성 절차에 중대한 하자가 있는 경우이다.

참 고 판 례

가. 경매 대상이 된 토지 위에 생립하고 있는 채무자 소유의 미등기 수목은 토지의 구성부분으로서 토지의 일부로 간주되어 특별한 사정이 없는 한 토지와 함께 경매되는 것이므로 그 수목의 가액을 포함하여 경매 대상 토지를 평가한 뒤 이를 최저 경매가격으로 공고해야 하고, 다만 입목에관한법률에 따라 등기된 입목이나 명인 방법을 갖춘 수목의 경우에는 독립하여 거래의 객체가 되므로 토지 평가에 포함되지 않는다.

… 경매 대상 토지인 임야가 도시계획상 자연녹지 지역 내에 설치된 공원으로서 그 사용·수익에 있어서 공법상의 제한이 있다 해도 그 지상에 식재된 수목이 경제적 가치를 가지지 않는 것은 아니므로, 경매법원으로서는 마땅히 위 수목의 가액을 포함하여 경매 대상이 된 임야의 가액을 평가해야 함에도 불구하고 위 수목의 가액을 제외시킨 채 오직 토지가격만을 평가하여 이를 그대로 최저 입찰가격으로 결정한 것은 그 가격 결정에 중대한 하자가 있는 경우에 해당하여 민사소송법 제663조 제2항, 제635조 제2항 및 제633조 제6호 규정에 따라 낙찰을 불허해야 한다(대법원 1998. 10. 28. 선고 98마 1817 결정).

나. 민사소송법 제617조의 2가 집행관에 의한 현황 조사와 함께 경매물건명세서 제도를 도입하여 집행법원으로 하여금 경매물건명세서를 작성하고 그 사본을 비치하여 일반인에게 열람할 수 있도록 규정한 것은, 일반인에게 경매 대상 물건을 표시하고 그 현황과 권리관계를 공시하여 매수희망자가 경매 대상 물건에 필요한 정보를 쉽게 얻을 수 있게 하여 예측하지 못한 손해를 방지하게 하고자 함에 있으므로, 같은 법 제635조 제2항, 제633조 제6호에 의하여 직권에 의한 경락불허가 사유인 '물건명세서의 작성에 중대한 하자가 있는 때'에 해당하는지의 여부는 그 하자가 일반 매수희망자가 매수의사나 매수신

고가격을 결정함에 있어 어떠한 영향을 받을 정도의 것이었는지를 중심으로 하여 부동산 경매와 경매물건명세서 제도의 취지에 비추어 구체적인 사안에 따라 합리적으로 판단해야 하고, 이러한 법리는 경매에 갈음하는 입찰의 경우에도 마찬가지이다.

… 입찰기일까지 입찰물건명세서에 입찰목적물인 주택의 임차인의 전입신고일자가 저당권설정일자보다 앞선 일자로 잘못 기재되어 있어 임차인이 대항력을 갖춘 것처럼 보이게 되었는데 임차인이 입찰기일까지 배당 요구를 하지 않은 경우, 일반 매수희망자들은 그 주택을 낙찰받을 경우 임대인으로서의 지위를 승계하게 될 것이라고 생각할 것이므로, 그러한 입찰물건명세서상의 하자는 매수희망자들이 매수의사나 매수신고가격을 결정함에 있어 중대한 영향을 미치는 중대한 하자에 해당한다(대법원 1999. 9. 6. 선고 99마 2696 결정).

사. 제626조 제2항(입찰종결의 시간)과 제627조(입찰종결의 고지)의 규정을 위반한 때(제7호).

입찰의 종결을 고지함에 있어서 집행관이 이에 앞서 최고가입찰자의 성명과 가격을 호창하는 절차를 밟지 않으면 이의 사유에 해당한다(대결 64. 12. 9. 64마 888). 한편, 입찰기일에 있어서 집행관이 최고가입찰자의 주소를 호창하지 않은 경미한 하자가 있는 경우에는 이의 사유가 되지 않는다(대결 92. 1. 30. 91마 728).

아. 제625조(입찰보증금의 제공)의 규정에 위반하여 최고가입찰자로 호창한 때(제8호)

입찰자는 입찰가격의 10분의 1에 해당하는 현금 등을 즉시 집행관에게 제공해야 매수를 허가할 수 있는데, 이에 위반하면 낙찰허가에 대한 이의 사유가 된다.

(3) 낙찰허가에 대한 이의의 제한

낙찰허가에 대한 이의는 이의진술자인 이해관계인 자신의 권리에 관한 이유에 의해야 하고 다른 이해관계인의 권리에 관한 이유에 의하여 이의할 수는 없다(제634조).

이의 사유는 이해관계인 개인의 권리와 관계없는 공익적 규정 위

낙찰허가에 대한 이의 사유의 정비
(민사집행법안 제121조)

1. 기존 이의 사유 중 일부의 삭제

민사집행법안은 낙찰허가에 대한 기존의 이의 사유 중 현행법 제633조 제4·5·7·8호에 해당하는 사유를 삭제하였다. 그 이유는 다음과 같다.

① 현행법 제633조 제4호 소정의 사유는 제6호 소정의 사유와 상당 부분 중복될 뿐만 아니라 매각조건의 변경에 관하여 따로 즉시항고를 허용하고 있기 때문이다(법안 제11조 제2항).

② 현행법 제633조 제5호·제7호·제8호 소정의 사유는 모든 경매 절차에 하자가 있는 경우에 해당하는 바, 그 위반만으로 경락을 일률적으로 불허하는 것은 부당하고, 더구나 후술하는 바와 같이 법안 제121조 제7호로 '경매 절차에 그 밖의 중대한 잘못이 있는 경우'를 낙찰에 대한 이의 사유로 신설하였기 때문에 위의 3가지는 따로 규정할 필요성이 없다.

배의 경우와 이해관계인 개인의 권리와 관계되는 사익적 규정 위배의 경우로 나눌 수 있다.

전자(공익적 규정의 위배)의 경우에는 이의가 없어도 법원이 직권으로 참작하여 낙찰불허의 결정을 해야 하므로 이의의 제한이 별 의미가 없지만, 후자(사익적 규정의 위배)의 경우에는 다른 이해관계인의 권리에 관한 위법을 가지고 이의 사유를 주장하는 것은 이의 진술자에게 아무런 이익이 없으므로 다른 이해관계인의 권리에

2. 새로운 이의 사유의 신설

① 부동산을 매수할 자격이 없는 자가 최고가 매수신고인을 내세워 매수 신고를 하는 것은 제2호의 탈법행위에 해당하므로 이를 이의 사유에 포함시켰다(제121조 제3호).

② 천재지변, 기타 자기가 책임질 수 없는 사유로 부동산이 뚜렷하게 훼손된 사실 또는 부동산에 관한 중대한 권리관계가 변동된 사실이 경매 절차의 진행중에 밝혀진 때를 이의 사유로 규정하였다(제121조 제6호).

③ 종래 통설, 판례가 현행법 제633조 소정의 이의 사유가 제한적으로 열거된 것으로 해석하는 관계로 경매 절차에 정작 그보다 더한 중대한 하자가 있는 경우(즉 경매물건명세서 사본을 비치하지 않은 때, 또는 대금지급기일에 경락인을 소환하지도 않고 대금미납을 이유로 재경매한 때)에는 이를 이의 사유로 삼을 수 없어 부당했기 때문에, 이러한 부당함을 제거하기 위하여 '경매 절차에 그 밖의 중대한 잘못이 있는 때'를 경락에 대한 이의 사유로 추가하였다(제121조 제7호).

관한 사유로 이의하는 것을 금하는 것이다.

즉 잉여의 가망이 없는 경우에 제616조의 절차를 밟도록 한 것은 압류채권자나 우선채권자의 보호를 위한 것이므로 채무자는 위 절차를 거치지 않았다는 이유로 이의를 할 수 없고(대결 81. 8. 29. 81마 158), 다른 이해관계인에게 입찰기일의 통지가 없었음을 이유로 이의할 수 없으며(대결 97. 6. 10. 97마 814), 법정 매각조건의 변경에 합의한 이해관계인이 다른 이해관계인의 합의가 없다는 것을 이유로 이의할 수 없다.

(4) 낙찰허가의 이의에 대한 재판

법원은 낙찰허가에 대한 이의가 정당하다고 인정할 때는 낙찰불허가 결정을 한다(제635조 제1항).

이의는 독립한 신청이 아니므로 이의가 정당하지 않다고 인정하는 때는 이의진술이 있었음을 조서에 기재하는 것으로 족하고, 이의 신청 자체에 대하여 응답을 할 필요는 없으며 낙찰허가의 결정을 선고하면 된다. 이의를 진술한 이해관계인도 이의가 받아들여지지 않은 경우에 낙찰허가 결정에 대한 즉시항고를 할 수 있을 뿐 별도로 낙찰에 대한 이의가 받아들여지지 않은 데 대하여 불복할 수는 없다(대결 83. 7. 1. 83그 18).

참고판례

가. 민사소송법 제616조가 부동산 강제경매에 있어서 최저 경매가격으로 압류채권에 우선하는 부동산상의 모든 부담 및 절차비용을 변제하고 나서 잉여가 없는 때는 경매 절차를 속행할 수 없도록 규정한 것은 압류채권자나 우

선채권자의 보호를 위한 것이므로 채무자 겸 경매부동산 소유자는 위의 규정에 위반한 경락허가 결정에 대하여 다툴 수 있는 이해관계인이 아니다(대법원 1981. 8. 29. 선고 81마 158 결정).

나. 경매개시 결정은 비단 압류의 효력을 발생시키는 것일 뿐만 아니라 경매 절차의 기초가 되는 재판이어서 그것이 당사자에게 고지되지 않으면 효력이 있다고 할 수 없고, 따라서 따로 압류의 효력이 발생했는지의 여부와 관계없이 채무자에 대한 경매개시 결정의 고지 없이는 유효하게 경매 절차를 속행할 수 없으므로, 채무자가 아닌 이해관계인으로서도 채무자에 대한 경매개시 결정 송달의 흠결을 민사소송법 제642조 제2항, 제633조 제1호의 규정에 의하여 낙찰허가 결정에 대한 항고 사유로 삼을 수 있는 반면, 같은 법 제634조의 규정에 의하여 낙찰허가에 대한 이의는 다른 이해관계인의 권리에 관한 것을 이유로 삼을 수 없으므로, 설사 채무자에 대한 입찰기일의 송달에 하자가 있다 할지라도 다른 이해관계인이 이를 낙찰허가 결정에 대한 항고 사유로 주장할 수는 없다(대법원 1997. 6. 10. 선고 97마 814 결정).
— 채무자 아닌 이해관계인이 경매개시 결정이 아닌 경매진행관계 법원문서가 채무자에게 송달되지 않은 점을 들어 낙찰허가 결정의 항고 사유로 삼을 수 있는지의 여부 (소극)

다. 경락에 관한 이의는 독립된 청구나 신청이 아니어서 경매법원이 이를 참고로 하여 경락허부의 결정을 선고하면 되는 것이고, 따로 그 이의에 대하여 인용한다거나 기각한다는 재판을 할 필요는 없다. 이의가 받아들여지지 않은 경우에도 이의를 진술한 이해관계인은 경락허가 결정에 대한 즉시항고를 할 수 있을 뿐 별도로 경락에 관한 이의가 받아들여지지 않은 데 대한 불복항고를 할 수 없다(대법원 1983. 7. 1. 선고 83그 18 결정).

3. 낙찰에 관한 재판
— 낙찰허부 결정

집행법원은 낙찰기일에 출석한 이해관계인으로 하여금 낙찰에 관한 의견을 진술하게 하여(제632조 제1항) 이를 참고로 하고, 또 직권으로 낙찰불허가 사유(제635조 제2항)의 유무를 경매기록에 의하여 조사한 다음, 낙찰허부의 재판을 한다.

낙찰허부에 대해서는 결정으로 재판하고 낙찰기일에 선고해야 한나(제638조 제1항). 이 선고시에 그 결성 고지의 효력이 생긴다(규칙 제155조의 3). 낙찰허가 결정 또는 불허가 결정은 확정되어야 효력이 있다(제638조 제3항).

(1) 낙찰불허가 결정

1) 낙찰불허가 결정을 해야 할 경우

① 이해관계인의 이의가 정당하다고 인정할 때(이의에 의한 불허가)
법원은 낙찰기일에 출석한 이해관계인의 낙찰허가에 대한 이의가 정당하다고 인정한 경우에는 낙찰불허가 결정을 해야 한다(제635조 제1항).

② 직권으로 낙찰을 불허가할 사유가 있을 때(직권에 의한 불허가)
낙찰기일에 이해관계인의 낙찰허가에 대한 이의가 없더라도 법원이 직권조사한 결과 제633조에 열거한 이의 사유가 있다고 인정

되는 때는 직권으로 낙찰불허가 결정을 해야 하는 것이 원칙이다(제635조 제2항 본문). 단, 제633조 제1호·제2호·제4호의 사유가 있을 때는 제635조 제2항 단서의 경우에 한하여 직권으로 낙찰불허가 결정을 한다.

제633조 제1호의 경우에는 경매한 부동산이 양도할 수 없는 것, 예를 들어 부동산이 멸실되거나 제3자가 압류 전의 가등기에 기하여 본등기를 경료한 경우 또는 사립학교의 교지·교사 등 법률상 양도가 금지된 경우이거나, 입찰 절차를 정지한 때(집행정지·취소 사유가 발생한 때, 즉 경매기일종료 후 낙찰허가 결정선고 전에 집행법원에 집행정지 결정정본이 제출된 경우에는 제633조 제1호에 해당하므로 낙찰불허가 결정을 해야 한다는 것이 통설임)에 한하여 직권으로 낙찰불허가 결정을 한다.

제633조 제2호의 경우에는 능력 또는 자격의 흠결이 낙찰기일까지 제거되지 않은 때에 한하여 직권으로 불허가 결정을 한다. 따라서 입찰기일 당시에 존재했던 최고가입찰자의 행위능력 또는 부동산취득자격의 흠결이 그 후 낙찰허부 재판시까지 법정대리인의 추인이나 관청의 증명, 허가(예 : 농지취득자격증명)로 말미암아 보완된 경우에는 불허가 결정을 해서는 안 된다.

또 제633조 제4호의 경우에는 이해관계인이 절차의 속행을 승인하지 않은 경우에 한하여 직권으로 불허가 결정을 한다. 따라서 이해관계인이 낙찰기일에 출석하여 명시적으로 절차의 속행을 승인한 경우는 물론 낙찰기일에 출석하지 않았거나 출석해도 아무런 이의를 진술하지 않은 경우에는 직권으로 고려할 필요가 없다. 결국 법정 매각조건에 위반하거나 관련 이해관계인 전원의 합의 없이 매각조건을 변경한 경우에는 이해관계인이 이의의 진술 등의 방법으로 절차의 속행에 대한 불승인의 의사를 적극적으로 표시하지 않는 한 법원은 낙찰허가 결정을 해야 한다. 단, 법정 매각조건 위반의 경우 중 최저 입찰가격을 무시한 입찰은 이해관계인의 이의가 없더라도 직권으로 낙찰을 불허해야 한다.

참고판례

가. 민사소송법 제635조 제2항 단서에 의하면 직권으로 낙찰을 허가하지 않을 경우를 제한하고 있으므로, 그 단서에 정한 경우가 아니면 설사 이해관계인에게 입찰기일과 낙찰기일의 통지를 하지 않은 절차상의 위배가 있다 하더라도 당해 이해관계인으로부터의 이의 신청이 없는 한 직권으로 이를 이유로 하여 경락을 허가하지 않는 결정을 할 수 없다(대법원 1995. 3. 30. 선고 94마 1716 결정).

나. 경매 대상 건물이 인접한 다른 건물과 합동됨으로 인하여 건물로서의 독립성을 상실하게 되었다면 경매 대상 건물만을 독립하여 양도하거나 경매의 대상으로 삼을 수는 없고, 이런 경우 경매대상 건물에 대한 채권자의 근저당권은 위의 합동으로 인하여 생겨난 새로운 건물 중에서 위 경매 대상 건물이 차지하는 비율에 상응하는 공유지분 위에 존속하게 되므로 근저당권자인 채권자로서는 경매 대상 건물 대신 위 공유지분에 관하여 경매 신청을 할 수밖에 없게 되었고, 경매 대상 건물에 관하여 생긴 위와 같은 사유는 민사소송법 제728조에 의하여 준용되는 같은 법 제635조 제2항 단서, 제633조 제1호 소정의 경매한 부동산이 양도할 수 없는 것으로서 강제집행을 허가할 수 없는 때에 해당하게 되므로 경매법원으로서는 직권으로 위 건물에 대한 경락을 허가하지 않았어야 한다(대법원 1993. 10. 10. 선고 93마 929 결정).

다. 민사소송법 제627조의 규정에 의하면 집행관은 입찰기일에서 최고가 매수신고인이 있으면 그의 성명과 가격을 호창하고 경매의 종결을 고지해야 하는데, 입찰기일에 최고가 매수신고인이 한 사람임에도 불구하고 집행관이 그의 성명과 가격을 호창하고 경매의 종결을 고지하는 절차를 취함이 없이 같은 법 제665조에서 정하는 추가입찰을 실시했다면, 그 일련의 절차는 같은 법 제627조의 규정에 위반한 것이고, 비록 그 추가입찰에서 최고가 매수신고인이 나왔다고 하더라도 이런 경우는 같은 법 제633조 제7호에서 정하는 '제627조의 규정에 위반한 때'에 해당하므로 같은 법 제635조 제2항 본문의 규정에 의하여 직권으로 경락을 불허할 사유가 된다(대법원 2000. 3. 28. 선고 2000마 724 결정).

③ 과잉경매로 되는 때
가. 과잉경매금지의 의의
수개의 부동산을 동시에 경매한 경우에 1개 부동산의 매득금으로 각 채권자의 채권을 변제하고 강제집행비용에 충분한 때는 다른 부동산에 대한 낙찰을 허가해서는 안 된다(제636조 제1항).
여기서 '각 채권자의 채권'이라 함은 경매 신청채권자와 그에 우선하는 선순위채권자는 물론이고 배당 요구채권자 중 경매신청인과 동순위로 배당받을 자의 채권도 포함된다. 압류가 경합된 경우 뒤의 압류채권자의 채권도 포함된다. 그러나 경매 신청채권자의 채권보다 후순위의 채권은 포함되지 않는다. 그러므로 경매 신청채권자가 우선권이 없는 일반 채권자인 경우에는 배당 요구를 한 모든 채권자의 채권이 포함된다.

나. 채권액의 산정

채권액은 민사소송법 제652조 제1항에 의하여 각 채권자가 낙찰기일까지 경매법원에 제출한 채권계산서와 증빙서류에 의하여 산정한다. 채권계산서가 제출되지 않았으면 경매기록에 있는 증빙서류만으로써 계산할 수밖에 없다. 우선채권자가 근저당권자인 경우에 현존 채권액이 기록상 밝혀지지 않으면 채권최고액을 그 채권액으로 본다.

다. 과잉경매금지의 적용범위

민사소송법 제636조 제1항은 수개의 부동산을 개별경매하는 경우에만 적용되고 일괄경매하는 경우에는 적용되지 않는다. 뿐만 아니라 토지와 그 지상 건물은 동일인에게 귀속시키는 것이 부동산의 경제적 효용을 발휘시키는 데 유리하다. 그러므로 토지와 지상 건물

직권에 의한 매각불허가 사유의 정비
(민사집행법안 제123조)

앞서 말한 바와 같이 민사집행법안에서 낙찰허가에 대한 이의 사유를 정비함에 따라 법안은 현행법 제635조 제2항 단서 중 전단의 '제1항의 경우에는 경매한 부동산이 양도할 수 없는 것이거나 경매 절차를 정지한 때에 한한다.' 는 부분을 삭제하였다(법안 제123조 제2항).

삭제 이유는 매각할 부동산이 양도할 수 없는 것이거나 경매 절차가 정지된 때 외에도 집행정본의 흠결, 경매개시 결정의 채무자에 대한 미송달 등 직권으로 매각을 불허해야 할 경우가 많다는 것 때문이다.

을 동시에 경매하여 동일인이 그 전부에 관하여 최고가입찰자로 정해진 경우, 일괄경매의 결정이 없었다 할지라도 일괄경매의 경우에 준하여 취급하여 그 중 어느 하나의 매득금만으로 채권액과 집행비용을 변제할 수 있는 경우라도 나머지 부동산에 대하여 과잉경매를 이유로 낙찰을 불허할 것은 아니다(대결 68. 9. 30. 68마 890).

라. 채무자의 매각부동산지정권

과잉경매의 경우에는 채무자가 그 부동산 중 매각할 것을 지정할 수 있다(제636조 제2항).

채무자의 지정권 행사는 낙찰기일에 출석하여 구술로 할 수도 있고, 서면(부록〔서식 41〕경매부동산지정 신청서 참조)으로 할 수도 있다. 서면으로 신청하는 경우에 그 지정 신청서는 문서건명부에 등재하여 접수하고 경매 사건기록에 시간적 접수순서에 따라 가철하며 인지는 첨부를 요하지 않는다(송민 91-1). 적법한 지정 신청은 법원을 구속한다.

채무자가 지정권을 행사하지 않을 때, 법원은 자유재량으로 낙찰허가를 할 부동산을 선택할 수 있다. 채무자에 대하여 지정권의 행사를 최고할 의무가 있는 것은 아니나, 채무자가 낙찰기일에 출석한 경우에는 그의 의견을 물어 처리함이 상당하다.

마. 경매실시 전단계에의 준용

민사소송법 제636조는 경매가 실시되어 매수 신고가 있음을 전제로 한 규정이다. 그러나 경매실시 전단계에 있어서도 압류 후 부동산의 최저 경매가격이 정해진 경우, 부동산의 최저 경매가격과 각 채권자의 채권 및 집행비용을 비교하여 그 중 일부 부동산만 경매해도 그 채권 등의 변제에 충분하다고 인정되는 경우에는 그 부동산에 대해서만 경매를 명하고 나머지 부동산에 대하여는 경매명령을 유보하는 것이 타당하다.

그러나 실제로는 당초의 최저 경매가격대로 경매가 되지 않고 최저 경매가격이 저감된 후에야 비로소 경매가 이루어지는 경우가 많다. 또 과잉경매에 의한 채무자의 불이익은 낙찰 단계에서 낙찰을 불허함으로써 막을 수 있는 길이 있으므로, 위와 같은 경우에 일부 부동산에 대해서만 경매를 실시할 것인지의 여부를 결정하는 것은 경매법원의 재량에 속한다 할 것이다.

바. 과잉경매금지에 위반한 경우

과잉경매금지에 위반하여 낙찰허가 결정을 한 경우에 그 결정에 의하여 불이익을 받는 이해관계인은 이에 대하여 즉시항고를 할 수 있다(제641조 제1항, 제633조 제4호 전단).

즉 채무자의 적법한 지정권 행사가 있었는데 경매법원이 이를 무시하고 낙찰허가를 한 경우에는 채무자가 낙찰허가 결정에 대하여 즉시항고를 할 수 있고, 과잉경매금지를 부당하게 적용하여 낙찰을 허가하지 않은 경우에는 이로 인해 배당을 받지 못한 채권자나 매수신고인 등이 낙찰불허가 결정에 대해 즉시항고를 할 수 있다.

④ 부동산의 훼손을 이유로 낙찰불허가 신청을 한 때(제639조)

입찰 실시 후에 천재지변, 기타 자기가 책임질 수 없는 사유로 부동산이 훼손된 때는, 최고가입찰자는 낙찰불허가 신청을, 낙찰자는 대금을 납부할 때까지 낙찰허가 결정의 취소 신청을 할 수 있다. 단, 부동산의 훼손이 경미한 경우는 그렇지 않다(제639조 제1항).

> 제639조 제1항의 규정은 입찰 후에 부동산이 훼손됨으로 말미암아 최고가입찰자 또는 낙찰자가 매수할 의사가 없게 된 경우에 있어서 그 구제 방법에 관한 규정이다. 이에 반해 잔존부분이라도 매수할 의사가 있는 경우에 대해서는 민사소송법상 특별히 규정한 바가 없다.
> 이 경우와 달리, 입찰실시 전에 부동산에 경미하지 않은 손상이 생긴 경우에, 경매법원은 재평가를 실시하여 최저 입찰가격을 변경하여 입찰을 실시해야 하므로, 이러한 절차를 밟지 않으면 제633조 제6호의 낙찰불허가 사유에 해당한다. 이 때 이를 간과하여 낙찰허가 결정이 되고 낙찰자도 이를 모르고 즉시항고하지 않아 낙찰허가 결정이 확정된 경우에는 낙찰허가 결정의 취소 신청을 할 수 있다고 본다. 그러나 낙찰자가 대금을 납부한 후에는 부동산의 훼손이 대금납부 전에 생긴 것이라 하더라도 감액 신청을 하는 것은 별론으로 하고 낙찰허가 결정의 취소 신청을 할 수는 없다.

위의 신청은 구술 또는 서면으로 할 수 있고(제150조), 낙찰불허가 신청서가 제출되면 민사집행사건부에 등재하여 접수하고, 경매 사건기록에 합철하며 경매 사건기록표지에 사건번호 · 사건명을 병기한다. 신청서에는 1,000원의 인지를 첨부해야 한다(송민 91-1, 부록 [서식 42] 낙찰불허가 신청서 참조).

최고가입찰자로부터 낙찰불허가 신청이 있으면 법원은 그 사실을 조사하여 그 신청이 정당하다고 인정되면 낙찰불허가 결정을 하고 그 신청이 이유 없을 때는 낙찰허가 결정을 하면 된다.

　본 조항에 의하여 낙찰불허가 결정을 한 경우, 법원은 최저 입찰가격 결정부터 다시 하여 경매를 속행한다(제646조). 그러나 조사결과 훼손의 정도가 심하여 부동산으로서의 경매가 불가능하다고 인정되면 제613조 제1항에 따라 직권으로 경매 절차를 취소한다.

　이 때 훼손이 경미한가의 여부는 사회적·경제적 관점에서 평가한다. 따라서 경매 절차의 진행이 정지된 후 경매기일과 낙찰기일 사이에 오랜 기간이 경과되어 그 사이에 경매목적부동산의 가격이 현저히 하락한 경우에도 최고가입찰자는 낙찰불허가 신청을 할 수 있다고 보아야 한다.

　낙찰자의 낙찰허가 결정의 취소 신청에 대한 결정에 대하여는 즉시항고를 할 수 있다(제639조 제2항). 그러나 최고가입찰자의 낙찰불허가 신청을 기각한 결정에 대하여는 독립하여 불복할 수 없다.

　　담보권의 실행을 위한 부동산의 입찰 절차에 있어서, 주택임대차보호법 제3조에 정한 대항 요건을 갖춘 임차권보다 선순위의 근저당권이 있는 경우에는, 낙찰로 인하여 선순위근저당권이 소멸하면 그보다 후순위의 임차권도 선순위근저당권이 확보한 담보가치의 보장을 위하여 그 대항력을 상실하는 것이지만, 낙찰로 인하여 근저당권이 소멸하고 낙찰자가 소유권을 취득하게 되는 시점인 낙찰대금지급기일 이전에 선순위근저당권이 다른 사유로 소멸한 경우에는, 대항력 있는 임차권의 존재로 인하여 담보가치의 손상을 받을 선순위근저당권이 없게 되므로 임차권의 대항력이 소멸하지 않는다.

… 선순위근저당권의 존재로 후순위임차권의 대항력이 소멸하는 것으로 알고 부동산을 낙찰받았으나, 그 이후 선순위근저당권의 소멸로 인하여 임차권의 대항력이 존속하는 것으로 변경됨으로써 낙찰부동산의 부담이 현저히 증가하는 경우에는, 낙찰자로서는 민사소송법 제639조 제1항의 유추적용에 의하여 낙찰허가 결정의 취소 신청을 할 수 있다 (대법원 1998. 8. 24. 선고 98마 1031 결정).

2) 낙찰불허가 결정의 기재사항

민사소송법은 제640조 제1항에서 낙찰허가 결정에 기재할 사항을 규정하고 있으나 낙찰불허가 결정의 기재사항에 관하여는 아무런 규정을 두고 있지 않다. 법원공문서 규칙에도 낙찰불허가 결정의 서식에 관하여는 정한 바가 없으나 결정문을 작성하여 선고하는 것이 통례이다(부록 [서식 43] 낙찰불허가 결정문 참조).

낙찰불허가 결정에는 경매부동산, 최고가입찰자의 성명을 표시하고 낙찰을 허가하지 않는다는 취지 외에 불허가의 이유도 간략히 기재해야 한다(송민 84-1).

결정문을 작성하는 이유는 항고심의 심리를 위하여 이유를 기재해야 할 필요가 있기 때문이다. 뿐만 아니라 낙찰불허가 결정은 그 이유에 따라서 어떤 것은 목적물의 멸실, 집행취소 사유의 발생과 같이 종국적으로 경매 절차를 실시할 수 없어 경매 사건 자체를 완결시키는 경우가 있는가 하면, 또 어떤 것은 최고가입찰자의 행위 무능력이나 입찰기일공고 절차의 위법 등 순수한 절차상의 하자로 인하여 낙찰이 불허되는 경우 또는 집행정지 결정이 제출된 경우와 같이 상대적·일시적으로 당해 낙찰은 불허하지만 경매 절차를 다시 진행해야 하는 경우도 있으므로 낙찰불허가 결정에는 반드시 불허의 이유를 기재할 필요가 있는 것이다.

3) 낙찰불허가 결정의 선고

낙찰불허가 결정은 낙찰기일에 선고해야 하며(제638조 제1항), 이 결정은 선고한 때에 고지의 효력이 발생한다(규칙 제155조의 3). 이 결정서의 정본이나 등본을 이해관계인에게 송달하거나 공고할 필요는 없다. 실무에서는 이해관계인에게 송달은 하지 않지만, 낙찰허가 결정과 마찬가지로 법원 게시판에 공고는 하고 있다.

낙찰불허가 결정의 선고 사실은 낙찰기일조서에 기재해야 한다(제638조 제2항, 제143조 제6호).

4) 낙찰불허가 결정 후의 절차

① 제635조에 의한 낙찰불허의 경우

민사소송법 제635조에 의해 낙찰을 불허가할 경우 그 불허가가 종국적으로 경매를 불허할 사유가 아니고 다시 경매를 명해야 할 경우, 즉 제633조 제2호 내지 제8호의 이의 사유가 있는 경우에는 낙찰불허가 결정이 확정된 후에, 제510조 제2호·제4호의 집행정지서류가 제출된 때는 그 정지 결정이 실효된 후에, 법원은 직권으로 신입찰기일을 정하여 절차를 속행한다(법 제637조 제1항). 신입찰기일은 공고일로부터 7일 이후로 정해야 한다(제637조 제2항).

그러나 그 불허가가 종국적으로 경매를 불허할 사유에 기한 것이어서 다시 경매를 명할 것이 아닌 경우, 즉 경매부동산이 멸실되거나 집행취소 사유(제510조 제1호·제3호·제5호·제6호)가 있어 불허가 결정이 선고된 경우에는, 그 확정으로 경매 신청 자체를 포함한 그 이후의 경매 절차는 당연히 종결되므로 경매개시 결정등기의 말소 촉탁만 하면 된다(제651조).

이 경우에는 별도로 경매개시 결정의 취소 또는 경매 신청각하 결정을 할 필요 없이 등기 원인을 "○○○○년 ○월 ○일자 낙찰불허가 결정"이라고 기재하고, 그 불허가 결정정본을 등기 원인증서로 첨부하여 경매 신청 기입등기의 말소 촉탁을 한다(제651조).

② 과잉경매를 이유로 경매부동산 일부를 낙찰불허한 경우

과잉경매를 이유로 수개의 부동산 중 일부에 대하여 낙찰불허가 결정을 한 경우에는 그 불허가 결정이 확정되더라도 낙찰이 허가된 부동산에 대한 낙찰대금이 완납될 때까지 그대로 두었다가 대금이 완납된 후 낙찰불허된 부동산에 대하여 경매 신청 기입등기의 말소 촉탁을 해야 한다(제651조).

왜냐하면 이 경우 낙찰자가 낙찰대금을 납부하지 않아 그 부동산을 재입찰해야 하는 경우(제648조)에는 경매 신청채권 및 배당 요구채권에 대한 변제액과의 관계상 필요가 있다고 인정되는 때는 낙찰불허가 된 부동산도 함께 경매에 부칠 수 있기 때문이다.

③ 목적부동산의 훼손에 의한 불허가·허가 취소의 경우(제639조)

민사소송법 제639조의 규정에 의하여 낙찰을 허가하지 않거나 낙찰허가 결정을 취소 했을 때는 재평가를 명하여 최저 입찰가격부

터 새로 정한 뒤 신입찰을 진행한다(제646조).

다만, 경매부동산의 훼손 정도가 심하여 부동산으로서의 존재를 상실했을 때는 제613조에 의하여 경매 절차를 취소하고, 이 취소 결정이 확정되면 경매 신청 기입등기의 말소를 촉탁한다. 말소 촉탁의 등기 원인은 경매 절차 취소 결정이 된다.

④ 입찰보증금의 반환

낙찰불허가 결정이 확정되면(제638조 제3항) 최고가입찰자 또는 차순위 매수신고인은 입찰기일에 매수 신청의 보증으로 제공한 금전 또는 유가증권의 반환을 경매법원에 청구할 수 있다(제645조).

낙찰불허가 결정이 확정되어 최고가입찰자 등으로부터 입찰보증금의 반환 청구가 있으면 사건담임자는 담임 법관으로부터 출급명령서를 받아 그 사본을 기록에 편철한 후 이를 출급청구자에게 교부하고, 출급청구자는 교부받은 출급명령서를 출납공무원에게 제출하여 출납공무원으로부터 출급지시서를 교부받아 이를 취급점에 제출하여 입찰보증금을 반환받는다(법원보관금규칙 제13조).

(2) 낙찰허가 결정

1) 낙찰허가 결정을 해야 할 경우

경매법원은 이해관계인의 낙찰허가에 대한 이의가 이유 없고, 또 달리 직권으로 낙찰을 불허할 사유가 없을 때는 최고가입찰자에게 낙찰을 허가한다는 취지의 결정을 해야 한다(제638조 제1항).

낙찰허가 결정은 절차법적으로는 경매 신청에 대한 응답이고, 실체법적으로는 매수 청약(경매 신고)에 대한 승낙의 성질을 가진다.

2) 낙찰허가 결정의 기재사항

낙찰허가 결정에는 경매한 부동산, 낙찰자와 낙찰을 허가한 입찰가격을 기재하고 특별 매각조건으로 낙찰했을 때는 그 조건을 기재해야 한다(제640조 제1항).

① 경매한 부동산의 표시

경매한 부동산이란 낙찰을 허가하는 부동산을 말한다. 그 표시를 함에 있어서는 그 부동산을 특정할 수 있을 정도로 기재하면 된다.

토지의 경우에는 소재지·지번·지목·지적을 기재하고, 건물의 경우는 소재지·건물번호·종류·구조·건평 등을 기재한다. 등기부의 표시와 실제의 부동산이 다른 경우에는 양자를 함께 기재한다.

부동산의 종물에는 당연히 낙찰허가 결정의 효력이 미치므로 종물을 반드시 표시할 필요는 없지만 명확성을 기하기 위하여 기재하는 것이 좋고, 특히 특별 매각조건으로 종물을 제외한 경우에는 그 취지를 기재해야 한다. 통상 부동산의 표시에 관한 사항들은 별지목록으로 기재하고 있다.

② 낙찰자

낙찰허가 결정은 낙찰자에 대하여 낙찰을 허가하는 것이므로, 그 결정에는 낙찰을 받게 되는 낙찰자를 표시한다. 원칙적으로 입찰기일에 최고가입찰자로 호창되어 입찰조서에 그 취지가 기재되고 기명날인을 한 자(제628조)의 주소·성명을 표시한다.

공동낙찰의 경우에는 전원을 낙찰자로 표시하는 것 외에 그 지분이 정해져 있으면 그 지분도 기재해야 한다. 낙찰자가 무능력자인 경우에는 법정대리인도 아울러 표시하고 낙찰자가 법인인 경우에는 대표자도 표시한다.

 한편, 낙찰기일 전에 최고가입찰자의 지위가 이전된 경우 승계인에 대하여 낙찰허가를 할 수 있는가가 문제될 수 있는데, 이것은 경우를 나누어 살펴본다.

 가. 입찰기일과 낙찰기일 사이에 최고가입찰자의 사망에 의한 상속 또는 법인의 합병에 의한 일반승계가 있는 경우
 이 경우에는 상속인 등 승계인으로부터 승계를 증명하는 자료를 첨부한 신고가 있으면 그 승계인을 낙찰자로 표시한다. 이 때 승계의 신고가 없으면 사망인 등 피승계인을 낙찰자로 기재할 수밖에 없으나, 이러한 결정의 효력도 승계인에게 미치므로 그 승계인명의로 경정 결정을 하여 이전등기를 촉탁해야 한다.
 집행법원이 승계 사실을 모르고 피승계인에 대하여 낙찰허가 결정을 한 경우도 마찬가지이다.

 나. 낙찰기일 전에 최고가입찰자의 지위를 타인에게 양도한 경우
 ㉠ 긍정설 : 최고가입찰자의 권리는 일신전속적 권리가 아닐 뿐만 아니라, 그 양수인이 최고가입찰자의 권리와 함께 의무도 인수하는 한 이해관계인의 이익을 해하지 않고, 또한 최고가입찰자가 낙찰대금의 지급능력이 없는 경우에 낙찰대금지급 의무를 이행시키는 것이 재입찰을 방지하여 경매의 목적을 신속히 달성할 수 있

다는 점 등을 이유로 최고가입찰자 지위의 양도를 인정한다.

이 경우에는 낙찰허가 결정에 있어서 낙찰자를 "○○○(최고가입찰자)의 승계인 ○○○"라고 표시한다.

ⓒ 부정설 : 최고가입찰자의 지위의 양도를 인정하는 명문의 규정이 없을 뿐만 아니라, 경매법원으로 하여금 양도 계약의 유·무효 등 실체관계를 심사하게 하는 것은 오히려 경매 절차의 신속을 해한다는 것을 이유로 그 지위의 양도를 인정하지 않는다.

ⓒ 검토 : 최고가입찰자의 지위는 집행법상의 지위라는 점, 입찰자의 자격이 제한되는 점 및 차순위 입찰신고인 등 이해관계인의 이익을 고려할 때 부정설이 타당하다고 생각된다.

③ 경매가격의 표시

여기서 경매가격은 최고가입찰자가 응찰한 입찰가격을 말한다.

수개의 부동산을 일괄경매한 경우에는 일괄하여 1개의 경매가격을 표시하고, 분할(개별)경매의 경우에는 각 부동산별로 경매가격을 표시해야 한다.

다만, 일괄경매의 경우에도 각 부동산의 대금을 특정할 필요가 있는 경우에는 각 부동산별로 경매가격을 표시한다.

④ 특별 매각조건

특별 매각조건으로 낙찰한 때, 예를 들어 이해관계인의 합의로 채권자에 우선하는 저당권을 낙찰자가 인수하기로 하고 낙찰했을 때는 그 특별 매각조건을 기재해야 한다.

3) 낙찰허가 결정의 선고 및 공고

① 낙찰허가 결정의 선고
낙찰허가 결정은 낙찰기일에 법정에서 반드시 선고해야 하며(제638조 제1항), 선고시 고지의 효력이 발생한다(규칙 제155조의 3, 부록 〔서식 44〕 낙찰허가 결정문 참조).
낙찰허가 결정을 선고하지 않고 일반의 결정과 같이 그 정본이나 등본의 송달에 의하여 고지하는 것은 위법이다. 낙찰허가 결정의 선고시에 낙찰자가 반드시 출석해야 하는 것은 아니다.

② 낙찰허가 결정의 공고
낙찰허가 결정은 법정에서 선고하는 것 외에 법원 게시판에 공고해야 한다(제640조 제2항). 그러나 이 공고를 하지 않아도 낙찰허가 결정의 효력에는 영향이 없고 항고 사유가 되지 않는다. 낙찰허가 결정의 공고는 법원사무관 등이 낙찰허가 결정등본을 1통 작성하여 이를 법원 게시판에 게시하는 방법으로 한다. 법원사무관 등은 공고 후 낙찰허가 결정공고보고서를 작성하여 기록에 첨부한다.

③ 이해관계인에의 송달 요부
낙찰허가 결정정본을 이해관계인에게 송달할 필요는 없다.

> 낙찰허가 결정은 민사소송법 제640조 제2항에 따라 선고하는 외에 법원 게시판에 공고함으로써 고지된 것이므로 따로 이해관계인에게 그 정본을 송달할 필요가 없다(대법원 1985. 9. 21. 선고 85마 566 결정).

④ 경정 결정의 고지 방법

낙찰허가 결정에 대한 경정 결정의 고지 방법에 관하여는 특별히 규정하는 바가 없으므로 상당한 방법으로 고지하면 될 것이다(제207조 제1항).

그러나 이해관계인에게 경정 결정의 정본을 송달하는 것이 유일한 고지의 방법이 아니라고는 하더라도, 단지 법원 게시판에 공고하거나(대결 69. 2. 28. 69마 77), 배당기일 소환장을 송달한 것만으로(대결 85. 3. 28. 84마카 31) 결정을 상당한 방법으로 고지한 것으로 볼 수 없다는 것이 판례의 태도이다.

4) 낙찰허가 결정 후의 절차

낙찰허가 결정이 확정되면 법원은 대금지급기일을 정하고 낙찰자와 차순위 입찰신고인을 소환해야 한다.

낙찰자는 대금지급기일에 낙찰대금을 지급해야 하고, 그 지급으로 확정적인 목적부동산의 소유권을 취득하게 된다(제646조의 2). 또한 부동산의 인도청구권이 발생하는 등 실체법적 효력이 생긴다.

차순위 입찰신고인은 낙찰자의 대금지급으로 매수책임을 면하고 즉시 보증금의 반환을 청구할 수 있다.

낙찰자가 기일에 대금을 지급하지 않으면 차순위 입찰신고인에 대하여 낙찰허부를 결정해야 하고, 만일 차순위 입찰신고인에게 낙찰허가를 한 경우에는 원낙찰자는 보증금 반환 청구를 하지 못한다(자세한 것은 2권 제3편에서 후술한다).

4. 낙찰기일조서

(1) 낙찰기일조서의 작성 의무

경매법원의 법원사무관 등은 낙찰기일에 참여하여 낙찰허부를 불문하고 낙찰기일의 조서를 작성해야 한다(제141조 준용). 낙찰기일이 연기되거나 속행된 경우에는 기일마다 조서를 작성한다. 이해관계인의 진술 등에 의하여 서류의 인용 또는 첨부를 요할 때는 낙찰기일조서에 이를 인용하거나 첨부하여 조서의 일부로 할 수 있다(제145조 준용).

(2) 변론조서 규정의 준용

낙찰기일에는 출석한 이해관계인이 낙찰허가에 관한 진술을 하고 법원이 낙찰허가 또는 불허가 결정을 선고한다는 점에서 변론과 유사하므로 민사소송법은 변론조서에 관한 규정(제141조 내지 제143조, 제145조 내지 제147조)을 낙찰기일조서에 준용하도록 하고 있다(제638조 제2항).

(3) 낙찰기일조서의 기재사항

낙찰기일조서에는 형식적 기재사항으로서 사건의 표시, 법관과 법원사무관 등의 성명, 이해관계인, 최고가입찰자 및 차순위 입찰신고인과 대리인의 출석상황, 낙찰기일의 장소와 연월일 등을 기재하고 법관과 법원사무관 등이 서명 또는 기명날인하여야 한다. 법관이 지장이 있을 때는 법원사무관 등이 그 사유를 기재한다(제142조 준용).

그리고 낙찰기일조서에는 실질적 기재사항으로서 출석한 이해관계인의 진술 내용, 특히 낙찰허가에 대한 이의 및 이에 대한 다른 이해관계인의 진술 요지(제632조), 절차의 속행에 대한 이해관계인의 승인(제635조 제2항), 과잉경매에 있어서의 채무자에 의한 매각부동산의 지정(제636조 제2항)과 낙찰허가 결정 또는 불허가 결정의 선고를 기재해야 한다(제143조 준용).

> 경락조서를 작성함에 있어서 경매 절차의 특수성에 반하지 않는 한 민사소송법상의 구두변론조서에 관한 규정이 준용된다. 따라서 경락기일에 출석한 이해관계인이 있다면 그에게 경락에 관한 의견을 진술할 기회를 주고 이의가 있을 때는 그 이의 요지를 경락조서에 기재해야 한다 해도, 이는 이해관계인이 출석하여 이의하는 경우 그와 같은 사실을 기재하는 것으로 족하다. 또 이해관계인에게 적법하게 통지한 이상 이해관계인의 출석이 없거나, 출석했어도 이의를 제기한 사실이 없다면 굳이 그 불출석이나 이의 없음을 기재하지 않았어도, 그와 같은 기재가 없는 이해관계인은 출석하지 않은 것이고 또 이의가 없었던 것이라고 못 볼 바도 아니므로, 그와 같은 사실은 경매의 효력에 영향을 미치는 절차상의 위법이라고 할 수 없다(대법원 1995. 9. 6. 선고 95마 596 결정).

(ㄴ) 이해관계인의 권리

이해관계인의 신청이 있으면 낙찰기일조서를 낭독해 주거나 열람하게 하고, 조서에 그 사유를 기재해야 하며, 조서의 기재에 관하여 이해관계인의 이의가 있으면 조서에 그 사유를 기재한다(제146

조 준용).

(5) 낙찰기일조서의 증명력

낙찰기일실시의 방식에 관한 규정의 준수는 낙찰기일조서에 의해서만 증명할 수 있다(제147조 준용).

따라서 낙찰기일조서에 판사 또는 법원사무관 등의 날인이 결여된 때에는 그 조서로서는 적식의 낙찰허가 결성선고의 사실을 증명할 수 없으므로 그 낙찰허가 결정은 위법하다는 것이 판례의 태도이다(대결 65. 4. 28. 65마 205).

5. 낙찰허부에 대한 즉시항고

(1) 항고 일반론

항고는 원칙적으로 소송 절차에 관한 신청을 기각한 결정이나 명령에 대하여 불복이 있는 경우에 제기할 수 있으나(제409조), 강제집행 절차에 관한 재판에 관하여는 특별한 규정이 있는 경우에 한하여 즉시항고가 가능하도록 규정하고 있다(제517조).

1) 통상항고, 즉시항고, 재항고, 특별항고의 구별

① 통상항고(보통항고)

통상항고란 불복 신청의 기간을 따로 정함이 없이 원재판의 취소를 구할 이익이 있는 한, 언제든지 제기할 수 있는 항고를 말한다.

이 경우 형식적 확정은 문제가 되지 않는다.

② 즉시항고

즉시항고란 재판의 성질상 특히 신속하게 확정지을 필요가 있어 불변기간으로서 항고기간의 제한을 두는 경우의 항고를 말하는데, 그 기간이 경과하면 재판이 확정되게 된다.

즉시항고는 민사소송법에 '즉시항고를 할 수 있다.'고 규정한 경우에 한하여 적용되는 것이 원칙이나, 항고장각하에 대한 항고와 같이 해석상 그와 동일하게 취급할 필요가 있는 경우에도 인정된다.

③ 재항고

원심법원이 1심으로 한 재판에 항고하여 항고심의 결정이 있고, 이 항고심의 결정에 대하여 다시 제기하는 항고가 재항고이다.

④ 특별항고

불복을 신청할 수 없는 결정이나 명령에 대하여는 재판에 영향을 미친 헌법 또는 법률의 위반이 있음을 이유로 대법원에 항고를 제기할 수 있는데, 이것을 특별항고라 한다.

특별항고는 그 재판을 고지받은 때로부터 1주일 이내에 제기해야 하고, 이 경우 집행정지는 제418조의 임의적 집행정지가 가능할 뿐이다.

2) 항고에 대한 처리

항고법원의 소송 절차에 준용되는 항소 및 상고에 관한 제368조의 2에 의하여(민소 제413조), 원심법원은 항고제기의 방식 및 기재사항을 위배했거나 인지를 붙이지 않은 경우에 상당한 기간을 정하여 보정을 명하고, 그 흠결을 보정하지 않았거나 항고기간을 도과한 것이 명백한 경우에 명령으로 항고장을 각하해야 하고, 동 명령에 대하여는 즉시항고를 할 수 있다.

> 항소장에 첩용인시를 첩부하지 않은 경우에 재판장은 첩부할 인지액을 명시하여 보정을 명하여야 하고, 보정할 흠결사항으로 인지액을 전혀 표시함이 없이 막연히 '항소장의 인지첩부액'이라고 기재한 명령은 적법한 보정명령이라고 볼 수 없으므로 당사자가 보정기간 내에 보정하지 않았다고 하여 항소장을 각하할 수 없다(대법원 1991. 11. 20. 선고 91마 616 결정).

그 밖의 경우에 원심법원은 항고가 이유 있다고 인정하면 스스로 그 재판을 경정하고(재도의 고안), 이유 없다고 인정하는 경우에는 의견서를 첨부하여 항고법원에 송부해야 한다(제416조).

(2) 강제집행 절차에 관한 경매법원의 재판에 대한 불복

1) 불복 방법

민사소송법은 강제집행 절차에 관한 재판에 대해 불복 방법으로서 '즉시항고'를 인정하고 있다. 그러나 이 방법은 특별한 규정이 있는 경우 또는 해석상 예외적으로 즉시항고가 인정되는 경우에 한하여 허용되고 있으며(제517조), 그런 규정이 없는 경우에는 즉시항고로 불복할 수 없고 민사소송법 제504조 제1항에 따라 '집행에 관한 이의'로써 다투어야 한다.

2) 항고제기의 방법과 심리

항고권자는 재판의 고지가 있은 날로부터 1주일의 불변기간 내에(제414조), 늦어도 집행종료 전에 항고장을 원심법원에 제출해야 한다(제415조). 항고장에는 민사소송등인지법 제11조 소정의 인지를 붙여야 한다. 항고제기기간은 항고권자가 재판을 고지받아야 할 자가 아닌 때는 그 재판의 고지를 받아야 할 자 전원에게 고지된 날로부터 진행한다(규칙 제103조의 3).

적법한 즉시항고가 제기되면 원심법원인 경매법원이 스스로 항고가 이유 있다고 인정하고 그 재판을 경정하면(제416조 제1항), 이로써 항고 절차가 종료된다. 그러나 항고가 이유 없다고 인정한 때는 의견서를 첨부하여 경매기록을 항고법원에 송부한다(제416조 제2항).

3) 항고권자와 상대방

항고권자는 불복을 신청할 재판에 의하여 불이익을 받는 자이다. 채권자·채무자는 물론 낙찰허부 결정에 있어서의 낙찰자·입찰자·집행관(제504조 제4항)도 항고할 수 있다. 그러나 항고권자의 채권자가 항고권자를 대위하여 항고할 수는 없다.

항고 절차는 편면적인 불복 절차로서 판결 절차에 있어서와 같은 대립되는 당사자를 예상하고 있지 않으므로 엄격한 의미에서 상대방은 없다. 따라서 항고장에는 반드시 피항고인의 표시가 있어야 하는 것은 아니고, 항고장을 반드시 상대방에게 송달해야 하는 것도 아니다(대결 66. 8. 12. 65마 473).

그러나 실무에서는 부동산의 인도명령(제649조 제5항) 등과 같이 채권자의 이익을 위해 행해진 재판에 대하여 채무자나 제3채무자가 즉시항고를 하여 항고심에서 원재판이 변경된 경우 등에 있어서는, 재항고의 기회를 주기 위해 그 재판의 내용상 이해가 대립되는 채권자에게 결정문을 통지하고, 심리에 있어서도 채권자를 상대방으로 정하여 관여시키고 결정문에도 이를 표시하는 예가 있다.

낙찰허부 결정에 대한 항고에 있어서는 항고법원이 항고인의 상

 부동산 경매 절차에 관한 재판 중 즉시항고가 인정 되는 것

- 집행에 대한 이의 신청에 관한 재판(제504조 제4항)
- 강제집행 절차를 취소하는 결정 또는 집행관에게 강제집행 절차의 취소를 명하는 결정(제504조의 2 제1항)
- 집행비용 미예납으로 인한 강제집행 신청각하 또는 집행 절차 취소 결정(제513조의 2 제3항)
- 특별환가 방법으로서의 양도명령, 매각명령 또는 관리명령(제574조 제3항)
- 강제경매 신청을 각하하는 재판(제603조 제5항)
- 경매개시 결정에 대한 이의 신청에 관한 재판(제603조의 3 제3항)
- 멸실 등에 의한 부동산 경매 절차의 취소 결정(제613조 제2항)

대방을 정할 수 있다는 명문의 규정을 두고 있다(제643조 제1항, 이에 관하여는 후술한다).

4) 즉시항고와 집행정지

일반적으로 즉시항고가 제기되면 집행정지의 효력이 있으나(제417조) 강제집행 절차에서의 즉시항고에는 집행정지의 효력이 없다(제517조 제2항).

물론 즉시항고를 할 수 있는 재판 중에는 확정되어야 효력이 발생하는 것으로서 강제집행 절차를 취소하거나 집행관에게 강제집행 절차의 취소를 명하는 결정(제504조의 2 제2항), 낙찰허부 결정(제638조 제3항) 등이 있고 이에 관하여는 즉시항고 자체가 확정을

- 잉여의 가망이 없는 경우에 있어서 부동산 경매 절차의 취소 결정(제616조 제3항)
- 부동산 훼손의 경우 낙찰허가 결정의 취소 신청에 관한 결정(제369조 제2항)
- 낙찰허부 결정(제641조)
- 부동산의 인도 또는 관리명령 신청에 관한 재판(제647조 제5항)
- 부동산 강제관리 신청을 각하하는 재판(제668조 제4항)
- 강제관리의 취소 결정(제677조 제3항)
- 보증의 제공에 의한 강제경매 절차의 취소 신청을 기각한 재판(제684조의 2 제3항)

차단시킴으로써 결정의 효력 발생을 정지하는 효과를 갖게 되므로 따로 집행정지의 처분이 필요 없다.

그러나 확정되어야 효력이 발생하는 재판이 아닌 재판에 대하여는 즉시항고를 제기해도 당연히 집행정지가 되지는 않는다. 따라서 이 경우 집행정지를 구하려면 그 취지가 기재된 재판의 정본(제510조 제2호)을 제출해야 하므로, 민사소송법 제418조의 집행정지 등의 재판을 얻는 수밖에 없다. 이러한 집행정시의 재판은 신청 또는 직권으로 할 수 있으며 이에 대해서는 불복 신청을 할 수 없다(제473조 제3항 유추적용).

(3) 낙찰허부 결정에 대한 불복 방법

이해관계인 등은 낙찰허가 또는 불허가의 결정으로 인해 손해를 받을 경우에 그 결정에 대해서 즉시항고를 할 수 있고(제641조 제1항), 낙찰허가의 이유가 없거나 허가 결정에 기재한 이외의 조건으로 허가할 것임을 주장하는 낙찰자 또는 낙찰허가를 주장하는 입찰자도 즉시항고를 할 수 있다(동 조 제2항).

낙찰허부의 결정에 대한 불복 방법으로는 즉시항고만이 인정되고, 통상항고(제409조)나 특별항고는 허용되지 않으며, 낙찰불허가 사유가 존재할 때도 집행에 관한 이의(제504조)로 시정을 구할 수 없다. 판례는 '부동산 낙찰허가에 대한 이의 신청'이라는 제목으로 제출된 불복은 이를 즉시항고로 보아 처리하고 있다.

아래에서는 낙찰허부 결정에 대한 즉시항고와 관련된 내용을 구체적으로 살펴보도록 한다.

참고판례

가. 강제경매 절차에서의 경락허가 결정은 이에 대하여 민사소송법 제641조의 규정에 따라 이해관계인이 즉시항고를 할 수 있으므로 불복을 신청할 수 없는 결정에 해당하는 것이 아니어서 특별항고의 대상이 될 수 없다(대법원 1990. 3. 31. 선고 90그 12 결정).

나. 경락허가 결정에 대한 불복 방법으로서는 즉시항고만이 인정되고 이의의 방법은 허용되지 않으므로 이의 신청이라는 제목으로 제출된 불복은 이를 즉시항고로 보아 처리함이 상당하다(대법원 1994. 7. 11. 선고 94마 1036 결정).

(4) 항고권자와 항고의 이익

1) 이해관계인

낙찰허부 결정으로 인해 손해 입을 가능성이 있는 이해관계인에 한해서 즉시항고를 할 수 있다(제641조 제1항). 물론 항고가 인용되기 위해서는 법정의 항고 이유가 구비되어야 하지만(제642조 제2항), 이에 더하여 이해관계인으로서 낙찰허부 결정으로 손해 입을 가능성 즉 '항고의 이익'이 있어야 즉시항고를 할 수 있다.

① 압류채권자와 집행력 있는 정본에 의한 배당 요구권자

압류채권자와 집행력 있는 정본에 의하여 배당을 요구한 채권자(제607조 제1호)와 낙찰에 의하여 소멸하는 담보권의 권리자인 채

권자(제607조 제3호)는 이해관계인으로서 낙찰허부 결정에 대하여 즉시항고를 할 수 있다.

이들은 항고 이유가 되는 하자가 없었다면 보다 고가의 매수 신고가 있을 수 있고, 따라서 보다 많은 액수의 배당을 받을 수 있으리라고 기대될 수 있는 경우에만 항고의 이익이 인정된다. 현실의 낙찰가격만으로도 충분한 배당을 받을 수 있는 지위에 있는 경우에는 항고의 이익이 없다.

② 채무자와 소유자

여기서 채무자란 집행채무자(경매개시 결정 기입등기 당시의 소유자인 채무자)를 말하고, 소유자란 경매개시 결정 기입등기 당시의 소유자를 말하며, 채무자와 소유자는 이해관계인(제607조 제2호)으로서 낙찰허가 결정에 의하여 손해를 받을 경우에는 즉시항고를 할 수 있다.

가압류 기입등기 후 경매개시 결정 기입등기 전에 소유권 이전등기를 마친 자도 이해관계인인 소유자에 해당하지만, 경매 신청 기입등기 후에 소유권 이전등기를 경료한 자(제3취득자)는 여기서의 소유자에는 해당하지 않아도, 그 권리를 증명하면 제607조 제4호의 이해관계인으로서 낙찰허가 결정에 대한 항고인이 될 수 있다(대결 88. 3. 24. 87마 1198).

또한 경매부동산에 대하여 소유권 회복의 등기를 할 수 있는 확정 판결이 있는 자라 해도 여기의 소유자에는 해당하지 않고, 소유권 회복의 등기를 하고 집행법원에 권리 신고를 해야 비로소 제607조 제4호의 이해관계인이 될 수 있다(대결 91. 4. 18. 91마 418).

채무자와 소유자는 낙찰허가 결정에 대하여 법정의 위법 사유가 있음을 주장하는 한 원칙적으로 손해를 보는 경우에 해당한다고 할 수 있지만, 항고이익의 유무는 개별적으로 판단할 사항이다.

대법원 판례는 낙찰가격이 경매목적물의 시가에 비하여 현저하게 저렴하다는 사유(대결 67. 9. 26. 67마 641, 대결 70. 7. 20. 70마 378), 임대차관계를 공고하지 않은 사유(대결 80. 4. 25. 80마 148), 공유지분 경매에 있어서 다른 공유자에게 경매 신청이 있음을 통지하지 않은 사유(대결 92. 3. 13. 91마 758), 잉여주의에 위반한 사유(대결 84. 6. 19. 84마 238)에 대하여는 채무자 또는 소유자의 항고이익을 부인하고 있다.

참고판례

가. 경매가격이 시가에 비하여 저렴하다는 사유는 경락허가 결정에 대한 적법한 항고 이유가 될 수 없다(대법원 1970. 7. 20. 선고 70마 378 결정).

나. 경매목적부동산에 임대차 계약이 있음에도 불구하고 그 계약이 없는 것으로 하여 경매가 진행된 것이라 하더라도 동 부동산의 소유자인 동시에 채무자인 사람은 위와 같은 사유를 내세워 경락허가 결정에 대한 항고 이유로 삼을 수 없다(대법원 1980. 4. 25. 선고 80마 148 결정).

다. 민사소송법 제608조 제1항, 제616조 · 제631조의 규정은 압류채권자가 집행에 의해서 변제받을 가망이 전혀 없는데도 무익한 경매가 행해지는 것을 막고 또 우선채권자가 그 의사에 반한 시기에 투자의 회수를 강요당하는 결과를 피하기 위한 것으로서 우선채권자나 압류채권자를 보호하기 위한 규정일 뿐, 결코 채무자나 그 목적부동산 소유자의 법률상 이익이나 권리를 위한 것이 아니므로 채무자 겸 소유자는 경락 절차에 있어서 위 규정에 어긋난 잘못이 있음을 다툴 수 있는 이해관계인에 해당하지 않는다(대법원 1984. 6. 19. 선고 84마 238 결정).

③ 등기부에 기입된 부동산 위의 권리자

등기부에 기입된 부동산 위의 권리자(제607조 제3호)란 경매 신청 기입등기 전에 이미 등기가 되어 있는 부동산 위의 권리자를 말한다. 따라서 경매 신청등기 전에 등기한 지상권자, 전세권자, 임차권자, 저당권자 및 저당채권의 질권자 등은 이에 해당되어 본 호의 이해관계인이 된다.

그러나 경매부동산에 대한 처분금지 가처분권자(대결 75. 10. 22. 75마 377), 가압류채권자(대결 68. 5. 13. 68마 367), 예고등기가 된 제소자(대결 67. 10. 25. 67마 947)는 낙찰허가 결정에 대하여 불복할 수 있는 이해관계인이 아니다.

한편, 가등기는 후일에 할 본등기의 순위를 보전하는 효력을 가질 뿐이므로 본등기를 하기 전에는 권리의 취득을 주장할 수 없다. 즉 가등기권리자는 이해관계인이 아니다(대결 85. 10. 11. 85마 504). 그러나 가등기담보권자(소유권의 이전에 관한 가등기권리자)는 가등기담보등에관한법률에 의해 이해관계인으로 본다(동 법 제16조 제3항).

④ 부동산 위의 권리자로서 그 권리를 증명한 자

항고 전에 미리 권리 신고를 해둔 경우에만 이해관계인이 된다.

낙찰허부의 결정이 있은 후 항고를 제기하면서 그 권리를 증명한 자는 이해관계인으로 볼 수 없다(대결 88. 3. 24. 87마 1198).

즉 경매개시 결정 기입등기 후에 저당권을 취득한 자라도 낙찰허가 결정에 대하여 즉시항고를 제기하기 위하여는 낙찰허가 결정이 있을 때까지 그러한 사실을 증명해야 하고, 낙찰허가 결정이 있은 후에 그에 대하여 즉시항고장을 제출하면서 그런 사실을 증명하는 서류를 제출한 때는 제4호의 이해관계인이라 할 수 없으므로, 그 즉시항고는 부적법하다(대결 94. 9. 13. 94마 1342).

참고판례

가. 경매 신청등기 후 그 목적부동산에 대한 권리취득자(제3취득자)는 등기를 하고 그 사실을 집행법원에 증명해야 이해관계인으로서 경락허가 결정에 대한 항고인이 될 수 있으나, 경락허가 결정이 있은 후 항고법원에 항고장을 제출하면서 그 사실을 증명한 경우에는 이해관계인이라 할 수 없어 적법한 항고인이 될 수 없다(대법원 1988. 3. 24. 선고 87마 1198 결정).

나. 담보권 실행을 목적으로 하는 부동산 경매에 있어서 경매개시 결정 기입등기 후에 그 부동산에 관하여 저당권을 취득한 자가 있다고 해도 경매법원으로서는 이러한 사실을 알 수 없으므로 그 자는 민사소송법 제728조에 의하여 준용되는 제607조 제3호 소정의 이해관계인인 '등기부에 기입된 부동산 위의 권리자'가 아니고, 다만 그가 경매법원에 그러한 사실을 증명한 때는 같은 조 제4호 소정의 이해관계인인 '부동산 위의 권리자로서 그 사실을 증명한 자'에 해당한다.

… 같은 법 제607조 제4호 소정의 이해관계인이라 하여 경락허가 결정이나 낙찰허가 결정에 대하여 즉시항고를 제기하기 위하여는 경락허가 결정이나 낙찰허가 결정이 있을 때까지 그런 사실을 증명해야 하고, 경락허가 결정이나

낙찰허가 결정이 있은 후에 그에 대하여 즉시항고장을 제출하면서 그러한 사실을 증명하는 서류를 제출한 때는 그 제4호 소정의 이해관계인이라 할 수 없으므로 그 즉시항고는 부적법하다(대법원 1994. 9. 13. 선고 94마 1342 결정).

⑤ 임차인

입찰기일공고에 임대차에 관한 사항이 기재되지 않은 경우에 주로 문제된다. 그러나 임대차의 대항력은 공고 여부에 따라 영향을 받지 않으므로 임차권자는 이 점에 대한 하자를 주장하여 항고할 이익이 없다고 할 것이다. 즉 대항력 있는 임차권을 가지는 임차인은 낙찰허가 결정으로 인해 아무런 불이익을 입지 않으므로 항고이유 여하를 불문하고 항고의 이익은 없다고 할 것이다.

2) 낙찰자

낙찰자도 낙찰허가 결정에 대하여 항고할 수 있는데, 일반의 이해관계인과는 달리 그 결정으로 인한 손해가 항고의 요건이 되지 않는다. 낙찰자의 항고 요건은 다음과 같다.

① 낙찰허가의 이유가 없을 때

어떤 이유의 존재로 인하여 자기에게 낙찰이 허가될 것이 아니었다는 것, 즉 다른 사람이 최고가입찰자로 호창받았다고 주장하는 경우, 무권대리인이 한 응찰에 의하여 낙찰이 허가되었다고 주장하는 경우 등을 말한다.

② 결정에 기재한 이외의 조건으로 허가한 경우

결정에 기재된 것과는 다른 매각조건으로 낙찰이 허가되었어야 한다는 것이다. 예를 들면 결정에 기재된 특별 매각조건이 입찰기일에 고지받은 매각조건과 다르다는 것을 주장하는 경우, 결정에 기재된 낙찰대금이 자기가 응찰한 입찰가격보다 많다고 주장하는 경우 등이 그 요건이다(제641조 제2항).

3) 입찰자(매수신고인)

낙찰허가를 주장하는 입찰자(매수신고인)도 낙찰허부의 결정에 대하여 즉시항고할 수 있다(제641조 제2항). 따라서 입찰자가 즉시항고를 할 수 있는 것은 자기가 적법한 최고가입찰자임을 주장하여 자기에게 낙찰을 허가해 달라는 것을 주장하는 경우에 한정된다.

낙찰불허가 결정에 대하여는 최고가입찰자가 모든 낙찰불허가 사유가 없다고 주장하여 항고하는 경우(제642조 제1항)가 해당하고, 낙찰허가 결정에 대하여는 실질적으로 자기가 최고가입찰자인데 그 입찰을 무시하고 다른 입찰자를 최고가입찰자로 정하여 그 자에게 낙찰을 허가했다고 주장하는 경우나 최고가입찰자로 낙찰을 허가받은 자가 소정의 보증을 제공하지 않았기 때문에 차순위인 자신이 최고가입찰자로 낙찰을 허가받아야 한다고 주장하는 경우가 해당한다.

어느 경우든 항고권자는 낙찰기일에 집행관으로부터 최고가입찰자로 호창된 자 또는 그런 호창을 받았어야 했던 자에 한정되고, 입찰에 참가하지 않은 자 또는 참가는 했으나 보증금을 찾아간 자는 항고권자가 될 수 없다.

입찰자가 낙찰허부의 결정에 대하여 항고하고 자기에게 낙찰될 것을 주장하는 경우에는 자기가 신고했던 입찰가격에 구속되므로(제641조 제3항), 그 가격 이하로의 낙찰을 주장할 수는 없다.

4) 항고권자의 채권자

항고권자의 채권자의 경우 채권자대위권에 의하여 항고할 수 있는가가 문제된다. 낙찰허가 결정에 대한 항고는 이미 경매 절차가 개시된 후에 나타나는 개별적인 소송법상의 권리행사로서 소송 당시자에게만 부여된 권리이므로 대위가 허용되지 않는다 할 것이다(대결 61. 10. 26. 4294민재항 559).

(5) 항고기간 및 항고 이유

1) 항고기간

즉시항고는 원결정을 고지한 날로부터 1주일 내에 제기해야 하는 바(제414조 제1항), 낙찰허부의 결정은 이해관계인이 낙찰기일에 출석했는지 여부에 상관없이 이를 선고한 때에 고지의 효력이 있으므로(규칙 제155조의 3), 위 1주일의 기간은 낙찰허부결정선고일로부터 일률적으로 진행된다. 이 기간은 불변기간이며(제414조 제2항), 낙찰허부의 결정이 적법하게 선고된 것을 전제로 진행되므로 선고 없이 공고만 된 경우에는 위 기간이 진행되지 않는다.

낙찰허부 결정에 대한 항고는 낙찰허부 결정의 고지가 있은 후에 제기하는 것으로 그 결정의 고지 전에 미리 그 결정을 예상하여 제기한 즉시항고는 부적법하며(대결 94. 8. 30. 94마 1245), 그 항고가 부적법하다는 이유로 각하되지 않고 있는 동안에 항고인에게 불이익한 결정이 선고되었다 하더라도 그 항고는 적법한 것이 아니다(대결 70. 10. 6. 70마 559, 대결 72. 11. 9. 72마 1140).

> 경락허가 결정선고 전의 그 결정에 대한 항고 신청은 부적법한 것이고 당해 신청이 부적법하다는 이유로 각하되지 않고 있는 동안에 항고인에게 불이익한 결정이 선고되었다고 해도 당해 항고는 적법한 것으로 되는 것이 아니다(대법원 1970. 10. 6. 선고 70마 559 결정).

2) 항고 이유

① 낙찰불허가 결정의 경우
낙찰불허가 결정에 대한 항고는 민사소송법에 규정한 모든 불허가 원인(제613조·제633조·제635조·제636조·제639조)이 없음을 이유로 하는 때에 한하여 할 수 있다(제642조 제1항).

② 낙찰허가 결정의 경우
낙찰허가 결정에 대한 항고는 민사소송법에 규정한 낙찰허가에 대한 이의 원인(제633조·제639조)이 있음을 이유로 하거나, 낙찰허가 결정이 낙찰조서의 취지에 저촉된 것을 이유로 하는 때에 한하여 할 수 있다(제642조 제2항).
낙찰허가 결정 후 항고심재판까지의 사이에 생긴 사유도 항고 이유로 주장할 수 있다.

③ 재심 사유가 있는 경우

낙찰허부 결정에 재심 사유(제422조)가 있는 경우에는 위의 제한에 구애받지 않고 독립해서 항고 사유가 된다(제642조 제3항).

낙찰허부 결정이 확정된 후에는 재심 사유를 주장하여 준재심을 신청할 수도 있다(제431조).

재심 사유(민사소송법 제422조)

① 다음 경우에는 확정된 종국 판결에 대하여 재심의 소를 제기할 수 있다. 다만, 당사자가 상소에 의하여 그 사유를 주장했거나 이를 알고 주장하지 아니한 때는 그러하지 아니하다. [개정 90. 1. 13]
1. 법률에 의하여 판결법원을 구성하지 아니한 때
2. 법률상 그 재판에 관여하지 못할 법관이 관여한 때
3. 법정대리권, 소송대리권 또는 대리인이 소송행위를 하는 데 필요한 수권의 흠결이 있는 때. 다만, 제56조 또는 제88조의 추인이 있는 경우에는 그러하지 아니하다.
4. 재판에 대해 법관이 그 사건에 대하여 직무에 관한 죄를 범한 때
5. 형사상 처벌을 받을 타인의 행위로 인하여 자백을 했거나 판결에 영향을 미칠 공격 또는 방어 방법의 제출이 방해된 때
6. 판결의 증거로 된 문서, 기타 물건이 위조나 변조된 것인 때
7. 증인, 감정인, 통역인 또는 선서한 당사자나 법정대리인의 허위진술이 판결의 증거로 된 때

④ 자기의 권리에 관한 사유

항고인은 다른 이해관계인의 권리에 관한 사유를 자기의 항고 이유로 삼을 수 없다(제634조). 왜냐하면 낙찰허부 결정에 대한 항고심의 심리에는 민사소송법 제634조·제635조의 규정이 준용되기 때문이다(제643조 제3항). 따라서 다른 이해관계인에 대한 경매기일통지의 송달에 하자가 있음을 자신의 항고 이유로는 삼을 수 없다(대결 92. 1. 30. 91마 728).

8. 판결의 기초로 된 민사나 형사의 판결, 기타의 재판 또는 행정처분이 다른 재판이나 행정처분에 의하여 변경된 때
9. 판결에 영향을 미칠 중요한 사항에 관하여 판단을 유탈한 때
10. 재심을 제기할 판결이 전에 선고한 확정 판결과 저촉되는 때
11. 당사자가 상대방의 주소 또는 거소를 알고 있었음에도 불구하고 소재불명 또는 허위의 주소나 거소로 하여 소를 제기한 때

② 제1항 제4호 내지 제7호의 경우에는 처벌받을 행위에 대하여 유죄 판결이나 과태료의 판결이 확정한 때 또는 증거 흠결 이외의 이유로 유죄의 확정 판결이나 과태료의 확정 재판을 할 수 없을 때에 한하여 재심의 소를 제기할 수 있다. [개정 90. 1. 13]

③ 항소심에서 사건에 대하여 본안 판결을 한 때에는 제1심 판결에 대하여 재심의 소를 제기하지 못한다. [개정 63. 12. 13]

(6) 항고제기의 방식

1) 원심법원에의 항고장 제출
즉시항고의 제기는 낙찰허부 결정을 선고한 경매법원에 항고장(부록 [서식 15] 항고장 참조)을 제출함으로써 한다(법 제415조).

2) 항고장의 기재사항
항고장에는 항고인, 원결정의 표시, 그 결정에 대하여 즉시항고를 한다는 취지 및 항고의 취지를 기재하고 법원을 표시한 후, 항고인 또는 그 대리인이 기명날인한다(제413조·제367조·제368조·제248조). 항고장에 항고 이유를 반드시 기재할 필요는 없다.
즉시항고는 편면적 불복 절차이고, 판결 절차와 같이 두 당사자의 대립을 예상하는 것은 아니므로, 설사 항고인과 이해가 상반되는 자가 있더라도 항고장에 피항고인(상대방)을 표시해야 하는 것은 아니고 또한 항고법원은 항고장을 상대방에게 반드시 송달할 필요도 없다(대결 66. 8. 12. 65마 473).

> 항고는 편면적 불복 절차이므로 항고장에 반드시 피항고인의 표시가 있어야 하는 것은 아니고, 또 항고장을 반드시 상대방에게 송달해야 하는 것은 아니다(대법원 1966. 8. 12. 선고 65마 473 결정).

3) 인지 첨부
항고장에는 2,000원의 인지를 첨부한다(송민 91-1).

(7) 담보의 제공

1) 보증의 제공을 해야 하는 자

채무자나 소유자, 낙찰자가 낙찰허가 결정에 대하여 항고할 때는 보증으로 낙찰대금의 10분의 1에 해당하는 현금 또는 법원이 인정한 유가증권을 공탁하고(제642조 제4항) 항고장에 보증의 제공이 있음을 증명하는 서류(공탁서)를 첨부해야 한다(동 조 제5항).

여기서 '법원이 인정하는 유가증권'이라 함은 항고하고자 하는 자가 미리 법원에 유가증권의 지정 신청을 하여 법원으로부터 지정을 받은 유가증권을 말한다. 한편, 지급보증 위탁계약체결 문서의 제출에 의한 보증의 제공은 허용되지 않는다(송민 90-3).

또 낙찰자가 당해 경매 절차에 있어서 채무자 또는 소유자 이외의 이해관계인 지위를 겸유하고 있고, 그러한 지위에서 항고하는 경우에는 보증의 제공이 요구되지 않는다.

> 민사소송법 제663조 제2항에 의하여 준용되는 제642조 제4항에 의하여 낙찰자가 낙찰허가 결정에 대하여 항고할 때는 보증으로 낙찰대금의 10분의 1에 해당하는 현금 또는 법원이 인정하는 유가증권을 공탁해야 하지만, 낙찰자가 당해 경매 절차에 있어서 채무자 또는 소유자 이외의 이해관계인의 지위를 겸유하고 있고 그러한 이해관계인의 지위에서 항고하는 경우에는 보증의 제공이 요구되지 않는다(대법원 1999. 2. 10. 선고 98마 3771 결정).

2) 보증의 제공이 없는 경우

항고장에 민사소송법 제642조 제4항의 규정에 의한 보증의 제공이 있음을 증명하는 서류를 첨부하지 않았을 때는, 원심법원은 그 항고장을 접수한 날로부터 7일 이내에 결정으로 이를 각하해야 한다(제642조 제5항). 이 각하 결정에 대하여는 즉시항고(특별한 규정은 없으나 성질상 허용되며, 재항고가 아니라 최초의 항고로 봄)로 불복할 수 있으나, 이 경우 즉시항고는 집행정지의 효력이 없다(대결 95. 1. 20. 94마 1961). 따라서 원심법원은 이후의 절차를 진행할 수 있다 할 것이다.

3) 항고가 기각된 경우

① 보증금 회수불가

채무자 또는 소유자가 한 항고가 기각된 경우에는 보증으로 제공한 금전이나 유가증권 반환을 청구하지 못하고(제642조 제6항), 낙찰자가 한 항고가 기각된 경우에는 항고일로부터 항고기각결정확정일까지의 낙찰대금에 대한 대통령령이 정한 이율(연 25%)에 의한 금원(법정이자가 보증을 초과하면 보증의 한도에서)에 대하여는 반환을 청구하지 못하며(동 조 제7항), 그 보증금은 나중에 배당할 금액에 산입된다(제655조 제1항 제3호 · 제4호).

다만, 항고가 기각되었더라도 경매 신청이 취하되거나 경매 절차가 취소된 때는 항고인이 보증금을 반환받을 수 있다.

② 보증금의 출급 절차
가. 보증금이 현금으로 공탁되어 있는 경우
보증금이 현금으로 공탁되어 있는 경우에 경매법원은 보증으로 공탁된 금액을 포함하여 배당한 후, 공탁금에 관하여 공탁사무처리규칙 제39조의 규정에 따라 지급위탁서를 공탁공무원에게 송부하고 배당받은 집행채권자에게는 증명서 3통을 교부한다. 지급위탁서를 받은 공탁공무원은 수령권자에게 공탁금출급을 인가한다.

나. 보증금이 유가증권으로 공탁되어 있는 경우
보증금이 유가증권으로 공탁되어 있는 경우에 경매법원은 항고기각 또는 각하의 재판이 확정되었음을 증명하는 서면과 보증금이 배당할 금액에 포함되게 되었음을 증명하는 서면을 첨부하여 공탁유가증권출급 청구를 하고, 그 청구를 받은 공탁공무원은 경매법원에게 공탁유가증권출급을 인가함으로써 그 출급이 이루어진다(법정행정 예규 제71호 제2항). 출급받은 유가증권의 환가 절차는 민사소송규칙 제157조에 규정된 절차에 따른다.

4) 항고가 인용된 경우
항고가 인용된 경우에는 확정증명을 제출하여 바로 보증금을 회수할 수 있으므로 담보 취소 절차를 밟을 필요가 없다. 또한 항고가 기각되었다 하더라도 경매 신청이 취하되거나 경매 절차가 취소된 때도 항고인이 보증금을 반환받을 수 있다.
항고인이 공탁물을 회수할 경우에는 공탁서와 항고인용의 재판이 확정되었음을 증명하는 서면 또는 당해 보증금이 배당할 금액에 포함될 필요가 없게 되었음을 증명하는 서면(경매법원의 법원사무관 등이 발급한 것에 한함)을 첨부하여 공탁물회수 청구를 한다(법정행정 예규 제71호 제1항).

5) 항고, 재항고 취하시의 보증금 몰수 여부

채무자·소유자 또는 낙찰자가 공탁을 하고 항고한 후에 항고심 또는 상고심에서 항고 또는 재항고를 취하한 경우 보증금 몰수에 관하여는 항고 취하의 경우와 재항고 취하의 경우가 다르다.

① 항고를 제기했다가 취하한 경우

이 때에는 민사소송법 제642조 제6항·제7항이 항고를 기각한 경우에 몰수할 수 있다고 규정하고 있을 뿐이고, 항고 취하의 경우에도 몰수할 수 있다는 실정법상 근거가 없으며, 또 항고심에 경매기록을 송부하기 전에 취하한 경우에는 항고권남용으로 인한 절차지연이라는 부작용이 경미하므로 몰수하는 것은 곤란하다.

② 재항고를 취하한 경우

재항고를 취하한 경우에는 항고기각으로 확정되므로 민사소송법 제642조 제6항·제7항에 의하여 보증금을 몰취할 수 있다.

(8) 즉시항고의 효력

즉시항고는 이심의 효력과 확정차단의 효력이 있을 뿐, 집행정지의 효력은 없다(제517조 제2항). 그러나 낙찰허가 결정은 확정되어야만 효력이 있고(제638조 제3항), 항고심의 확정까지 낙찰허가 결정은 확정되지 않으므로 그 허가 결정에 따른 후속조치, 즉 대금지급기일 및 배당기일을 지정·실시할 수 없다(제654조 제1항).

(9) 즉시항고에 대한 집행법원의 조치

1) 항고장 심사와 보정명령
항고장에 기재사항의 흠결이 있거나 법률에 규정된 인지를 첩부하지 않은 경우에 경매법원은 항고인에게 상당한 기간을 정하여 그 기간 내에 흠결을 보정할 것을 명한다.
이 때 항고인이 이를 보정하지 않았을 때와 항고기간을 도과한 것임이 명백할 때는 명령으로 항고장을 각하해야 한다(제413조, 제368조의 2 제1항·제2항). 이 경우에는 이후의 절차, 즉 대금지급기일 및 배당기일을 지정·실시할 수 있다 할 것이다.

2) 보증의 제공이 없는 경우

① 항고장의 각하
채무자나 소유자 또는 낙찰자가 낙찰허가 결정에 대하여 항고함에 있어 항고장에 제642조 제4항의 보증제공 증명서면을 첩부하지 않은 경우, 원심법원은 그 항고장을 접수한 날로부터 7일 이내에 결정으로 항고장을 각하하여야 한다(제642조 제5항). 항고장의 각하는 즉시항고기간이 도과된 직후 결정으로 한다(송민 95-2).
이 경우 법원이 항고장을 각하함에 있어 제642조 제4항 소정의 공탁을 명할 의무가 있는 것은 아니며(대결 92.3.6. 92그 58), 7

일의 기간에 관한 규정은 훈시 규정이다. 그러므로 그 기간이 경과한 후에 한 각하 결정도 적법하다(대결 92. 1. 15. 81그 19).

② 항고장각하 결정에 대한 불복 신청
가. 불복 신청의 성질(즉시항고)
강제집행 절차에 있어서 집행법원의 재판에 대한 불복 방법으로서 즉시항고와 집행에 관한 이의를 마련하고 있다. 그 중 즉시항고는 원칙적으로 특별한 규정이 있는 경우에 한하여 허용되지만(제517조 제1항), 특별한 규정이 없는 경우에도 해석상 그와 동일하게 취급해야 한다고 인정되는 때는 허용된다.

그러므로 강제집행 절차상의 원심재판장의 항고장각하명령과 제642조 제5항 소정의 원심법원의 항고장각하 결정은 항고권남용의 방지와 절차의 촉진이라는 제도의 취지 및 각하됨으로 인한 이해관계인의 이해 등을 같이하여 그 성질에 있어서 서로 다를 바가 없다. 항고인이 위 각하명령에 대하여 법 제413조, 제368조 제3항에 의하여 즉시항고의 방법으로 불복할 수 있는 것과 마찬가지로 위 각하 결정에 대하여도 같은 규정에 의하여 즉시항고의 방법으로 불복할 수 있다고 보아야 한다(대결 95. 1. 20. 94마 1961).

나. 즉시항고의 성질(최초의 항고)
원심법원의 항고장각하 결정은 낙찰허가 결정을 1차적 처분으로 한 원심법원이 그 낙찰허가 결정의 당부에 관하여 항고법원의 재판을 대신하여 판단하는 2차적인 처분이 아니라, 그 낙찰허가 결정의 당부와는 무관하게 채무자나 소유자 또는 낙찰자가 그 낙찰허가 결정에 불복하여 제출한 즉시항고장에 보증의 제공이 있음을 증명하는 서류가 첨부되었는지 여부에 관하여 자기 몫으로 판단하는 1차적인 처분으로서 그에 대한 불복 방법인 즉시항고는 성질상 최초의 항고라 할 것이다(대결 95. 1. 20. 94마 1961).

따라서 보증제공 증명서류의 불첨부를 이유로 한 항고장각하 결정에 대하여 불복 신청이 있을 경우에 경매법원은 경매기록을 항고법원(지방법원 본원 합의부)으로 송부해야 한다(송민 95-2). 즉 원심법원의 항고장각하 결정에 대하여 불복하면서 제출한 서면에 "재항고장"이라고 기재했어도 이는 즉시항고로 보아야 하므로 원심법원은 관할 법원인 항고법원으로 기록을 송부해야 하고, 원심법원이 이를 재항고로 보고 경매기록을 대법원에 송부한 경우에는 대법원은 관할 법원인 항고법원으로 이송해야 한다.

다. 집행 절차의 정지 여부

원심법원의 항고장각하 결정에 대하여는 '확정되어야 효력이 있다.'는 규정이 없고, 위의 결정에 대한 즉시항고에는 집행정지의 효력이 없으므로(제517조 제2항), 그 즉시항고로 인하여 낙찰허가 결정의 확정이 차단되지 않기 때문에 강제집행 절차는 정지되지 않는다(대결 95. 1. 20. 94마 1961). 따라서 항고장각하 결정에 대하여 불복 신청이 있는 경우에는 원심법원인 경매법원은 경매기록 일부의 등본 등을 항고법원으로 송부하고, 그 경매기록 원본에 의하여 이후의 경매 절차를 진행한다(송민 95-2).

항고법원으로 송부할 기록 등본은 송민 83-2 제2항에 의하여 작성하되 경매기록 표지의 등본, 경락허가 결정의 등본, 항고장 등본,

항고장각하 결정의 등본 및 그 송달보고서의 등본, 항고장각하 결정에 대한 불복 신청서 및 그 불복 신청에 대한 집행법원의 의견서 및 항고인이 불복 신청 이후에 제출한 서류 중 당해 불복 신청과 관련된 서류를 편철하여 작성하고(송민 95-2), 경매기록 등본의 표지 오른쪽 상단 여백에 "송민 95-2 예규에 의한 기록 등본임"이라고 붉은색으로 기재한다.

기록 등본을 송부할 때는 경매기록 원본의 표지 오른쪽 상단 여백에 "송민 95-2 예규에 의하여 20 . . . 기록일부의 등본을 ○○지방법원으로 송부"라고 붉은색으로 기새하고, 항고상각하 결정에 대한 불복 신청서 및 그 불복 신청에 대한 집행법원의 의견서, 항고인이 불복 신청 이후에 제출한 서류 중 당해 불복 신청과 관련된 서류를 등본하여 경매기록 원본에 편철하고 이후의 경매 절차를 진행한다(송민 95-2).

참고판례

가. 항고장에 보증의 제공이 있음을 증명하는 서류를 첨부하지 않아, 경매법원이 민사소송법 제642조 제5항에 의하여 항고장을 각하한 결정에 대한 불복 신청허용 여부에 관하여 특별한 규정은 없으나, 같은 법 제409조의 일반 규정에 따라 항고할 수 있다고 보아야 한다. 그 항고는 성질상 즉시항고로 보아야 하며 그 결정은 경매법원이 법률의 특별한 규정에 의하여 항고법원이 할 재판을 한 것이므로 그 결정에 대한 항고는 성질상 재항고가 된다고 본다(대법원 1991. 5. 15. 선고 91그 7 결정, 94마 1961 결정에 의해 변경되기 전의 입장).

나. 대법원 1995. 1. 20. 선고 94마 1961 전원합의체 결정

〔판시사항〕
㉠ 경락허가 결정에 대한 항고장에 보증의 제공이 있음을 증명하는 서류를 첨부하지 않았다는 이유로 경매법원이 한 항고장각하 결정에 대하여 즉시항고의 방법으로 불복할 수 있는지 여부
㉡ ㉠항의 즉시항고로 강제집행 절차가 정지되는지 여부
㉢ ㉠항의 즉시항고가 성질상 최초의 항고인지 여부
㉣ 원심법원의 항고장각하 결정정에 대한 불복서면에 "재항고장"이라고 기재했더라도 이는 즉시항고로 보아야 한다는 이유로, 대법원에 기록송부된 사건을 항고법원으로 이송한 사례

〔판결요지(다수의견)〕
㉠ 민사소송법은 강제집행 절차에 있어서 집행법원의 재판에 대한 불복 방법으로서 즉시항고(제517조)와 집행에 관한 이의(제504조)를 마련하고 있는데, 그 중 즉시항고는 원칙적으로 특별한 규정이 있는 경우에 한해 허용되는 것이나(제517조 제1항), 특별한 규정이 없는 경우에도 해석상 그와 동일하게 취급되어야 한다고 인정되는 때는 허용된다고 할 것인 바, 강제집행 절차에 있어서도 같은 법 제413조의 규정이 적용되므로 같은 규정에 의하여 소송 절차상의 항소심에 관한 같은 법 제368조의 2 규정이 준용된다. 따라서 경매부동산의 소유자 등 이해관계인이 경락허부 결정에 대해 불복하여 즉시항고를 한 경우에, 있어서 원심법원인 경매법원의 재판장은 그 항고장이 같은 법 제413조, 제367조 제2항의 규정에 위배된 경우 및 그 항고장에 법률 규정에 따른 인지를 붙이지 않은 경우에, 상당한 기간을 정하여 보정을 명했음에도 항고인이 흠결을 보정하지 않은 때와 항고기간이 경과했음이 명백한 때는 명령으로 위 항고장을 각하하여야 한다(제368조의 2 제1항·제2항). 또 그 각하명령에 대하여는 즉시항고로써 불복할 수 있고(제368조의 2 제3항), 강제집행 절차상의 원심재판장의 항고장각하명령과 같은 법 제642조 제5항 소정의 원심법원의 항고장각하 결정은, 항고권남용의 방지와 절차의 촉진이라는 제도의 취지 및 각하됨으로 인한 이해관계인(특히 항고인)의 이해 등을 같이하여 그 성질에 있어서 서로 다를 바

가 없으므로, 항고인이 위 각하명령에 대하여 같은 법 제413조, 제368조의 2 제3항에 의하여 즉시항고로 불복할 수 있는 것과 마찬가지로 위 각하 결정에 대해서도 같은 규정에 의해 즉시항고로써 불복할 수 있다고 보아야 한다.

ⓛ 같은 법 제642조 제5항 소정의 원심법원의 항고장각하 결정에 대하여는 '확정되어야 효력이 있다.'는 규정이 없으며, 그 각하 결정에 대한 즉시항고에는 집행정지의 효력이 없고(제517조 제2항), 따라서 그 즉시항고로 인하여 경락허가 결정의 확정이 차단되지 않으므로 강제집행 절차는 정지되지 않는다.

ⓒ 같은 법 제642조 제5항 소정의 원심법원의 항고장각하 결정은 경락허가 결정을 1차적인 처분으로 한 원심법원이 그 경락허가 결정의 당부에 관하여 항고법원의 재판을 대신하여 판단하는 2차적인 처분이 아니라, 그 경락허가 결정의 당부와는 무관하게 채무자 또는 소유자가 그 경락허가 결정에 불복하여 제출한 즉시항고에 보증의 제공이 있음을 증명하는 서류가 첨부되었는지 여부에 관하여 자기 몫으로 판단하는 1차적인 처분으로서, 그에 대한 불복 방법인 위의 즉시항고는 성질상 최초의 항고라 할 것이다. 그러므로 위 각하 결정에 대한 불복 신청을 재항고로 본다는 당원의 종전 견해(1991. 5. 15. 91그 7 결정)는 이를 변경하기로 한다.

ⓔ 항고인이 비록 원심법원의 항고장각하 결정정에 대하여 불복하면서 제출한 서면에 "재항고장"이라 기재했어도 이는 즉시항고로 보아야 한다는 이유로, 대법원에 기록송부된 사건을 그 관할 법원인 항고법원으로 이송한 사례이다.

다. 분쟁이 된 권리 또는 법률관계를 사법 절차에 의하여 확정하는 협의의 소송 절차와는 달리 이미 확정된 채무명의에 표시된 이행청구권을 국가의 집행기관이 강제력에 의해 실현시키는 강제집행 절차에 있어서는 절차의 신속과 집행의 확실성이 보다 중시되어야 하는 특성이 있기 때문에 결정·명령에 대한 불복 방법에 관하여도 협의의 소송 절차에 관한 같은 법 제409조 및 제

414조와는 다른 특별규정으로서 제504조 및 제517조를 규정한 것이어서, 강제집행의 절차에 관하여 즉시항고를 할 수 있다는 '특별한 규정'이 있는 경우에는 제517조의 즉시항고를, '특별한 규정'이 없는 경우에는 집행에 관한 이의를 할 수 있을 뿐이고, 협의의 소송 절차에 있어서의 항고에 관한 일반 조항인 제409조나 즉시항고에 관한 제414조는 적용되지 않는다고 보아야 한다. 그러므로 강제집행 절차에 관한 집행법원의 재판에 대하여는 제409조의 항고나 제414조의 즉시항고의 방법으로 불복할 수는 없다고 할 것이다. 단, 항고장의 기재 요건불비(제413조 제1항, 제367조 제2항)나 인지미첩 등을 이유로 한 원심재판장의 항고장각하명령은 강제집행법에 독특한 제도가 아니라 상소장이 일반적으로 갖추어야 할 공통의 적법 요건(제368조의 2 제1항)을 원심재판장이 심리할 수 있도록 함으로써 절차의 촉진을 꾀하려는 통상의 상소에 공통되는 제도의 일환으로서 입법취지나 목적, 재판기관(원심재판장), 재판의 형식(명령) 등에 있어서 제368조의 2 제2항의 원심재판장의 항소장각하명령과 동일한 것이다. 때문에 낙찰허가 결정에 대한 항고 절차에 있어서 원심재판장의 항고장각하명령에 관하여 항소장각하명령, 상고장각하명령이나 다른 (재)항고장각하명령에 대한 공통의 불복 방법인 즉시항고로써 불복할 수 있도록 한 것은 같은 법 제368조의 2 제3항이 '유추적용'되는 것이 아니라 제413조에 의하여 바로 '준용'되는 것이다. 그래서 인지미첩 등에 의한 항고장각하명령의 경우는 즉시항고를 허용하는 '특별한 규정'(제413조, 제368조의 2 제3항)이 있어 즉시항고가 허용되는 것으로 해석해야 하고, 같은 법 제642조 제5항의 보증제공이 없음을 이유로 한 항고장각하 결정과 인지미첩 등을 이유로 한 항고장각하명령은 외형상으로 유사해 보이지만 성질상 전혀 다른 제도로서, 다만 절차의 신속촉진이라는 공통의 이상을 추구하는 제도이기 때문에 원심이 상급심을 대신하여 재판하도록 규정한 점이 동일할 뿐이다.

그러므로 같은 법 제642조 제5항의 원심법원의 항고장각하 결정에 대한 불복 방법에 관하여는 인지미첩 등에 의한 항고장각하명령에 대한 불복 방법이 준용될 수 없고 유추적용도 불가능해서 원심재판장의 상소장각하명령에 대한 불복 방법을 규정한 제368조의 2 제3항이 준용될 수도 없고 유추적용될 수도 없으므로 즉시항고는 허용되지 않는 것이다. 또한 집행법원인 원심법원이 내린 이 항고장각하 결정은 집행법원의 집행 절차에 관한 재판과는 전혀 다른 항고심을 대신하여 한 최종적 판단이기 때문에 집행법원이 스스로 한 집행처분에 대하여 다시 판정해서 스스로 시정할 기회를 줄 목적을 가진 집행에 관한 이의의 대상이 되기에는 부적합하다고 할 것이다. 그러므로 위 항고장각하 결정은 제504조의 집행에 관한 이의의 대상이 되는 '집행법원의 재판'에 해당한다고 할 수는 없고, 따라서 위 항고장각하 결정에 대하여 집행에 관한 이의의 방법으로도 불복할 수 없다고 할 것이다.

결국 같은 법 제642조 제5항의 항고장각하 결정에 대하여는 제409조의 항고나 제414의 즉시항고를 할 수 없음은 물론, 제504조의 집행에 관한 이의나 제517조의 즉시항고도 할 수 없어 불복 절차가 없기 때문에 같은 법 제420조에 의한 특별항고만 가능하다고 할 것이다(대법원 1995. 1. 20. 선고 94마1961 전원합의체 결정 ; 반대 의견).

③ 항고장각하 결정이 있기 전에 보증을 제공한 경우

채무자나 소유자 또는 낙찰자가 낙찰허가 결정에 대한 항고에 대하여 집행법원이 보증제공 증명서류가 첨부되어 있지 않다는 이유로 항고장을 각하하였다.

그러나 항고인이 위 각하 결정이 있기 전에 보증제공을 하였고, 이를 이유로 위의 항고장각하 결정에 대하여 불복 신청을 한 경우에는 집행법원이 스스로 항고장각하 결정을 취소하고(재도의 고안) 경매기록 원본을 항고법원으로 송부한 뒤, 위 항고에 대한 결정이 확정될 때까지 경매 절차를 정지한다(송민 95-2).

3) 심리의 병합

1개의 결정에 관한 수개의 항고는 병합한다(제643조 제2항). 그러나 소송행위의 추완의 방법에 의하여 항고를 제기하는 경우와 같이 병합심리가 사실상 불가능한 때는 병합하지 않는다. 위의 규정은 훈시 규정이다.

4) 민사소송법 소송 절차의 준용

낙찰허부 결정에 대한 항고심의 심리 절차에도 일반 항고에 관한 규정이 그대로 적용된다. 단, 민사소송법 강제집행편에 따로 규정을 둔 몇 가지 특칙은 제외한다.

따라서 낙찰허부 결정에 대한 항고사건의 심리에 있어서 변론의 여부와 항고인 기타 이해관계인의 심문 여부는 항고법원의 자유재량에 속하고, 변론이나 심문의 방법에 의한 사실심리를 반드시 해야 하는 것은 아니다(대결 64. 5. 26. 64마 369).

[1] 항고법원이 항고 사건을 심리함에 있어서 변론을 열거나 이해관계인을 심문할 것인지 여부를 결정하는 것은 그 항고법원의 자유재량에 속한다고 할 것이고, 특별한 사정이 없는 한 항고법원이 변론을 열거나 이해관계인을 심문하지 않은 채 서면심리만으로 결정에 이르렀다고 하여 이를 위법하다고 할 수 없다.
[2] 경매법원이 이해관계인에게 입찰기일 및 낙찰기일을 통지하지 않은 채 입찰기일의 경매 절차를 속행하여 낙찰이 이루어지게 했다면 그 이해관계인은 이로 인하여 법이 보장하고 있는 절차상의 권리를 침해당

> 한 손해를 받았다고 할 것이어서 낙찰허가 결정에 대하여 즉시항고를 할 수 있다고 할 것이고, 입찰기일 또는 낙찰기일을 통지받지 못함으로 인하여 그 이해관계인에게 구체적 또는 추상적으로 재산상의 손해가 발생한 경우에 한하여 그 이해관계인이 즉시항고를 할 수 있는 것은 아니다(대법원 2001. 3. 22. 선고 2000마 6319 결정).

5) 상대방의 지정

항고법원은 필요한 경우에는 반대 진술을 하게 하기 위하여 항고인의 상대방을 지정할 수 있다(제643조 제1항). 누구를 상대방으로 정할 것인가는 항고법원의 재량에 속한다. 가장 이해관계가 절실한 자를 상대방으로 정하면 되지만 복수로 지정할 수도 있다. 예를 들면 채무자가 하나의 낙찰허가 결정에 대한 항고 사건에서 채권자와 낙찰자를 모두 그 상대방으로 지정할 수 있다. 상대방으로 지정된 자는 자기의 이익을 방어하기 위하여 사실과 법률에 관한 의견을 진술하고 증거자료를 제출할 수 있다.

그러나 상대방으로 지정되었다고 해서 이것으로 항고심의 당사자가 되는 것은 아니다. 따라서 상대방이 사망하더라도 항고심 절차에 소송중단(제211조 제1항)이 생기지 않으며, 또 항고가 인용되더라도 상대방에게 소송비용의 부담을 명할 수 없다. 또한 상대방을 지정하더라도 반드시 변론을 열어야 하는 것은 아니다.

6) 재판의 내용

① 항고가 이유 있다고 인정되는 경우(재도의 고안)

제642조 제4항 소정의 보증제공이 있는 경우 또는 보증의 제공이 불필요한 경우에 집행법원이 항고가 이유 있다고 인정하는 때는 원결정(낙찰허부 결정)을 경정(취소 또는 변경)하는 결정을 한다(제416조 제1항, 부록 [서식 45] 원결정 취소 결정문 참조).

낙찰불허가 결정에 대한 항고가 이유 있을 때는 원결정을 취소하고 낙찰을 허가하는 결정을 해야 한다. 다만, 원결정의 낙찰불허가 원인이 부당하더라도 다른 불허가 원인이 있을 경우에는 항고를 기각해야 한다(제642조 제1항). 그러나 재심의 소의 요건을 이유로 하는 항고의 경우에는 다른 불허가 원인이 있더라도 항고를 인용해야 한다(제642조 제3항).

한편, 낙찰허가 결정에 대한 항고가 이유 있는 경우 항고법원은 원결정을 취소하고 그 사건에서 원심법원이 했어야 할 결정을 새로이 해야 한다. 즉 원결정을 취소하고 낙찰불허가 결정을 한다든가 다른 매수인에게 낙찰을 허가하는 결정을 해야 한다.

가령 낙찰자가 책임질 수 없는 사유로 목적물의 일부가 멸실되어 낙찰자가 낙찰가격에 불복하여 항고한 경우에 잔존부분이라도 매수할 의사가 있을 때는 감정인의 의견을 들어 감액의 비율을 정하거나 잔존부분에 대한 재평가를 거쳐 낙찰허가 결정을 변경하여 낙찰대금을 감액할 수도 있다. 또 경매목적부동산이 수용되거나 멸실된 부분을 제외한 부분의 상황 등에 비추어 낙찰자가 잔존부분만을 매수할 의사가 있다고 인정되지 않는 경우에는 그 부동산 전부에 대하여 낙찰을 불허해야 한다(대결 93.9.27. 93마 480).

② 항고가 이유 없다고 인정하는 경우
항고가 이유 없다고 인정하는 때는 의견서를 첨부하여 항고기록을 항고법원에 송부해야 한다(제416조 제2항). 항고에 의하여 원결정의 일부만 경정한 때는 나머지 부분에 관해서만 의견서를 첨부하여 항고기록을 항고법원에 송부한다.

7) 항고재판의 고지
항고법원이 원결정을 취소하고 낙찰허부 결정을 하는 경우에는 낙찰허부 결정의 선고(제638조 제1항)의 적용이 없다. 따라서 상당한 방법으로 고지하면 족하다(제207조 제1항).
그 대상은 항고기각의 경우에는 당사자인 항고인에게만 고지하면 되지만, 원결정을 취소하고 새로운 결정을 하는 경우에는 항고인 외에도 그 결정에 대하여 불복할 수 있는 이해관계인 전원에 대하여 고지함이 상당하다.

8) 항고인용의 재판공고
항고법원이 항고를 이유 있다고 인용하여 경매법원의 결정을 변경하거나 파기한 때는 경매법원의 법원사무관 등에게 항고인용 재판의 결정정본을 송부하여 경매법원의 게시판에 게시하여 공고하게 해야 한다(제644조).
항고법원이 항고를 이유 있다고 인정하여 원결정을 취소하고 낙찰불허가 결정을 한 경우의 효력은 일반의 낙찰불허가 결정의 경우와 다를 바 없다.

(10) 농지 경매와 농지취득자격증명

1) 농지의 경매

농지 경매에 있어서는 최고가입찰자 등은 낙찰기일에 농지취득자격증명(농지법 제8조 제1항)을 경매법원에 제출해야 낙찰허가를 받을 수 있다.

경매 전에는 위의 증명 발급이 불가능하므로 집행관은 경매실시 후 최고가입찰자 또는 차순위 입찰신고인의 신청이 있을 때, 최고가입찰자 등을 위하여 이들이 최고가입찰자 또는 차순위 입찰신고인임을 증명하는 서면을 교부해 주어야 한다(부록 [서식 46] 최고가(차순위) 매수신고인 증명 신청서 참조).

2) 농지취득자격증명이 필요한 경우

농지 여부는 토지대장상의 지목 여하에 불구하고 실제 사용하는 토지현상에 의하도록 되어 있으므로 공부상 지목이 농지라 하더라도 관할 행정관청이 발급하는 서면에 의해 실제로 농지가 아니라는 것이 증명되는 경우에는 농지취득자격증명을 첨부할 필요가 없다.

그러나 경매 절차에서 감정인이 법원에 제출한 감정평가서에 경매부동산의 현황이 축사나 잡종지 등으로 평가되어 있다는 사정만으로 농지취득자격증명의 첨부 없이 부동산을 낙찰받을 수는 없다.

3) 농지 여부의 판단기준

어떤 토지가 농지법 소정의 농지인지의 여부는 공부상의 지목 여하에 불구하고 당해 토지의 사실상 현상에 따라 가려져야 할 것이다(대결 99. 2. 23. 98마 2604). 공부상 지목이 답인 토지의 경우 농지로서의 현상이 변경되었다 하더라도 변경상태가 일시적인 것에 불과하고 농지로서의 원상회복이 용이하게 이루어질 수 있다면 그 토지는 여전히 농지법에서 말하는 농지에 해당한다.

> 지목이 답으로 되어 있는 토지에 대하여 제3자 명의로 주택 부지로의 농지전용 허가가 되었다는 점만으로는 이미 농지로서의 성질을 상실하고 사실상 대지화되었다고 보기 어렵고, 여름철에 야영장 등으로 이용되면서 사실상 잡종지로 활용될 뿐 농작물의 경작에 이용되지 않고 있다고 해도, 그 토지에 별다른 견고한 구조물이 축조되어 있지 않고 터파기 작업 등이 이루어져 현상이 크게 변동된 것도 아니어서 그 원상회복이 비교적 용이해 보이는 점 등에 비추어, 그 현상 변경이 일시적인 것에 불과하다면 그 토지는 농지법상의 농지로서 그 취득에 소재지 관서의 농지취득자격증명이 필요하다(대법원 1999. 2. 23. 선고 98마 2604 결정).

4) 도시계획구역 내의 농지의 경우

이 경우에는 원칙적으로 농지취득자격증명이 필요 없고 대신 '도시계획확인원'을 제출하면 된다. 다만, 도시계획구역 내의 농지라도 녹지지역에 해당하는 경우에는 도시계획사업에 필요한 농지라는 사실증명을 첨부하면 농지매매증명이 필요하다(도시계획법 제

87조 제1항 제3호).

 낙찰을 받기 위한 농지취득자격증명의 필요 여부가 불분명한 경우에는 관할 구청에 사실조회를 하는 것이 좋다. 왜냐하면 1991. 12. 14. 도시계획법 제87조 제3호가 개정되어 도시계획구역 내의 녹지지역 안의 농지 중 도시계획사업에 필요하지 않은 농지에 대하여는 농지법 제2조가 적용되어 농지취득자격증명을 요하게 되었으므로 그 해당 여부를 확인할 필요가 있기 때문이다.

 쉬어가는 페이지 | 일반 법률 상식 6

항고이유서의 제출 강제(민사집행법안 제15조)

항고장에 항고 이유를 기재하지 않은 때는 항고장을 제출한 날부터 10일 안에 항고이유서를 원심법원에 제출해야 하고, 이를 게을리하면 원심법원이 그 항고장을 각하하며, 항고법원은 원칙적으로 항고장 또는 항고이유서에 기재된 항고 이유에 한하여 조사·판단하도록 법안은 규정하고 있다. 이것은 총칙에 해당하지만, 부동산 낙찰허부 결정에 대한 항고에서 그 효용을 발휘한다.

현행법상 항고인은 항고장 외에 항고이유서를 제출할 필요가 없으므로, 항고법원으로서는 불복의 이유를 알지 못한 채 심리하게 되어 조사범위가 무한정이어서 그로 인해 심리가 지연된다. 따라서 항고인으로 하여금 항고이유서를 제출하게 하고 항고심의 조사범위를 원칙적으로 항고 이유에 한정한다면, 항고심의 심리를 촉진하고 아울러 항고권남용을 방지하는 효과를 기대할 수 있다. 그 결과 강제집행의 신속성을 도모할 수 있게 된다.

한편, 항고이유서 제출기간을 10일로 한 것은, 이보다 짧게 하면 시간이 촉박하여 항고인이 항고이유서를 준비하기 어려울 수 있다는 점과 실제로 항고장이 제출된 후 기록을 항고법원에 송부하기까지는 1주 내지 2주의 기간이 소요되므로 항고 이유서의 제출기간을 10일로 하더라도 그로 인한 절차 지연의 정도가 그리 크지 않다는 점을 고려한 것이다.

일반 법률 상식 7 | 쉬어가는 페이지

낙찰허가 결정에 대한 항고시 보증공탁 확대
(민사집행법안 제130조)

현행법은 채무자나 소유자 또는 낙찰자가 낙찰허가 결정에 대하여 불필요하게 항고를 제기하여 절차를 지연시키는 것을 방지하기 위해, 항고시 일정한 보증제공을 요구하고 있다(제642조 제4항). 그러나 이를 피하기 위해 채무자·소유자 또는 낙찰자가 경매개시 결정 기입등기 후에 제3자에게 허위로 근저당권이나 전세권의 설정등기를 경료해 준 후, 그로 하여금 등기부등본을 첨부하여 권리 신고 및 항고를 하게 하거나, 임차인이 채무자나 소유자 또는 낙찰자와 담합하여 경매 절차를 지연시킬 목적으로 항고권을 남용하는 경우가 발생하고 있다.

이에 법안은 낙찰허가 결정에 대한 항고를 하는 경우에 보증공탁을 해야 하는 항고인을 모든 항고인으로 확대하면서, 낙찰허가 결정에 불복하는 모든 항고인에게 낙찰대금의 10% 상당의 보증금을 공탁하도록 규정하고 있다. 또한 채무자 및 소유자가 한 항고가 기각되었을 때는 보증으로 제공한 금전이나 유가증권을 몰수하여 배당재단에 편입시키고, 채무자 및 소유자 외의 사람이 한 항고가 기각된 경우에는 항고한 날로부터 항고기각 결정이 확정된 날까지의 일정이율에 의한 금액(보증금을 한도로 함)을 몰수하여 배당재단에 편입하게 하고 있다(법안 제147조 제3·4호).

| 부 록 | ....

각 · 종 · 서 · 식

1. 집행문 부여 신청, 송달증명원, 확정증명원

신청서 서식

(※해당사항을 기재하고 해당번호란에 "○"표)

신 청 서

사 건 번 호 : 가 (차) (단독   . . . 선고 기타)

원고(채권자) :

피고(채무자) :

1. 집행문 부여 신청

　위 당사자 간 사건의(판결, 결정, 명령, 화해조서, 인낙조서, 조정조서) 정본에 집행문을 부여하여 주시기 바랍니다.

2. 송달증명원

　위 사건의 (판결, 결정, 명령, 화해조서, 인낙조서, 조정조서) 정본이　　.　.　. 자로 상대방에 송달되었음을 증명하여 주시기 바랍니다.

3. 확정증명원

위 사건의(판결, 결정, 명령, 화해조서, 인낙조서, 조정조서) 정본이
    .   .   . 자로 확정되었음을 증명하여 주시기 바랍니다.

200 .   .   .

위 (1항, 2항, 3항) 신청인   원고(채권자)   (인)

법원 귀중

위 (송달, 확정) 사실을 증명합니다.
200 .   .   .

법원   법원사무관(주사)   (인)

2. 부동산 강제경매 신청

부동산 강제경매 신청서 서식

부동산 강제경매 신청서

수입인지
5,000원

채 권 자   성 명
          주 소

채 무 자   성 명
          주 소

청구금액 : 원금   원 및 이에 대한   년   월   일부터
다 갚을 때까지 연   % 비율에 의한 금원

경매할 부동산의 표시 : 별지목록 기재와 같음

경매의 원인된 채권과 집행할 수 있는 채무명의

　채무자는 채권자에게   법원   가   청구사건의 200 년   월   일 선고한 판결(또는   공증인   작성   호 공정증서)의 집행력 있는 정본에 기하여 위 청구금액을 변제하여야 할 것이나 이를 이행하지 아니하므로 위 부동산에 대한 강제경매 절차를 개시하여 주시기 바랍니다.

첨 부 서 류

1. 집행력 있는 정본　　　　　1통
2. 송달증명서　　　　　　　　1통
3. 부동산등기부등본　　　　　1통

　　　　　　년　　월　　일

위 채권자　　　　　　　(인)
연락처(☎)

법 원　귀중

◆유의사항◆
1) 이 신청서를 접수할 때에는 (신청서상의 이해관계인+3)×10회분에 해당하는 송달료를 송달료수납은행에 현금으로 납부하여야 합니다.
2) 집행력 있는 정본이 수개이면 그에 상응하는 인지를 붙여야 합니다.

붙임【목록 양식】

부동산 목록

1. 서울 서초구 서초동   번지
      대   평방미터(㎡)

2. 위지상
   철근콘크리트조 슬래브 지붕 주택
   1층   평방미터(㎡)
   2층   평방미터(㎡)

3. 목록(아파트 등 대지권 표시 예)
   1동의 건물의 표시
      서울 서초구   동   -
         아파트 제   동
      철근콘크리트조 슬래브 지붕   층 아파트

   전유부분의 건물의 표시
      건물의 번호 :   - -
      구   조 : 철근콘크리트조
      면   적 : 층   호   평방미터(㎡)

   대지권의 표시
      토지의 표시 : 1. 서울 서초구   동   -
                         대   평방미터(㎡)
      대지권의 종류 : 1. 소유권
      대지권의 비율 :   분의

붙임【이해관계인 일람표 양식】

순위	이해관계인	성 명	주 소
	채권자 채무자 소유자 근저당권자 전세권자 ． ． ．	주식회사　　은행	서울 동대문구 서울 광진구 서울 중랑구 서울 서초구 서울 송파구　　동

3. 부동산 임의경매 신청

부동산 임의경매 신청서 서식

부동산 임의경매 신청서

수입인지
5,000원

채 권 자   성 명
             주 소

채 무 자   성 명
             주 소

청구금액 : 원금   원 및 이에 대한   년   월   일부터
          다 갚을 때까지 연   % 비율에 의한 금원
경매할 부동산의 표시 : 별지목록 기재와 같음

담보권과 피담보채권의 표시

 채무자는 채권자에게   년   월   일 금   원을, 이자는 연   %, 변제기일   년   월   일로 정하여 대여하였고, 위 채무의 담보로 별지목록 기재 부동산에 대하여   지방법원   등기 접수 제   호로서 근저당권 설정등기를 마쳤는데, 채무자는 변제기가 경과하여도 아직까지 변제하지 아니하므로 위 청구금액의 변제에 충당하기 위하여 위 부동산에 대하여 담보권실행을 위한 경매 절차를 개시하여 주시기 바랍니다.

첨 부 서 류

1. 부동산등기부등본   1통
2. 근저당권설정계약서(채권증서 또는 원인증서 포함)사본   1통

년   월   일

위 채권자   (인)
연락처(☎)

법 원 귀중

◆유의사항◆
이 신청서를 접수할 때에는 (신청서상의 이해관계인＋3)×10회분에 해당하는 송달료를 송달료수납은행에 현금으로 납부하여야 합니다.
채권원인서면이란 차용증, 약속어음 등 채권의 금액을 확인할 수 있는 서면을 말합니다.

붙임【목록 양식】

부동산 목록

1. 서울 서초구 서초동   번지
         대   평방미터(㎡)

2. 위지상
   철근콘크리트조 슬래브 지붕 주택
   1층   평방미터(㎡)
   2층   평방미터(㎡)

3. 목록(아파트 등 대지권 표시 예)
   1동의 건물의 표시
      서울 서초구   동   -
         아파트 제   동
      철근콘크리트조 슬래브 지붕   층 아파트

   전유부분의 건물의 표시
      건물의 번호 :   -   -
      구   조 : 철근콘크리트조
      면   적 :   층   호   평방미터(㎡)

   대지권의 표시
      토지의 표시 : 1. 서울 서초구   동   -
                    대   평방미터(㎡)
      대지권의 종류 : 1. 소유권
      대지권의 비율 :   분의

붙임【이해관계인 일람표 양식】

순위	이해관계인	성 명	주 소
	채권자 채무자 소유자 근저당권자 전세권자 ． ． ．	주식회사 은행	서울 동대문구 서울 광진구 서울 중랑구 서울 서초구 서울 송파구 동

4. 경매신청대리허가 신청

경매신청대리허가 신청서 서식

경매신청대리허가 신청

대리인(고용인)
    시　구　동　번지　호

위 자를 본건 신청채권자의 대리인으로 하고자 위임장을 첨부하여 신청하오니 허가하여 주시기 바랍니다.

년　월　일
시　구　동　번지　호
채 권 자　　　　(인)

법 원 귀중

5. 경매 신청대리 위임장

위임장 서식

위 임 장

본인은   시   구   동   번지   를 대리인으로 정하고 아래 권한을 위임함.

아 래

1. 원고(채권자·신청인)   피고   간의   법원 년 가단 호   사건 판결의 집행력 있는 정본에 기하여 채무자   의 부동산에 대하여 강제경매 신청을 하는 것과 이에 부수된 일체의 권한

년 월 일

시   구   동   번지   호
채 권 자   (인)

6. 이중경매개시 결정통지

이중경매개시 결정통지서 서식

법 원
통 지 서

귀하

사　건　　(갑)　타경　　부동산 강제(임의)경매
　　　　　 (을)　타경　　부동산 강제(임의)경매
채 권 자　 (갑)
　　　　　 (을)
채 무 자
소 유 자
청구금액　 (갑)　채권자 금　　　　원
　　　　　 (을)　채권자 금　　　　원

　(갑) 채권자로부터 별지 기재의 부동산에 관한 경매 신청이 있어 이 법원이 이미 경매개시 결정을 하였는 바, (을) 채권자로부터 같은 부동산에 대하여 다시 경매 신청이 있음을 통지합니다.

200 .　.　.
법원주사　　　　　(인)

법 원 소재지		담 당	제　　단독	전 화	대표전화 구　내

1. 보정서

보정서 서식

보 정 서

사건번호

채 권 자

채 무 자

귀원의 보정명령에 대하여 다음과 같이 보정합니다.

다 음

1.

2.

3.

년 월 일

신청인   (인)
연락처(☎)

◆유의사항◆
보정명령이 송달되면 흠결사항을 보정기간 내에 하셔야 합니다. 만약 그 기간을 어기면 불이익을 받을 수 있기 때문에 보정이 어려울 경우에는 기간연장을 받는 등 처리경과를 해당 경매계에 알려주어야 합니다.

8. 부동산 강제경매개시 결정

부동산 강제경매개시 결정문 양식

법 원
결   정

사 건 타경 부동산 강제경매
채 권 자
채 무 자

주   문 채무자 소유의 별지 기재 부동산에 대한 강제경매 절차를 개시하고 채권자를 위하여 이를 압류한다.

청구금액 금 원
           금 원
           합계 금 원

이   유 위 청구금액의 변제에 충당하기 위한
         집행력 있는 정본에 의한 채권자의 신청은 이유 있으므로 주문과 같이 결정한다.

200 . . .

판 사 (인)

9. 공유자에 대한 통지

공유자에 대한 통지서 서식

법 원
통 지 서

공 유 자　　　　　귀하
사　　건　　타경　　부동산 강제경매

채 권 자

채 무 자

　귀하가 위 채무자와 공유하고 있는 별지목록 기재 부동산에 대한 위 채무자의 지분에 관하여 위 채권자로부터 강제경매 신청이 있는 바, 귀하는 민사소송법 650조에 의하여 위 사건의 경매기일까지 위 채무자의 지분을 우선매수할 것을 신고할 수 있음을 알려드립니다.

200 . . .

법원사무관　　　　　　(인)

10. 관리인에 대한 통지

관리인에 대한 통지서 서식

법 원
통 지 서

관리인   귀하

사 건   타경   부동산 강제경매

채 권 자

채 무 자

귀하가 강제관리하고 있는 별지목록 기재 부동산에 대하여 위 채권자의 신청에 따라 20 . . .   법원으로부터 강제경매개시 결정이 있었음을 알려드립니다.

200 . . .

법원사무관   (인)

11. 경매실행 예정사실 통지 확인

경매실행 예정사실 통지 확인서 서식

경매실행 예정사실 통지 확인서

채 권 자

채 무 자
    등기부상 주소(송달연월일)
    주민등록상 주소(송달연월일)

소 유 자
    등기부상 주소(송달연월일)
    주민등록상 주소(송달연월일)

첨 부

1. 특수(내용증명)우편물수령증   부
1. 경매신청일 1개월 이내에 발급된 주민등록표초본   부

200 . . .

채 권 자 ㊞

12. 강제경매개시 결정에 대한 이의 신청

강제경매개시 결정에 대한 이의 신청서 서식

강제경매개시 결정에 대한 이의 신청서

사건번호

신청인(채무자)
    시   구   동   번지

피신청인(채권자)
    시   구   동   번지

신 청 취 지

위 사건에 관하여   년   월   일 귀원이 행한 강제경매개시 결정은 이를 취소한다. 피신청인의 본건 강제경매 신청은 이를 기각한다. 라는 재판을 구함.

신 청 이 유

1. 채권자인 피신청인은 채무자인 신청인과의 사이의   지방법원   호 청구사건의 집행력 있는 판결정본에 기하여   년 월 일 귀원에 강제경매 신청하여,   년   월   일 위 개시 결정이 되어, 이 결정이   년   월   일 채무자인 신청인에게 송달되었습니다.
2. 그런데 위 강제집행의 전제인 위 채무명의는 신청인에게는 송달되지

않은 것으로서 그 송달 전에 위 개시 결정을 한 것은 집행개시 요건의 흠결이 있음에도 불구하고 행한 위법한 것이므로 본건 이의를 신청하는 바입니다.

년   월   일

위 신청인(채무자)   (인)
연락처(☎)

법 원   귀중

◆유의사항◆
1) 이해관계인은 낙찰대금을 완납할 때까지 법원에 개시 결정에 대한 이의 신청을 할 수 있고 이의 사유는 집행법원이 준수하여야 할 경매 절차상의 형식적 하자로서 개시 결정 전의 것이어야 함이 원칙이나, 채무명의의 존재는 집행속행 요건이기도 하므로, 그 실효와 같은 사유는 그 후에 발생한 것이라도 무방합니다.
2) 신청서에는 1,000원의 인지를 붙여 1통을 집행법원에 제출하고, 이의 재판정본 송달료를(2회분) 납부하여야 합니다.

13. 임의경매개시 결정에 대한 이의 신청

부동산 경매개시 결정에 대한 이의 신청서 서식

부동산 경매개시 결정에 대한 이의 신청서

사건번호

신청인(채무자 겸 소유자)
      시   구   동   번지

피신청인(채권자)
      시   구   동   번지

신 청 취 지

1.   지방법원   년   일자로 별지목록 기재 부동산에 대한 경락허가 결정을 취소하고 최고가 매수신고인의 경매 신청을 불허한다.
2. 동원   년   월   일자 동 부동산에 대한 경매개시 결정을 취소한다.

라는 재판을 구함.

신 청 이 유

1. 신청인이 피신청인으로부터   년   월   일 채권 최고액 금   원의 근저당권 설정계약을 체결하여 피신청인 청구금액의 금   원채무를 신청인이 부담하고 있는 사실 및 위 채무불이행으로 인하여

피신청인이 경매를 신청하여   년   월   일자 경매개시 결정된 사실은 인정한다.
2. 위 부동산의 경매개시 결정된 후 신청인은 변제를 위하여 최선을 다하였으나 경락허가 결정 후에야 피신청인에게 원금   원에다   년   월   일부터   년   월   일(완제일)까지 연   %의 지연이자   원 및 경매비용   원 합계금   원정을 변제하고 위 경매 신청을 취하하였습니다.
3. 그러나 경락인은 위 경매 신청 취하에 동의치 않으므로 부득이 본 이의 신청으로 신청취지와 같은 재판을 구합니다.

첨 부 서 류

1. 경매취하서   1통
1. 변제증서   1통

         년   월   일

    위 신청인   (인)
    연락처(☎)

법 원 귀중

◆유의사항◆
1) 경매개시 결정 후 낙찰자의 동의가 없을 때 사용하는 양식입니다.
2) 신청서에는 1,000원의 인지를 붙여 1통을 집행법원에 제출하고, 이의 재판정본 송달료를(2회분) 납부하여야 합니다.

14. 강제경매개시 결정 취소

강제경매개시 결정 취소 서식

법 원
결   정

사   건   타기   호 강제경매개시 결정에 대한 이의

신청인(채무자)
                시 구 동 번지 호

상대방(채권자)
                시 구 동 번지 호

원 결 정   법원 년 타경   년 월 일자 강제경매개시 결정

주   문   1. 별지목록 기재 부동산에 대한 강제경매개시 결정을 취소한다.
               2. 본건 경매 신청은 이를 기각한다.

이   유   살피건대 신청인이 제출한 자료를 종합해 보면 전시개시 결정의 기초가 된 채무명의가 신청인에게 송달되지 아니하였음이 명백하므로 전시개시 결정은 집행개시의

요건을 흠결한 위법이 있는 까닭에 주문과 같이 결정한다.

200 . . .

판 사 　　　 (인)

15. 항고장

항고장 서식

항 고 장

　　　　　　　　　　항 고 인
　　　　　　　　　　　　　　　　시　구　동　번지　호
　　　　　　　　　　상 대 방
　　　　　　　　　　　　　　　　시　구　동　번지　호

　위 당사자 간　　법원　년 타기　호 강제경매개시 결정에 대한 이의 사건에 관하여 귀 법원이　년　월　일 한 결정은 동년　월　일 그 정본 송달을 받았는 바, 전부 불복이므로 이에 항고를 신청함.

원결정의 표시

별지와 같음(별지 생략)

항 고 취 지

원결정을 취소한다.
　법원이　년 타경　호 부동산 강제경매 사건에 관해서　년　월　일 한 개시 결정은 이를 불허한다.
라는 재판을 구함.

항고이유

　원심결정은　　　　사실을 오인하고, 또　　　에 관한 법률해석을 잘 못하여 적용한 위법이 있다.

증거방법

원심에서 제출한 증거를 원용함.

첨부서류

1.　　　　　　　1통
1.

　　　　　　년　　월　일

　　　　위 항고인

법 원　귀중

◆유의사항◆

1) 이해관계인은 낙찰허부 결정에 의하여 손해를 받을 경우에는 그 결정에 대하여 즉시항고할 수 있고 경락인 또는 매수신고인도 낙찰허가 이유가 없거나, 결정에 기재한 이외의 조건으로 허가할 것임을 주장하거나 낙찰허가를 주장하는 경우에 즉시항고를 할 수 있습니다.
2) 낙찰허가 결정에 대한 항고는 민사소송법상 낙찰허가이의 원인이 있음을 이유로 하거나, 허가 결정이 낙찰조서의 취지에 저촉된 것을 이유로

하는 때에 한하여 할 수 있습니다.
3) 낙찰불허가 결정에 대한 항고는 민사소송법상 불허가 원인이 없음을 이유로 하는 때에 한하여 할 수 있고, 항고장에는 2,000원의 인지를 붙여 원심법원에 제출함과 동시에 항고 사건 소정 송달료[당사자 수× 2,260(1회 우편요금)×3회]를 납부하여야 하며, 채무자나 소유자 또는 낙찰인이 항고를 함에는 항고보증금을 공탁하여야 합니다.

16. 의견서

의견서 양식

의 견 서

항 고 인

　위 자의　년 타기　호 부동산 강제경매개시 결정에 대한 이의 사건에 관하여 당 법원이　년　월　일자로 한 결정에 대하여 즉시항고 신청이 있었으나 동 신청은 이유가 없는 것으로 사료함.

　　　　　　　　　년 월 일

　　　　　　　　　　　　법원
　　　　　　판　사　　　　　(인)

17. 부동산의 침해방지를 위한 보전처분 결정

부동산의 침해방지를 위한 보전처분 결정문 양식

법 원
결 정

사 건   타경   부동산 강제경매

신 청 인

채 무 자

채 무 자   채무자는 별지목록 기재 건물을 손괴하여서는 아니된다.

이 유   이 법원 타경   부동산 강제경매 사건에 관하여 신청인의 침해방지 신청이 이유 있다고 인정되므로 민사소송법 제603조 제3항에 의하여 주문과 같이 결정한다.

200 . . .
판 사   (인)

18. 말소등기 촉탁

말소등기촉탁서 서식

법 원
등 기 촉 탁 서

등기관 귀하

사 건   타경   부동산 강제경매
부동산의 표시   별지목록 기재와 같음

등기권리자   김 갑 동
　　　　　　서울 종로구 내자동 123번지

등기의무자   이 을 순
　　　　　　서울 동대문구 장안동 77번지

등기원인과 그 연월일   20 . . .자 부동산 강제경매개시 결정의 취소

등기목적   20 . . . 접수 제   호 부동산 강제경매 신청 기입등기의
　　　　　말소
과세표준   1건
등록세   금 3,600원(교육세 포함)
등기신청수수료   금   원
첨부서류   경매개시 결정 취소 결정정본 1통
　위의 등기를 촉탁함.

200 . . .

판　사　　　　　(인)

접수			처리인	접수	조사	인감	기입	색출	교합	등기필 통지	각종 통지
	제	호									
등기수입증지첩부란											

19. 부동산 현황 조사 보고

부동산 현황 조사 보고서 서식

부동산 현황 조사 보고서

법원 판 사 귀하

　　타경　　부동산 경매 사건에 관하여 다음과 같이 부동산의 현황을 조사 보고합니다.
　　1. 부동산의 표시
　　2. 조사의 일시
　　3. 조사의 장소
　　4. 조사의 방법
　　5. 야간·휴일에 실시한 경우 그 사유

첨 부　1. 부동산의 현황 및 점유관계조사서
　　　2. 임대차관계조사서

200 .   .   .

집행관　　　　　　　(인)

20. 부동산 현황 및 점유관계 조사 · 임대차관계 조사

부동산 현황 및 점유관계 조사서 서식

부동산 현황 및 점유관계 조사서

1. 부동산의 현황(현장도면 및 사진 첨부)
   가. 위치
   나. 현황
   다. 사용용도
   라. 내부구조
   마. 기타(예시 : ① 현황조사 대상건물이 멸실되고 다른 건물이 신축되어 있는 경우 관계인의 진술, 양 건물의 동일성 여부에 대한 집행관의 의견
   ② 감정평가에 중대한 영향을 미칠 수 있는 부합물, 종물, 구성부분이 있는 경우 그 내용 및 제시 외 건물의 보존등기 여부)

2. 부동산의 점유관계
   가. 소유자가 전부 점유사용하고 있으며, 임대차 없음.
   나. 소유자가 직접 점유하고 있지 않고 목적물 전부에 대해 별지와 같이 임대차 있음.
   다. 별지와 같이 임대차 조사된 부분 외에는 소유자가 직접 점유사용하고 있음(점유부분 특정한 도면 첨부).
   라. 기 타

임대차관계 조사서 서식

임대차관계 조사서

1. 임차목적물의 용도 및 임대차 계약 등의 내용
   (점포와 주거 겸용인 경우 각 부분을 명확히 한 도면 첨부)

	1	2	3
용 도			
임 차 인			
임차보증금			
임차기간			
임차부분			
확정일자 유무 및 그 일자			
주민등록 전입 여부 및 그 일자			

2. 기타(예시 : ①주민등록상의 동·호수와 등기부 등 공부상에 표시된 동·호수가 다른 경우에는 실제 동·호수, 주민등록상의 동·호수, 공부상의 동·호수
   ②임차목적물이 주택이고 여러 명의 임차인이 거주하는 경우에는 각 거주 인원수, 임차인 본인 및 그 가족들의 전출입 상황
   (건물의 내부구조와 각 부분별로 임차인을 표시한 도면 첨부)

21. 농지에 관한 사실조회

농지에 관한 사실조회서 서식

법 원
사 실 조 회 서

시장(군수, 구청장) 귀하

사 건   타경   부동산 강제(임의)경매

별지목록 기재 토지에 개한 위 경매 사건의 심리상 필요하여 다음 사항을 조회하니 조사한 후 회보하여 주시기 바랍니다.

다 음

1. 별지목록 기재 토지의 현황이 농지인지 여부
2. 토지 현황이 농지가 아닌 경우에는 전용허가가 이루어졌는지 여부
3. 전용허가가 이루어진 경우에는 그 허가 연월일, 허가 조항, 전용 목적 및 전용허가 신청자의 주소와 성명
4. 전용허가를 얻지 않고 토지 현황이 변경된 경우에는 향후 원상회복명령이 발하여질 가능성이 있는지 여부
5. 별지목록 기재 토지를 경락받을 때 농지취득자격증이 필요한지 여부

200 . . .

판 사   (인)

22. 공과주관 공무소에 대한 최고

공과주관 공무소에 대한 최고서 서식

법 원
최 고 서

귀하

사 건　　타경　　부동산 강제(임의)경매
채 권 자
채 무 자
소 유 자　성　　　명
　　　　　주　　　소
　　　　　주민등록번호

 별지 기재 부동산에 대하여 경매개시 결정을 하였으므로 이 부동산에 관한 조세, 기타 공과의 미납금 유무와 만일 미납금이 있는 경우에는 그 금액과 납부기한(반드시 그 일시까지 정확히 기재)을 20 . . .까지 통지하여 주시기 바랍니다.

200 . . .
판　사　　　　　(인)

주의 : 교부청구서를 제출할 때 담당공무원의 성명과 연락 가능한 전화번호를 기재하여 주십시오.

※ 기록상 주민등록번호를 알 수 없을 때에는 '모름'이라고 기재할 것

23. 채권 신고 최고

채권 신고 최고서 서식

법 원
최 고 서

귀하

사 건   타경   부동산 강제(임의)경매

채 권 자

채 무 자

      소유의 별지목록 기재 부동산에 관하여 20 . . . 강제(임의)경매개시 결정을 하였는 바, 귀하가 채무자 또는 소유자에 대하여 가진 채권의 원금, 이자, 비용, 기타 부대채권의 내역을 기재한 계산서를 20 . . .까지 이 법원에 제출하여 주시기 바랍니다.

              200 . . .

         판 사   (인)

주의 : 귀하가 채권을 전부 변제받은 때에는 계산서에 갈음하여 그와 같은 내용을 담은 서면을 제출하여 주시기 바랍니다.

24. 임차인에 대한 통지

임차인에 대한 통지서 서식

법 원
통 지 서

귀하

사 건   타경   부동산 강제(임의)경매

채 권 자

채 무 자

소 유 자

부동산 표시   별지 기재와 같음

1. 별지 기재 부동산에 관하여 위와 같이 경매 절차가 진행중임을 알려드립니다.

2. 귀하가 소액임차인 또는 확정일자부 임차인일 때에는 다음 사항을 유의하시기 바랍니다.

가. 귀하의 임차보증금이 특별시 및 광역시(군 지역은 제외)에서는 3,000만 원 이하, 기타의 지역에서는 2,000만 원 이하이고, 주택임대차보호법 제8조 제1항 소정의 소액임차인으로서의 요건을 구비하고 있는 경우에는 이 법원에 배당 요구를 하여야만 낙찰대금으로부터 보증금 중 일정액을 우선변제받을 수 있습니다. 다만, 최선순위 담보물권이

1995. 10. 18. 이전에 설정된 경우에는 위 임차보증금의 범위가 특별시 및 광역시(군 지역은 제외)에서는 2,000만 원 이하, 기타의 지역에서는 1,500만 원 이하로 됩니다.

나. 귀하가 주택임대차보호법 제3조의 2 제1항 소정의 대항 요건과 임대차 계약서상의 확정일자를 구비한 확정일자부 임차인인 경우에는 이 법원에 배당 요구를 하여야만 낙찰대금으로부터 후순위권리자, 기타 채권자에 우선하여 보증금을 변제받을 수 있습니다.

다. 배당 요구는 임대차 계약서(확정일자부 임차인의 경우에는 임대차 계약서가 공정증서로 작성되거나 임대차 계약서에 확정일자가 찍혀 있어야 한다) 사본, 주민등록표등본(임차인 본인의 전입일자 및 임차인의 동거가족이 표시된 것이어야 한다) 및 연체된 차임 등이 있을 때에는 이를 공제한 잔여보증금에 관한 계산서를 첨부하여 위 경매 사건의 낙찰기일까지 이 법원에 제출하여야 하고, 만일 배당 요구를 하지 아니하거나 배당 요구를 하더라도 임차권 등기를 경료함이 없이 낙찰기일 이전에 임차주택에서 다른 곳으로 이사가거나 주민등록을 전출하여 대항 요건을 상실한 경우에는 우선변제를 받을 수 없습니다. 다만, 낙찰자가 대금지급 의무를 이행하지 아니하여 재경매가 실시되는 경우에는 재경매 절차의 낙찰기일까지 대항 요건을 계속 구비하여야 합니다.

3. 귀하가 소액임차인 또는 확정일자부 임차인에 해당하지 않는 때에는 일반 채권자와 마찬가지로 경매 신청 기입등기 후의 가압류채권자 또는 집행력 있는 정본을 가진 채권자로서 가압류등기된 등기부등본 또는 집행력 있는 정본을 첨부하여 배당 요구를 하거나 경매 신청 기입등기 전에 가압류 집행을 한 경우에 한하여 배당을 받을 수 있습니다.

200 . . .

법원사무관   (인)

25. 평가명령

평가명령서 서식

법 원
평 가 명 령

감정인   귀하

사 건   타경   부동산 강제(임의)경매

별지 기재 부동산에 대한 평가를 하여 20 . . .까지 그 평가서를 제출하되, 평가서에는 다음 각 호의 사항을 기재하고, 부동산의 현황 및 그 소재지 주변의 상황을 알 수 있는 현장 도면 및 사진을 반드시 첨부하여야 합니다.

1. 사건의 표시
2. 부동산의 표시(아파트, 다세대주택 등 집합건물의 경우 평형 표시)
3. 부동산의 평가액 및 평가 연월일
   가. 집합건물인 경우에는 건물 및 토지의 배분가액 표시
   나. 제시 외 건물이 있는 경우에는 반드시 그 가액을 평가하고, 제시 외 건물이 경매 대상에서 제외되어 그 대지가 소유권의 행사를 제한받는 경우에는 그 가액도 평가
   다. 등기부상 지목과 현황이 다른 토지의 경우는 등기부상 지목 및 현황에 따른 각 평가액을 병기
4. 평가의 목적이 토지인 경우에는 국토이용관리법, 도시계획법, 기타 법령에 의한 규제의 유무 및 그 내용과 공시지가, 기타 평가에 참고가 된 사항(도시계획확인원 등 첨부)
5. 평가의 목적이 건물인 경우에는 그 종류, 구조, 공부상 및 실제 면적,

추정되는 잔존 내구년수 등 평가에 참고가 된 사항
6. 평가액의 구체적 산출과정
7. 대지권 등기가 되어 있지 아니한 집합건물인 경우에는 분양 계약 내용, 분양대금 납부 여부, 등기되지 아니한 사유
8. 기타 집행법원이 명한 사항

200 . . .

판　사　　　　　(인)

26. 원조요청이 있을 경우 법원의 허가 결정

원조요청이 있을 경우 법원의 허가 결정문 양식

법 원
결 정

사 건   타경   부동산 임의경매

채 권 자

채 무 자

소 유 자

주 문 위 사건에 관하여 감정인   이 감정목적물인 별지 부동산에 대하여 감정평가를 함에 있어 본원소속 집행관의 원조를 구하여 실시하는 것을 허가한다.

이 유 이 사건 목적물인 별지목록 부동산의 감정을 위한 감정인   의 감정협조 요망은 그 이유가 있으므로 민사소송규칙 제149조 · 제102조에 의하여 주문과 같이 결정한다.

200 . . .

판 사   (인)

27. 경매·입찰 물건명세서

사 건	타경 부동산 강제(임의)경매	작성 일자	20 . . .	담당법관	㉑
1. 부동산 및 감정평가 액·최저 경매·입 찰가격의 표시	별지 기재와 같음	최선순위 (근)저당권 설정일자		20 . . .	

2. 부동산의 점유자와 점유의 권원, 점유할 수 있는 기간, 차임 또는 보증금에 관한 관계인의 진술 및 임차인이 있는 경우 배당 요구 여부와 그 일자, 전입신고일자 및 확정일자 유무와 그 일자

점 유 부 분	점유자의 성 명	점유의 권 원	임대차기간 (점유기간)	차임 및 보증금	전입신고 일 자	확 정 일 자	배당 요구 여부 (배당요구일자)

*최선순위저당권 설정일자보다 대항 요건을 먼저 갖춘 주택임차인의 임차보증금은 경락인에게 인수되는 경우가 발생할 수 있고, 대항력과 우선변제권이 있는 주택임차인이 배당 요구를 하였으나 보증금 전액에 관하여 배당을 받지 아니한 경우에는 배당받지 못한 잔액이 경락인·낙찰자에게 인수되게 됨을 주의하시기 바랍니다.

3. 등기된 부동산에 관한 권리 또는 가처분으로서, 경락·낙찰에 의하여 그 효력이 소멸되지 아니하는 것

*민사소송법 608조를 참조하여 용익권등기(전세권의 경우는 경매 기입등기 후 6개월 내에 기간 만료되는 것은 제외) 및 처분금지 가처분등기에 관하여 기재함.

4. 경락·낙찰에 의하여 설정된 것으로 보게 되는 지상권의 개요

(예시 1) 일괄경매·입찰 결정이 있으므로 해당 없음.

(예시 2) 이 사건 부동산 중 토지와 건물이 서로 다른 경락인·낙찰자에게 경락·낙찰되면 토지 소유자는 건물 소유자를 위하여 지상권을 설정한 것으로 보게 됨.
(예시 3) 이 사건 토지가 경락·낙찰되면 매각 대상이 아닌 별지도면 표시 미등기 건물에 대하여 지상권이 설정된 것으로 보게 될 여지가 있음.
(예시 4) 이 사건 건물을 위하여 그 부지인 서울 중구 서소문동 100대 200평방미터에 법정지상권이 성립됨.

비고란

주 1. 경매·입찰목적물에서 제외되는 미등기 건물 등이 있을 경우에는 그 취지를 명확히 기재한다.
2. 최선순위저당권보다 먼저 가등기담보권, 가압류 또는 소멸되는 전세권이 있는 경우에는 그 담보가등기, 가압류 또는 전세권 등기일자를 기재한다.

28. 경매부동산 매수 신청

경매부동산 매수 신청서 서식

경매부동산 매수 신청

채 권 자

채 무 자

　위 당사자의 귀원　　타경　　호 부동산 강제경매 조건에 관하여 귀원으로부터 민사소송법 제616조 제1항에 의한 통지를 받았는 바, 신청채권자의 채권에 우선하는 저당권자　　가 가지는 채권은 이미 반 이상 변제되어 별지증명서와 같이 현재 원리합계금　　원이므로, 본건 부동산상의 부담 및 절차비용을 변제하고도 잉여가 있을 금　　원 이상으로 매각할 수가 있음.
　그러므로 이 가격으로 경매인이 없을 경우에는 신청채권자가 동 가격으로써 이를 매수하고자 충분한 담보를 제공하므로 위 경매 절차를 속행하여 주시기를 신청함.

200 . . .

채 권 자　　　　　(인)

법　원　　귀중

29. 부동산 강제경매 취소 결정

부동산 강제경매 취소 결정문 양식

법 원
결   정

사 건   타경   부동산 강제경매

채 권 자

채 무 자

주   문   별지목록 기재 부동산에 대하여 당원이 20 . . .자로 한
            부동산 강제경매개시 결정은 이를 취소한다.
            이 사건 경매 신청을 기각한다.

이   유   채권자는 당원이 20 . . .자로 한 민사소송법 제616조
            제1항에 의한 통지를 받고서도 동 조 제2항에 의한 신청을
하지 아니하므로 주문과 같이 결정한다.

                    200 . . .

                판 사   (인)

30. 매각조건변경 신청

매각조건변경 신청서 서식

매각조건변경 신청

채 권 자

채 무 자

 위 당사자 간 귀원　　타경　　호 부동산 강제경매 사건에 관해서 본건에 대하여 경매실시를 방해할 의도하에 경매 신고를 할 자가 있으므로 경매신고인에게는 신고가격의 2/10의 보증금을 내지 않으면 안 되는 것으로 변경하여 주시기를 이해관계인 전원 합의하여 신청함.

200 .　.　.

이해관계인(채 권 자)　　　　(인)
이해관계인(채 무 자)　　　　(인)
이해관계인(저 당 권 자)　　　(인)
이해관계인(배당요구자)　　　(인)

법 원　귀중

31. 부동산 일괄입찰 신청

부동산 일괄입찰 신청서 서식

부동산 일괄입찰 신청서

사 건 번 호

채 권 자

채 무 자

위 사건에 관하여 입찰목적부동산들은 모두가 일단을 이루고 있는 부동산으로서 이들을 모두 동일인에게 매수시키는 것이 경제적 효용가치가 높을 뿐 아니라, 이들이 분할경매됨으로써 장차 복잡한 법률관계의 야기를 사전에 예방하기 위하여 이를 일괄입찰하여 주시기 바랍니다.

년   월   일

채 권 자   (인)
연락처(☎)

법 원   귀중

◆유의사항◆
수개의 부동산에 관하여 동시에 경매 신청이 있는 경우에는 부동산별로 최저 입찰가격을 정하여 입찰하는 개별입찰이 원칙이나, 법원은 이해관계인의 합의에 구애되지 않고 일괄입찰을 결정할 수도 있습니다.

32. 경매·입찰명령

경매·입찰명령서 서식

법 원
입 찰 명 령

           법원 소속 집행관   귀하

사 건   타경   부동산 강제(임의)경매

      별지 기재 부동산에 대하여 아래 입찰기일에 이 법원 안에서 입찰할 것을 명한다. 다만, 제2회 이후의 입찰기일은 선행입찰기일에서 입찰불능이 되었을 때에 한하여 실시한다.

기일 순번	입찰일시	낙찰일시
제 1 회	20 . . . :	20 . . . :
제 2 회	20 . . . :	20 . . . :
제 3 회	20 . . . :	20 . . . :
제 4 회	20 . . . :	20 . . . :

200 . . .
판 사   (인)

33. 경매(입찰)의 신문공고

경매(입찰)의 신문공고 양식

법원 경매부동산의 입찰매각공고

1. 입찰물건의 표시 및 입찰조건

〈경매   계〉

| 사건번호 | 입 찰 물 건 ||| 감정평가금액 (단위 : 원) | 비고 |
	물건번호	소 재 지	용도	면적 (㎡)	최저입찰가격 (단위 : 원)	
〔아파트 / 상가〕							
〔다세대주택 / 연립 / 빌라〕							
⋮	⋮	⋮	⋮	⋮	⋮	⋮
					⋮	

2. 입찰기일
3. 낙찰기일
4. 입찰장소
5. 입찰방법
6. 낙찰허가 및 대금납부
7. 소유권 이전 및 인도
8. 주의사항
9. 안내
10. 장점

> 법원의 입찰을 통하여 부동산을 구입하시면 다음의 점이 유리합니다.
> ① 가격이 시가보다 통상 저렴합니다.
> ② 등록세 및 교육세를 납부하면 법원이 소유권 이전등기를 촉탁하여 주며, 부동산 위에 존재하던 각종 가압류나 저당권을 그 순위나 담보액수에 상관없이 원칙적으로 모두 말소하여 줍니다.

> 입찰공고문은 인터넷 대법원 홈페이지(http://www.scourt.go.kr)에서 열람할 수 있습니다.
> 찾는 방법 : 대법원 홈페이지 → 법원공고 → 경매입찰공고 → 해당 법원 선택

200 . . .

법 원 판 사

34. 입찰(경매)기일 변경 · 연기 신청

입찰(경매)기일 변경 · 연기 신청서 서식

입찰(경매)기일 변경/연기 신청서

사건번호   타경   호

채 권 자

채 무 자

위 사건에 관하여   .   .   . : 로 경매기일이 지정되었음을 통지받았는 바,   사정으로 그 변경 (연기)을 요청하오니 조치하여 주시기 바랍니다.

　　　　　년　월　일

　　　　채 권 자　　　　(인)
　　　　연락처(☎)

법 원 귀중

부 록 551

35. 입찰보증금봉투(흰색 작은 봉투)

(앞면)

사건번호	타경	호
물건번호		
제 출 자		인

법원
입찰보증금봉투

♣ 크기는 통상의 규격봉투와 같다.

(뒷면)

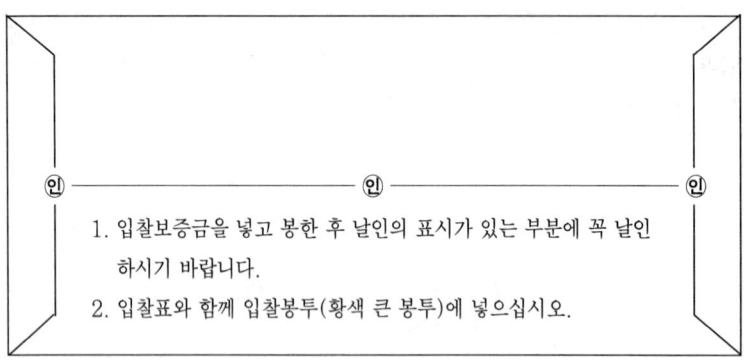

1. 입찰보증금을 넣고 봉한 후 날인의 표시가 있는 부분에 꼭 날인 하시기 바랍니다.
2. 입찰표와 함께 입찰봉투(황색 큰 봉투)에 넣으십시오.

36. 입찰봉투(황색 큰 봉투)

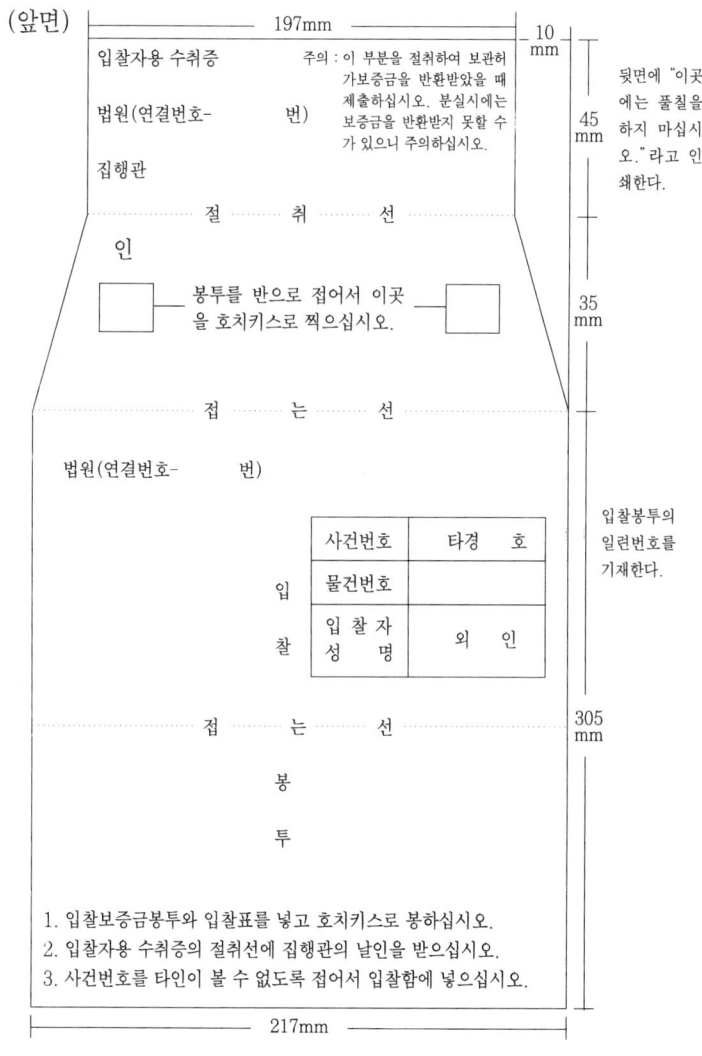

(뒷면)

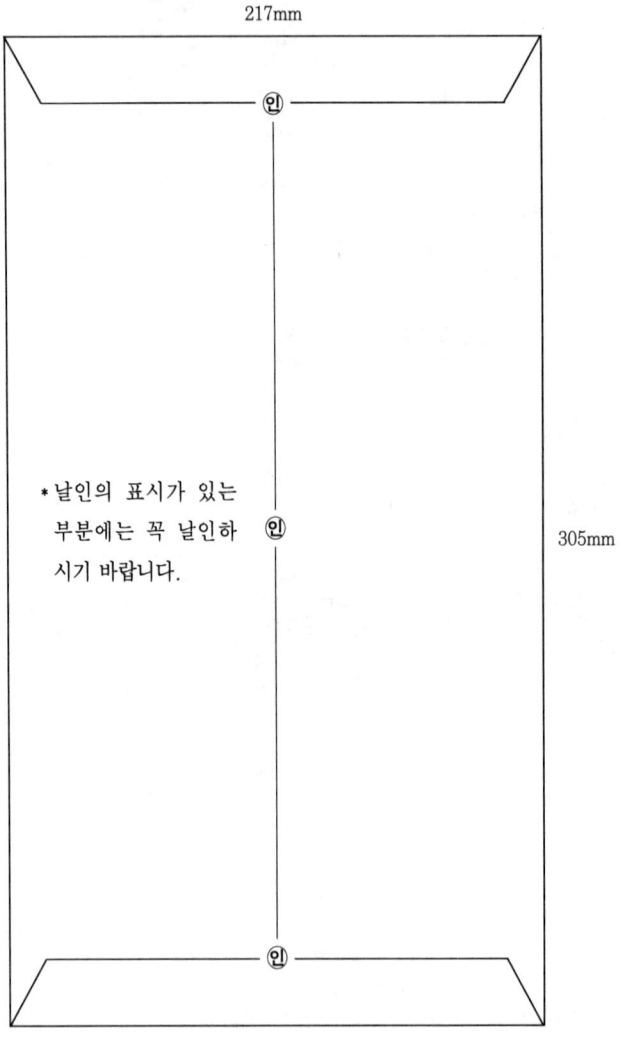

37. 공동입찰허가원, 공동입찰자 목록

공동입찰허가원 서식

공동입찰허가원

법원 집행관　　　귀하

사건번호　　　타경　　호
공동입찰자　별지목록과 같음

위 입찰사건에 관하여 공동입찰하고자 하오니 허가하여 주시기 바랍니다.

년　월　일
신청인　　(인) 외　　인

공동입찰을 허가(불허가)함
년　월　일
법원 집행관　　(인)

※ 1. 공동입찰은 원칙적으로 친자, 부부 등 친족관계에 있는 자, 입찰목적물의 공동점유·사용자, 1필지의 대지 위에 수개의 건물이 있는 경우의 각 건물 소유자, 1동 건물의 수인의 임차인 등과 같이 특수한 신분관계나 공동입찰의 필요성이 인정되는 경우에 한하여 허가됩니다.
2. 별지 공동입찰자 목록과의 사이에 공동입찰자 전원이 간인하십시오.

공동입찰자 목록

공동입찰자 목록

번호	성명	주소		지분	상호관계
		주민등록번호	전화번호		
1	(인)	—			
2	(인)	—			
3	(인)	—			
	(인)	—			
	(인)	—			

※ 공동입찰의 허가를 받고자 할 때는 공동입찰자 간의 상호관계를 소명할 수 있는 자료(주민등록등본, 등기부등본 등)를 이 목록 뒤에 첨부하시기 바랍니다.

38. 입 찰 표

입찰표 서식

입 찰 표

법원 집행관　　　귀하　　　　　　　　　년　월　일

사건번호	타경		호	물건번호	
입찰자	본인	성　　명			
		주민등록번호	－	전화번호	
		주　　소			
	대리인	성　　명		본인과의 관계	
		주민등록번호	－	전 화 번 호	
		주　　소			

입찰가격	10억	백만	천	원	보증금액	10억	백만	천	원

보증금을 반환받았습니다.

　　　　　　　　입 찰 자　　　　　(인)

◆ 주의사항 ◆
1. 입찰표는 물건마다 별도의 용지를 사용하십시오. 다만, 일괄입찰시에는 1매의 용지를 사용하십시오.
2. 한 사건에서 입찰물건이 여러 개 있고 그 물건들이 개별적으로 입찰에 부쳐진 경우에는 사건번호 외에 물건번호를 기재하십시오.

3. 입찰자가 법인인 경우에는 본인의 성명란에 법인의 명칭과 대표자의 지위 및 성명을, 주민등록번호란에는 법인의 등록번호를 각 기재하고, 대표자의 자격을 증명하는 문서(법인의 등기부등·초본)를 제출하여야 합니다.
4. 주소는 주민등록상의 주소를, 법인은 등기부상의 본점 소재지를 기재하시고, 신분확인상 필요하니 주민등록증을 꼭 지참하십시오.
5. **금액의 기재는 수정할 수 없으므로, 수정을 요하는 때에는 새 용지를 사용하십시오.**
6. 대리인이 입찰하는 때에는 입찰자란에 본인 및 대리인의 인적 사항을 모두 기재하는 외에 본인의 위임장과 인감증명을 제출하십시오.
7. 위임장, 인감증명 및 자격증명서는 이 입찰표에 첨부하십시오.
8. 일단 제출된 입찰표는 취소, 변경이나 교환이 불가능합니다.
9. 공동으로 입찰하는 경우에는 허가받은 공동입찰허가원을 입찰표와 함께 제출하되, 입찰표의 본인란에는 "별첨 공동입찰자 목록 기재와 같음"이라고 기재한 다음, 입찰표와 공동입찰허가원 사이에는 공동입찰자 전원이 간인하십시오.
10. 대리인의 경우에는 날인란에 입찰자 본인의 성명, 대리관계 및 대리인의 성명을 모두 기재하고 날인하십시오.
11. 입찰자 본인 또는 대리인 누구나 입찰보증금을 반환받을 수 있습니다.

♣ 최고가입찰자 등이 정하여진 보증금을 초과하여 보증금을 납부하였을 때에는 적당한 여백에 "보증금 중   /10에 해당하는 금   원을 초과하는 금액은 반환받았음"이라는 붉은 고무인을 찍고 영수자의 날인을 받는다.

39. 공유자의 지분 우선매수 신고

공유자의 지분 우선매수 신고서 서식

공유자의 지분 우선매수 신고서

사건번호

채권자
   시 구 동 번지

소유자(공유자)
   시 구 동 번지

 위 사건에 관하여 공유자는 다음과 같이 민사소송법 제650조에 따라서 공유자지분 우선매수권 행사 신고를 합니다.

다 음

1. 우선매수 신고 대상 경매목적물
   지방법원   타경   호 부동산 강제(임의)경매 사건의 목적물 번호제 번 토지 시 구 동 번지 대 ㎡ 위 토지에 대한 지분
2. 위 항 목적물에 대하여 공유자 은 위 목적물에 대한(지분 %의) 공유자인 바, 최고 매수신고가격과 동일한 가격으로 우선매수할 것을 신고합니다.
3. 보증의 선제공에 관하여 최고 매수신고가격을 금   원으로 예

상하고 민사소송법에 따라서 보증금으로 그 가격의   분의   에 해당하는 금   원의 현금 또는 자기앞수표를 집행관에게 년   월   일 보관하였습니다.

첨 부 서 류

1. 집행관보증금보관영수증   1통
1. 등기부등본   1통
1. 주민등록표등본   1통(공유자의 것)

년   월   일

우선매수신고인 공유자   (인)
연락처(☎)

법 원   귀중

◆유의사항◆
공유자는 경매기일까지 신고할 수 있습니다.

40. 낙찰허가에 대한 이의 신청

낙찰허가에 대한 이의 신청서 서식

낙찰허가에 대한 이의 신청서

사건번호

채무자(이의신청인)
     시   구   동   번지

채권자(상대방)
     시   구   동   번지

위 사건에 관하여 다음과 같이 이의 신청합니다.

신 청 취 지

별지목록 기재 부동산에 대한 낙찰은 이를 불허한다.
라는 재판을 구함.

신 청 이 유

년 월 일

채무자(이의신청인)　　　　　(인)
연락처(☎)

법 원 귀중

◆유의사항◆
신청서에는 인지를 붙일 필요가 없고, 채권자(상대방)는 특정하지 않을 수도 있으며, 법원은 이 신청에 대하여 결정을 하지 아니할 수도 있습니다.

41. 경매부동산지정 신청

경매부동산지정 신청서 서식

경매부동산지정 신청

채 권 자

채 무 자

위 당사자 간의 귀원　타경　호 부동산 강제경매 사건에 관해서 별지목록 기재의 부동산이 경매에 붙여졌으나 본건 각 채권액 총계 금　원정, 집행비용 금　원정, 합계금　원정이므로 본건 부동산 중 어느 토지(또는 건물)의 매득금으로 전시 채권액 및 집행비용에 충당하기에 충분하므로 동 부동산을 매각하도록 지정함.

200 .　.　.

채 무 자　　　(인)

법 원　귀중

42. 낙찰불허가 신청

낙찰불허가 신청서 서식

낙찰불허가 신청

채 권 자

채 무 자

위 당사자 간의 귀원　　타경　　호 부동산 강제경매 사건에 관하여　　년　　월　　일의 경매기일에서 신청인은 최고가의 매수 신고를 하고, 아직 경락기일 전이나 폭풍우 때문에 별지목록의 토지는 그 반 이상이 토사에 의하여 매몰됨으로써 현저히 훼손되었으므로 경락불허가하여 주시기를 신청함.

첨 부 서 류

1. 훼손증명서　　　　　1통

200 ． ． ．

위 신청인　　　　　(인)

법 원 귀중

43. 낙찰불허가 결정

낙찰불허가 결정문 양식

법 원
결 정

사 건   타경   부동산 강제경매

최고가매수신고인

주 문   별지목록 기재 부동산에 대한 경락은 이를 허가하지 아니
         한다(이 사건 경락을 허가하지 아니한다).

이 유   별지목록 부동산에 대하여 20 . . . 경매기일에 최고가
         매수신고인   으로부터 금   원의 매수가
         격 신고가 있었으나, 기록에 의하면 …… 한 위법이 있으므
로(예, 경매기일의 공고에 …… 의 기재가 흠결된 위법이 있으므로) 주문과
같이 결정한다.

             200 . . .
             판 사   (인)

44. 낙찰허가 결정

낙찰허가 결정문 양식

법 원
낙 찰 허 가 결 정

사 건   타경   부동산 강제(임의)경매

경락인 · 낙찰자   (   )
　(주소)

경매 · 입찰가격   금   원정

별지 기재 부동산에 대하여 최고가로 매수 · 입찰 신고한 위 사람에게 낙찰을 허가한다.

200 . . .

판 사   (인)

45. 원결정 취소 결정

원결정 취소 결정문 서식

법 원
결　　정

사　건　　　타경　　　　부동산 강제경매

채 권 자

채 무 자

주　문　　이 법원이 별지목록 기재 부동산에 대하여 20 ． ． ．에
　　　　　한 경락허가 결정은 이를 취소한다.

이　유　　별지목록 기재 부동산에 대한 이 법원의 20 ． ． ．자 경
　　　　　락허가 결정에 대하여 채무자　　　로부터 같은 해　．
．　．항고가 있는 바, 이 법원은 위 항고가 이유 있다고 인정
되므로 민사소송법 제416조 제1항에 의하여 주문과 같이 결정한다.

200 ．　．　．

판　　사　　　　（인）

46. 최고가(차순위) 매수신고인 증명 신청

최고가(차순위) 매수신고인 증명 신청서 서식

최고가(차순위) 매수신고인 증명 신청

사 건   타경   부동산 강제(임의)경매

위 사건에 관하여 신청인이 최고가(차순위) 매수신고인임을 증명하여 주시기 바랍니다.

200 . . .

신 청 인   (인)

법원 집행관   귀중

최고가(차순위) 매수신고인 증명

위 사실을 증명합니다.

200 . . .

법원 집행관   (인)

경·매·용·어·해·설

■ 대법원 경매정보사이트 www.auction.go.kr 를 참조한 것입니다.

가 등 기 종국등기를 할 수 있을 만한 실체법적 또는 절차법적 요건을 구비하지 못한 경우 혹은 권리의 설정, 이전, 변경, 소멸의 청구권을 보전하려고 할 때와 그 청구권이 시한부·조건부이거나 장래에 있어서 확정할 것인 때에 그 본등기를 위하여 미리 그 순위를 보존하게 되는 효력을 가지는 등기이다. 예비등기의 일종이다. 가등기의 효력은 ① 그 자체로는 완전한 등기로서의 효력이 없으나 후에 요건을 갖추어 본등기를 하게 되면 그 본등기의 순위는 가등기의 순위로 되므로, 결국 가등기를 한 때를 기준으로 하여 그 본등기의 순위가 확정된다는 본등기 순위 보전의 효력과, ② 본등기 이전에 가등기가 불법하게 말소된 경우에 가등기명의인은 그 회복을 청구할 수 있는 가등기 자체의 효력(청구권 보존의 효력)이 있다.

각   하 국가기관에 대한 행정상 또는 사법상의 신청을 배척하는 처분, 특히 소송상 법원이 당사자 외의 관계인의 소송에 관한 신청을 배척하는 재판을 말한다. 다만, 민사소송법상 기각과 구별하여 사용하는 경우에는 소송 요건 또는 상소의 요건을 갖추지 않은 까닭으로 부적법한 것으로서 사건의 일체를 심리하지 않고 배척하는 재판을 말한다.

감 정 인 특별한 지식 경험에 속하는 법칙이나 이를 구체적 사실에 적용하여 얻은 판단을 법원이나 법관에 보고하는 사람을 말한다. 감정인은 일정한 경우 감정 전에 반드시 선서해야 하는데 선서하지 않고 한 감정은 증거능력이 없다. 또한 허위감정은 처벌받는다.

강제경매 채무자 소유의 부동산을 압류, 환가하여 그 매각대금을 가지고 채권자의 금전채권의 만족을 얻는 것이 목적인 강제집행 절차 중의 하나이다.

강제집행 채권자의 신청에 의하여 국가의 집행기관이 채권자를 위해 채무명의에 표시된 사법상의 이행청구권을 국가 공권력에 기하여 강제적으로 실현하는 법적 절차이다.

개별경매 (분할경매) 수개의 부동산에 관하여 동시에 경매 신청이 있는 경우에는 각 부동산별로 최저 경매가격을 정하여 경매해야 한다는 원칙이다. 법에 명문규정은 없으나 이 원칙은 한 개 부동산의 매득금으로 각 채권자의 채권 및 집행비용의 변제에 충분할 때는 다른 부동산에 대한 경락을 허가하지 않으며, 이 경우 채무자는 경락할 부동산을 지정할 수 있다는 규정과 일괄경매에 관한 특칙이 있음에 비추어 명백하고, 다만 법원은 수개의 부동산의 위치, 형태, 이용관계 등을 고려하여 이를 동일인에게 일괄매수시킴이 상당하다고 인정될 때는 자유재량에 의하여 일괄경매를 정할 수 있다.

경락기일 집행법원은 경매기일의 종결 후 미리 지정된 기일에 경락기일을 열어 경락의 허부에 관하여 이해관계인의 진술을 듣고 직권으로 법정의 이의 사유가 있는지 여부를 조사한 다음, 경락의 허가 또는 불허가를 선고하는 날이다.

경매기일공고　경매기일 및 경락기일을 지정한 때에 법원은 이를 공고한다. 공고는 공고사항을 기재한 서면을 법원의 게시판에 게시하는 방법으로 하고, 최초의 경매기일에 관한 공고는 그 요지를 신문에 게재하여야 한다. 법원이 필요하다고 인정할 때는 그 외의 경매기일에 관하여도 신문에 게재할 수 있고, 대법원 홈페이지(www.scourt.go.kr) 법원공고란에도 게재한다.

경매기일지정　집행법원은 공과주관 공무소에 대한 통지, 현황조사, 최저 경매가격 결정 등의 절차가 끝나고 경매 절차를 취소할 사유가 없는 경우에는 직권으로 경매할 기일을 지정하게 된다.

경매기일통지　법원이 경매기일과 경락기일을 지정하면 이것을 이해관계인에게 통지하는 절차를 말하는데, 위 통지는 집행기록에 표시된 이해관계인의 주소에 등기우편으로 발송하여 할 수 있다.

경매물건명세서　법원은 부동산의 표시, 부동산의 점유자와 점유의 권원, 점유할 수 있는 기간, 차임 또는 보증금에 관한 관계인의 진술, 등기된 부동산에 관한 권리 또는 가처분으로서 경락에 의하여 그 효력이 소멸되지 않는 것, 경락에 의하여 설정된 것으로 보게 되는 지상권의 개요 등을 기재한 경매물건명세서를 작성하고, 이를 경매기일의 1주일 전까지 법원에 비치하여 일반인이 열람할 수 있도록 작성해 놓은 것이다.

경매신청취하　경매부동산에 대하여 경매 신청 후 경매기일에서 적법한 매수의 신고가 있기까지의 사이에 있어서는 경매신청인이 임의로 경매 신청을 취하할 수 있으나, 매수 신고가 있은 후에 경매 신청을 취하함에는 최고가매수신고인과 차순위매수신고인의 동의를 필요로 한다.

계쟁부동산 쟁송(소송)의 객체가 되는 부동산을 말한다.

공과주관 공무소에 대한 최고 법원은 경매개시 결정 후 조세, 기타 공과를 주관하는 공무소에 대하여 목적부동산에 관한 채권의 유무와 한도를 일정한 기간 내에 통지할 것을 최고하는데, 이는 우선채권인 조세채권의 유무, 금액을 통지받아 잉여의 가망이 있는지 여부를 확인함과 동시에 주관 공무소로 하여금 조세 등에 대한 교부청구의 기회를 주는 것이다.

공동경매 수인의 채권자가 동시에 경매 신청을 하거나 아직 경매개시 결정을 하지 않은 동안에 동일 부동산에 대하여 다른 채권자로부터 경매 신청이 있으면 수개의 경매 신청을 병합하여 1개의 경매개시 결정을 해야 하며, 그 수인은 공동의 압류채권자가 되고, 그 집행 절차는 단독으로 경매 신청을 한 경우에 준하여 실시되는 절차이다.

공　　탁 변제자가 변제의 목적물을 채권자를 위해 공탁소에 임치하여 채권자의 협력이 없는 경우에도 채무를 면하는 제도이다. 변제자, 즉 채무자를 보호하기 위한 제도로서, 그 성질을 제3자를 위한 임치 계약으로 봄이 일반적이나, 판례는 공법관계(행정처분)로 본다. 공탁의 성립 요건으로는, 채권자가 변제를 받지 않거나 받을 수 없어야 하고, 변제자의 과실 없이 채권자를 알 수 없는 경우도 이에 해당한다. 공탁의 목적물은 채무의 내용에 적합한 것이어야 하고 일부공탁은 원칙적으로 무효이다. 대체로 ① 채권소멸을 위한 공탁, 즉 채무자가 채권자의 협력 없이 채무를 면하는 수단으로 하는 변제공탁, ② 채권담보를 위한 공탁, 즉 상대방에게 생길 손해의 배상을 담보하기 위한 수단으로 하는 담보공탁, ③ 단순히 보관하는 의미로 하는 보관공탁과 기타 특수한 목적으로 하는 특수공탁 등이 있다.

교부청구 국세징수법상 국세, 지방세, 징수금 등 채무자가 강제집행이나 또는 파산선고를 받은 때(법인이 해산한 때) 강제매각개시 절차에 의하여 채무자의 재산을 압류하지 않고도 강제매각기관에 체납관계 세금의 배당을 요구하는 제도를 말하며, 교부청구를 하면 조세의 소멸시효가 중단된다.

권리관계 사람과 사람 간에 있어서 법률상의 의무를 강제할 수 있는 관계를 말한다.

권리능력 권리나 의무를 가질 수 있는 자격 내지 지위를 말한다. 자연인은 모체로부터 전부 노출했을 때부터 권리능력을 가지는 것이 원칙이나 손해배상, 호주승계, 재산상속, 유증 등의 경우에는 이미 태어난 것으로 하여 권리능력을 가지는 것으로 하고 있다.

금전집행 금전(돈)채권의 만족을 얻기 위하여 채무자 소유의 부동산에 대해 하는 강제집행이다.

기 각 민사소송법상 신청의 내용(예 : 원고의 소에 의한 청구, 상소인의 상소에 의한 불복 신청 등)을 종국재판에서 이유가 없다고 하여 배척하는 것을 말한다. 기각의 재판은 본안 판결이며 소송·형식재판인 각하와 구별된다.

기입등기 새로운 등기 원인이 발생한 경우에 그 등기 원인에 입각하여 새로운 사항을 등기부에 기재하는 등기이다. 건물을 신축하고 그것을 등기부에 기재하는 소유권 보존등기나 매매나 증여 등에 의하여 부동산의 소유주가 변경한 경우에 행하는 소유권 이전등기, 토지·건물을 담보로 제공한 경우 담보권을 설정하는 저당권 설정등기 등 새로운 사실의 발생에 입각하여 새로운 사항을 기재하는 등기를 말한다.

낙찰기일　입찰을 한 법정에서 최고가입찰자에 대하여 낙찰허가 여부를 결정하는 날로 입찰법정에서 선고한 후 법원 게시판에 공고만 할 뿐 낙찰자, 채권자, 채무자, 기타 이해관계인에게 개별적으로 통보하지 않는다(입찰기일로부터 통상 7일 이내).

낙찰허가 결정　낙찰허가 결정이 선고된 후 1주일 내에 이해관계인이(낙찰자, 채무자, 소유자, 임차인, 근저당권자 등) 항고하지 않으면 낙찰허가 결정이 확정된다. 그러면 낙찰자는 법원이 통지하는 대금납부기일에 낙찰대금(보증금을 공제한 잔액)을 납부하여야 한다. 대금납부기일은 통상 낙찰허가 결정이 확정된 날로부터 1개월 이내로 지정한다.

담보물권　담보물권은 채권담보를 위하여 물건이 가지는 교환가치의 지배를 목적으로 하는 물권이며 민법상 유치권, 질권, 저당권의 3가지가 있다. 그 밖에 민법은 전세권자에게 전세금의 반환을 확보해 주기 위해서 전세권에 대하여 담보물권적인 성질을 부여하고 있다. 그리고 담보물권 중 유치권은 법률에 의하여 일정한 요건이 갖추어질 때에 당연히 성립하는 법정담보물권이며, 질권과 저당권은 원칙적으로 당사자의 설정행위에 의하여 성립하는 약정담보물권이다.

대금지급(납부)기일   최고가매수신고인에 대하여 경락허가 결정이 확정되면 법원은 지체없이 직권으로 대금지급기일을 지정하는 날이다.

대위(代位)   권리의 주체 또는 객체인 지위에 갈음한다는 정도의 뜻으로, 민·상법상 여러 가지 경우에 쓰인다. **채권자대위권**(민법 제404조)은 대위자(채권자)가 피대위자(채무자)의 지위에 서서 그 권리를 행사하는 것이고, **대위변제**(민법 제480조·제481조 이하), **배상자의 대위**(민법 제399조), **공동저당권에 있어서의 차순위자의 대위**(민법 제368조), **보험목적에 관한 보험자의 대위, 외부에 의한 대위** 등은 피대위자가 가지는 일정한 물건 또는 권리가 법률상 당연히 대위자에게 이전한다는 것이며, **물상대위**(민법 제342조·제370조)는 담보물권의 효력이 그 목적물에 갈음하는 것 위에 미친다는 것이다.

대위변제   제3자 또는 공동채무자의 한 사람이 채무자를 위하여 변제할 때는 그 변제자는 채무자 또는 다른 공동채무자에 대하여 구상권을 취득하는 것이 보통이다. 이 때에 그 구상권의 범위 내에서 종래 채권자가 가지고 있었던 채권에 관한 권리가 법률상 당연히 변제자에게 이전하는 것을 가리켜 **변제자의 대위** 또는 대위변제라고 한다. 변제에 이해관계가 있는 자가 다수일 때에 그 중의 1인이 먼저 변제를 하고 채권자를 대위하게 되면 이에 따라 당연히 혼란상태가 야기되므로(예를 들면 보증인 갑·을과 물상보증인 병이 있을 때 빨리 변제한 자가채권자의 지위를 획득하고 타인의 재산을 집행할 수 있다), 민법은 각각 관계인에 대하여 변제자대위의 행사 방법을 합리적으로 규정하고 있다.

대지사용권 건물의 구분소유자가 전유부분을 소유하기 위하여 건물의 대지에 대해 가지는 권리를 말한다. 대지사용권은 통상 소유권이지만 그 밖에 지상권, 전세권, 임차권 등도 대지사용권이 될 수 있다.

말소등기 기존 등기가 원시적 또는 후발적인 사유로 인하여 실체관계와 부합하지 않게 된 경우에 기존 등기의 전부를 소멸시킬 목적으로 하는 등기이다. 말소의 대상이 되는 등기는 등기사항 전부가 부적법한 것이어야 한다. 그 부적법의 원인은 원시적(원인무효)이든, 후발적(채무변제로 인한 저당권 소멸)이든, 실체적(원인무효나 취소)이든 또는 절차적(중복등기)이든 가리지 않는다.

매각조건 법원이 경매의 목적부동산을 경락인에게 취득시키기 위한 조건이다. 경매도 일종의 매매라 할 수 있지만 통상의 매매에서는 그 조건을 당사자가 자유로이 정할 수 있는 반면, 강제경매는 소유자의 의사에 반하여 행해지고 이해관계인도 많으므로 법은 매각조건을 획일적으로 정하고 있다.

매수신고인 경매부동산을 매수할 의사로 매수신고를 할 때 통상 매수신고가격의 10분의 1에 해당하는 현금 또는 유가증권을 집행관에게 보관시킨 사람이다. 매수신고인은 다시 다른 고가의 매수허가가 있을 때까지 그 신고한 가격에 구속을 받고 매수신고를 철회할 수 없다.

매수청구권 타인의 부동산을 이용하는 경우에 이용자가 그 부동산에 부속시킨 물건에 대하여 이용관계가 종료할 즈음하여 타인에 대하여 부속물의 매수를 청구할 수 있는 권리, 일종의 형성권이다.

민법상 인정되는 매수청구권으로서는 지상권설정자 및 지상권자의 지상물 매수청구권, 전세권설정자 및 전세권자의 부속물 매수청구권, 토지임차인 및 전차인의 건물, 기타 공작물의 매수청구권 등이 있다. 한편 민사소송법상으로는 부동산 공유자는 경매기일까지 보증을 제공하고 최고매수신고가격과 동일한 가격으로 채무자의 지분을 우선매수할 것을 신고할 수 있다.

명도(=인도)소송 부동산의 사실상의 지배, 즉 점유를 이전해 달라는 소송이다.

명인 방법 집단 및 개개의 수목에 이름표를 붙이거나 나무의 표피에 성명을 써 넣음으로써 독립의 부동산으로 취급받는 특수한 공시 방법

배당요구 강제집행에 있어서 압류채권자 이외의 채권자가 집행에 참가하여 변제를 받는 방법으로 민법·상법, 기타 법률에 의하여 우선변제청구권이 있는 채권자, 집행력 있는 정본을 가진 채권자 및 경매개시 결정의 기입등기 후에 가압류를 한 채권자는 법원에 대하여 배당요구를 신청할 수 있다.

배당요구는 낙찰기일까지, 즉 낙찰허가 결정선고시까지 할 수 있다. 따라서 임금채권, 주택임대차보증금 반환청구권 등 우선변제권이 있는 채

권자라 하더라도 낙찰기일까지 배당요구를 하지 않으면 낙찰대금으로부터 배당받을 수 없고, 그 후 배당을 받은 후순위자를 상대로 부당이득 반환청구를 할 수도 없다.

배당 절차 넓은 의미에서는 강제집행이나 파산 절차에서 압류당한 재산이나 파산재단을 환가함으로써 얻은 금전을 배당요구 신청한 각 채권자에게 안분하여 변제하기 위한 절차이다.

별제권 파산재단에 속하는 특정재산에서 다른 채권자에 우선하여 변제를 받을 수 있는 권리이다. 별제권을 가지는 자는 파산법에 의하면 파산재단에 속하는 재산상에 존재하는 유치권(상사유치권이냐 민사유치권이냐를 가리지 않음)·질권 또는 전세권을 가진 자, 파산에 대하여 공유에 관한 채권을 가지는 다른 공유자 등이다. 이에 대하여 상법상의 우선특권을 가지는 자에는 별제권을 인정하지 않고 있다.

법정지상권 토지와 건물이 동일 소유자인 경우에 토지 또는 건물의 일방에만 제한물권(전세권 또는 저당권)이 설정되어 있다가 그 후에 어떠한 사정으로 토지와 건물이 소유자를 달리하게 된 때에, 건물 소유자를 위하여 법률상 지상권이 설정된 것으로 하는 제도. 만일 이 때에 지상권을 인정해 주지 않는다면 건물 소유자는 아무 권리 없이 타인의 토지를 사용하는 것이 되어 건물을 철거하지 않으면 안 되게 되므로 법은 이 경우 당연히 지상권이 설정된 것으로 만든 것이다. 이 법정지상권은 토지와 건물을 각각 별개의 부동산으로 취급함으로써 일어나는 우리 법제상의 결함을 보완해 주는 제도로서의 의미를 가지고 있다.
우리 민법이 법정지상권의 성립을 인정하는 것은 다음의 두 경우이다.
① 토지와 건물이 동일 소유자에게 속하는 경우에 건물에 대해서만 전세

권을 설정한 후 토지 소유자가 변경된 때(민법 제305조), 또는 대지소유권에는 변동이 없으나 건물이 경매됨으로써 건물 소유자와 대지 소유자가 다르게 된 때에도 마찬가지로 해석된다. ② 토지와 건물이 동일인에게 속하는 경우에 어느 한쪽에만 저당권이 설정된 후 저당권의 실행에 따라 경매됨으로써 토지와 건물의 소유자가 다르게 된 때(동 법 제366조)이다. 어느 경우에나 법률의 규정에 의한 지상권의 취득이므로, 등기를 필요로 하지 않는다. 그리고 법정지상권의 효력은 건물 이용에 적당한 범위에 미치고 지료(地料)는 당사자 간의 협정에 의하여 정해지며 존속기간은 기간의 약정이 없는 경우의 예에 의한다.

부동산인도명령 낙찰자는 낙찰대금 전액을 납부한 후에는 채무자에 대하여 직접 자기에게 낙찰부동산을 인도할 것을 요구할 수 있으나, 채무자가 임의로 인도하지 않을 때는 대금을 완납한 낙찰자는 대금을 납부한 후 6월 내에 집행법원에 대하여 집행관으로 하여금 낙찰부동산을 강제로 낙찰자에게 인도하게 하는 내용의 인도명령을 신청하여 그 명령의 집행으로 부동산을 인도받을 수 있다.

분할채권 같은 채권에 2인 이상의 채권자 또는 채무자가 있을 때 분할할 수 있는 채권을 말한다. 이런 채권을 **가분채권**(분할채권)이라고도 한다. 예를 들면 갑, 을, 병 세 사람이 정에 대하여 3만 원의 채권을 가지고 있을 때, 각각 1만 원씩의 채권으로 분할할 수 있는 경우에 그 3만 원의 채권은 분할채권이 된다(정의 입장을 기본으로 한다면 가분채무 또는 분할채무가 된다). 민법에는 채권자 또는 채무자가 수인인 경우에 특별한 의사 표시가 없으면 각 채권자 또는 채무자는 균등한 비율로 권리가 있고 의무가 있다고 규정하여 분할채권관계를 원칙으로 하고 있다.

선순위가처분 1순위 저당 또는 압류등기보다 앞서 있는 가처분 등기는 압류 또는 저당권에 대항할 수 있으므로 경매 후 촉탁에 의하여 말소되지 않는다.

소송구조 소송비용을 감당하기 어려운 경제적 약자에게도 재판을 받을 권리를 실질적으로 보장하기 위하여 패소할 것이 명백한 것이 아닐 때 당사자의 신청에 의하여 법원의 결정으로 소송비용 중 재판비용과 변호사 및 집행관의 보수 등 비용의 납입 또는 지급을 유예하는 것을 말한다(민사소송법 제118조·제119조).

소유권 이전등기 양도·상속·증여, 기타 원인에 의하여 유상 또는 무상으로 부동산의 소유권이 이전되는 것을 부동산등기부상에 기입하는 등기를 말한다.

소유권이전등기촉탁 낙찰자가 대금을 완납하면 낙찰부동산의 소유권을 취득하므로, 집행법원은 낙찰자가 등기비용을 부담하고 등기촉탁 신청을 하면 집행법원은 낙찰자를 위하여 소유권 이전등기, 낙찰자가 인수하지 않은 각종 등기의 말소를 등기공무원에게 촉탁하는 절차이다.

신 경 매 입찰을 실시했으나 낙찰자가 결정되지 않았기 때문에 다시 기일을 지정하여 실시하는 경매이다.

압　류　확정 판결, 기타 채무명의에 의해 강제집행(입찰)을 하기 위한 보전수단이다(압류 후 경매 또는 환가 절차로 이행).

이중경매(압류의 경합)　강제경매 또는 담보권의 실행을 위한 경매 절차의 개시를 결정한 부동산에 대하여 다시 경매의 신청이 있는 때에 집행법원은 다시 경매개시 결정(이중개시 결정)을 하고 먼저 개시한 집행절차에 따라 경매가 진행되는 경우이다.

이해관계인　①일정한 사실행위나 법률행위 등에 있어서 그 직접 당사자는 아니지만 그것에 의해서 자기의 권리나 이익에 영향을 받는 자를 말한다. 민사소송법에서는 절차에 입회하거나, 법원에 불복을 신청할 수 있는 당사자 외의 제3자를 가리키는 경우도 있고, 그 범위를 표시하는 경우도 있다. 한편 민법상으로는 어떤 사실의 유무로 인하여 권리를 얻거나, 의무를 면하거나, 권리의 행사나 의무의 이행에 영향을 받는 자를 말한다(일반적 의미).
②경매 절차에 이해관계를 가진 자 중 법이 특히 보호할 필요가 있는 것으로 보아 이해관계인으로 법에 규정한 자를 말하며, 그들에 대하여는 경매 절차 전반에 관여할 권리가 정해져 있다(경매법상 의미).

인도명령　채무자, 소유자 또는 압류의 효력이 발생한 후에 점유를 시작한 부동산 점유자에 대하여는 낙찰자가 대금을 완납한 후 6개월 내에 집행법원에 신청하면 법원은 이유가 있으면 간단히 인도명령을 발하여 그들의 점유를 집행관이 풀고 낙찰자에게 부동산을 인도하라는 취지의 재판을 한다. 이 때 인도명령 신청을 받은 법원은 채무자와 소유자는 부르지 않고 통상 세입자 등 제3자를 불러 심문하는 경우도 있다.

임의경매(담보권의 실행 등을 위한 경매) 민사소송법은 제7편 제5장에서 담보권의 실행 등을 위한 경매라는 이름 아래 부동산에 대한 경매 신청을 조문화하여 경매 신청에 채무명의를 요하지 않는 경매에 관한 규정을 두고 있는데, 일반적으로 경매를 통틀어 강제경매에 대응하여 임의경매라고 부른다. 임의경매에는 저당권, 질권, 전세권 등 담보물권의 실행을 위한 이른바 실질적 경매와 민법·상법, 기타 법률의 규정에 의한 환가를 위한 형식적 경매가 있다.

입　찰 집행법원은 경매기일의 공고 전에 직권 또는 이해관계인의 신청에 의하여 경매에 갈음하여 입찰을 명할 수 있는데, 입찰은 입찰표에 입찰가격을 비공개리에 적어 제출하는 방법으로서 최근에는 전국 법원에서 전면적으로 시행되고 있다.

입찰기일 경매법원이 목적부동산에 대하여 경매를 실행하는 날로 입찰시각, 입찰장소 등과 함께 입찰기일 14일 이전에 일간신문에 공고한다.

잉여의 가망이 없는 경우의 경매 취소 집행법원은 법원이 정한 최저경매가격으로 압류채권자의 채권에 우선하는 부동산상의 모든 부담과 경매비용을 변제하면 남는 것이 없다고 인정한 때에는 이러한 사실을 압류채권자에게 통지하고, 압류채권자가 이러한 우선채권을 넘는 가액으로 매수하는 자가 없는 경우에는 스스로 매수할 것을 신청하고 충분한 보증을 제공하지 않는 한 경매 절차를 법원이 직권으로 취소하게 된다.

재경매 매수신고인이 생겨서 낙찰허가 결정의 확정 후 집행법원이 지정한 대금지급기일에 낙찰자(차순위매수신고인이 경락허가를 받은 경우를 포함한다)가 낙찰대금지급 의무를 완전히 이행하지 않고 차순위매수신고인이 없는 경우에 법원이 직권으로 실시하는 경매이다.

저당권 채권자가 물건을 점유하지 않고 채무를 담보하기 위하여 등기부에 권리를 기재해 두었다가 채무를 변제하지 않았을 경우 그 부동산을 경매처분하여 우선변제를 받을 수 있는 권리를 말한다.

즉시항고 일정한 불변기간 내에 제기해야 하는 항고를 말한다. 즉 재판의 성질상 신속히 확정시킬 필요가 있는 결정에 대하여 인정되는 상소방법을 말한다. 이것은 특히 제기기간을 정하지 않고 원결정의 취소를 구하는 실익이 있는 한 어느 때든 제기할 수 있는 보통항고와는 다르다.

지상권 다른 사람의 토지에서 건물, 기타의 공작물이나 수목을 소유하기 위하여 토지를 사용할 수 있는 권리를 말한다.

지역권 통행이나 인수(引水)와 같은 설정행위로서 정해진 일정한 목적에 따라서 타인의 토지를 자가 토지의 편익에 이용하는 물권(민법 제291조). 갑지를 위하여 을지에서 인수한다든지 을지를 통행한다든지 하는 권리를 말하는데, 이 편익을 받는 토지(갑지)를 **요역지**라고 하며, 편익에 이용되는 토지(을지)를 **승역지**라고 한다. 승역지는 1필의 토지 일부일 수도 있으나 요역지는 1필의 토지라야 한다(부동산등기법 제137조 참조).

집행관 집행관은 강제집행을 실시하는 자로서, 지방법원에 소속되어 법률이 정하는 바에 따라 재판의 집행과 서류의 송달, 기타 법령에 의한 사무에 종사한다.

집행력 협의로는 판결 또는 집행증서의 채무명의의 내용에 기초하여 집행채권자가 강제집행을 집행기관에 신청할 수 있음에 터잡아 집행기관은 이 신청을 토대로 하여 채무명의 내용인 일정의 급부를 실현시키기 위한 일종의 강제집행을 행할 수 있는 효력이고, 광의로는 강제집행 이외의 방법에 의하여 재판 내용에 적합한 상태를 만들어 낼 수 있는 효력을 부여하는 것을 말한다. 가령 혼인 무효 판결의 경우 그 확정 판결에 기하여 호적을 정정할 수 있는 효력, 토지소유권확인 판결의 경우 그 확정 판결에 기하여 변경의 등기를 신청할 수 있는 효력 등이다.

집행문 채무명의에 집행력이 있음과 집행 당사자, 집행의 범위 등을 공증하기 위하여 법원사무관 등이 공증기관으로서 채무명의의 말미에 부기하는 공증문언을 말한다. 집행문이 붙은 채무명의 정본을 **집행력 있는 정본** 또는 **집행정본**이라 한다.

집행법원 강제집행에 관하여 법원이 할 권한을 행사하는 법원을 말한다. 강제집행의 실시는 원칙적으로 집행관이 하지만, 비교적 곤란한 법률적 판단을 요하는 집행행위라든가 관념적인 명령으로 족한 집행처분에 관하여는 민사소송법상 특별히 규정을 두어 법원으로 하여금 이를 담당하도록 하고 있다. 또 집행관이 실시하는 집행에 관하여도 신중을 기할 필요가 있는 경우에는 법원의 협력 내지 간섭을 필요로 하도록 하고 있는데, 이러한 행위를 하는 법원이 곧 집행법원이다. 집행법원은 원칙적으로 지방법원이며 단독판사가 담당한다.

차순위입찰신고인 최고가입찰자 이외의 입찰자 중 최고가 입찰액에서 보증금을 공제한 액수보다 높은 가격으로 응찰한 사람은 차순위 입찰신고를 할 수 있다. 차순위 입찰신고를 하게 되면 낙찰자가 낙찰대금을 납부하기 전까지는 보증금을 반환받지 못한다. 그 대신 최고가 입찰자에 국한된 사유로 그에 대한 낙찰이 불허되거나 낙찰이 허가되더라도 그가 낙찰대금지급 의무를 이행하지 않을 경우 다시 입찰을 실시하지 않고 집행법원으로부터 낙찰허부의 결정을 받을 수 있는 지위에 있는 자이다.

채권신고의 최고 법원은 경매개시결정일로부터 3일 내에 이해관계인으로 규정된 일정한 자에게 채권계산서를 낙찰기일 전까지 제출할 것을 최고하는데, 이 역시 우선채권 유무, 금액 등을 신고받아 잉여의 가망이 있는지 여부를 확인하고 적정한 매각조건을 정하여 배당요구의 기회를 주는 것이다.

채권자 채권을 가진 사람으로 곧 채무자에게 재산상의 급부 등을 청구할 권리가 있는 사람을 말한다. 채무자가 임의로 그 행위를 이행하지 않을 때는 채권자는 법원에 소를 제기하여 현실적 이행을 강제할 수 있다.

채무명의 일정한 사법상의 급여청구권의 존재 및 범위를 표시함과 동시에 법률이 강제집행에 의하여 그 청구권을 실현할 수 있는 집행력을 인정한 공정의 증서이다. 채무명의는 강제집행의 불가결한 기초이며, 채무명의로 되는 증서는 민사소송법, 기타 법률에 규정되어 있다.

체 당 타인을 위하여 대신 금전지급을 하는 것을 말한다.

최　　고　타인에게 일정한 행위를 할 것을 요구하는 통지를 말한다. 이는 상대방이 있는 일방적 의사 표시이고, 최고가 규정되어 있는 경우에는 법률 규정에 따라 직접적으로 일정한 법률효과가 발생한다. 최고에는 두 종류가 있다. 하나는 의무자에게 의무의 이행을 구하는 경우이고, 다른 하나는 권리자에 대한 권리의 행사 또는 신고를 요구하는 경우이다.

최저 경매가격　집행법원은 등기공무원이 압류등기를 실행하고 기입등기의 통지를 받은 후에는 감정인으로 하여금 경매부동산을 평가하게 하고 그 평가액을 참작하여 최저 경매가격을 정하는데, 최저 경매가격은 경매에 있어 경락을 허가하는 최저의 가격으로 그 액에 미달하는 매수신고에 대하여는 경락을 허가하지 않으므로 최초경매기일에서의 최소 부동산 경매가격이다.

최저 입찰가격　경매기일의 공고에는 경매부동산의 최저 입찰가격을 기재해야 한다. 최초경매기일의 최저 입찰가격은 감정인이 평가한 가격을 기준으로 하며 경매기일에 있어서 경매신청인이 없어 신경매기일을 지정한 때는 상당히 저감(통상 20%)한 가격이 최저 입찰가격이 된다. 응찰하고자 할 때에는 항상 공고된 최저 입찰가격보다 같거나 높게 응찰해야 무효처리가 되지 않는다.

토지 별도등기　토지에 건물과 다른 등기가 있다는 뜻으로 집합건물은 토지와 건물이 일체되어 거래되도록 되어 있는 바, 토지에는 대지권이라는 표시만 있고 모든 권리관계는 전유부분의 등기부에만 기재하게 되어

있는데, 건물을 짓기 전에 토지에 저당권 등 제한물권이 있는 경우 토지와 건물의 권리관계가 일치하지 않으므로 건물등기부에 "토지에 별도의 등기가 있다."는 표시를 하기 위한 등기를 말한다.

특별 매각조건 법원이 경매부동산을 매각하여 그 소유권을 낙찰자에게 이전시키는 조건을 말한다. 다시 말하면 경매의 성립과 효력에 관한 조건을 말한다. 매각조건은 법정 매각조건과 특별 매각조건으로 구별된다. 법정 매각조건은 모든 경매 절차에 공통하여 법이 미리 정한 매각조건을 말하며, 특별 매각조건은 각개의 경매 절차에 있어서 특별히 정한 매각조건을 말한다.

어느 특정 경매 절차가 법정 매각조건에 의하여 실시되는 경우에는 경매기일에 그 매각조건의 내용을 관계인에게 알릴 필요가 없으나, 특별 매각조건이 있는 경우에는 그 내용을 집행관이 경매기일에 고지하여야 하며, 특별 매각조건으로 경락한 때는 경락허가 결정에 그 조건을 기재하여야 한다.

파산관재인 파산재단에 속하는 재산의 관리를 행하는 파산 절차상의 공공기관이다. 부인권을 행사하여 파산재단을 증식하고, 재단소속 재산을 관리·처분하여 금전으로 환가하며, 일방 채권조사에 있어서는 부당한 파산채권의 주장에 대하여 이의를 진술하며, 정당히 배당에 가입할 자격이 있는 채권자에 대하여는 재단환가금을 배당하는 등 파산 절차에 있어서 가장 중추적인 임무를 담당한다.

표제부 토지 건물의 지번(주소), 지목, 면적, 용도 등이 적혀 있으며 집합건물의 경우는 표제부가 2장이다. 첫 번째 장은 건물의 전체면적이, 두 번째 장에는 건물의 호수와 대지지분이 나와 있다.

필 지 하나의 지번이 붙은 토지의 등록단위를 말한다(법적 개념).

합 유 공동소유의 한 형태로서 공유와 총유의 중간에 있는 것이다. 공유와 다른 점은 공유에는 각 공유자의 지분을 자유로이 타인에게 양도할 수 있고, 또 공유자의 누군가가 분할할 것을 희망하면 분할하여야 하는데 대하여, 합유에서는 각 인은 지분을 가지고 있어도 자유로이 타인에게 양도할 수 없고, 분할도 인정되지 않고 제한되어 있는 점이다. 공유는 말하자면 편의상 일시 공동소유의 형식을 가진 것으로 개인적 색채가 강하나, 합유는 공동목적을 위하여 어느 정도 개인적인 입장이 구속되는 것으로 양자가 이런 점에서 근본적인 차이가 있다. 그러나 각 인이 지분을 가지고 있는 점에서 총유보다는 개인적 색채가 훨씬 강하다.

행위능력 단순히 권리·의무의 주체가 될 수 있는 자격인 권리능력과는 달리, 권리능력자가 자기의 권리·의무에 변동이 일어나도록 스스로 행위할 수 있는 지위를 말하며, 일반적으로 민법상 능력이라 함은 행위능력을 가리킨다. 민법상 행위능력의 개념적 의의는 적법·유효하게 법률행위를 할 수 없는 행위무능력자로부터 선의의 거래 상대방을 보호하여 거래의 안전을 확립하려는 무능력자 제도에서 크게 나타난다. 민법이 인정하는 무능력자에는 미성년자, 한정치산자, 금치산자가 있다.

현황조사보고서 법원은 경매개시 결정을 한 후 지체없이 집행관에게 부동산의 현상, 점유관계, 차임 또는 임대차 보증금의 수액, 기타 현황에 관하여 조사할 것을 명하는데, 현황조사보고는 집행관이 그 조사 내용을 집행법원에 보고하기 위하여 작성한 문서이다.

혼동(混同) 혼동이란 채무자가 채권자를 상속하는 것과 같이 채권자의 지위와 채무자의 지위가 동일인에게 귀속하는 것을 말한다. 이런 경우에는 채권을 결속시킬 필요가 없으므로 이것을 소멸시키는 것이 원칙이지만(민 제507조 본문), 다만 이 채권이 제3자의 권리, 즉 질권의 목적일 때는 이를 소멸시켜서는 안 되므로 예외로서 채권은 여전히 존속된다(민 제507조 단서).

환 가 경매 신청에서 경매실시까지의 제 절차 진행 요소들을 환가절차라고 한다.

환 매 토지구획정리사업에 의하여 토지구획정리를 실시할 때 필연적으로 발생하는 인접토지와의 교환분을 말한다. 넓은 의미로는 매도인이 한 번 매도한 물건을 대가를 지급하고 다시 매수하는 계약을 말한다.

환 지 토지구획정리사업에 의하여 토지구획정리를 실시할 때에 필연적으로 발생하는 인접토지와의 교환분합을 말한다.

> 엮은이와의
> 협의하에
> 인지생략

왕초보 법률 시리즈 4
나홀로 부동산 경매박사 ①

엮은이 : 장 인 태
펴낸이 : 신 원 영
펴낸곳 : (주)신원문화사

초판 1쇄 발행일 : 2001년 10월 30일
초판 3쇄 발행일 : 2004년 9월 20일

주소 : 서울시 강서구 등촌1동 636-25
전화 : 3664-2131~4
FAX : 3664-2129~30
출판등록 : 1976년 9월 16일 제5-68호

※ 잘못된 책은 바꾸어 드립니다.

장인태 ⓒ 2001

ISBN 89-359-1000-7 03360
ISBN 89-359-1002-3 03360 (세트)